英语大纲词汇手册

主　编　黄建鸿
副主编　罗理广
参　编　王亚荣　邓　敏　李碧纾　陈晓梅
　　　　陈璐珊　林小路　武　琳　贺近岚
　　　　黄静毅　黄燕珍　廖　婷　蔡　雷

中国人民大学出版社
· 北京 ·

图书在版编目（CIP）数据

英语大纲词汇手册/黄建鸿主编. —北京：中国人民大学出版社，2016.8
ISBN 978-7-300-21127-3

Ⅰ. ①英…　Ⅱ. ①黄…　Ⅲ. ①英语–学习指导　Ⅳ. ①H123.0

中国版本图书馆 CIP 数据核字（2016）第23458号

英语大纲词汇手册

主　编　黄建鸿
副主编：罗理广
参　编：王亚荣　邓　敏　李碧纾　陈晓梅
　　　　陈璐珊　林小路　武　琳　贺近岚
　　　　黄静毅　黄燕珍　廖　婷　蔡　雷

Yingyu Dagang Cihui Shouce

出版发行	中国人民大学出版社		
社　　址	北京中关村大街31号	**邮政编码**	100080
电　　话	010–62511242（总编室）		010–62511770（质管部）
	010–82501766（邮购部）		010–62514148（门市部）
	010–62515195（发行公司）		010–62515275（盗版举报）
网　　址	http:// www. crup. com. cn		
	http:// www. ttrnet. com（人大教研网）		
经　　销	新华书店		
印　　刷	北京中印联印务有限公司		
规　　格	185 mm × 260 mm　16开本	**版　　次**	2016 年 8 月第 1 版
印　　张	17.5	**印　　次**	2016 年 8 月第 1 次印刷
字　　数	420 000	**定　　价**	39.80 元

前 言

本书由全国高职考试(3＋证书)教学经验丰富的一线优秀教师和教研专家编写，目的是帮助学生系统复习中等职业教育英语词汇知识，提高高职高考和全国英语等级考试备考的针对性，让更多考生顺利通过考试，实现梦想。

就业形势的严峻，用人单位对应聘人员学历和综合素质要求的提高，使得越来越多的中职学校重视高职考试(3＋证书)。深入研究高职高考，帮助中职生顺利通过考试，圆上大学梦，这是每一所中职学校的重要工作。调查发现，大部分中职生认为英语是高考文化课三科中最难考、最没把握考好的一科，词汇量不过关是最主要、最普遍的原因。经过多年的调查和研究，我们发现市面上针对高职考试英语学科的复习教材、练习册及模拟试卷越来越多，却唯独缺乏专门的词汇讲解或词汇用法指南，有鉴于此，我们根据近年的《全国高等职业院校招收中等职业学校毕业生英语科考试大纲》精心编写此书，以期对广大师生有所帮助。

本书针对中职生学习特点进行编写，重点突出，难易适中，既重视其对基础知识的理解和掌握，又关注其能力的拓展与培养；将针对性、实用性、灵活性结合，体现创新意识和时代精神。全书覆盖面广，涵盖高职高考大纲所有词汇（约2 050个），包括大纲单词、大纲词组和短语。词汇内容详尽，不仅标注单词的音标、词性、词意，而且突出重点词汇的用法要点、常用短语或固定搭配、同义辨析、派生词、同义词、反义词等，辅以浅显易懂、典型性的例句，帮助学生更好地理解和掌握词性、搭配用法以及短语表达方式等。此外，针对学生词汇用法方面存在的问题，适当加入例题及分析解答，还补充了近年来高职高考的真题，增强了趣味性、新颖性和实战性。

词汇学习是英语学习的根本，是一个长期工程，建议中职学校在高一或高二年级开始使用本书。如若本书能给全省乃至全国使用者学好高职考试英语教材提供一些帮助，并在全国英语等级考试中获得好成绩，我们将感到莫大的欣慰。

编者

2016年6月

目　录

A

a (an) [ə]([æn])

art. 一个；任一；每一

【例句】Please give me **an** apple. 请给我一个苹果。

【辨析】**a, an, one**

1. 不定冠词有 a、an 两种形式，“a”用在以辅音音素（注意：不是辅音字母）开头的词前；“an”用在以元音音素（注意：不是元音字母）开头的词前。如：a useful language, a university，an hour，an honest boy 等。

2. a/an 和 one 都有“一”的意思，a/an 侧重于表示类别，而 one 则侧重于数量。如：She has a daughter.（强调的是她有一个女儿，而不是一个儿子）Tom has one toy, but two bikes.（强调数量）

【真题】George is ________ honest man. (GMET2013-17)

A. an　　B. /　　C. the　　D. a

【解答】选 A。句意：乔治是个诚实的人。单词 honest 的第一个音为元音音素。

ability [ə'biliti]

n. 能力；天资

【例句】

1. She has an extraordinary **ability** to learn new languages. 她学习语言特别有能力。

2. The **ability** to cry is a human form of expressing one's feelings.（GMET-2008- 完形）

哭的能力是人类表达情感的一种形式。

able ['eibl]

adj. 能干的；有能力的；能够的

【例句】He is an **able** lawyer. 他是一位能干的律师。

【搭配】be able to 能，会

【例句】

1. **I'm able to** manage a store. 我有能力经营一家商店。

2. It's normal for children, even school-age ones, not to **be able to** take another person's point of view.（GMET2008- 阅读 C）孩子无法接受别人的看法很正常，哪怕学龄儿童也是如此。

3. The lower you are to the ground, the better you will **be able to** breathe. (GMET2013- 阅读 D)

越贴近地面，你就呼吸越顺畅。

about ['əbaut]

prep. 关于；在…周围　*adv.* 大约；周围；附近

【例句】

1. She knew a lot **about** food. 她对食物很在行。

2. It is **about** six o'clock now. 现在大约六点了。

【搭配】be about to do sth. 准备，将要，正打算

【例句】I'**m about to** visit you. 我正打算去看你。

above [ə'bʌv]

prep. 在…之上　*adv.* 在上面　*adj.* 在上面的

【例句】The light is **above** the desk. 灯在书桌的上方。

【搭配】above all 尤其是，最重要的是

【辨析】**above, on, over**

这三个介词均含“在…上”之意，具体用法有所不同。

above：一般指位置高于某物，但不一定在正上方，也不接触另一物，其反义词是 below。

on：指与另一物表面相接触。

over：指一物在另一物的垂直上方，多暗示悬空，但也含“覆盖于…之上”意，反义词为 under。

【例句】

1. The moon rises **above** the mountain.

2. My father stands **on** the bridge.

3. There is a bridge **over** the river.

abroad [ə'brɔːd]

adv. 到（在）国外

【例句】He intends to study **abroad** next year. 他打算明年到国外留学。

【搭配】go abroad 去国外

【真题】Life is hard for students studying abroad. (GMET 2012-8)

A. 在国外　B. 在国内　C. 在船上　D. 在车上

（答案：A）

absent ['æbsənt]

adj. 缺席的；不在场的

【例句】Several of them were **absent.** 他们当中有几位缺席。

【搭配】be absent from 缺席

【例句】He **was absent from** the meeting. 他今天开会缺席。

absolutely ['æbsəlu:tli]

adv. 绝对地；完全地

【例句】You're **absolutely** right. 你完全正确。

accept [ək'sept]

v. 承认；接受；同意

【例句】We cannot **accept** his terms. 我们不能接受他的条件。

【辨析】**accept, receive**

这两个动词均有“接受，接纳”之意。

accept：强调主动地或自愿地接受，或者说，经过考虑后同意接受。

receive：着重仅仅接到或收到这一事实，而不含采取主动或积极行动的意思。

【例句】She has **received** his present, but she will not **accept** it.

她收到了他的礼物，但她是不会接受的。

accident ['æksidənt]

n. 事故，意外的事

【例句】When his parents were killed in an **accident**, he became an orphan.

当他的父母在事故中丧生之后，他便成了孤儿。

【搭配】by accident 偶然，无意中

【例句】She discovered a finger ring **by accident**. 她偶然发现一个戒指。

account [ə'kaunt]

n. 叙述；账目；账户　*v.* 解释；说明

【例句】Have you got a bank **account**？你有银行账户吗？

【搭配】account for 说明 / 解释…的原因

on account of 由于，因为

take sth. into account 把…考虑进去

【例句】

1. His illness **accounts for** his absence. 他因为生病，所以才缺席。

2. We delayed our departure **on account of** the bad weather. 天气不好，我们推迟了启程时间。

3. When judging his performance, don't **take** his age **into account**. 评定表现时不必考虑年龄。

accountant [ə'kauntənt]

n. 会计

【例句】He is a senior **accountant**. 他是一个高级会计师。

accurate ['ækjurit]

adj. 准确的；精确的

【例句】Pigeons have an **accurate** sense of direction. 鸽子有精准的方向感。

【同义词】exact 确切的；准确的

【反义词】inaccurate 不精密的；不正确的

【辨析】**accurate, correct, exact**

accurate：表示“准确的”，“精确的”，指“通过努力，使事情达到正确”。

correct：为一般用语，指“正确的”。

exact：表示“确切的”，“精确无误的”，指“与事实完全相符”。

【例句】

1. She gave an **accurate** account of the accident. 她对事故做了准确的描述。

2. He gave **correct** answers to the questions. 他对这些问题给出了正确的答案。

3. His answer is quite **exact**. 他的回答完全正确。

ache [eik]

v. & *n.* 痛；疼痛

【例句】He has an **ache** in the back. 他的背痛。

achieve [ə'tʃi:v]

v. 达到；取得

【例句】You will **achieve** your ambition if you work hard. 如果你努力，你的抱负是可以实现的。

【搭配】

achieve one's purpose 达到目的

achieve success 获得成功

achieve victory 获得胜利

achievement [ə'tʃi:vmənt]

n. 成就；成绩

【例句】He graduated with good **achievement**. 他以优异成绩毕业。

across [ə'krɔs]

prep. & *adv.* 穿过；在…另一边；在…对面

【例句】

1. He lives **across** the street. 他住在街对面。

2. You must not run **across** the road. 你不要跑过马路。

【辨析】**across, through, over**

across：“横过、穿过”，从…的一边到另一边。

through：着重指从空间的一头穿到另一头，也就是说从一个物体的空间里穿过。

over：是从物体表面上方经过，不与物体接触。

【例句】

1. I swam **across** the river. 我游过这条河。（指从此岸到彼岸）

2. The elephant can't go **through** the gate. 这头象不能从门里穿过。

3. The bird flew **over** the river。鸟从河水表面飞过。

【例题】Tom and Jack saw a fox when they were walking ________ the forest.

A. across B. through C. over D. on

【解答】选 B。本题考查介词用法辨析。“穿过森林”，表示从中间穿过，需用 through。

act [ækt]

n. 法令；条例 *v.* 表演，扮演；行动；担当

【例句】

1. He **acted** as if he hadn't heard any of it. 他表现得好像对此毫不知情。

2. She **acted** in her first film when she was 13 years old. 她 13 岁时出演了她的第一部电影。

【搭配】act as 担任，充当

active ['æktiv]

adj 积极的；主动的

【例句】

1. She continues to be **active** in politics. 她依旧活跃于政坛。

2. She has taken an **active** part in all contests. 她积极参加所有比赛。

【搭配】take an active part in 积极参加

activity [æk'tiviti]

n. 活动

【例句】Do you like the **activity**? 你喜欢这个活动吗？

actor ['æktə]

n. 男演员

【例句】He is a tragic **actor**. 他是一个悲剧演员。

actress ['æktris]

n. 女演员

【例句】She was born an **actress**. 她是天生的演员。

actual ['æktjuəl]

adj. 实际的；事实上的

【例句】The play is based on **actual** events. 这部戏以真实的事件为基础。

add [æd]

v. 添加；增加

【例句】**Add** one teaspoon of salt. 加上一茶勺的盐。

【搭配】

add up 合计

add up to 总计达

add (sth.) to 往…中添加…

【例句】**Add up** all the money I owe you . 把我应付你的钱都加在一起。

Please **add** some salt **to** the soup. 请往汤里加些盐。

The doctors and nurses in the hospital **add up to** two hundred and five.

这家医院的医生和护士总计 205 人。

addition [ə'diʃən]

n. 加；加法；附加

【例句】That would be a good **addition**. 那会是很好的附加条件

【搭配】in addition 并且；另外，除此之外

【例句】Part-time English classes are offered. **In addition**, students can take classes in computing.

开设了非全日制的英语班。另外，学生可以修读计算机课程。

In addition to giving presents, we have to find other ways to express love...(GMET2008- 阅读 C)

除了给予礼物，我们还必须找到其它表达爱的方

式…。

address [ə'dres]

n. 地址；通讯处 *vt.* 称呼

【例句】

1. She asked him his **address**. 她问了他的住址。

2. How shall I **address** you? 我应当怎样称呼您呢?

adjust [ə'dʒʌst]

v. 调节；调整

【例句】

1. You should **adjust** yourself in the school. 你必须适应学校生活。

2. It is difficult to **adjust** one's habits to someone else. 一个人很难使自己的习惯适于他人。

admire [əd'maiə]

v. 钦佩；羡慕

【例句】

1. We all **admire** him for his courage. 我们都钦佩他的勇气。

2. I **admire** him for his success in business. 我佩服他事业有成。

【搭配】admire sb. for sth. 佩服某人的…

【同义词】respect; appreciate; honor

【反义词】dishonor

admit [əd'mit]

v. 承认；接受某人（入院或入学等）；容纳

【例句】

1. I **admit** making that mistake. 我承认犯了那个错误。

2. The school **admits** sixty new boys and girls every year. 这所学校每年招收六十名男女新生。

3. The theatre **admits** only 250 people. 这家戏院只能容纳 250 人。

【派生词】admission *n.* 承认，允许进入

adopt [ə'dɔpt]

v. 收养；采用

【例句】

1. She refused to **adopt** the idea. 她拒绝采纳那个主意。

2. You want to **adopt** a baby? 你想领养一个小孩?

adult [ə'dʌlt, 'ædʌlt]

n. 成年人 *adj.* 成人的；成熟的

【例句】Children and **adult** should have equal rights. 儿童和成年人应该享有平等的权利。

【同义词】grown-up

advance [əd'vɑːns]

v.& n. 前进，提升，促进

【例句】

1. He waved them to **advance**. 他挥手叫他们前进。

2. This invention is a great **advance**. 该发明是一巨大进步。

【搭配】in advance 预先

【例句】We always pay the rent **in advance**. 我们总是预付房租。

advantage [əd'vɑːntidʒ]

n. 优点；好处

【例句】This is an **advantage** of planned economy. 这是计划经济的一个优越之处。

【搭配】take advantage of 利用

【例句】Don't **take advantage of** others' weaknesses. 不要利用别人的弱点。

【同义词】benefit

【反义词】disadvantage

adventure [əd'ventʃə]

n. & *v.* 冒险，奇遇

【例句】A trip to a forest is quite an **adventure**. 去森林旅行是一次冒险活动。

advertisement (=ad) [əd'vəːtismənt] U.S. [ædvə'taizmənt]

n. 广告

【例句】**Advertisement** helps to sell goods. 广告有助于销路。

advice [əd'vais]

n. 劝告；意见

【例句】You should take his **advice**. 你应该采纳他的建议。

【搭配】

take one's advice 采纳意见

give sb. advice 劝告，忠告

【真题】

1. Let me give you ________ . (GMET 2010-18)

A. any advice B. many advices

C. an advice D. some advice

2. Take my _______, young man, and don't drive so fast. (GMET2012-23)

A. advice B. notice C. chance D. rest

【解答】

1. 选 D。句意：让我给你提点建议吧。advice 是不可数名词，无复数形式，其前不能直接加不定冠词 a / an。"一个忠告"为 a piece of advice。

2. 选 A。考查名词辨析。句意: 听我的，年轻人，车不要开得太快。

advise [əd'vaiz]

v. 忠告；劝告；建议

【例句】What does John **advise** Mary to do? 约翰建议玛丽做什么?

【搭配】advise sb. (not) to do sth. 劝某人（不）做某事

【例句】I **advise** you **to** remain silent. 我建议你保持沉默。

affair [ə'feə]

n. 事件；事情

【例句】I have heard of the **affair**. 我听说过这件事。

【辨析】**affair, business, matter, thing**

这四个名词均含"事情"之意。

affair：意为"事情、事件"，含义较广，泛指已做或待做的事；复数 affairs 一般指商业事务及政府日常事务，如财政管理、外交事务等。

business：作"事务、事情"解时，一般不能用复数，常常指所指派的任务、责任、公事、正事、商业事务。

matter：侧重指须留心的要事或问题、难题，即"毛病，问题"。

thing：用作"事情"解时，词义较笼统、含糊，多用于指不很具体的事。

【例句】

1. The whole **affair** was a disaster. 整个事件就是一个灾难。

2. He is on **business**. 他在出差。

3. There are many important **matters** we need to discuss. 还有许多重要的事情需要我们讨论。

4. It was a horrible **thing**. 这是件可怕的事情。

affect [ə'fekt]

v. 影响

【例句】Some drugs can **affect** your sight. 有些药物能影响视力。

【辨析】**affect, effect, influence**

这三个词均可表示"影响"。

affect：是动词（及物），主要指一时的影响，着重影响的动作，可指一般意义的影响（不分好坏），也可指不良影响。

effect：是名词（可数或不可数），affect = have an effect on。

influence：主要指对行为、性格、观点等产生间接的或潜移默化的影响。可用作动词（及物）或名词。

【例句】

1. The news did not **affect** her at all.

= The news had no **effect** on her at all. 这条消息对她没有一点影响。

2. Television has a strong **influence** on people. 电视对人有很大的影响 。

afford [ə'fɔːd]

v. 负担得起（费用）；抽得出（时间）；提供

【例句】

1. How can you **afford** a new car? 你怎么买得起新车?

2. I'll **afford** you a chance. 我将给你提供一个机会。

【搭配】afford to do sth 有足够的钱 / 时间去做某事

【例句】I can't **afford to** buy this house.= I can't afford this house. 我没有足够的钱买这栋房子。

【真题】I could not afford the house. (GMET2012-14)

A. 出售 B. 入住 C. 看得上 D. 买得起

（答案：D）

afraid [ə'freid]

adj. 害怕的，担心的

【例句】

1. I'm **afraid** I have to leave. 恐怕我得走了。

2. As she was falling asleep, Mary was **afraid** that she <u>might</u> get up very late. (GMET2013- 完形）

玛丽睡觉的时候也还在担心怕起晚了（耽误考试）。

【搭配】

be afraid to do sth. 不敢做某事（胆怯，没有勇气）

be afraid of + n. / doing sth. 害怕某事物 / 做某事（担心）

【例句】

1. He **was afraid to** go out alone at night. 他不敢晚上独自外出。

2. He came late to school and **was afraid of** being scolded by the teacher.

他上学迟到了，害怕被老师责骂。

after ['ɑ:ftə]

prep. & conj. & adv. 在…之后；后来

【例句】He leaves home **after** lunch. 午饭后他离开家。

【反义词】before

【搭配】after all 不管怎样，毕竟

【例句】You are my boss, **after all**. 毕竟，你是我的老板。

afternoon ['ɑ:ftə'nu:n]

n. 下午；午后

【例句】Are you available this **afternoon**? 你下午有空吗？

again [ə'gein]

adv. 再一次，再；又

【例句】I'll call you **again**. 我再打给你。

【搭配】

again and again 再三地，一再地，反复地

once again 再一次

against [ə'geinst]

prep. 反对；不同意；逆；以…为背景；靠

【例句】

1. The piano stood **against** the wall. 钢琴靠着墙放。

2. Are you for or **against**? 你是赞成还是反对？

3. Many people have been **against** the idea from the start.（GMET2010- 阅读 B）

许多人从一开始就反对这个主意。

【搭配】be against 违反，无视，不顾

【反义词】for

age [eidʒ]

n. 年龄；时代

【例句】

1. She lied about her **age**. 她谎报自己的年龄。

2. This is an **age** of developed communications. 这是电讯发达的年代。

【搭配】at the age of 在…岁时

【例句】**At the age of** seven, he had to pick coal in a mine near his home. (GMET2013- 阅读 C)

七岁时，他就不得不在家附近的煤窑捡煤（贴补家用）。

agency ['eidʒənsi]

n. 代理（处）；代办处

【例句】Can I leave the car at any **agency**? 我可以把车留在任何代理机构吗？

ago [ə'gəu]

adv. 以前

【例句】He died two years **ago**. 他两年前死了。

【辨析】**ago, before**

这两个副词均含"…以前"之意。

ago：指从现在起往前推算一段时间，始终置于所修饰的词之后，与一般过去时连用。

before：指从过去某一时间起向前推算的若干时间以前，通常与过去完成时连用；或泛指以前，并不具体指若干时间以前，可使用现在完成时或过去完成时；还可指从将来某一时间起若干时间以前。

【例句】

1. I met him three years **ago** .（距今）三年前，我遇到他。

2. I had met him three years **before** .（距当时）三年前我见到他一次。

3. I have never seen him **before**. 我以前从来没见过他。

agree [ə'gri:]

v. 同意；应允

【例句】I really **agree** with you. 我真的赞同你。

【反义词】disagree

【搭配】

agree to sth. 表示同意某一建议、计划、安排等，后面跟一个表示这类事的名词。

agree with sb. 表示同意某人的意见。

agree to do sth. 表示答应做某事。

agree on sth. 主语一般是复数形式的名词，表示一致同意。

【例句】

1. I don't **agree to** the plan/suggestion/arrangement. 我不同意这个计划 / 建议 / 安排。

2. They **agreed to** go with us. 他们同意和我们一起去。

3. Both of us **agreed on** the contact. 我俩都统一这个合同。

【真题】I don't ________ you. (GMET2012-18)

A. agree for　　B. agree to

C. agree on　　D. agree with

【解答】选 D。句意：我不同意你的意见。本题考查 agree 的用法，人称代词前用介词 with。

agreement [ə'griːmənt]

n. 同意，一致；协定，协议

【例句】Finally, we came to an **agreement**. 最后我们达成了一致。

【反义词】disagreement

agriculture ['ægrikʌltʃə]

n. 农业；农学

【例句】**Agriculture** is as important as industry. 农业和工业一样重要。

ahead [ə'hed]

adv. 在前面；向前；领先

【例句】

1. There's a traffic light up **ahead**. 在前方有一个红绿灯。

2. Australia finished 20 points **ahead**. 澳大利亚队终局领先 20 分。

【反义词】behind

【搭配】

go ahead 开始，进行

ahead of 提前，领先

【例句】

1. She was always well **ahead of** the rest of the class. 她在班上总是遥遥领先。

2. However, the government is planning to **go ahead** with the building of the airport next year. (GMET2010- 阅读 B) 然而，政府正在计划推进下年度的机场建设。

aim [eim]

n. 目的；目标

【例句】He has just hit the **aim**. 他正好击中了目标。

【辨析】**aim, goal, purpose**

这些名词均有"目标，目的"之意。

aim：从本义"靶子"引申而来，侧重比较具体而明确的目标，但常指短期目标。

goal：指经过考虑和选择，需经坚持不懈的努力奋斗才能达到的最终目标。

purpose：普通用词，既指以坚决、审慎的行动去达到的目的，又指心中渴望要实现的目标。

【例句】

1. The **aim** of the research is to find new food sources. 这篇研究旨在寻找新的事物资源。

2. His **goal** was to set up his own company. 他的目标是能成立自己的公司。

3. The **purpose** of conducting a business is to make money. 做生意的目的就是为了赚钱。

air [eə]

n. 空气；大气

【例句】Water and **air** pollution threaten the earth's environment. 水和大气污染威胁着我们的环境。

【搭配】by air 乘飞机

airline ['eəlain]

n. 航空公司；定期航线

【例句】What **airline** are you flying? 您坐哪家航空公司的飞机？

airport ['eəpɔːt]

n. 航空站；飞机场

【例句】Has he gone to the **airport**? 他去飞机场了吗？

alarm [ə'lɑːm]

n. 警报；报警器　*v.* 报警；使惊恐

【例句】

1. It was the fire **alarm**. 这是一个火警。

2. We could not see what had **alarmed** him. 我们搞不明白是什么使他忧虑不安。

alike [ə'laik]

adj. 同样的；相像的

【例句】These twins are very much **alike**. 这对双胞胎非常相像。

alive [ə'laiv]

adj. 活着的

【例句】Who is the greatest man **alive**? 谁是当今活着的最伟大的人?

【辨析】**alive, living, live**

三者均可表示“活着的”。

alive：主要用作表语（有时可用作后置定语，但不用作前置定语），可用于人或动物。

living：可用作表语或定语，可用于人或物。

alive：和 living 表示“活着的”，两者含义很接近，只要句法适合，有时可互换。

live：通常只用作定语（前置），可用于动物或植物，但一般不用于人。

【例句】

1. He must be still **alive**. 他一定还活着。

He's the happiest man **alive**. 他是世上最幸福的人。

2. Are your grandparents still **living**? 你的祖父母还健在吗？

Both plants and animals are **living** things. 动物和植物都是生物。

3. Who is the greatest **living** poet? = Who is the greatest poet **alive**? 谁是当今最伟大的诗人?

4. He bought some **live** fish. 他买了几条活鱼。

all [ɔ:l]

adj. 整个的，全部的，所有的

pron. 全部，一切　*adv.* 全部地，都

【例句】

1. **All** his efforts were wasted. 他的努力全都白费了。

2. We **all** love him. 我们都爱他。

【搭配】

at all 完全，根本

first of all 首先

in all 总共

not at all 不客气，不用谢（回答对方道谢的客套话）

all over 到处；遍及；全身

all over the world 世界各地

allow [ə'lau]

v. 允许

【例句】Swimming is not **allowed** at this beach. 这片海滩禁止游泳。

【搭配】

allow sb. to do sth. 允许某人去做某事

allow doing 允许这样的事情存在

【例句】

1. The doctor **allowed** him **to** smoke. 医生允许他吸烟。

2. We won't **allow** talking loudly in the reading-room. 禁止在阅览室里大声喧哗。

【辨析】**allow, let, permit**

这些动词均含“让，允许”之意。

allow：普通用词，侧重听任、默许或不加阻止。在正式场合可用来表客气的请求。

let：常用词，用于各种非正式场合，语气最弱，指允许或无力阻止某事，暗示漠不关心或听之任之。

permit：正式用词，多数场合可与 allow 换用，语义最强，指准许某人做某事，含权威或正式的意味。

【例句】

1. My parents wouldn't **allow** me to go to the party. 我父母不许我去聚会。

2. **Let** me have a look at that letter. 让我瞧瞧那封信。

3. Dogs are not **permitted** inside the shop. =Dogs are not **allowed** to go into the shop.

不允许狗进入商店。

almost ['ɔ:lməust]

adv. 几乎；差不多

【例句】

1. We saw **almost** all of them. 我们差不多见到了他们的全体。

2. It is **almost** as busy as when you are awake. (GMET2012- 阅读 C)

它（指大脑）几乎和你醒着的时候一样忙碌。

alone [ə'ləun]

adj. 单独的

【例句】You'd better not go **alone**. 你最好不要单独去。

【辨析】**alone, lonely**

alone：只是陈述一个客观事实，意思是“独自一人”、“没有同伴或助手”，只用作表语。

另外，alone 可用作副词，表示“独自地”、“单独地”。
lonely：则有浓厚的感情色调，指因缺少朋友、同情、友谊时所发生的一种悲伤的和忧郁的感情，意思是“孤独”、“寂寞”，作形容词。注意，lonely 有时也可作定语，一般只修饰表示地点的名词，意思是“偏偏的，荒凉的”，如 a lonely village 一个偏僻的村庄。

【例句】

1. He was **alone** in the house. 他独自一人在屋子里。
2. My sister lives **alone**. 我姐姐只身独居。
3. I was alone, but not **lonely**. 我虽单独一人，但是并不寂寞。

along [ə'lɔŋ]

prep. 沿着；顺着　*adv.* 向前；一同

【例句】She walked **along** the path. 她沿着小路走去。

【搭配】

along with 连同…一起，同时

get along (well) with 进展；与…和睦相处

aloud [ə'laud]

adv. 大声地

【例句】

1. We mustn't talk **aloud** in class. 在课堂我们不该高声谈话。
2. Read the letter **aloud**, please. 请大声念这封信。

【辨析】**aloud, loud, loudly**

aloud：强调发出的声音能被听见，意为“出声地”或“大声地”，常与 read, call 等动词连用。
loud：意为“响亮地”、“大声”或“高声地”，侧重发出的音量大，传得远，一般多用来修饰 speak, talk, laugh 等动词。loud 还可用作形容词。
loudly：意为“响亮地”，其基本意义与 loud 相同，还常与 ring, knock 等动词连用，放在动词前后均可，含有“喧闹”或“嘈杂”的意味。

【例句】

1. Please read the text **aloud**. 请大声读课文。
2. Speak **louder**, please, or no one will hear you. 请大声些，否则没人能听见。
3. Suddenly the bell on the wall rang **loudly**. 突然，墙上的铃大声地响起来。

already [ɔ:l'redi]

adv. 已经

【例句】I have **already** forgiven you. 我已饶恕你了。

【辨析】**already, yet**

already：多用于肯定句，表示“已经”。
yet：则多用于否定句、疑问句，意为“还、尚、迄今”。

【例句】

1. We've **already** had the exam. 我们已经考过试了。
2. Have you got it **yet**? 你明白了么？/你收到了么？

also ['ɔ:lsəu]

adv. 也，同样地

【例句】I **also** like chocolate ice cream. 我也喜欢吃巧克力冰淇淋。

【辨析】**also, too, either, as well**

1. also, too 和 as well 用于肯定句中：
also 用在助动词之后、行为动词之前；
too 一般放在句末，前面用逗号隔开；
as well 多用于口语，只用于句末，前面不用逗号隔开。
2. either 用于否定句，通常放在句末。

altogether [ɔ:ltə'geðə]

adv. 总共；完全

【例句】How much do they cost **altogether**? 它们总共值多少钱？

always ['ɔ:lweiz]

adv. 总是；永远

【例句】She **always** makes me laugh. 她老是引得我发笑。

【辨析】**always, often, usually, frequently**

这些副词均表示频度。
always：总是，永远。语气最强，指在一切时候，没有例外。
often：经常。语气弱于 always，侧重动作发生的次数具有经常性，具体时间意味不强。
usually：通常。指习惯性动作，频度仅次于 always，较 often 大，偶尔有间隔。
frequently：时常，经常，与 often 同义，可通用，但较正式，强调次数频繁。

among [ə'mʌŋ]

prep. 在…之中；在（三者或三者以上）之间

【例句】She is sitting **among** the students. 她坐在学生中间。

【辨析】**among, between**

这两个前置词均含"在…之间，在…之中"之意。

among：三者或三者以上之间。

between：多指两者之间。

【例句】

1. His house is hidden **among** the trees. 他的房子隐藏在树林之中。

2. There was a fight **between** the two boys. 这两个男孩间发生了一场格斗。

amount [ə'maunt]

n. 数量；总数 *v.* (to) 合计

【例句】

1. The **amount** of money we have is limited. 我们的钱数额有限。

2. His debts **amount** to five thousand dollars. 他欠的债共达五千元。

analyze/analyse ['ænəlaiz]

v. 分析；分解

【例句】

1. **Analyze** results and draw conclusions. 分析结果，得出结论。

2. The teacher tried to **analyze** the cause of our failure. 老师设法分析我们失败的原因。

ancient ['einʃənt]

adj. 古代的；古老的

【例句】**Ancient** men made tools of stone. 古代的人制作了石头工具。

【反义词】modern

and [ænd]

conj. 和，与；又

【例句】Eat more fruit **and** vegetables. 多吃水果及蔬菜。

【搭配】

and so on 等等

and then 其次，然后

angry ['æŋgri]

adj. 生气的；愤怒的

【例句】I am a little **angry**. 我有一点生气。

【近义词】mad

【反义词】calm

【搭配】

be/get angry with sb. 生某人的气

make sb. angry 使某人生气

【例句】

1. My mother **got angry with** me. 我妈妈对我很生气。

2. His words **make** me **angry**. 他的话使我生气。

animal ['æniməl]

n. 动物

【例句】The hunter followed the **animal**'s tracks. 猎人追踪动物的足迹。

announce [ə'nauns]

v. 宣布；宣告

【例句】They will **announce** the result of the vote tonight. 今晚他们将宣布投票结果。

【辨析】**announce, declare**

这两个动词均含"宣布，公开"之意。

announce：多指首次宣布大家感兴趣或可满足大家好奇心的事情。

declare：侧重正式就某事清楚明白地宣布。

【例句】

1. They **announced** their engagement yesterday. 他们昨天宣布了订婚。

2. I **declare** you man and wife. 我宣布你们成为夫妻。

annual ə'ænjuəl]

adj. 每年的，一年一度的 *n.* 年刊；年鉴；一年生植物

【例句】What are your **annual** sales? 你们的年销售额是多少?

【搭配】annual report 年度报告

another [ə'nʌðə]

adj. 再一个的；另一个的 *pron.* 另一个；再一个

【例句】

1. I don't like this book, give me **another** one. 我不喜欢这本书，请另外给我一本。

2. We need **another** chair. 我们再要一把椅子。

【搭配】

one another 互相

one after another 一个接一个，相继

answer ['ɑːnsə]

v. & *n.* 回答；答复；答案

【例句】

1. I'll **answer** them tonight. 今晚我要回答他们。

2. Do you have the **answer**? 你得到答案了吗?

【近义词】reply

anxious ['æŋkʃəs]

adj. 忧虑的；焦急的

【例句】She is **anxious** about her job. 她为工作而焦急。

【搭配】

be anxious about 忧虑，担心，害怕（结果）

be anxious to do sth. 忧虑做某事

【例句】

1. I'**m anxious about** my English exam. 我很担心我的英语考试。

2. They **were anxious to** get it done. 他们急于把这事办好。

【真题】I believe that he is very anxious about her. (GMET2011-12)

A. 思念　　B. 担心　　C. 痛恨　　D. 热爱

（答案：B）

any ['eni]

adj.（用于疑问句、否定句等）一些；任何　*pron.*（无论）哪一个；（无论）哪些

【例句】

1. I can conquer **any** difficulties. 我能征服任何困难。

2. I didn't need **any** help. 我不需要任何人帮忙。

【搭配】

any way 无论如何

any more 再；较多些

【真题】The question is so simple that _______ student can answer it. (GMET2012-20)

A. some　　B. any　　C. all　　D. other

【解答】选 B。some、any 用在复数名词和不可数名词前时意为“一些、有些”，用于修饰单数可数名词时分别为“某一个”和“任何一个”的意思；all 意为“所有”，后面需接名词复数；other 意为“其它的，另外的”。结合句中横线后为单数名词 student 及语意，本题应选 B。

anybody/anyone ['enibɔdi]/ ['eniwʌn]

pron. 任何人

【例句】

1. They do not see **anybody**. 他们没看见任何人。

2. You may ask **anybody** here for help. 你可以请求这里的任何人帮忙。

anyhow ['enihau]

adv. 不管怎样；无论如何

【例句】

1. **Anyhow** I must finish this work today. 无论如何，我今天必须完成这项工作。

2. You won't be late **anyhow**. 你无论如何决不会迟到。

【近义词】anyway

anything ['eniθiŋ]

pron. 任何事（物）；任何东西

【例句】Is there **anything** valuable in your bag? 您的袋子里有什么贵重的东西吗?

【真题】I have never heard of _______ about what had happened to my nephew. (GMET2009-35)

A. anything　　B. everything

C. something　　D. nothing

【解答】选 A。句意：我没听说过我侄子发生的任何事情。本句为否定句，需填表“任何事情”选项。

anywhere ['eniweə]

adv. 任何地方

【例句】I haven't been **anywhere** today. 我今天哪儿也没去。

apartment [ə'pɑːtmənt]

n. 公寓套房

【例句】The new **apartment** has central air-conditioning. 新公寓有中央空调。

【辨析】**apartment, flat**

这两个名词均有“公寓”之意。

apartment：在美国比较常用。

flat：多用于英国、澳大利亚和新西兰。

apologize [ə'pɔlədʒaiz]

v. 道歉；谢罪

【例句】I have come to **apologize** to you. 我是来向您道歉的。

【派生词】apology n. 道歉

【搭配】apologize to sb.(for sth./doing sth.) 向某人 (为做了某事) 道歉

【例句】You must **apologize to** her **for** having kept her waiting. 你必须因让她久等而向她道歉。

appear [ə'piə]

v. 出现；显得；好像

【例句】

1. The ship **appeared** on the horizon. 船出现在地平线上。

2. She doesn't **appear** to be interested. 她看起来不感兴趣。

【反义词】disappear

apple ['æpl]

n. 苹果

【例句】This **apple** is really sour! 这苹果真酸哪！

【搭配】the apple of one's eye 至爱；引以自豪的人；掌上明珠；得意门生

apply [ə'plai]

v. 申请；应用

【例句】She suggested that Tom should **apply**. 她建议汤姆去申请。

【搭配】apply for 申请；请求，接洽

apply sth. to 把…施于…；把…运用于…

【例句】

1. I am **applying for** a job as a clerk. 我正在申请一个做职员的工作。

2. We should **apply** theory **to** practice. 我们应当把理论运用到实践中去。

approve [ə'pru:v]

v. 赞成；同意，批准

【例句】

1. My parents **approve** my application. 我的家长同意我的申请。

2. The teacher looked at John's work and **approved** it. 老师看了约翰的作业表示赞许。

area ['eəriə]

n. 地区；区域；面积

【例句】Be careful of the animals in the **area**. 当心这一带的野兽。

argue ['ɑ:gju:]

v. 争辩；争论

【例句】This is not the moment to **argue**. 现在不是争论的时候。

【搭配】

argue with/against sb. 和某人争论

argue about/on sth. 为…争论

【例句】

1. Do not **argue with** your boss. 不要与你的老板争辩。

2. We **argued with** the waiter **about** the price of the meal. 我们跟服务员争执那顿饭的价钱。

【近义词】debate; quarrel

arm [ɑ:m]

n. 手臂；胳膊

【例句】The shot wounded his **arm**. 子弹击伤了他的胳膊。

army ['ɑ:mi]

n. 军队

【例句】When did you join the **army**? 你什么时候参的军？

【搭配】

the Chinese People's Liberation Army 中国人民解放军

join the army 参军

around [ə'raund]

prep. 围绕，在…周围 *adv.* 在周围；在附近

【例句】

1. The moon moves **around** the earth. 月球围绕着地球运转。

2. Is there a shopping center **around**? 这附近有没有购物中心？

【搭配】show sb. around 带某人参观

arrange [ə'reindʒ]

v. 安排；布置

【例句】

1. Please **arrange** a meeting for me. 请给我安排一次会晤。

2. I **arranged** books on the shelves. 我整理好了书架上的书。

【搭配】arrange for 安排，准备

arrest [ə'rest]

v. 逮捕；拘留

【例句】

1. Why don't we **arrest** him now? 我们为什么现在不抓他？

2. The policeman **arrested** the thief. 警察逮捕了小偷。

【搭配】arrest sb. for sth. 因某事而逮捕某人

arrive [ə'raiv]

v. 到达；来到

【例句】You must **arrive** early tomorrow. 你明天必须早点来。

【搭配】arrive in + 大地点

arrive at + 小地点

【例句】

1. He **arrived in** Shenzhen yesterday. 他昨天到了深圳。

2. The headmaster **arrived at** the school at ten o'clock. 校长十点到了学校。

【近义词】reach; get to

art [ɑ:t]

n. 艺术；美术；艺术品

【例句】She likes **art** and music. 她喜欢艺术和音乐。

article ['ɑ:tikl]

n. 文章

【例句】Please abstract this scientific **article**. 请写出这篇科学论文的提纲。

【近义词】essay

artist ['ɑ:tist]

n. 艺术家

【例句】He is considered the greatest **artist** of this century. 他被认为是本世纪最伟大的艺术家。

as [æz]

conj. & adv. 像…一样；如同；因为 *prep.* 作为；当作

【例句】

1. His face is **as** black as coal. 他面黑如煤炭。

2. He was hanged **as** a murderer. 他作为一个杀人犯被绞死。

【搭配】as…as 像…一样

not so…as 和…不一样

as if/though 仿佛 好像

【辨析】as, because, since, for

这些连词均含有"因为"之意。

as：从属连词，语意较 because, since 弱，着重在主句，所表示的原因或理由是"附带的"。

because：从属连词，语意强，着重直接的原因或理由，所引出的从句是全句的重心，用以回答 why 提出的问题。

for：并列连词，语气较弱，所引出的句子一般放在后面，表示附带说明的或推断的理由。

since：从属连词，语意比 because 弱，但比 as 强，一般用于表示"由于大家已知的事实"。

【例句】

1. He didn't go to school **because** his leg was broken. 他没有去学校因为他的腿伤了。

2. **As** she was not well, I decided to go without her. 由于她不太舒服，我决定自己去。

3. **Since** everyone is here, let's discuss it. 既然大家都在，我们开始讨论。

4. It is spring now, **for** the flowers are out. 花都开了，春天到了。

【例题】

1. Why did you move to France?________ my father found work in Paris.

2. ________ everybody is here, let's begin our party.

3. I went to see him, ________ I had something to tell him.

4. ________ it is raining, you'd better take a taxi.

【解答】1. Because 2. Since 3. for 4. As

ash [æʃ]

n. 灰；灰烬

【例句】The village was covered by **ash** from the volcano. 村子被火山灰覆盖。

ask [ɑ:sk]

v. 问；请求；要求

【例句】I'll **ask** them to be quiet. 我要他们安静些。

【搭配】

ask for 索要，请求，要求

ask sb. to do sth. 让某人做某事

【例句】

1. She **asked** me **for** help. 她向我求助。

2. My teacher **asked** me **to** finish the task tomorrow. 老师让我明天完成任务。

asleep [ə'sliːp]

adj. 睡着的

【例句】

1. He awoke the **asleep** child. 他弄醒了这睡着的孩子。

2. She is **asleep**. 她睡着了。

【搭配】fall asleep 睡着

【辨析】**asleep, sleepy**

这两个词均含有“困倦的，睡着的”之意。

asleep：“睡着的”，常作表语，不能作定语。

sleepy：“瞌睡的”，既可作表语又可作定语。

【例句】

1. The boy is **asleep**. 小男孩睡着了。

2. I feel **sleepy** in the class because I stayed up yesterday night. 我上课很困因为昨晚我熬夜了。

3. The mother made the bed for the **sleepy** child. 母亲为瞌睡的孩子铺床。

assign [ə'sain]

v. 指派；布置；指定

【例句】

1. I **assign** you to wash the dishes. 我分配你去洗盘子。

2. What did the teacher **assign** us to do at home? 老师给我们布置了什么家庭作业？

【派生词】assignment *n.* 分配；任务，工作，（课外）作业

assistant [ə'sistənt]

n. 助手；助理

【例句】She is **assistant** to the professor. 她是这位教授的助手。

astonish [əs'tɔniʃ]

v. 使惊讶

【例句】

1. My news will **astonish** you. 我的消息会让你感到十分惊讶的。

2. The news **astonished** everybody. 这消息使人人感到惊讶。

【搭配】be astonished at sth. 对某事感到惊讶

【辨析】**surprise, amaze, astonish**

这些动词均含“使惊愕，使惊讶，使惊奇”之意。

surprise：普通用词，多指因未预料或意外的事而引起的惊奇之感。

amaze：语气较强，指因认为不可能或极少可能发生情况的出现而感到惊讶或迷惑不解。

astonish：语气较强，指出乎预料，意外发生，但又无法解释而感到惊奇。

【例句】

1. His strange question **surprised** her. 他奇怪的问题令她吃惊。

2. It still **amazes** me how much she has improved. 她进步如此大仍使我觉得惊讶。

3. Her reply **astonished** me. 她的回答使我惊讶。

at [æt]

prep. 在…时（刻）；向；朝；在（某处）

【例句】

1. She shouted **at** me loudly. 她对我大吼大叫。

2. Please awaken me **at** six. 请于六点叫醒我。

【搭配】

at all 根本；简直；究竟

at least 至少

at most 至多

at last 最后

at first 首先

【辨析】**at, in, on**

这三个介词在表示地点或时间时均含“在…”之意。

at：表地点时，指空间位置上的某一点；表时间时，指在时间上的某一时刻。

例如：at school 在学校，at three o'clock 三点。

in：表地点时，指在某一立体空间范围内；表时间时，指一段时间或与年、月、季节时间连用。例如：in the room 在房间里，in July 在七月，in summer 在夏季。

on：表地点时，指某物与另一物表面相接触，或与某地方接壤等；表时间时，指在某一天或某一天的某个时间，尤指在星期几。例如：on the table 在桌上，on Sunday 在周日。

【真题】I'll be at home ________ Friday morning. (GMET2011-24)

A. in B. at C. on D. over

【解答】选 C。in 后常接一段时间，at 用于具体时刻前，on 用于具体某天或某天的早、中、晚前，over

指时间时多可以译为“多于（时间）”或“在…期间”。

attach [ə'tætʃ]

v. 帖上；系上；使附属；附加

【例句】

1. He'll **attach** the label to your luggage. 他会把标签系在你的行李上。

2. Please **attach** a recent photo in the email. 请在电子邮件中附上近照。

【搭配】be attached to 连在…上，附属于；热爱，依恋

【例句】This hospital **is attached to** the medical college nearby. 这个医院附属于附近的那所医学院。

attack [ə'tæk]

v. & *n.* 攻击；袭击

【例句】

1. Wolves will not usually **attack** human. 狼通常并不袭击人。

2. **Attack** is the best way to defend. 攻击是最佳的防守。

【反义词】defend

attempt [ə'tempt]

v. 试图；尝试

【例句】He **attempted** to escape last night. 他昨晚企图逃跑。

【搭配】attempt to do 试图做

attend [ə'tend]

v. 看护；照料；出席

【例句】

1. All of the students will **attend** the meeting. 全体学生将出席会议。

2. I couldn't **attend** her funeral. 我没能出席她的葬礼。

【辨析】**attend, join, join in, take part in**

这些动词或词组均含“参加，加入”之意。

attend：侧重参加或出席正式的活动或场合，如婚礼，会议等。

join：普通用词，指加入党派、团体、某组织，成为其中的一个成员。

join in: 指参加某种活动，尤其指和其他人一起参加某项活动，join in = take part in。

take part in：侧重参加某项群众性、集体性的事业、工作或活动，突出参加者在其中发挥一定的作用 。

【例句】

1. Only 12 people **attended** the meeting. 只有 12 个人参加会议。

2. When did your brother **join** the army? 你哥哥何时入伍的？

3. May I **join in** your discussion? 我可以参加你们的讨论吗？

4. A lot of college students **took part in** the movement last year.

= A lot of college students **joined in** the movement last year. 去年很多大学生参加了那个运动。

【例题】

1. I will never forget the day when I ________ the Party. 我永远也忘不了入党的那一天。

2. Will you ________ the English evening? 同我们一起参加英语晚会好吗？

3. I hope you'll all ____ ____ the discussion. 我希望你们大家都参加讨论。

【解答】1. joined 2. take part in / join in 3. take part in / join in

attention [ə'tenʃən]

n. 注意；关心

【例句】The subject attracted his **attention**. 这话题引起了他的注意。

【搭配】pay attention to 注意

【例句】

1. You must **pay attention to** this problem before everything. 你应该首先注意这个问题。

2. The teacher told the student to **pay attention to** his spelling. 老师提醒那个学生要注意拼写。

attitude ['ætitju:d]

n. 态度

【例句】

1. What is your **attitude** towards gambling? 你对赌博有什么看法?

2. We use emotional language to express our own **attitudes** and feelings. (GMET2008- 阅读 D)
我们用动人的语言来表达自己的态度与感受。

【近义词】opinion; view

attract [ə'trækt]

v. 吸引

【例句】

1. How to **attract** more advertisers? 如何吸引更多的广告客户?

2. She tried to **attract** the waiter's attention. 她试图引起服务员的注意。

【搭配】attract one's attention 引起某人的注意

aunt [ɑːnt]

n. 姨;姑;婶;伯母;舅母

【例句】She visited her **aunt** weekly. 她每周都去看她姑妈。

author ['ɔːθə]

n. 作者

【例句】Who is the **author** of *Romeo and Juliet* ? 谁是《罗密欧与朱丽叶》的作者?

【近义词】writer

authority [ɔː'θɔriti]

n. 权力;权威;(pl.) 官方;当局

【例句】

1. He is an **authority** on genetics. 他是遗传学的权威。

2. I have no **authority** over them. 我没有权力指挥他们。

automatic [ɔːtə'mætik]

adj. 自动的

【例句】

1. You will get an **automatic** increase in pay every year. 你每年将有一次自动加薪。

2. Modern trains have **automatic** doors. 现代火车装有自动门。

autumn ['ɔːtəm]

n. 秋天;秋季(英式英语)

【例句】**Autumn** is a wonderful season. 秋天是极好的季节。

【同义词】fall(美式英语)

available [ə'veiləbl]

adj. 可用的;可获得的

【例句】

1. Not enough memory is **available**. 没有足够的内存可用。

2. My bicycle is not **available**, for it is being repaired. 我的自行车现在不能用,因为正在修理。

【同义词】ready; handy

【派生词】unavailable

average ['ævəridʒ]

adj. 平均的;一般的,通常的 *n.* 平均数

【例句】

1. His reading ability is below the **average**. 他的阅读能力低于一般水准。

2. The global **average** age is 17. 全球平均年龄为 17 岁。

【搭配】on average 平均说来,一般说来

【例句】**On average** we receive five letters a day. 我们平均每天收到 5 封信。

avoid [ə'vɔid]

v. 避免,避开

【例句】

1. Jim was able to hold back his anger and **avoid** a fight. 吉姆总算抑制住了愤怒,从而避免了一场斗殴。

2. People in that small town **avoid** talking to outsiders. 那个小镇上的人们不愿意与外来的人说话。

【搭配】avoid doing sth. 避免做某事

【真题】Where possible, we have avoided ________ technical terms. (GMET2013-23)

A. to use B. using C. used D. use

【解答】选 B。本题考查 avoid doing sth. 搭配,句意为:我们尽可能避免使用专业术语。

awake [ə'weik]

v. (awoke, awoken) 唤醒;醒来,觉醒 *adj.* 醒着的;清醒的

【例句】

1. He **awoke** the sleeping child. 他把那个睡着的孩子弄醒了。

2. He should be **awake** shortly. 他应该很快就会醒过来。

【辨析】**awake, wake**

这两个词均含“叫醒，唤醒”之意。

awake：除用做动词外，还可以做形容词（只用做表语，意为“醒着的”）。

wake：动词，常与 up 连用。

【例句】

1. He is still **awake**. 他仍然醒着。

2. My mother **wake**s me **up** every morning. 我妈妈每天早上叫醒我。

award [ə'wɔːd]

n. 奖，奖品 *v.* 授予，奖给

【例句】

1. My boss presented me with this **award**. 老板送我这奖品。

2. She was **awarded** a medal for bravery. 她因勇敢而获得了奖章。

【近义词】prize

away [ə'wei]

adv. 离开，远离；在远处

【例句】

1. They're **away** on holiday for two weeks. 他们现在在外度假两星期。

2. The shops are only a few minutes' walk **away**. 商店离此地只有几分钟的路程。

【搭配】

far away 遥远

right away [口] 马上，立刻

go away 走开

B

baby ['beibi]

n.[C] 婴儿，幼畜　*vt.* 娇惯；把…当婴儿般对待

【例句】

1. Mary had a **baby** last night. 玛莉昨晚生了个小孩。

2. Don't **baby** the boy. 别惯这孩子。

【搭配】

baby girl 女婴；小女孩

baby boy 男婴；小男孩

have a baby 生孩子

【辨析】**baby，child，infant**

baby：带喜欢的感情色彩，可对姑娘及亲爱者称呼。

child：一般是年龄从婴儿期到青春期的少男少女。

infant：较正式，常为医学用词。

【例句】

1. The **baby boy** is so cute. Everyone loves him so much.
这个男婴太可爱了，每个人都很喜欢他。

2. When I was a **child**, I loved to read children's stories so much.
当我还是小孩的时候，非常喜欢看儿童书籍。

3. The doctor did a research on the habit of **infant** growing.
医生对婴儿成长习惯做了调查。

back [bæk]

n. 背部；后面　*adj.* 后边的，背后的　*adv.* 还，回，往后退

vt. & vi. 支持；(使)后退，(使)倒退

【例句】

1. The writer's picture is on the **back** of the book. 作者的照片在书的背面。

2. She stopped walking away and looked **back** at me. 她停止走动并且回头看我。

3. I will be **back** in a minute. 我马上回来。

4. I'll **back** him against all the others. 我将支持他反对所有其他人。

【搭配】

back to back 背对背

back and forth 来来回回

behind one's back 背地里；暗中

go back 回家，回去

【例句】

1. They stood **back to back.** 他们背对背站着。

2. Have you been talking about me **behind my back**? 你们是不是一直在背后说我闲话?

3. We usually **go back** home at 6:30 p.m. 我们经常下午六点半回家。

bad [bæd]

adj. (worse, worst) 坏的；有害的；严重的

【例句】

1. Bill made a **bad** decision. 比尔做出糟糕的决定。

2. The water was dirty and had a **bad** taste. 这水又脏又臭。

【搭配】

feel bad about 为…感到抱歉或羞愧

be bad at 不善于

go bad 变质，腐烂

【例句】

1. He **feel bad about** leaving her. 他因离开她而感到愧疚。

2. She **is so bad at** keeping secret. 她一点都不会保守秘密。

3. Put the meat into the fridge so it doesn't **go bad.** 把肉放进冰箱里，免得坏了。

badly ['bædli]

adv. (worse, worst) 坏；恶劣地；严重地

【例句】

1. I slept very **badly** last night. 昨天夜里我睡得很不好。

2. He was **badly** treated. 他受到虐待。

3. The car is **badly** in need of repair. 汽车急需修理。

bag [bæg]

n. 书包；提包；袋子

【例句】Mama came in the back door carrying two **bags** of groceries. 妈妈提着两袋食品走进了后门。

baggage ['bægidʒ]

n. [U] 行李

【例句】

1. Your **baggage** is so heavy. 你的行李太重了。

2. These **two pieces of baggage** are not mine but hers. 这两件行李不是我的而是她的。

【用法】baggage 是集体名词，无复数形式，行李件数用 piece 来表示。英式英语用 luggage。

bake [beik]

v. 烤；烘

【例句】

1. The sun **baked** the ground. 太阳炙烤大地。

2. She **baked** a cake for me. 她给我烤蛋糕。

ball [bɔ:l]

n. [C] 球；球状物；舞会

【例句】

1. The earth is shaped like a **ball**. 地球形状像一个球。

2. I will take part in the high school **ball** this evening. 今晚我将参加高中舞会。

banana [bə'nɑ:nə]

n. 香蕉

【例句】My mom has a **banana** every day. 我妈妈每天吃一根香蕉。

【联想】apple 苹果，orange 桔子，pear 梨，grape 葡萄，strawberry 草莓，plum 梅子，cherry 樱桃，pineapple 菠萝，watermelon 西瓜

bank [bæŋk]

n. [C] 银行；（河、海、湖等的）岸，堤

【例句】

1. The man said he robbed **banks** because that is where the money is. 那个人说他抢劫银行，因为银行有钱。

2. There are villages on each **bank** of the river. 河的两岸都有村庄。

【搭配】

commercial bank 商业银行

Bank of China 中国银行

bar [bɑ:]

n. 酒吧；栅栏

【例句】Children below eighteen are not allowed to enter into the **bar**.

低于十八岁的孩子不允许进入酒吧。

base [beis]

n. [C] 基础，基地　*vt.* 基于

【例句】

1. My brother is at a military training **base**. 我兄弟在一个军事训练基地。

2. Her research was **based** on experiments. 她的研究基于实验。

【搭配】

base on 使建立在…基础上

on the base of 在…基础上

basic ['beisik]

adj. 基本的

【例句】These rules of playing basketball are **basic**. 这些篮球规则是基本的。

【搭配】

basic principle 基本原理

basic theory 基本理论

basket ['bɑ:skit]

n. 篮子

【例句】There are few apples in the **baskets**. 篮子里几乎没有苹果。

basketball ['bɑ:skitbɔ:l]

n.[U] 篮球，篮球运动

【例句】Most of the boys in the class like to play **basketball**. 班上大部分男同学喜欢打篮球。

bath [bɑ:θ]

n. 洗澡；澡盆

【例句】Take a **bath**. 洗个澡！

【搭配】a mud /sand /sun bath 泥 / 沙 / 日光浴

bathroom ['bɑ:θrum]

n. 浴室

【例句】Your **bathroom** is much bigger than mine. 你的浴室比我的大得多。

be [bi:]

v. (am, is, are, was, were, being, been) 是；在；成为

【例句】The man **is** very sick and will not **be** here

much longer.
那个人非常不舒服，将不会在这里待久。
【搭配】
be from 来自，生在（某处）
be in /out 在 / 不在家
be in /out of danger 遇 / 脱险
be late 迟到
be off 离开
be on 上演
be over 结束，完了，过去了
let it be 随它，任它

beach [biːtʃ]
n. 海滩
【例句】They love to run about on the **beach**. 他们喜欢在海滩上跑来跑去。

bear [beə]
n. 熊 *v.* (bore，borne/born) 忍受；负担；生（孩子）
【例句】
1. Please **bear** in mind that the traffic rules should be observed. 请牢记应当遵守交通规则。
2. I can't **bear** their bad temper. 我不能忍受他们的坏脾气。
【搭配】bear sth in mind 牢记在心

beat [biːt]
v. (beat, beaten) 敲打；（脉博、心脏）跳动；打败
n. 敲打；节拍
【例句】I finally **beat** her in that match. 我最后终于在那场比赛中打败了她。

【辨析】**beat, hit, strike**
beat 指连续地打，hit 侧重指"击中"，strike 常指"猛地一击"。
【例句】
1. Somebody was **beating** at the door. 有人不停地敲门。
2. I was **hit** by a falling stone. 我被落下的石块击中了。
3. The boy **struck** the man with a stick. 那男孩用棍子打了那个人。

beautiful ['bjuːtif(ə)l]
adj. 美丽的，漂亮的
【例句】Her mother is a **beautiful** lady. 她的妈妈是一位漂亮的女士。

beauty ['bjuːti]
n. [U] 美；[C] 美人
【例句】
1. She was a woman of great **beauty**. 她曾经是个大美人。
2. We shall never forget the **beauty** of that lake. 我们永远不会忘怀那个湖上的美景。
【搭配】
natural beauty 自然美
beauty salon 美容院

because [bi'kɔz]
conj. 因为，由于
【例句】He left **because** he was sick. 他离开是因为他生病了。
【搭配】because of 由于，因为（其后接名词或名词性词组）
【例句】**Because of** the bad weather, we cancelled the trip. 由于坏天气，我们取消了这次旅行。

【辨析】**because, since, as, for**
都可以表示"因为"，语气由强至弱依次为 because, since, as, for。for 是并列连词，其他三个是从属连词。
because：表直接原因，回答 why 引导的疑问句。其引导的从句可以置于句首或句末，放句首时，通常用逗号与后面的主句隔开。
since：侧重于主句，从句表示显然或已知的原因或事实。其引导的从句常位于句首。
as：主从句并重；从句说明原因，主句说明结果。其引导的从句可以放在句首也可以放在句尾。
for：是并列连词，表明附加或推断的理由，或提供一种解释的补充说明。其引导的分句通常放在主句后，主句和分句间通常有逗号。
【例句】
1. He is not at school today **because** he is seriously ill. 他今天没上学因为他病得厉害。
2. **Since** everyone is here, let's begin the meeting. 既然大家都来了，我们开会吧。
3. **As** it was time to go to school, I left quickly. 由于该上学了，我匆忙离开。
4. He must be ill, **for** he is absent today. 他一定病

了，因为他今天缺席。

become [bi'kʌm]

v. (became, become) 变得，成为；适合(某人)

【例句】When did he **become** sick? 他什么时候得的病?

【搭配】what becomes of sb./ sth. 某人/某物情况如何，…怎么啦?

【例句】**What became of** that friend who used to live with you?

之前与你一起住的朋友后来怎么了?

【真题】Mr. Smith wants his son ________ a lawyer.(GMET2013-18)

A. become　　B. becoming

C. will become　　D. to become

【解答】选 D。考查 want sb. to do sth. 短语。

bed [bed]

n. [C,U] 床；河床

【例句】The **bed** was so hard that I could not sleep. 这个床太硬了，我睡不着。

【搭配】

go to bed 上床睡觉

make the bed 整理床铺

single/double bed 单人/双人床

【例句】

1. Every day the children **go to bed** at 9 p.m. 孩子们每天晚上九点上床睡觉。

2. The nurse will help the patient **make the bed** every morning.

每天早上护士会帮病人整理床铺。

3.— Which **bed** do you need, **a single one** or **a double one**?

— Neither. I will not stay here.

— 你是需要单人床还是双人床?

— 都不需要，我不住这里。

bee [bi:]

n. 蜜蜂

【例句】He was stung by a **bee**. 他被蜜蜂螫了。

【搭配】as busy as a bee 像蜜蜂一样忙碌

beef [bi:f]

n. 牛肉

【例句】The **beef** is very delicious. 这牛肉味道很好。

【搭配】roast beef 烤牛肉；beef steak 牛排

【联想】mutton 羊肉，pork 猪肉，chicken 鸡肉，fish 鱼肉

beer [biə]

n. 啤酒

【例句】He likes to drink **beer** so much. 他非常喜欢喝啤酒。

【搭配】beer bottle 啤酒瓶

【辨析】**beer, wine, alcohol, soft drink**

beer：指啤酒

wine：尤指葡萄酒，果子酒，药酒

alcohol：指含酒精的酒

soft drink：指不含酒精的饮料

before [bi'fɔː]

prep. 在…前面，在…以前　*conj.* 在…之前　*adv.* 以前

【例句】

1. Bill ate **before** he went to work. 比尔在上班之前吃饭。

2. I have seen him **before**. 我以前曾经见到过他。

【搭配】

look before and after 瞻前顾后

as before 如以前

before long 不久以后

long before 很久以前

【例句】

1. **Before long**, he was totally blind. 不久，他眼睛全瞎了。

2. He left Wuhan **long before**. 他很久以前就离开了武汉。

3. Are you as busy **as before**? 你跟以前一样忙吗?

【真题】She joined the company in 2008, and before long she was promoted to sales manger.(GMET 2013-14)

A. 很久以前　B. 在此之前　C. 不久　D. 马上

(答案：C)

beg [beg]

v. 恳求；乞讨

【例句】I **beg** your pardon. 对不起，请原谅/请再说一遍。

【派生词】beggar *n.* 乞丐

begin [bi'gin]

v. (began, begun) 开始；着手

【例句】

1. He **began** to laugh when he saw me. 他看见我时就笑了起来。

2. A long walk **begins** with one step. 千里之行，始于足下。

【搭配】

to begin with 首先，第一

begin to do sth. = begin doing sth. 开始做某事

at the beginning of … 在…之初

【例句】

1. It was fine **to begin with** and then it started to rain. 起初天气很好，后来才开始下雨。

2. Whenever he **begins to do anything**, he devotes himself to it. 无论他开始做任何事情，总是把自己投入进去。

3. The teacher handed out the books **at the beginning of** the lesson. 开始上课时，老师给大家发书。

behavio(u)r [bi'heivjə]

n. [U] 行为；举止

【例句】Your **behaviour** is definitely proper. 你行为举止太恰当了。

【辨析】**bahaviour, action**

bahaviour：指在他人面前或特殊场合的行为，尤指交际上的细节。

action：指行动，或是一种习惯性的行为。

【例句】

1. His **behaviour** at the party does not fit his character. 他在宴会上的举止不符合他的性格。

2. **Actions** speak louder than words. ［谚］行动比语言更有效。

behind [bi'haind]

prep. 在…后面　*adv.* 在后面

【例句】

1. Don't forget to lock the door **behind** you when you leave. 别忘了出门时把门锁上。

2. I live **behind** that hill. 我在那座小山后面住。

【搭配】

fall/drop behind 落后

behind the times 落伍，赶不上时代

【例句】

1. We cannot afford to **drop behind** our competitors. 我们可担当不起落后于竞争对手的后果。

2. Without newspapers, we would get **behind the times**.

要不是报纸，我们都赶不上时代了。

believe [bi'liːv]

v. 相信；认为

【例句】

1. I **believe** it may rain tonight. 我相信今晚可能下雨。

2. Seeing is **believing**. 眼见为实。

3. The lawyer **believed** the suspect's statement. 律师相信嫌疑犯的陈述。

【搭配】believe in 相信，信任；信仰

【辨析】**believe，believe in**

believe：指相信，后面常接名词、代词，如果接 that 从句，则表示认为。

believe in：指信仰、信念等。

【例句】

1. We **believe** him. 我们相信他的话。

2. We **believe in** him. 我们信任他。

3. They **believe in** God. 他们信仰上帝。

bell [bel]

n. [C] 钟，铃，钟(铃)声，钟形物

【例句】There's the **bell** for the end of the lesson. 下课铃响了。

belong [bi'lɔŋ]

vi. 属于，为…所有

【例句】That book **belongs** to my sister. 那书是我妹妹的。

【搭配】belong to 属于，是(某团体、国家等)的成员（无被动态，不用于进行时态）

【例句】We **belong to** different classes. 我们属于不同的班级。

below [bi'ləu]

adv. 在下面，向下　*prep.* 在…下面

【例句】

1. The temperature outside is **below** freezing. 外面温度是在冰点以下。

2. The passengers who felt seasick stayed **below**. 晕

船的乘客待在下层。

【搭配】below sea level 海平面以下

belt [belt]

n. 皮带；腰带

【例句】Please fasten your **seat belt** before the flight takes off. 飞机起飞前请系上安全带。

【搭配】seat belt 安全带

bench [bentʃ]

n. 长凳；长椅

【例句】Sit on the **bench**. 坐板凳。

bend [bend]

v. (bent, bent) 使弯曲

【例句】

1. He **bent** forward to listen to the child. 他弯下身来听那孩子说话。

2. However, as it **bent** down to drink, it fell into the water. (GMET2012- 阅读 A)
可是，就在弯腰喝水的时候，它却掉进了水里。

benefit ['benifit]

n. 益处；好处 *vt./vi.* 得益于；有益

【例句】

1. I've had the **benefit** of a good education. 我得益於良好的教育。

2. Go outside. You will **benefit** a lot from it. 走出去吧，你会从中受益的。

【搭配】benefit from/by 从…中得益

【例句】We **benefit from/by** daily exercises. 每天做操对我们有益。

beside [bi'said]

prep. 在…旁边；靠近

【例句】Sit down **beside** me. 坐在我旁边。

besides [bi'saidz]

adv. 此外 *prep.* 除…之外（还）

【例句】

1. There's someone else here **besides** Tom and me. 这里除了汤姆和我，还有别人。

2. I don't like that new dictionary, **besides**, it's too expensive. 我不喜欢那本新字典。另外，它也太贵。

【辨析】**beside, besides, except**

beside：为介词，后跟名词，指“在…旁边；靠近”。

besides：为副词，可单独使用，指“除…外”，强调另外还有，包括在内。

except：则不包括在内，

对比：all **besides** me 我们全部（包括我在内）

all **except** me 我们全部（不包括我）

【例句】

1. The girl who sat **beside** me is my sister. 坐在我旁边的那个女孩是我妹妹。

2. We are all here **besides** Jack. 除了杰克，我们也都在这里。（包括 Jack）

3. We are all here **except** Jack because he is ill.
除杰克因病没来，我们都到齐了。（不包括 Jack）

best [best]

(good, well 的最高级） *adj.& adv.* 最好的（地）；最

【例句】

1. All of our singers are good but Lisa is the **best**. 我们所有歌手都好，但是莉萨最好。

2. He's the **best** man for the job. 他是最适于做这项工作的人。

【搭配】

try/do one's best 竭尽全力

all the best 一切顺利，万事如意（习语，尤其用于告别）

【例句】

1. He said he would **do his best** to learn English. 他说他会尽力学好英语。

2. Goodbye, and **all the best**! 再见，祝你一切顺利！

better ['betə]

(good, well 的比较级） *adj. & adv.* 更好的（地）

n. 更好的（人或物）

【例句】

1. You're a **better** man than I (am). 你人比我好。

2. The **better** I know her, the more I admire her. 我对她越了解，就越爱慕她。

3. **Better** late than never.（谚语）迟做总比不做好。

【搭配】

had better do sth. 最好还是，应该

for better or worse 不管好坏，不管结果如何

【例句】

1. We **had better** leave now or we will miss the bus.

我们最好现在就走，不然就赶不上公共汽车了。

2. **For better or worse**, we have to get ourselves ready for any challenge. 无论结果怎样，我们一定要为任何挑战做好准备。

between [bi'twi:n]

prep. 在（两者）之间

【例句】

1. Children must attend school **between** 5 and 16. 5至16岁的孩子必须上学。

2. Q comes **between** P and R in the alphabet. 在字母表中，Q 位于 P 与 R 之间。

【搭配】between…and… 在…和…中间

【辨析】**among, between**

among 指三者或三者以上之间；between 指两者之间。

【例句】

1. The child in red who is sitting **between** my mother and my father is Lily. 坐在我爸爸和妈妈之间穿红衣服的那个小孩是莉莉。

2. **Among** us, he is the cleverest. 在我们中间，他最聪明。

beyond [bi'jɔnd]

prep. 在…那边；超出　*adv.* 在远处

【例句】How people design computer games is **beyond** me. 我不明白电脑游戏是如何设计的。

【搭配】beyond sb. 为某人所不能理解

【真题】The strange idea is ________ belief. (GMET 2011-27）

A. off　B. beyond　C. below　D. under

【解答】选 B。句意：这个奇怪的想法令人难以置信。

bicycle/bike ['baisikl]/ [baik]

n. 自行车

【例句】We go to school by **bicycle/bike**. 我们骑自行车上学。

big [big]

adj. 大的；重要的

【例句】

1. Texas is a **big** state. 得克萨斯州是一大州。

2. For us the only **big** difference was that we were awake or asleep. (GMET2011- 阅读 C) 对我们而言，唯一重要的不同就在于我们是醒着还是睡着。

【辨析】**big, large, great**

big 和 large 都用来指物体体积、面积、范围、程度、能量或数量。big 较为口语化，large 一般不指人，great 常指重要性、特性、能力或程度。

large 和 great 都可用来修饰数量、数额。

【例句】

1. Her husband was a **big** man. 她丈夫是个大块头。

2. In the **largest** room about a dozen children and seven adults are sitting on the carpet.

在最大那间房里，地毯上坐了约 12 个小孩和 7 个大人。

3. I feel just **great**. 我感觉好极了。

bill [bil]

n.[C] 账单，清单；法案；（美）钞票，纸币

【例句】I must pay away the **bill** tomorrow. 明天我必须付掉这账单。

【搭配】pay the bill 付账

【例句】You are supposed to **pay the bill** by Friday. 你最晚要在星期五结清这笔帐。

billion ['biljən]

num. 十亿；无数

【例句】Do you actually have **billion** dollars? 你真的有十亿美元吗？

【搭配】billions of 无数，大量，数十亿

【例句】The company produces **billions of** cars a year. 该公司每年生产数十亿辆车。

biology [bai'ɔlədʒi]

n. [U] 生物学

【例句】My school requires one year of study each of **biology**, physics and chemistry.

我的学校需要学习一年的生物，物理和化学。

bird [bə:d]

n.[C] 鸟，禽类

【例句】I watched the **bird** fly away until I could no longer see it. 我看着鸟飞走，直到看不见它。

birth [bə:θ]

n. 出生；诞生

【例句】The baby weighed seven pounds at **birth**. 婴儿出生时重七磅。

【搭配】

give birth to sb./sth. 生孩子，产仔；产生，引起

by birth 在血统上，生来

【例句】

1. He is French **by birth**. 他是法国血统。

2. She's just **given birth to** a baby girl. 她刚生了一个女孩。

birthday ['bə:θdei]

n. 生日

【例句】Today is my father's **birthday**. 今天是爸爸的生日。

biscuit ['biskit]

n. 饼干

bit [bit]

n. 一点，一些；少量

【例句】It's all a **bit** of a mess. 它整个有点儿乱。

【搭配】a bit (of) 有点，稍微

【例句】All it required was **a bit of** work. 这事儿只需稍费工夫就可以了。

bite [bait]

v. (bit, bitten) 咬，迷住，（鱼）上钩　*n.*[C] 咬，伤痛

【例句】That dog just **bit** me in the leg. 那条狗刚咬了我的腿。

bitter ['bitə]

adj. 苦的

【例句】Who has never tasted **bitter** knows not what is sweet. [谚语] 不尝黄连苦，怎知蜂蜜甜。

black [blæk]

adj. 黑色的，暗淡的，忧郁的　*n.* 黑色

【例句】

1. I first saw him on a **black** and stormy night. 我第一次看见他，是在一个漆黑的暴风雨的晚上。

2. The future looks **black**. 前途暗淡。

【搭配】

black and blue（打得）青一块紫一块

in black and white 白纸黑字

black eye 眼圈发黑

【例句】

1. He was beaten **black and blue**. 他被打得遍体鳞伤。

2. The film was shot **in black and white**. 这部电影拍成了黑白片。

3. He had **a black eye** after the fight. 他打架之后，眼眶被打成青黑色。

blackboard ['blækbɔ:d]

n. 黑板

【例句】Look at the **blackboard**, boys and girls! 同学们，看黑板！

blame [bleim]

vt. 责备，谴责　*n.*[U] 过失，责备

【例句】

1. The police **blamed** him for the crime. 警察指责他犯罪。

2. Don't **blame** me for your bad decision. 不要因你的糟糕决定而责备我。

【搭配】

blame sb. for sth. 因某事责备某人

blame …on/upon… 怪罪，把某事的责任归咎于某人

【例句】

1. They **blamed him for** the accident.

2. They **blamed** the accident **on/upon** him.

【辨析】**blame, scold, condemn**

blame：指一般意义上的责备。

scold：表示数落和责骂，常用于母亲对孩子，老师对学生。

condemn：较正式，常指道义、原则上的谴责。

【例句】

1. I don't **blame** you. 我不怪你（我认为你做得有道理）。

2. Did you **scold** her for breaking it? 她把那件东西打破了，你骂她了吗？

3. We all **condemn** cruelty to children. 我们一致谴责虐待儿童的行为。

【例题】He is ________ .

A. to be blamed　　B. to be blame

C. to blame　　D. to be blaming

【解答】选 C。be to blame 该受责备（用主动形式表示被动意义）。

blank [blæŋk]

adj. 空白的　*n.* 空白处；空格

【例句】Please fill in the **blank**. 请在空白处填写。

blind [blaind]

adj. 瞎的，缺乏理解力的

【例句】Being **blind** did not keep him from becoming a famous singer. 失明没有阻止他成为一个著名歌手。(keep… from：阻止)

【搭配】

be blind to 对…视而不见

go blind 失明

【例句】To **be blind to** this will lead to the gravest error. 看不到这一点，就会犯极大的错误。

【例题】翻译：他左眼失明。

[误] His left eye is blind.

[正] He is blind in the left eye.

【解答】汉语说具体部位"左眼"瞎时，主体是"眼"；英语则说"人"blind，然后用介词短语引出"blind"的具体部位"左眼"。

block [blɔk]

n.[C] 大块；一组；街区；阻塞　*vt.* 阻塞，拦阻

【例句】

1. Turn left after 3 **blocks**. 走过三个街区后往左拐。

2. A truck accident **blocked** the road for an hour. 道路被一卡车事故堵塞了一个小时。

【搭配】

a block of wood 一块木头

an office block 办公大楼

block off 封锁，封闭

【例句】

1. He carved a doll from **a block of wood**. 他用一块木头雕刻了一个娃娃。

2. They had **blocked off** the fireplaces to stop draughts. 他们封住了壁炉，以阻挡通风。

blood [blʌd]

n.[U] 血

【例句】**Blood** is thicker than water. 血浓于水。

【搭配】blood test 验血

【例句】You'd better not eat anything before a **blood test**. 在验血前你最好不要吃任何东西。

blouse [blauz]

n. 女衬衫

【例句】You have to dry-clean that **blouse**. 你必须干洗那件短上衣。

【联想】shirt 衬衫，skirt 裙子，dress 连衣裙，jacket 夹克衫

blow [bləu]

v.(blew, blown) 吹，刮风，吹气　*n.*[C] 打，打击

【例句】The wind **blows** the autumn leaves. 风吹着秋天的树叶。

【搭配】

blow up 爆炸，(被)炸飞；充气，给…打气；大发脾气，大怒

blow out 吹熄

blow off 吹走，离去

【例句】

1. Can you **blow up** these balloons ? 你能把这些气球吹起来吗？

2. Did you remember to **blow out** the candle? 你记得把蜡烛熄灭了吗?

3. He **blew** the dust **off** the book. 他吹掉书上的灰尘。

【辨析】**blow up, explode, burst**

blow up：用来指"炸毁"楼房等物。

explode：用于炸弹，锅炉，油箱等"爆炸"。

burst：指血管等"爆裂"，气球等"爆炸"。

【例句】

1. They **blow up** the bridge. 他们炸毁了桥。

2. The firework **exploded** in his hand. 那个爆竹在他手里响了。

3. The bag was so full that it **burst** open. 袋子那么满都胀破了。

【例题】They had planned to ________ the bridge but their bombs failed to ________ .

A. blow up; explode　　B. explode; blow up

C. blow up; erupt　　D. explode; burst

【解答】选 A。题意：他们本打算炸掉那座桥，但他们的炸弹没有爆炸。

blue [bluː]

n.[C,U] 蓝色　*adj.* 蓝色的，沮丧的，忧郁的

【例句】

1. My son has **blue** eyes. 我儿子有着蓝色的眼睛。

2. Don't look so **blue**, smile! 别这样愁眉苦脸的，笑一笑吧！

【搭配】be/fall in the blues 情绪低落

dress in blue 穿着蓝色衣服

【辨析】**blue, depressed, sad**

blue：强调情绪的低落，心情的忧伤。

depressed：指因疲劳、失望等而情绪低落，同时也可指忧郁健康等情况引起的长期的无精打采或颓废不振。

sad：一般指不十分强烈的难过。

【例句】

1. There's no reason for me to feel so **blue**. 我也说不出来为什么这么沮丧。

2. He seemed somewhat **depressed**. 他似乎有些抑郁。

3. He died five or six years ago I'm **sad** to say. 很遗憾，他在五六年前去世了。

board [bɔːd]

n. 木板；局；委员会；董事会　*v.* 提供膳食；上（船、飞机等）

【搭配】

go/get on board 上船，上飞机，上火车

chess board 棋盘

【例句】

1. Have the passengers **gone on board** yet? 旅客已经上船（上飞机）了吗？

2 Can you bring your **chess board** when you come over? 你能带着棋盘过来吗？

boat [bəut]

n.[C] 小船，小艇　*vi.* 划船，乘船

【例句】I like to fish from a **boat**. 我喜欢在一个小船上钓鱼。

【搭配】take boat 坐船，乘船

【例句】Could we **take a boat** trip on the West Lake? 我们可以在西湖上划船吗?

【辨析】**boat, ship, raft**

boat 小船；ship 大船；raft 筏

【例句】

1. One of the best ways to see the area is in a small **boat**. 游览该地区的一个最好方式是乘坐小船。

2. We went over to America by **ship**. 我们搭轮船去美国。

3. The crew spent two days and nights in their **raft**. 船员在救生筏上呆了两天两夜。

body ['bɔdi]

n.[C] 身体，躯体，尸体

【例句】

1. Exercise can improve anyone's **body**. 锻炼能增强任何人的体质。

2. Police found five **bodies** buried beneath the house. 警察发现房子下面埋了五具尸体。

boil [bɔil]

v.（水等）沸腾；（水）开，用开水煮；使（水等）沸腾

【例句】**Boil** one cup of water, add frozen vegetables and cook for five minutes. 煮沸一杯开水，加上冰冻的蔬菜，然后煮五分钟。

bone [bəun]

n.[C] 骨（头），（鱼）刺

【例句】The girl broke a **bone** in her wrist when she fell. 她跌到时摔折了手腕骨。

book [buk]

n.[C] 书；本子　*vt.* 预定（房间、票等）

【例句】The professor has written six **books** about East Asia. 教授已经写了 6 本关于东亚的书。

【搭配】

book up 预定（车、船、飞机票等）

book in 预定，办理登记手续

【合成词】bookcase/bookshelf 书架，bookmark 书签，bookstall 书报摊，bookstore 书店

【辨析】**book, order**

book：预定票、座位、房间。

order：预定货物、菜、衣服。

【例句】

1. I have **booked** a seat on a plane for Guangzhou. 我已经预定了去杭州航班的座位。

2. He **ordered** himself four suits. 他为自己订购了四套衣服。

borrow ['bɔrəu]

v.（向别人）借；借用

【例句】The bank refused to let me **borrow** any more money. 银行拒绝让我借更多的钱。

【搭配】borrow money from sb. 向某人借钱

【例句】She used to **borrow money from** her friends. 她过去常向她的朋友们借钱。

【辨析】**borrow, lend, keep, have**

borrow…from…指借进，lend…to…指借出。借进、借出均是相对于句子主语而言，borrow, lend 都是瞬间动词，使用时均不能与表一段时间的时间状语连用，如确需与表一段的时间状语连用，可以用具有延续性的动词 keep 或 have 进行替换。

【例句】

1. I want to **borrow** the book **from** him, but he has **lent** it **to** Lily. 我想借他的那本书，但他已经借给 Lily 了。

2. You can **keep/have** the book for two weeks. 这本书你可以借两个礼拜。

【真题】This is ________（我昨天从图书馆借的书）。（GMET2011-79）

【解答】答案：the book (that/which) I borrowed from the library yesterday。

boss [bɔs]

n. 老板，上司

【例句】I myself agree with you, but I can't speak for my **boss**. 我同意你的提议，可我的话并不能代表我的老板。

both [bəuθ]

adj. & *pron.* 两者（的）；双方（的）

【例句】You can park your car on **both** sides of the street. 街道两边都可停车。

【搭配】

both…and… 不但…而且…，既…又…

both of 两个 / 者都…

【例句】

1. **Both** my father **and** I like swimming. 我和父亲都喜欢游泳。

2. **Both of** them are teachers. 他们俩都是教师。

bother ['bɔðə]

v. & *n.* 打扰；麻烦；烦恼

【例句】The teacher is **bothering** her students. 那老师正为学生们操心。

【搭配】have bother (in) doing sth. 做某事有麻烦

【例句】Did you **have much bother finding** the house? 你找到这所房子费劲吗？

bottle ['bɔtl]

n.[C] 瓶子，（连用 the）酒　*v.* 用瓶子装

【例句】He drank the last **bottle** of water. 他喝完了最后一瓶水。

【搭配】a bottle of 一瓶

bottom ['bɔtəm]

n.[C] 底；末端

【例句】Answers can be found at the **bottom** of Page 8. 答案可以在第 8 页下端找到。

【搭配】

at the bottom 在底部；在底端

at the bottom of 在…的底部

from the bottom of one's heart 打心眼里，衷心地

from top to bottom 完完全全，从头到脚

【例句】

1. Turn to the left **at the bottom**. 走到尽头往左拐。

2. The telephone is **at the bottom of** the stairs. 电话在楼梯下面。

3. I felt grateful to you **from the bottom of my heart**. 我衷心地感谢你。

4. We gave the house a good clean **from top to bottom**. 我们把房子彻底打扫干净了。

bowl [bəul]

n. 碗

【搭配】

a bowl of soup 一碗汤；

a rice bowl 饭碗

【联想】chopsticks 筷子，fork 叉子，spoon 勺子，knife 刀子，dish 盘子

box [bɔks]

n. [C] 箱子；盒子；匣子　*v.* 拳击

【例句】Put the old books in that **box**. 把旧书放进那个箱子。

【搭配】

telephone box 电话亭

box office 售票室，票房

【例句】

1. There is a **telephone box** on the corner. 拐角处有一个电话亭。

2. The film has broken the **box-office** record. 这部

电影打破了票房纪录。

boy [bɔi]

n.[C] 男孩，男仆

【例句】The **boys** played together after school. 那些男孩放学后在一起玩。

brain [brein]

n.[C,U] 脑子，大脑；(复)头脑，脑力

【例句】The **brain** is the centre of the nerve system. 大脑是神经系统的中枢。

branch [brɑːntʃ]

n. 枝条；支流；部门

【例句】

1. He climbed up the tree and hid among the **branches**. 他爬上树，藏在树枝后面。

2. They have decided to close that **branch** down. 他们决定把那个分公司关了。

brave [breiv]

adj. 勇敢的

【例句】Leaving home was a **brave** decision. 离开家是一个勇敢的决定。

bread [bred]

n. [U] 面包

【例句】We have **bread** at every meal. 我们每餐都吃面包。

【搭配】a piece/loaf/slice of bread 一块 / 条 / 片面包

break [breik]

v. (broke broken) 打破，折断，打碎 *n*. [C] 休息

【例句】

1. The glass **broke** into many pieces. 玻璃碎成了很多片。

2. Years of hard work **broke** his health, but it did not **break** his spirit. 多年的艰苦的工作毁坏了他的健康，但并没挫伤他的锐气。

3. Take a **break**. 休息一下。

【搭配】

break away 突然离开，强行逃脱（get away 逃脱）

break down 损坏，（健康等）垮掉，崩溃

break out（指激烈事件）突然发生

break in 非法闯入；打断，插嘴

break into 非法闯入，强行进入

break up 打碎，粉碎；散开，驱散；终止，结束

break the ice 打破冷场

【例句】

1. We tried to **break away(from** him). 我们设法逃脱掉(摆脱他)。

2. My car has **broken down**. 我的车子发生故障了。

3. Fire **broke out** during the night. 夜间突然发生了火灾。

4. The thief had **broken in** through a first-floor window. 小偷是从二楼的窗户进入的。

5. Civil war could come if the country **breaks up**. 如果国家分裂就会爆发内战。

6. He managed to **break the ice**. 他总算打破僵局。

【真题】The car broke down on their way to Beijing. (GMET2010-14)

A. 摔坏 B. 翻车 C. 丢失 D. 抛锚

（答案：D）

breakfast ['brekfəst]

n. 早饭，早餐

【例句】

1. The children have **breakfast** in the school. 孩子们在学校吃早餐。

2. Laugh before **breakfast**, you'll cry before supper. 笑得早也哭得早 / 乐极生悲。

【搭配】

at breakfast (正在) 进早餐（无冠词）

have breakfast 吃早餐

【例句】He drinks tea **at breakfast**. 他在早餐时饮茶。

breath [breθ]

n.[C,U] 呼吸，气息

【例句】

1. I can hold my **breath** for about one minute. 我可以憋差不多一分钟的气。

2. John ran up out of **breath**. 约翰上气不接下气地跑过来了。

【搭配】

hold one's breath 屏息

out of breath 喘不过气来

breathe [briːð]

v. 呼吸；喘息

【例句】**Breathe** deeply before you begin your speech.

在你开始讲话之前，深呼吸。

bridge [bridʒ]

n. [C] 桥

【例句】The city needs a new **bridge** across the river. 此城需要一座跨越河流的新桥。

brief [bri:f]

adj. 短暂的，简短的　*n.* [C] 概要，摘要

【例句】

1. Many people wish to speak, so please keep your comments **brief**. 很多人希望发言，因此请你们简短发言。

2. Mozart's life was **brief**. 莫扎特的一生是短暂的。

【搭配】

in brief 简言之 = briefly

brief introduction 简介；简短介绍

【例句】**In brief**, Tom is a lazy boy. 简而言之，汤姆是个懒孩子。

【辨析】**in brief, in short**

in brief：着重重点突出，不拖泥带水。

in short：多用来在较长叙述之后长话短说，带有"综上所述"之意。

【例句】

1. There is not much time left, so I'll tell you about it **in brief**.

时间不多了，因此我简单讲讲。

2. **In short**, I am going to live here myself. 简而言之，我将独自在此生活。

bright [brait]

adj. 明亮的，晴朗的；鲜明的；聪明的；美好的

【例句】

1. **Bright** sunlight hurts my eyes. 明亮的阳光伤害我的眼睛。

2. The new grass is **bright** green. 新草是鲜绿的。

bring [briŋ]

v. (brought, brought) 带来；传到；拿来；引起

【例句】

1. Sam will **bring** Tracy to the party. 萨姆将带特蕾西去聚会。

2. She was **brought** up by her grandma. 她是由奶奶带大的。

【搭配】bring about 造成，导致

bring forward 提出

bring up 提出，抚养大

【例句】

1. The only way they can **bring about** political change is by putting pressure on the country. 要使该国进行政治变革，唯一的办法就是向其施压。

2. Can you **bring forward** any proof? 你能提出证据吗？

3. His grandmother and his father **brought** him **up**. 他的祖母和父亲把他养大。

broad [brɔ:d]

adj. 宽的；广阔的

【例句】His shoulders are **broad**. 他肩很宽。

【辨析】**broad, wide**

wide：主要用于表示口径、缝隙、空间从一侧到另一侧的宽。

broad：常指物体的整个表面宽广。

broadcast ['brɔ:dkɑ:st]

n.[C] 广播节目　*v.*（broadcast, broadcast）广播

【例句】VOA **broadcasts** the news in Special English. 《美国之音》广播《特别英语》新闻。

broom [bru:m]

n. 扫帚

【例句】The lobby is empty but for the postman and his **broom**. 大厅里除了邮差和他的扫帚以外别无他人。

brother ['brʌðə]

n.[C] 兄，弟

【例句】I have three **brothers**, but no sisters. 我有三个兄弟，但没有姐妹。

brown [braun]

adj.& n. 棕色 (的)，褐色 (的)

【例句】Richard has **brown** hair and brown eyes. 理查德有棕色头发和棕色眼睛。

brush [brʌʃ]

n. 刷子；毛刷；画笔　*v.* 刷；擦

【例句】

1. We gave him paint and **brushes**. 我们给了他颜料和画笔。

2. She **brushed** the powder out of her hair. 她把粉末从头发中梳掉。

【搭配】

brush away 拂掉

brush off 刷掉，不理会

【合成词】toothbrush 牙刷，hairbrush 毛刷

build [bild]

v. (built, built) 建筑（造）；建设

【例句】Tim plans to **build** a house for his dog. 提姆计划为他的狗盖个窝。

【搭配】build on/upon ... 把…建立于，以…为思想或行动的基础

build up 逐步建立；增进，增强；逐渐积聚，集结

【例句】

1. We should not **build** too many hopes **upon** their assistance. 对他们的援助我们不应存太大的希望。

2. The collection has been **built up** over the last seventeen years. 在过去的 17 年中，收藏的规模不断扩大。

building ['bildiŋ]

n.[C] 建筑物，楼房

【例句】My office is in that **building** next to the hotel. 我的办公室是在那紧挨着宾馆的大厦里。

burn [bəːn]

v. 燃烧　*n.*[C] 烧伤；灼伤

【例句】

1. The candles **burned** brightly enough for me to read the book. 燃烧的蜡烛明亮得足够我读书。

2. The wildfire **burned** much of the forest. 野火烧毁了很多森林。

【搭配】

burn down 烧毁

burn out 烧完（燃料）

burn up 烧旺起来

【例句】

1. The house **burnt down** in half an hour. 那所房子在半小时之内就被焚为平地。

2. Fire officials let the fire **burn** itself **out**. 消防官员让火自行熄灭。

3. Put more wood on a fire to make it **burn up**. 再往火上续点木柴让它烧旺些。

burst [bəːst]

v. (burst, burst)(使)破裂，突然发生，爆炸

n.[C]（感情等的）爆发

【例句】

1. If you blow that balloon up any more, it will **burst**. 那气球再吹就要破了。

2. The crowd gave a **burst** of laughter. 人群爆发出一阵笑声。

【搭配】

burst into tears 大哭

a burst of anger/applause 一阵怒火 / 掌声

【例句】

1. They were so moved that they **burst into tears**. 他们被感动得哭了起来。

2. In a sudden **burst of anger**, the man tore up everything within reach. 在突然爆发愤怒时，那男人撕碎了他能触及到的任何东西。

bus [bʌs]

n. [C] 公共汽车

【例句】Shall we walk or go by **bus**? 我们是步行呢，还是乘公共汽车呢？

business ['biznis]

n.[C,U] 商业，生意；职责；事务，事情

【例句】

1. We don't do **business** with foreign companies. 我们跟外国公司没有生意来往。

2. It is not your **business**. 不关你的事。

【搭配】

get (down) to business 认真干起来

on business 出差

in business 经商，从商

have/do business with 与…做生意

【例句】

1. Shall we **get** straight **down to business**? 我们就开门见山开始谈生意？

2. I am travelling **on business**. 我在出差。

3. He is very skilled in **business**. 他做生意［买卖］很有经验。

4. I used to **do business with** him. 我过去和他常有业务往来。

【辨析】**business, commerce, trade, industry**

business：指买卖交易这一事务。
commerce 和 trade：指包括交易物流的整个商业运作。
industry：特指制造业或行业。
【例句】
1. I was interested in the different people who did **business** with me. 我对那些跟我做生意的形形色色的人非常感兴趣。
2. They have made their fortunes from **industry** and **commerce**. 他们靠工商业发了财。

busy ['bizi]
adj. 忙碌的
【例句】Are you **busy** now? 你现在忙吗?
【搭配】be busy doing sth. = be busy with sth. 忙于做某事
【例句】Lily **is busy practicing** oral English.
= Lily **is busy with** oral English. 丽丽正在忙着练习英语口语。

but [bʌt]
conj. 但是；可是；然而 *prep.* 除…以外 *adv.* 几乎，仅仅
【例句】
1. She knew who called **but** I did not know. 她知道谁打的电话但是我不知道。
2. The boy ate nothing **but** candy. 那男孩只吃糖果。
3. Jean was tired **but** she could not get to sleep. 吉恩疲倦了，但是她不能入觉。
【搭配】but for 要不是因为某人（某事物）；如果没有某人（某事物）
【例句】
1. **But for** the rain we would have had a nice holiday. 要不是下雨，我们的假日一定很惬意。
2. **But for** the safety-belt I wouldn't be alive today. 假若没安全带，我就活不到今天了。

【辨析】**but**，**although**，**however**
but：作连词，连接的两个并列句表相反意思；but 作介词，常跟否定词（nobody，none，nowhere），疑问词（who，where）或 all，everyone，anyone 等之后，表"except"的意思。
although：与 but 不可同时出现在一个句子中。
however：表转折，位置一般在句首或两个句子中间。
【例句】
1. I'm sorry, **but** it's nothing to do with you. 对不起，但是这跟你没关系。
2. Some of the food crops failed. **However**, the cotton did quite well. 有些粮食作物歉收，但棉花的收成仍相当不错。

butter ['bʌtə]
n. 黄油
【例句】Would you like some more bread and **butter**? 再来一点黄油面包好吗？

button ['bʌtn]
n. 钮扣；按钮 *v.* 扣住；系扣
【例句】Press this **button** to start the engine. 要开动发动机就按这个按钮。

buy [bai]
v. (bought, bought) 购买
【例句】Money can't **buy** happiness. 金钱买不到幸福。
【搭配】buy sth. at (a price) 以…价格买
buy sth. for sb. = buy sb. sth. 为某人买某物
【例句】
1. He **bought** the goods **at** a reduced price. 他以降低的价格购买了这批货。
2. I often **buy** flowers **for** her. 我经常买花送她。

by [bai]
prep. 靠近，经过；在…旁；（指时间）不迟于；（用于被动语态）被；（表示方法，手段）用；由（指交通工具等）乘，用 *adv.* 在附近，经过
【例句】
1. Come and sit **by** me. 来坐在我身旁。
2. He ought to have arrived **by** this time. 此时此刻他早该到了。
3. It is a play (written) **by** Shakespeare. 那是莎士比亚（写）的剧本。
4. He earns his living **by** writing. 他靠写作为生。
【搭配】
by mail 以邮件方式
by air/water/bus/train 乘飞机 / 轮船 / 汽车 / 火车

by oneself 单独地

by the way 顺便问一下

day by day 一天一天地

little by little 一点一点

【例句】

1. I sent the parcel **by mail**. 我邮寄了这个包裹。

2. We went by sea, not **by air**. 我们走了海路，没有乘飞机。

3. What is the fee, **by the way**? 对了，收费是多少?

bye-bye [bai'bai]

int. 再见

C

cabbage ['kæbidʒ]

n. 卷心菜；洋白菜

【例句】The **cabbage** is overcooked. 卷心菜煮过头了。

cabinet ['kæbinit]

n. 橱柜；内阁

【例句】

1. The president discussed with the **cabinet**. 总统同内阁进行了商讨。

2. The couple wanted to have a china **cabinet** in the dining room.

这对夫妇想在饭厅摆一个瓷器摆设柜。

cake [keik]

n. 蛋糕；饼

【例句】She is making **cakes**. 她在烤蛋糕。

【搭配】a piece of cake 轻而易举的事

【例句】This is **a piece of cake**. 小菜一碟（很简单）。

call [kɔ:l]

v. 称呼；取名；呼唤，叫喊；打电话　*n.* 叫；喊；通话

【例句】What should I **call** you? 请问我怎么称呼您？

【搭配】

call for 要求；需要；提倡

call off 取消；放弃；叫走

call on 访问；号召；请求

call up 打电话；召集

【辨析】**call on; call at** "拜访"

call on：强调拜访，访问某人，后面接人，call on sb.

call at：指拜访某个地方，后面接地点，call at sp.

【例句】I hope to **call on** you **at** your office this afternoon. 我希望今天下午到您的办公室拜访您。

【例题】As there was a power cutting the hospital, the doctor had to ________ the operation.

A. call for　B. call on　C. call up　D. call off

【解答】答案：D。句意：由于医院停电，医生只好停止手术。call off 有"取消"的意思，根据句义为"取消手术"。

【真题】This project calls for a lot of money.（GMET 2013-10）

A. 节省　B. 浪费　C. 赚取　D. 需要

（答案：D）

calm [kɑ:m]

adj. 平静的；镇定的；沉着的

【例句】Try to keep **calm** and tell me what happened. 试着保持冷静，告诉我发生了什么。

【搭配】

calm down 平静下来

keep calm 保持平静

【辨析】**calm, peaceful, silent** 和 **quiet**

calm：指天气、海洋的"平静无风"，指人则表示"镇定自若"。

peaceful：无战争和平状态，环境宁静，修饰人表示安详的，温和的。

silent：意为沉默不说话。

quiet：强调宁静，几乎没有什么声音，没有扰乱。

【例句】

1. **Calm** down and have a tea. 平静一下，喝杯茶。

2. She longed for a **peaceful** life. 她渴望过着平静的生活。

3. On his beginning to speak, everyone was **silent**. 他一讲话，所有人都安静下来。

【例题】The waters of the lake were so ________ that it looked like glass.

A. calm　B. peaceful　C. silent　D. quiet

【解答】答案：A。句意：湖水平静如镜。so…that "如此…以致于…"，据句意 calm 贴切。

camera ['kæmərə

n. 照相机

【例句】Is this **camera** new or second hand? 这部相机是新的还是旧的？

camp [kæmp]

v. 露营；扎营 *n.* 营地；野营

【例句】If you go around the **camp** you can see how they live. 如果你在营地里走走，你会看到他们是如何生活的。

【搭配】

go camping 露营

a summer camp 夏令营

can [kæn]

modal *v.*(could) 能够；可以；可能；会 *n.* 罐头

【例句】

1. What **can** I do for you? 我能帮你什么忙？
2. He **can** tell right from wrong. 他能明辨是非。

【搭配】

cannot help doing sth. 抑制不住干某事

as…as one can 尽可能…

【例句】He **cannot help laughing**, but the doctor has tried to stop him as quickly as he can.

他抑制不住在笑，但医生已经在试图尽可能快的让他停下来。

【真题】He ________ be tired, because he began to work just ten minutes ago. (GMET2013-28)

A. needn't B. mustn't C. may not D. can't

【解答】答案：D。句意：他不可能累，他 10 分钟前才刚开始工作。考查 can 否定判断的用法。

cancel ['kænsəl]

v. 取消；删去

【例句】He **cancelled** all the meetings. 他取消了所有的会议。

【搭配】cancel out（互相）抵消

【真题】He was forced to cancel his trip to London. (GMET2011-06)

A. 推迟 B. 取消 C. 改变 D. 提前

（答案：B）

candle ['kændl]

n. 蜡烛

【例句】A teacher's work is often compared to a **candle**. 教师的工作常被比作蜡烛。

cap [kæp]

n. 帽子；笔帽；瓶盖

【例句】The nurse always wears a **cap** on the head. 护士总是头戴帽子。

capacity [kə'pæsiti]

n. 容量；能力

【例句】I really admire his **capacity** for work. 我真钦佩他的工作能力。

【辨析】**capacity, skill, talent, ability**

capacity：指接受、理解等方面的能力。

skill：指做事的本领或具有的技能，技巧。

talent：一般指先天所赋的才智，尤其指艺术方面的天分。

ability：泛指“能力，本领”，可是先天的，也可是后天习得的。

【例句】She has a **talent** for drawing so that she can master the painter's **skill**. 她在画画上很有天赋，所以能掌握成为画家的技能。

capital ['kæpitl]

n. 首都；省会；大写字母；资本

【例句】

1. Each state of the United States has a **capital**. 美国每一个州都有一个首府。
2. In this sentence, the word BIG is in **capitals**. 本句中 BIG 一字用的是大写字母。

captain ['kæptin]

n. 上尉；队长；船长

【例句】He was **captain** of the football team for five years. 他当了五年的足球队长。

car [kɑː]

n. 汽车，小汽车；车厢

【例句】What kind of **car** do you have? 你的汽车是什么样的？

【搭配】

get into a car 上车

get out of a car 下车

card [kɑːd]

n. 卡片；名片

【例句】David sent us a **card** from America. 大卫从美国给我们寄来了一张明信片。

care [keə]

n. 小心；谨慎；注意；照料 *v.* 关心；在意，在乎

【例句】

1. **Care** is needed when crossing the road. 过马路时要小心。

2. You should take more **care** over your work. 你对工作应该更认真些。

3. Don't you **care** about this country's future? 难道你不为国家前途担忧吗？

【搭配】

care for 愿意，同意；喜欢；照顾

take care 当心，注意

take care of 爱护，照料

【例句】

1. He is **caring for** his elderly parents. 他照顾着年迈的父母。

2. He's old enough to **take care of** himself. 他大了，能照顾自己了。

【辨析】**care for, care about**

care for：表示"喜欢，照顾，为…操心"。

care about：意为"关心，介意，在乎"。

【例句】Those who **care** little **for** money never **care about** their salary. They are just interested in something they do. 那些对金钱不感兴趣的人从不在乎薪水多少。他们只在意他们所做的事。

careful ['keəful]

adj. 谨慎的；小心的；仔细的

【例句】Children must be taught to be **careful** of traffic. 必须教育孩子要当心车辆。

【例题】I hope you will be careful in future ________ the things you say.

A. to　　B. about　　C. in　　D. with

【解答】答案：B。句意：我希望你今后说话谨慎些。careful about 与 careful of 表示需要关注的是"内容"；careful to 表示小心地做，以避免疏漏；careful in 表示在…方面或范围谨慎，小心；careful with 在美国口语中表示吝啬，小气。

careless ['keəlis]

adj. 粗心的；漫不经心的

【例句】A **careless** mistake cost the company millions of dollars.

一次疏忽造成了公司数百万美元的损失。

【例题】The more ________ you are, the ________ mistakes you'll make.

A. careful; more　　B. careful; greater

C. careful; fewer　　D. careless; fewer

【解答】答案：C。句意：你越细心，你就越少犯错。选项中：careful 细心的，careless 粗心的；more 为 many 的比较级，意为"多"，fewer 为 few 的比较级，意为"少"，greater 为 great 比较级，意为"巨大的"。

【真题】This letter is full of careless spelling mistakes.（GMET2013-12）

A. 粗心的　　B. 严重的

C. 常见的　　D. 可笑的

（答案：A）

carry ['kæri]

v. 运送；搬运；携带

【例句】Please **carry** this box for me. 请替我搬这个箱子。

【搭配】

carry on 开展；继续

carry out 实现；执行；贯彻

【例题】We expect him to ________ his promise.

A. carry about　　B. carry out

C. carry on　　D. carry forward

【解答】答案：B。句意：我们期待着他履行承诺。carry out 执行，履行；carry on 继续；carry forward 推进，发扬；carry about 无此词组搭配。

cart [kɑ:t]

n.（超市等的）手推车；轻便送货车

【例句】Let's go over and help them pull the **cart**. 我们过去帮他们拉车。

【搭配】put the cart before the horse 本末倒置

case [keis]

n. 箱子；盒子；情况；状况；案例

【例句】I can't understand this **case**. 我不理解这一案例。

【搭配】

in any case 无论如何

in no case 决不

in case of 假如，万一

in the case of 就…而言

in that case 假如那样的话

cash [kæʃ]

n. 现金

【例句】I'm short of **cash** at the moment. 我现在缺钱。

【搭配】

pay in cash 用现金支付

be out of (short of) cash 无（缺少）现金

cat [kæt]

n. 猫

【例句】We've got three **cats**. 我们有三只猫。

【搭配】rain cats and dogs 下倾盆大雨

catch [kætʃ]

v. (caught, caught) 抓住；赶上；理解；感染（疾病）

【例句】

1. How many fish did you **catch**? 你抓了多少鱼？
2. Sorry, I didn't quite **catch** what you said. 对不起，我没听清你的话。
3. He didn't **catch** the last train. 他没赶上末班火车。
4. I think I must have **caught** this cold from you. 我觉得感冒肯定是你传染给我的。

【搭配】

catch a cold 感冒

catch fire 着火

catch on 迎合；理解；明白

catch up with 赶上（超过）

catch sight of 看见

【例题】I caught a boy ________ apples from the garden.

A. steal　　B. to steal

C. stealing　　D. steals

【解答】答案：C。句意：我撞见一个男孩偷园里的苹果。catch sb. doing "抓住 / 撞见做…"。

【真题】When I was seeing my brother off, I caught sight of my classmate. (GMET2009-12)

A. 看见　　B. 遇到

C. 想到　　D. 赶上

（答案：A）

cattle ['kætl]

n.（总称）牛，家畜

【例句】Some **cattle** were drinking at the pool. 有几头牛在那池塘边饮水。

归类记忆："牛"的家族

牛cattle（总称）
- 母牛cow
- 公牛
  - bull（未阉割）
  - ox（已阉而用于拉车或食用）

小牛calf

小牛calf、bull、ox → 牛肉beef

cause [kɔːz]

v. 引起，促使；使发生　*n.* 原因；起因；事业；目标

【例句】

1. What was the **cause** of the fire? 火灾时怎样引起的。
2. Smoking can **cause** lung cancer. 吸烟可致肺癌。

ceiling ['siːliŋ]

n. 天花板；顶篷

【例句】She banged her head on the low **ceiling**. 她的头砰地撞在低矮的天花板上。

【辨析】**ceiling, roof**

ceiling：从屋里看到的"天花板"。

roof：从屋外看到的"屋顶"。

celebrate ['selibreit]

v. 庆祝

【例句】How will you **celebrate**? 你将怎么庆祝呢？

【搭配】celebrate one's birthday 庆祝生日

cent [sent]

n. 分；分币

【例句】I have earned every **cent** that I have. 我的每一分钱都是自己赚来的。

centimetre/centimeter ['sentimiːtə]

n. 厘米

【例句】At the top I saw about a 50-**centimeter** hole. 在顶部，我看到了一个大约 50 厘米的洞。

central ['sentrəl]

adj. 中心的；中央的；主要的

【例句】We live in **central** London. 我们住在伦敦中部。

centre/center ['sentə]

n. 中心；中央

【例句】Children like to be the **center** of attention. 儿童喜欢引人注意。

【辨析】**center, middle**

center：指某一特定物体或地方的"中心"，不适用于狭长之物的中心，不能用于时间。

middle：指在某物，某地，某个时间的“中间”。

【例句】A stone is in the **middle** of the road. 马路中间有个石头。

There is an ink spot in the **center** of a circle. 圆圈的中心有个墨点。

century ['sentʃuri]

n. 世纪；百年

【例句】This custom dates from the 19th **century**. 早在19世纪就有了这种风俗。

【搭配】in the 80's of the 20th century 在二十世纪八十年代

certain ['səːtən]

adj. 某种，某一；确实的，无疑的

【例句】I'm **certain** of his success. 我确信他会成功。

【搭配】

for certain 无疑地

make certain 弄清楚；弄明白

【辨析】**certain, sure, positive**

三词都表示肯定的，确信的。

certain：强调有充分的根据，或自己直接知道事情的真相，主语可以是人，也可是物。

sure：强调主观上怀有强烈的愿望，或心里没有疑虑，主语为人。

positive：比前两者更加肯定，强调对自己所说的话或所下结论的正确性深信不疑，常表现出过分的自信或主观武断。

【例句】I'm **sure** that he has **certain** evidences. 我确信他有确凿的证据。

Are you **positive** that you saw him? 你肯定你看见他了吗?

certainly ['səːtənli]

adv. 一定，无疑地；当然，好

【例句】He will **certainly** die if you don't send for a doctor. 如果你不请医生来，他一定会死的。

chain [tʃein]

n. 链；链条

【例句】Remember to put the **chain** on the door when you lock it. 锁门时别忘挂防盗链。

chair [tʃeə]

n. 椅子

【例句】Put the book on the **chair**. 把书放在椅子上。

【搭配】

take a chair 坐在椅子上

take the chair 主持会议，担任主席

chairman ['tʃeəmən]

n. 主席；议长；会长

【例句】The **chairman** declared the meeting open. 主席宣布会议开幕。

chalk [tʃɔːk]

n. 粉笔

【例句】Mary is writing with a piece of **chalk**. Mary正用粉笔写字。

【用法】chalk 是不可数名词。一支粉笔：a piece of chalk

champion ['tʃæmpjən]

n. 冠军；优胜者

【例句】He is a former Olympic **champion**. 他是一位前奥运冠军。

chance [tʃɑːns]

n. 机会；可能性

【例句】She had a good **chance** of winning. 她大有希望获胜。

【搭配】

by chance 偶然，碰巧 = by accident

by any chance 万一，也许

take a chance 冒险，投机

have a good chance of... 有…好机会

【辨析】**chance, opportunity，occasion**

chance：强调侥幸，意外或偶然性，还可以表示可能。

opportunity：多指好机会，难得的机会。

occasion：所指的是时机，强调时间的限制。

【例句】He catches at every **opportunity** to make money, so that he has no **occasion** to stay with his families these days. 他抓住一切机会赚钱，所以这些天没机会和家人呆在一起。

change [tʃeindʒ]

v. 改变；更换；兑换　*n.* 变化；零钱；找头

【例句】Our plans have **changed**. 我们的计划已经改变了。

【搭配】

change sth. into 将…变成…

change sth for 以…换…

【例句】Can you **change** dollars **into** pounds? 你能把美元兑换成英镑吗？

channel ['tʃænl]

n. 海峡；航道；渠道；频道

【例句】The work man dug out a deep **channel**. 工人们挖出一条深水沟。

character ['kæriktə]

n. 品质；特性；（汉）字；角色

【例句】What kind of **character** do you think you have? 你认为自己具有什么样的性格？

【搭配】

in character（与自身特性）相符

out of character（与自身特性）不相符

【例句】You have similar appearance, but not **in character**. 你们外貌相似，但个性各异。

【派生词】characteristic *a.* 特有的，典型的 *n.* [C] 特征，特点

charge [tʃɑːdʒ]

v. 收费，索价；控诉；主管；充电 *n.* 费用；价钱

【例句】

1. who's in **charge** here? 这儿谁负责？

2. His **charges** are very reasonable. 他要的价钱很公道。

【搭配】free of charge 免费

in charge of 负责，主管（主动意义）

in the charge of 受…管理（被动意义）

take charge of 负责管理

【例句】No one is **in charge of** your happiness but you. 除了你，没人能为你的幸福负责。

chat [tʃæt]

n.& v. 聊天；闲谈

【例句】I'm fond of **chatting**. 我爱闲聊。

【搭配】chat to/with sb. 聊天，闲谈

cheap [tʃiːp]

adj. 便宜的；廉价的

【例句】This car is very **cheap**. 这辆车非常便宜。

【反义词】expensive *adj.* 昂贵的

check [tʃek]

v. & *n.* 检查；核对；托运；阻止 *n.*（美国）支票；（饭馆）账单

【例句】Could you go and **check** if the baby is asleep? 你去看看孩子睡了没有好吗？

【搭配】

check in（在旅馆、机场等）登记，报到

check out 结账离开，办妥手续离去

check up 检查，核实

【真题】I'll ring the hotel and tell them that we'll check in tomorrow. (GMET2010-13)

A. 检查 B. 到达

C. 入住 D. 退房

（答案：C）

cheer [tʃiə]

v. 欢呼；喝彩；使振奋，使高兴

【例句】He was greatly **cheered** by the news. 他听到这个消息非常高兴。

【搭配】

cheer up 使高兴起来，使振作起来

cheer on 为…鼓气，向…喝彩

【例句】Please come to the sports meet to **cheer on** our team. 请到运动会来给我们队加油。

【派生词】cheerful *a.* 欢乐的，使人感到愉快的

cheese [tʃiːz]

n. 乳酪；干酪

【例句】He chewed some chips of **cheese**. 他咀嚼了一些奶酪的碎片。

【搭配】

bread and cheese 普通食品

Say cheese! 笑一个（茄子）！

chemistry ['kemistri]

n. 化学

【例句】**Chemistry** was her favorite subject at school. 她上学时最喜欢化学。

【派生词】chemical *a.* 化学的 *n.* 化学制品

chemist *n.* 化学家，药剂师

cheque [tʃek]

n.（英国）支票

【例句】You can pay by **cheque**. 你可以用支票支付。

【近义词】check *n.*（美国）支票

chicken ['tʃikin]

n. 鸡肉；小鸡

【例句】I'm sorry, the **chicken** is off. 对不起，鸡肉卖完了。

chief [tʃi:f]

adj. 主要的；首要的 *n.* 首领

【例句】Can you name the **chief** rivers of China? 你能列举中国的主要河流吗?

【辨析】**chief, main** 主要的，首要的

chief：既可用于人，又可用于物。

main：只能用于物。

【例句】The **chief** cook is preparing for the **main** dish. 主厨在准备主菜。

child [tʃaild]

n.（*pl.* children）孩子；儿童

【例句】He's just a **child**. 他还只是个孩子。

【派生词】childhood *n.* 童年

chocolate ['tʃɔkəlit]

n. 巧克力；巧克力色

【例句】She dealt out a bar of **chocolate** to each child. 她分给每个孩子一块巧克力。

【搭配】a piece of chocolate 一块巧克力

choice [tʃɔis]

n. 选择；挑选

【例句】We are faced with a difficult **choice**. 我们面临困难的抉择。

【搭配】

make a choice 做出选择

have no choice but to do sth.（没别的选择）只好做某事

【例句】Now is the time to **make a choice**. 现在是做出选择的时候了。

choose [tʃu:z]

vt. (chose, chosen) 挑选；选择

【例句】We **chose** to go by rain. 我们决定乘火车去。

【搭配】

pick and choose 挑三拣四

as you choose 随你喜欢

【辨析】**choose, select, pick**

select：表示做出的决定比 choose 更为周到。

pick：比 select 更为通俗。

choose：表示自由做出的决定，仅指两者之间，不止两项时通常用 select 或 pick。

【例句】**Select** one which you like. 挑选一个你喜欢的。

Christmas ['krisməs]

n. 圣诞节

【例句】He will spend **Christmas** with his family. 他将和家人一起度过圣诞。

【搭配】at Christmas 圣诞期间

on Christmas (Day) 在圣诞节那天

church [tʃə:tʃ]

n. 教堂；教会

【例句】How often do you go to **church**? 你隔多久去做一次礼拜?

【搭配】go to church 做礼拜（注意：没有冠词）

cigaret(te) [ˌsigə'ret]

n. 纸烟；香烟

【例句】He fired up a **cigarette**. 他点了一支香烟。

cinema ['sinimə]

n. 电影院；电影；电影业

【例句】The Whites went to the **cinema** yesterday. 怀特一家人昨天去看电影了。

【搭配】go to the cinema 去看电影

circle ['sə:kl]

v. 环绕；盘旋 *n.* 圆；圈子；循环

【例句】The plane **circled** the airport before landing. 飞机着陆前围绕机场盘旋。

citizen ['sitizn]

n. 公民；市民

【例句】Many foreigners have become **citizens** of the United States. 许多外国人成了美国公民。

city ['siti]

n. 城市

【例句】They lost themselves in the strange **city**. 他们在陌生的城市里迷了路。

claim [kleim]

v. & *n.* 要求；索取；声称；主张

【例句】After the battle both sides **claimed** victory. 战斗结束后，双方均宣称获胜。

【搭配】

claim back 要求收回

lay claim to 声称对…有权利

【例句】China **lays claim to** Diaoyu Island. 中国宣

称对钓鱼岛拥有主权。

clap [klæp]

v. 拍手；鼓掌

【例句】She **clapped** her hands in delight. 她高兴地拍起手来。

class [klɑːs]

n. 班级；阶级；课

【例句】I have a maths **class** at 9 o'clock. 我 9 点钟有数学课。

【搭配】

have classes 有课

after class 课后

classmate ['klɑːsmeit]

n. 同班同学

【例句】We were **classmates** at primary school. 我们是小学同班同学。

classroom ['klɑːsrum]

n. 教室

【例句】This is our **classroom**. 这是我们的教室。

clean [kliːn]

adj. 清洁的，干净的，清白的　*v.* 打扫，使干净，清扫

【例句】If more people ride bikes, the air will be **cleaner**. (GMET2011- 阅读 C)

如果更多的人骑自行车，空气就会变得更加洁净。（注意主从句时态）

【搭配】

clean up 收拾整理；清除（犯罪现场等）

clean out 把（房间、抽屉等）弄干净整齐

【派生词】cleaner *n.* 清洁工，清洁器

clear [kliə]

adj. 清楚的，清晰的，晴朗的，畅通的

【例句】

1. The sky is **clear**. 天气晴朗。

2. Despite what the government says, it is **clear** that the airport will also affect our health. (GMET2010- 阅读 B) 不管政府怎么说，显而易见机场也会影响我们的健康。

【搭配】

be clear about 对…确信无疑

clear up 澄清；（天）放晴

make oneself clear 把自己的意思表达清楚

【例题】The sky looks lighter, I think the weather is ________ .

A. clearing away　　B. clearing out

C. clearing off　　D. clearing up

【解答】答案：D。句意：天空看起来明亮点了，我想天气要转晴了。clear away 拿走，清除；clear out 结账后离开；clear off 离开，溜掉；clear up 整理，（天气）转晴。

clerk [klɑːk]

n. 职员，办事员；（美）店员

【例句】He works as a **clerk** in a bank. 他在一家银行当办事员。

clever ['klevə]

adj. 聪明的；机灵的

【例句】Tom is a **clever** student. 汤姆是一个聪明的学生。

【辨析】**clever, bright, intelligent, smart, wise**

clever：多指人或动物的头脑聪明，有学习能力和理解能力。

bright：多指年轻人或小孩对事物反应快，学得快。

intelligent：指智力发达，理解力强。

smart：常用于口语，多指办事能力强，外表或动作干练和敏捷。

wise：根据自己的学识或经验，考虑周到，具有明辨是非的能力。

【例句】A **bright** man is not the same with the **wise** one. 一个聪明的人不等于是个智慧的人。

【例题】He said Mrs. Smith was a(n) ________ woman who knew well what she was about.

A. intelligent　　B. smart

C. bright　　D. clever

【解答】答案：D。句意：他说史密斯太太是个聪明人，她很清楚自己所起的作用。

climb [klaim]

v. 爬，攀登

【例句】Monkeys can **climb** well. 猴子擅长攀爬。

【真题】This time tomorrow we ________ that mountain. (GMET2012-33)

A. climbed　　B. climb

C. have climbed　　D. will be climbing

【解答】答案：D。句意：明天的这个时候我们正在爬山呢。本题考查将来进行时。

clinic ['klinik]

n. 诊所

【例句】He is being treated at a private **clinic**. 他正在私人诊所接受治疗。

clock [klɔk]

n. 时钟

【例句】The **clock** shows half past two. 时钟的针指著两点半。

【搭配】around/round the clock 日夜不停地

【例句】He works **around the clock** like a donkey. 他像只驴一样日夜不停地工作。

close [kləuz]

v. 关；闭 *adj.* & *adv.* 近的（地）；亲密的

【例句】Please **close** the door after you. 请随手关门。

【辨析】**close, shut, close, shut**

close down 关闭 shut down（使）关闭，（使）停工 close in (on) 包围，围住 shut in 把…关在里面，禁闭 close up 堵住，关闭 shut up 住口；监禁

cloth [klɔ:θ]

n. 布；布料

【例句】**Cloth** and Cotton are greatly needed in the factory. 工厂急需棉布和棉花。

【用法】cloth 表示布料时是不可数名词；表示某种用途的布块时为可数名词，例如抹布，桌布。

【辨析】**cloth, clothes, clothing**

cloth：为布料，不可数名词。

clothes：用作复数，意为衣服，不能与数词连用。

clothing：衣服的总称，不仅包括衣裤，而且包括帽袜等，为集体名词，不可数。

【例句】He bought a piece of **cloth** and made a table **cloth**. 他买了一块布，做了个桌布。

【例题】How much ________ does it take to make a blouse for the girl?

A. cloth　　B. clothes

C. clothe　　D. clothing

【解答】答案：A。句意：做一件女式衬衣需要多少布料？clothe 动词，意为“给…穿衣”。

clothes [kləuðz]

n. (pl.) 衣服

【例句】Your **clothes** fit well. 你的衣服很合身。

clothing ['kləuðiŋ]

n.（总称）衣服

【例句】He looked down at his **clothing**. 他低头看着他的衣服。

cloud [klaud]

n. 云

【例句】There wasn't a **cloud** in the sky. 天空无云。

cloudy [klaudi]

adj. 多云的；模糊不清的

【例句】It was **cloudy** yesterday. 昨天是阴天。

【联想】sunny, rainy, windy, snowy, foggy

club [klʌb]

n. 俱乐部；夜总会

【例句】He's a member of several London **clubs**. 他是伦敦几个会所的成员。

coach [kəutʃ]

n. 教练；长途汽车

【例句】Tom's **coach** says he swims like a fish. 汤姆的教练说他游泳的时候像条鱼。

coal [kəul]

n. 煤；煤块

【例句】Please put more **coal** on the fire. 请往火里再添些煤。

coast [kəust]

n. 海岸；海滨

【例句】We live at the **coast**. 我们住在海滨。

【辨析】**coast, bank, beach, seaside**

coast：指邻接海洋的较广阔的或狭长的地域、海岸。

bank：指江河或溪流边上的陆地，河岸。

beach：指海滩，往往在涨潮时被潮水漫过。

seaside：指人们前往度假的沿海地区海边，海滨。

coat [kəut]

n. 外套；上衣

【例句】He wears a red **coat**. 他穿了一件红色的外套。

cock [kɔk]

n. 公鸡；龙头，旋塞

【例句】The **cock** crowed at dawn. 公鸡在黎明时啼叫。

【搭配】cock-and-bull 荒唐的

coffee ['kɔfi]

n. 咖啡

【例句】Neither of my sisters drinks **coffee**. 我的两个姐妹都不喝咖啡。

coin [kɔin]

n. 硬币

【例句】An old **coin** was dug up in the garden. 在花园里挖出了一枚古硬币。

cold [kəuld]

adj. 冷的；寒冷的；冷淡的 *n.* 寒冷；着凉；感冒

【例句】

1. It is getting **colder**. 天气渐冷了。

2. He caught a **cold** yesterday. 他昨天感冒了。

【搭配】catch/have a cold 得感冒

collect [kə'lekt]

v. 收集；搜集；聚集

【例句】I like **collecting** stamps. 我喜欢集邮。

【辨析】**collect, gather**

collect：着重于比较有计划或有选择地收集某物，有一定的目的或是出于爱好，强调逐渐收集的过程。

gather：着重于围绕一个中心的集合。

【例句】He is fond of **collecting** stamps and soon he **gathers** stamp-lovers around him.

他喜欢收集邮票，很快他聚集了一群邮票爱好者。

college ['kɔlidʒ]

n. (综合大学中的)学院；高等专科学校

【例句】I liked playing basketball when I was in **college**. 我上大学时喜欢打篮球。

【搭配】go to college 上大学

colo(u)r [kʌlə]

n. 颜色 *v.* 着色

【例句】The garden was a mass of **color**. 花园中五彩缤纷。

【用法】表示颜色的深色、浅色时分别用用 dark、light。

【例题】Nowadays a lot of young people like to have their hair ________ .

A. color B. colored C. coloring D. colors

【解答】答案：B。句意：现今很多年轻人喜欢染发。have sth. done 让…被…。

combine [kəm'bain]

v. (使)结合；(使)联合

【例句】We shall **combine** the three departments. 我们将合并这三个部门。

come [kʌm]

v. (came, come) 来；来到；变成，实现

【例句】The train is **coming.** 火车来了。

【搭配】

come about 发生，产生

come across 偶然遇见，碰上

come from 来自

come back 回来；复苏；再流行

come in 进来；到达

come down 指价格 、温度等）降低；下降

come true 实现，达到

come on（指演员）出台，登场，上场

come up with 想出

come out 出现；出版；结果是

come afte 跟在…后面

come to 苏醒；总数为；涉及

come with 和…一起来

come up 出现，发生；走上前来

【例题】How did this accident ________ ?

A. come about B. come after

C. come with D. come to

【解答】答案：A。句意：这个事故是怎么发生的?

【真题】1. At last his dream came true. (GMET2012-11)

A. 实现 B. 破灭

C. 惊醒 D. 形成

2. The stars ________ as soon as it was dark. (GMET 2012-19)

A. come out B. came out

C. have come out D. will come out

【解答】1. A。句意：最终他的梦想成真了。2. B。句意：天一黑星星就出来了。

comfortable ['kʌmfətəbl]

adj. 舒适的

【例句】I felt **comfortable** with him. 我与他在一起很自在。

commercial [kə'mɜːʃəl]

adj. 商业的　*n.*（电视或无线电中的）广告

【例句】The plane didn't fly the usual **commercial** route. 飞机没有沿通常的商业航线飞。

【搭配】commercial advertisement 商业广告

【真题】The TV show was interrupted by too many commercials. (GMET2011-08)

A. 广告　B. 相声　C. 节目　D. 小品

（答案：A）

committee [kə'miti]

n. 委员会

【例句】This was discussed in **committee**. 这件事已经委员会讨论。

【用法】集体名词，当一个整体看待，用作单数；当各成员看待，用作复数。

common ['kɔmən]

adj. 共同的；普通的；一般的

【例句】We share a **common** purpose. 我们有共同的目标。

【搭配】in common 共有的，共同的

【例题】Man and the monkey have many things ____ .

A. in common　B. in general

C. in short　D. in particular

【解答】答案: A。句意: 人和猿有许多共同之处。in common 有共同之处；in general 通常地，一般地；in short 简而言之，总之；in particular 特别地。

communicate [kə'mjuːnikeit]

v. 沟通；交际；通迅

【例句】He asked me to **communicate** his wishes to you. 他请我向你转达他对你的祝愿。

【搭配】

communicate with sb. 与…通信，交流

communicate sth. to sb. 把…传达给某人

【真题】We are learning how to communicate with foreigners. (GMET2009-10)

A. 理解　B. 交流　C. 学习　D. 了解

（答案：B）

communism ['kɔmjunizəm]

n. 共产主义

【例句】Our aim is to realize **communism**. 我们的目标是实现共产主义。

companion [kəm'pænjən]

n. 同伴；伴侣

【例句】A dog is a faithful **companion**. 狗是忠实的伙伴。

【搭配】make companion of … 与…为伴

company ['kʌmpəni]

n. 公司；陪伴

【例句】I'm glad of your **company**. 有你的陪伴我很开心。

【搭配】

keep company (with)（和）要好，伴随（一道）

keep sb. company 陪伴某人

part company with 分手，断绝交往

【例题】Never keep ________ with a dishonest person.

A. company　B. companion

C. compass　D. compose

【解答】答案：A。句意：千万不要和不诚实的人交朋友。keep company (with) 要好，伴随；companion 同伴，同行者；compass 指南针；compose 写作，作曲。

【辨析】**company, companion, pal, partner**

company：作“友伴”时，往往用于固定短语，侧重于集体，是不可数名词。

companion：则侧重个体，可数名词，使用比 company 多。

pal：伙计，家伙，主要用于男性朋友。

partner：同伙，合伙人，指在一起参与同一活动的人。

【例句】Lisa keeps **company** with Rebecca. Actually, Rebecca is a good **companion**. 丽莎和丽贝卡很要好。实际上，丽贝卡也是一个好伙伴。

compare [kəm'peə]

v. 比较

【例句】He **compared** his camera with mine. 他拿自己的相机和我的比较。

【搭配】

compare …to 把…比作

compare…with 把…和…比较

beyond compare 无与伦比，举世无双

【例题】If we ________ British schools ________ Chinese schools, we find there are many differences.

A. compare; to　　B. are compared; to
C. compare; with　　D. are compared; with

【解答】答案：C。句意：如果我们把英国学校和中国学校相比较，会发现有许多不同之处。compare sth. to sth. 把什么比作什么，这是个比喻用法; compare sth. with sth. 把什么和什么相比较，这里用主动态。

compete [kəm'piːt]

v. 竞争；比赛

【例句】Several companies are **competing** for the contract. 几家公司正为争取一项合同而相互竞争。

【搭配】

compete with/against 和…竞争

compete for 为…竞争

compete in sth. 参加比赛

competition [kɔmpə'tiʃən]

n. 竞争；比赛

【例句】He came first in the poetry **competition**. 他获得诗歌比赛第一名。

【搭配】enter a competition 参加比赛

complain [kəm'plein]

v. 抱怨

【例句】You are always **complaining**. 你总是在发牢骚。

【搭配】complain to sb. of(about) sth. 向某人抱怨…

【例句】She often **complains to** his husband **of** some trifles. 她经常向她老公抱怨一些琐事。

【真题】She complained that it was too hot.（GMET 2013-08）

A. 解释　　B. 感觉　　C. 抱怨　　D. 深信

（答案：C）

complete [kəm'pliːt]

adj. 完全的；彻底的；完结的　*v.* 完成；结束

【例句】

1. This list may not be **complete**. 这份清单可能不完整。

2. All being well, the deal（交易）is often **completed** in less than five minutes, which makes everyone satisfied. (GMET2012- 阅读 D)

如果进展顺利，交易经常 5 分钟内就可完结，大家都皆大欢喜。

compose [kəm'pəuz]

v. 组成；创作（乐曲、诗歌等）

【例句】She spent her spare time **composing** poetry. 她利用业余时间作诗。

【搭配】be composed of 由…组成 = be made up of

【派生词】composition *n.* 作文；写作

composition [kɔmpə'ziʃən]

n. 作文；作曲

【例句】He played a piece of music of his own **composition**. 他演奏了一首自己创作的曲子。

computer [kəm'pjuːtə]

n. 计算机

【例句】The **computer** plays an important part in our life. 电脑在我们生活中起着重要的作用。

【搭配】

personal computer 个人电脑

computer game 电子游戏

computer virus 电脑病毒

concern [kən'səːn]

n. 关心；顾虑　*v.* 涉及；关心；使担忧

【例句】Without her care and **concern**, he had no chance at all. 没有她的照顾和关心，他根本就没有机会。

【搭配】

be concerned with 担心，关心；与…有关

have no concern with 同…无关

show concern for sb. 关心某人

concert ['kɔnsət]

n. 音乐会；演奏会

【例句】I've been to plenty of live rock **concerts**. 我到过很多现场摇滚音乐会。

【搭配】

in concert 一齐，一致

go to a concert 去听音乐会

condition [kən'diʃən]

n. 条件；状况

【例句】He's in an excellent **condition** for a man of his age. 他就其年龄而言，身体极好。

【搭配】

on condition (that) 如果，倘若

under good/bad conditions 身体好（不好）

conductor [kən'dʌktə]

n. 售票员；列车员；指挥；导体

【例句】Mary is a bus **conductor**. 玛丽是一名公共汽车售票员。

conference ['kɔnfərəns]

n. 会议，讨论，商谈

【例句】Many international **conferences** are held in Geneva. 许多国际会议在日内瓦举行。

【搭配】

attend a conference 出席会议

hold a conference 开会

confidence ['kɔnfidəns]

n. 信心

【例句】I have little **confidence** in him. 我对他没有什么信心。

【搭配】have confidence in sth. 对…有信心

confirm [kən'fə:m]

n. 证实；批准；确认

【例句】The mayor **confirmed** the report that he had resigned. 市长证实了他已经辞职了。

【真题】X-rays have confirmed that he has not broken any bones. (GMET2011-10)

A. 预言　B. 误导　C. 确认　D. 否认

（答案：C）

congratulation [kəngrætju'leiʃən]

n. 祝贺

【例句】**Congratulations** on winning the prize! 祝贺你获奖！

【搭配】congratulate on 祝贺，庆贺

【例句】We congratulated her on the birth of her daughter. 我们祝贺她生了个女儿。

【辨析】**congratulate, celebrate**

congratulate：专指对个人经过努力获得的成功表示祝贺，只以言语表达祝贺，祝贺的对象是人，congratulate sb. on sth.。

celebrate：指以行动（如庆典）来庆祝生日，节目，庆祝的对象是物，celebrate one's birthday。

connect [kə'nekt]

v. 连接；联系

【例句】The two towns are **connected** by a railway. 这两个镇通了火车。

【搭配】connect with 和…联系

【例句】We must connect with our parents. 我们必须和家长联系。

consider [kən'sidə]

v. 考虑；把…看作；认为

【例句】

1. Have you **considered** how to get there? 你是否考虑过如何到达那里？

2. This comes from the different ways in which they **consider** things, persons, and events. (GMET2009-阅读 D) 这源自他们看待人、事、物不同的方式所致。

【搭配】

consider doing sth. 考虑做什么事

be considered as 被当作

【派生词】consideration *n.* [U] 考虑，关心

【例句】He knows what he wants, and his goal is to find it and buy it; the price is a secondary **consideration**.（GMET2012- 阅读 D）

男性知道自己想要什么，他的目标就是找到并买下它，价格是次要的考虑因素。

considerable [kən'sidərəbl]

adj. 相当大（或多）的

【例句】The building suffered **considerable** damage as a result of the fire.

由于火灾导致大楼遭受了巨大的损失。

【辨析】**considerable, considerate**

considerable：意为"相当大的，值得考虑的，重大的"。

considerate：是"关切的，体贴的，考虑周到的"意思。

【例句】This is a **considerable** number. 这是个很大的数目。

She is always **considerate** of other people. 她总是体谅别人。

consist [kən'sist]

v. (of) 组成；构成

【例句】The committee **consists** of ten members. 委员会由十人组成。

【搭配】

consist of 由…构成

consist in 存在于

consist with 一致，并存

【例题】This book ________ ten chapters.

A. composes of　　　　B. composes in

C. consists in　　　　D. consists of

【解答】答案：D。句意：这本书由十章节组成。be composed of, be made up of 以及 consist of 均为同义短语，意思是“由…组成”。be composed of，正式用语，指将两个或两个以上的人或物放到一起形成一个整体；consist of，指的是一个整体由几个部分组成或由某些材料构成；be made up of，就是单纯的由…构成、组成，通常情况下可以和 consist of 互换。但是要记住 consist 是不及物动词，没有被动形式，而 be made up of 一定要用被动式。

construction [kən'strʌkʃən]

n. 建设；构造；建筑（物）

【例句】The new railway is under **construction**. 新铁路尚在修建当中。

【派生词】construct *v.* 建造，构筑

contact ['kɔntækt]

n.& *v.* 接触；联系

【例句】Please **contact** us as soon as possible. 请尽快与我们取得联系。

【用法】**contact** 作 v. 本身含有“与…”意，因而不再加多余的 with；做 n. 则常与 with 连用。

【搭配】

make contact with 联系，和…接触

lose contact with 和…失去联系

contain [kən'tein]

v. 包含；容纳

【例句】The bowl **contained** a variety of fruit. 这个碗里盛着各种各样的水果。

【辨析】**contain, include**

都是及物动词，“包含”的意思。

contain：强调容量，可表示所包含的全部或部分。

include：强调范围，只能表示所包含的一部分，侧重被包括的是整体的一部分。

【例句】

1. The can **contains** milk. 罐里装的是牛奶。

2. The cost **includes** taxes. 费用里包括税金。

content ['kɔntent]

n. 内容；容量；(pl.) 目录

[kən'tent] *adj.* 满足的；满意的

【例句】He is **content** with his small salary. 他满足于那微薄的薪金。

【用法】content 作名词时，单数 the content of the book 指书的内容；复数 the contents of the book 指书的目录，作主语时，谓语动词用单数。

【搭配】be content with 对…满意

【辨析】**content, satisfy**

satisfy 表示使人的要求、希望得到完全的满足；若只表示使人在一定程度上感到满足，则用 content。

【例句】The team's performance didn't **satisfy** the coach, but the spectators were **content** with their advance. 球队的表现未使教练满意，但观众对他们的进步是欣喜满意的。

contest ['kɔntest]

n. 竞争；竞赛

【例句】This is man's **contest** with nature. 这是人与大自然的搏斗。

【辨析】**contest, game, match**

contest：含义广泛，可指在能力、体力、耐力等方面的竞争，胜负往往由裁判予以裁决。

game：指球类、棋类等的竞技比赛。多用于美语。

match：指两方之间进行的公开的有组织的比赛，尤指体育运动方面的比赛。

【例句】This Sunday, Maria will enter a speech **contest** and Pat is going to have a football **match**.

这周日，玛丽亚要参加演讲比赛，而帕特将有场足球赛。

continent ['kɔntinənt]

n. 大陆；洲

【例句】The coldest **continent** in the world is Antarctica. 世界上最寒冷的洲是南极洲。

continue [kən'tinju(:)]

v. 继续；连续

【例句】The desert **continued** as far as the eye could see. 沙漠一直延展到视线的尽头。

【搭配】continue to do 不停地做某事

【例句】The baby continued to cry all night. 小孩整

晚不停地哭。

contract ['kɔntrækt]

n. 合同；契约

【例句】I'm working here on a fixed-term **contract**. 我是签订定期合同在此工作的。

【搭配】sign a contract 签订合同

control [kən'trəul]

v.& n. 控制；支配

【例句】He has no **control** over his emotions. 他控制不住自己的感情。

【搭配】

in control (of) 掌握着，控制着

out of control 失去控制

under control 处于控制之下

【例句】Everything is **under control**. 所有的事情都在掌握之中。

convenient [kən'vi:njənt]

adj. 便利的；方便的

【例句】Please come at six if it is **convenient** to you. 你方便的话，请在 6 点钟来。

【用法】convenient 不能以人做主语。

【派生词】convenience *n.* 方便

【真题】（何时方便）________ for you to visit our school?（GMET2011-78）

【解答】答案：When will it be convenient。

conversation [kɔnvə'seiʃən]

n. 谈话；会话

【例句】He was deep in **conversation** with his parents. 他与父母深入交谈。

【搭配】have conversation with sb. 和某人谈话

cook [kuk]

v. 烹调；煮；烧 *n.* 厨师；炊事员

【例句】I like to **cook** for my family. 我喜欢给家人做饭。

【派生词】cooker *n.* 厨具

cool [ku:l]

adj. 凉快的；凉的

【例句】The coffee is not **cool** enough to drink. 咖啡还不够凉，不能喝。

【搭配】cool down 冷静下来

cooperate [kəu'ɔpəreit]

v. 合作

【例句】We decided to **cooperate** with friends in starting a social club.

我们决定与朋友们合作创办一个交谊会。

【搭配】cooperate with sb. in doing 与某人合作做…

copy ['kɔpi]

n.（书报等）一本（份、册…） *v.* 抄写；复制；拷贝

【例句】Please **copy** down all the words on the blackboard. 请把黑板上的字都抄下来。

corn [kɔ:n]

n. 玉米；谷物

【例句】**Corn** is America's most important grain. 玉米是美国最重要的谷物。

corner ['kɔ:nə]

n. 角落；拐角

【例句】I met him at the **corner** of the street on my way home.

回家的路上，我在街道拐角处遇见了他。

【搭配】

in the corner（of）在角落里

at the corner (of) 在拐角处

round the corner 在附近；临近

cut corners 走捷径

turn the corner 出现转机

correct [kə'rekt]

adj. 正确的 *v.* 改正；纠正

【例句】Do you have the **correct** time? 你的表准吗?

cost [kɔst]

v. (cost, cost) 值（多少钱）；花（多少钱）

【例句】These chairs **cost** ￥40 each. 这些椅子每把价钱为 40 元。

【搭配】

at all costs 不惜任何代价，无论如何

at the cost of 以…为代价

【辨析】**cost, spend, take**

均有“花费”的意思。

cost：多指花费金钱或值多少钱，只能用物做主

语，不能用于被动语态。

spend: 指花费时间或金钱做某事，主语必须是人或者机构，常用于以下结构：spend…on sth. 和 spend…(in) doing sth. 。

take: 多指花费时间，主语多用“It”形式主语或物。句式：It takes/took sb. some time to do sth.。

【例句】It **took** Kate an hour to go to the book store. She **spent** ten minutes looking for *Oliver Twist*. It **cost** her 30 dollars. 凯特花了一小时去书店，她花了十分钟找《雾都孤儿》。这本书花了她三十美元。

cotton ['kɔtn]

n. 棉花

【例句】**Cotton** was picked and weighed up. 棉花已摘下来，并已称重。

【用法】cotton 是物质名词，为不可数名词。

cough [kɔf]

v.& *n.* 咳嗽

【例句】She was **coughing** all night. 她咳了一整夜。

【搭配】have a bad cough 咳得厉害

count [kaunt]

v. 计数；计算

【例句】

1. He can't **count**. 他不会数数。

2. … an old suggestion that **counting** sheep put you to sleep! (GMET2012- 阅读 C)

古语云：数数羊，能入眠。

【搭配】

count down 倒计时

count in 把…算入

count out 逐一数出；不把…算入

count up 共计

country ['kʌntri]

n. 国家；农村，乡下

【例句】He betrayed his **country**. 他背叛了他的祖国。

【辨析】**country, nation, state, land**

country：普通用词，侧重疆土。

nation：普通用词，指在某一国土定居的人民，名族，强调人民。

state：正式用词，指政治概念上的国家，侧重指政权机构。

land：常用于文学中，侧重国土，带感情色彩。

countryside ['kʌntrisaid]

n. 农村，乡下

【例句】The **countryside** is the most beautiful at this time. 此时农村景色最美。

couple ['kʌpl]

n. 夫妇；对；双

【例句】My brother and his wife are a happy **couple**. 我弟弟和他的妻子是一对幸福的夫妻。

【搭配】in couples 成双成对的

【辨析】**couple, pair**

couple 与 pair 都可指“一双，一对”。

pair：指两部分有机组合，缺一不可。

couple：指两个同样的东西。

【例句】I found a **couple** of socks in the room but they do not make a **pair**.

我在房间里找到了两只袜子,但它们不是一对的。

courage ['kʌridʒ]

n. 勇气；胆识

【例句】She didn't have the **courage** to refuse. 她没有勇气拒绝。

【搭配】

lose courage 失去勇气

with courage 勇敢地

course [kɔːs]

n. 课程；一道菜；过程；路线

【例句】This **course** helps you to do all of those things. 这门课程有助于你做所有这些事情。

【辨析】**course, lesson, class**

均含有“课”之意。

course：指一段时间内教完或学完的完整课程。

lesson：表示教材中的一课或每次授课的单位时间，常能与 class 互换，侧重于课的内容。

class: 从“班级”引申为一节课,侧重于课的形式。

【例句】

1. I will soon begin a new **course** on art. 我不久将选修一门关于艺术的新课程。

2. **Lesson** Seven is very interesting. 第五课很有趣。

3. In our school each **class** lasts 45 minutes. 我们学校每节课上 45 分钟。

court [kɔ:t]

n. 法院；球场；院子

【例句】She had to appear in **court** to give evidence. 她需出庭作证。

courtyard ['kɔ:tjɑ:d]

n. 庭院，院子

【例句】There are some apple trees in that **courtyard**. 那个院子里有几棵苹果树。

cousin ['kʌzn]

n. 堂（表）兄弟；堂（表）姐妹

【例句】She is my **cousin**. 她是我的表姐。

cover ['kʌvə]

v. 掩盖；覆盖；遮盖，走过 *n.* 盖子；罩；封面

【例句】Snow **covered** the ground. 雪覆盖了大地。

【搭配】

under cover 秘密地

cover up 掩盖

be covered with 被…覆盖

【反义词】uncover *v.* 揭开

【真题】The next morning he got up and found the ground ________（铺满了雪）. (GMET2010-77）

【解答】答案：was covered / covered with snow。

cow [kau]

n. 母牛；奶牛

【例句】You cannot sell the **cow**. 你不能卖乳牛。

cream [kri:m]

n. 乳脂；奶油；膏状物

【例句】Have some **cream** in your coffee. 在你的咖啡里加点奶油。

create [kri(:)'eit]

v. 创造；创作；产生

【例句】God **created** man. 上帝创造了人。

【派生词】

creator *n.* 创造者

creation *n.* 创造；创作物

credit ['kredit]

n. 信用；信誉

【例句】Are you paying by cash or **credit**? 请问您用现金还是信用卡支付吗？

criticize/criticise ['kritisaiz]

v. 批评；评论

【例句】He was **criticized** for his delay in dealing with the matter.

他因未及时处理那件事而受到批评。

【搭配】criticize sb. for (doing) sth. 因（做）某事而批评某人

crop [krɔp]

n. 庄稼；作物；收成

【例句】The land is out of **crop**. 这块土地未种庄稼。

【搭配】crop up 出现

cross [krɔs]

v. 穿过；越过 *n.* 十字形物；交叉

【例句】The roads **cross** just outside the village. 那两条路就在村外交叉。

crowd [kraud]

n. 人群 *v.* 群集；拥挤；挤满

【例句】He pushed his way through the **crowd**. 他在人群中往前挤。

【搭配】be crowded with 挤满…

cruel ['kruəl]

adj. 残忍的；残酷的

【例句】Don't be **cruel** to animals. 不要虐待动物。

【搭配】be cruel to sb. 对某人残忍

cry [krai]

v. 喊；叫；哭 *n.* 叫喊；哭声

【例句】He **cried** because he had hurt his knee. 他摔伤膝盖哭了起来。

【辨析】**cry, weep, sob**

cry：普通用词，指因痛苦、悲哀或伤感等出声地哭。

weep: 书面用词，指小哭或无声地哭，侧重流泪。

sob：指抽泣、呜咽。

culture ['kʌltʃə]

n. 文化

【例句】She is a woman of considerable **culture**. 她是个文化修养很高的女子。

cup [kʌp]

n. 杯子；杯

【例句】She drank a **cup** of coffee. 她喝了一杯咖啡。

cupboard ['kʌbəd]

n. 碗橱；小橱

【例句】The kitchen **cupboard** was stocked with tins of soup . 厨房的橱柜里备有汤罐头。

cure [kjuə]

v.& *n.* 治疗；治愈

【例句】His cancer can not be **cured**. 他的癌症无法治愈。

【例题】No doctor could cure the patient ________ his strange disease.

A. with　　B. of　　C. from　　D. off

【解答】答案：B。句意：没有医生能治好他的怪病。cure of 治愈。

【辨析】**cure, treat**

cure：多用于疾病，有时强调突然的治愈效果。

treat：普通用词，指接受并诊治病人。

【例句】The doctor **treated** his headache with a new drug but didn't **cure** him.

医生用一种新药给他治头痛，但没有治好。

current ['kʌrənt]

adj. 当前的；流行的，通用的

【例句】Tom is her **current** boy friend. 汤姆是她现在的男朋友。

【派生词】currency

n. [U,C] 通货，货币；[U] 流行

custom ['kʌstəm]

n. 习惯；风俗；(pl.) 海关

【例句】Mary has tried to adapt to local **customs**. 汤姆努力地去适应当地的风俗习惯。

【辨析】**custom, habit, manners**

custom：指一个国家、一个民族、一个区域或一个社会的习惯或风俗习惯。也可指个人的习惯。

habit：侧重于自然养成的，不易去掉的个人习惯。

manners：指在某一时期或某一团体中盛行的社会礼仪或社会风俗模式。

【例句】

1. When you visit a foreign country, you must respect the country's **custom**. 当你去外国时，要尊重当地的风俗。

2. Please form a **habit** of reading. 请养成读书的习惯。

3. It is good manners to wait in **line**. 排队等候是有礼貌的。

customer ['kʌstəmə]

n. 顾客；主顾

【例句】Who is our **customer**? 谁是我们的顾客？

cut [kʌt]

v.（cut, cut）& *n.* 切；剪；削；割

【例句】It doesn't suit her to have her hair **cut** short. 她不适合剪短发。

【搭配】

cut across 抄近路

cut down 削减，减少；砍倒

cut in 插嘴；超车抢挡

cut off 切断，阻断；使分离

cycle ['saikl]

n. 循环；周期

【例句】How do you break the **cycle**? 你如何打破这个循环？

D

daily ['deili]

adj.& *adv.* 每天（的） *n.* 日报

【例句】He does **daily** exercise to help control his weight. 他为控制体重而每天坚持锻炼。

damage ['dæmidʒ]

n.& *v.* 毁坏；损害

【例句】The accident did a lot of **damage** to the car. 这一事故把汽车损害得很厉害。

【搭配】do/cause damage to 对…造成破坏

【辨析】**damage, injure, wound, harm, destroy** 和 **ruin**

damage：部分损坏，通常指对无生命物体的损害，并有降低其价值，破坏其功能等的后果。

injure：受伤害，损害，往往含有意外之意。

wound：指对身体的重伤，尤指在战斗中受的伤，强调外部创伤，也可指精神方面的伤害。

harm：主要指给有生命的东西造成严重的痛苦和损伤。

destroy：多指彻底地、毁坏性地破坏。

ruin：多指把东西损害到不能再修理的程度。

【例句】

1. He will **repair** the damage. 他会弥补损失。
2. He **injured** his leg in an accident. 他在意外事故中伤了一条腿。
3. A bullet **wounded** his arm. 子弹打伤了他的手臂。
4. He **destroyed** the painting. 他毁掉了那幅画。

dance [dɑ:ns]

v.& *n.* 跳舞；舞蹈

【例句】She has written a book on **dance**. 她写了一本关于舞蹈的书。

danger ['deindʒə]

n. 危险

【例句】There's a lot of **danger** in rock climbing. 攀登岩壁非常危险。

【搭配】

out of danger 脱离危险

in danger 在危险中

【例题】Some of the wild animals are ________ .

A. on danger B. in danger

C. dangerously D. danger

【解答】答案：B。句意：一些野生动物濒临灭绝。in danger 固定搭配，“处于危险之中”。

dangerous ['deindʒərəs]

adj. 危险的

【例句】The pool is **dangerous**. 这个水池很危险。

dare [deə]

v. 敢；敢于

【例句】He didn't **dare** to look at her in the face. 他不敢睁眼看她。

【用法】dare 既可用作情态动词又可用作实义动词。用于肯定句时通常做实义动词，后面跟 to do

不定式；否定句和疑问句中两者都可。

【例句】She **dare not** go out of the house.（情态动词）

She **doesn't dare to** go out of the house.（实义动词）

她不敢离开房子。

dark [dɑ:k]

adj. 黑暗的；深色的 *n.* 暗处；黄昏

【例句】Are you afraid of the **dark**? 你怕黑吗？

【搭配】

in the dark 在黑暗中

after dark 天黑之后

data ['deitə]

n. 数据；资料

【例句】The **data** is still being analyzed. 数据仍在分析中。

date ['deit]

n. 日期 *v.* 约会

【例句】The **date** of the meeting has been fixed. 开会的日期决定了。

【搭配】

out of date 过时的，陈旧的

up to date 跟上时代的，现代的

date back to 可追溯到

daughter ['dɔːtə]

n. 女儿

【例句】May I speak with your **daughter**? 我可以同你的女儿讲话吗？

day [dei]

n.（一）天；（一）日；白天

【例句】I saw Tom three **days** ago. 我三天前见过汤姆。

【搭配】

by day 白天，日间

day after day 日复一日

day and night 夜以继日地

the other day 前几天

day by day 一天一天地，逐日

every other day 每隔一天

one day 将来某一天；有朝一日

some day 他日；将来有一天

the day after tomorrow 后天

the day before yesterday 前天

dead [ded]

adj. 死的；无生命的

【例句】He was half **dead** with fear. 他差不多吓得半死。

【辨析】**dead, dying**

dead: 强调已死的状态，如 a **dead** body 尸体。

dying: 指"垂死"，但还未死，如 the last wish of a **dying** man 垂死者的最后愿望。

deal [diːl]

v. (dealt, dealt) 处理；应付

【例句】It's my turn to **deal** the cards. 轮到我发牌了。

【搭配】

deal in 经营

deal out 分发

deal with 处理，对付

a great / good deal (of) 大量的

【例题】I need a book dealing ________ anti-pollution problems.

A. about　　B. on　　C. with　　D. to

【解答】答案：C。句意：我需要本书解决关于反对污染的问题。deal with "处理，对付"。

dear [diə]

adj. 亲爱的；昂贵的

【例句】The car is too **dear** for me. 这辆车对我来说太贵了。

death [deθ]

n. 死

【例句】One mistake could mean **death** for him. 一个错误可置他于死地。

【搭配】fight to death 战斗到底

decide [di'said]

v. 决定；下决心

【例句】We must **decide** on a topic before we start to write. 开始写作前，我们必须选定主题。

【搭配】

decide on/ upon 决定，选定

decide to do = decide on doing sth　. 决定做

【辨析】**decide, make up one's mind**

decide：做出一定的选择，强调经过考虑或商议。

make up one's mind：打定主意，与迟疑、动摇、困惑相反。

【例句】She **decided** to retire. 她决定退休。

He can't **make up his mind**. 他下不了决心。

decision [di'siʒən]

n. 决定；决心

【例句】The moment of **decision** can't be delayed. 做决定的时刻不能耽搁。

【搭配】

make a decision 做出决定

come to a decision 决定下来

declare [di'kleə]

v. 声明；断言

【例句】They then **declared** to us all what had been decided.

他们然后对我们全体宣布所做出的决定。

【辨析】**declare, announce**

declare：指公开场合表明对某事物的态度或指官方，权威公开郑重的宣布某事。

announce：指发布公众感兴趣的事，内容有知识性或权威性。

【例句】The president **declared** his intention in the speech. 总统在讲话中声明了他的意图。

He plans to **announce** a wedding in the papers. 他计划在报纸上登结婚启事。

deep [di:p]

adj. & *adv.* 深；深厚

【例句】Still waters run **deep**. 静水流深。

【辨析】**deep** 和 **deeply**

deep 用于具体的深度，包括空间和时间。

deeply 用于抽象、比喻意义，意为深深地。

deeply 可以修饰形容词和分词，deep 则不能。

【例句】She misses her families **deeply** every **deep** night. 每到深夜，她非常想念她的家人。

【派生词】depth *n.* 深度

defeat [di'fi:t]

n.& *v.* 击败；战胜

【例句】This problem **defeats** me. 这个问题难住我了。

【辨析】**defeat, conquer, overcome** 和 **beat**

defeat：打败，多指在战争、比赛、竞选或辩论赛中战胜对手，侧重胜利的暂时性，被打败者不一定服输。

conquer：侧重战胜和控制，强调把对方征服。

overcome：多指战胜或克服非物质的东西，如困难和不良习惯等。

beat：彻底打败，而且被打败者完全服输。

defence/defense [di'fens]

n. 防御；防卫

【例句】We must see that there is no gap in our **defence**. 我们必须确保我们的防御没有漏洞。

【搭配】

in defence of 为保卫…

national defence 国防

defend [di'fend]

v. 防护

【例句】When the dog attacked me, I **defended** myself with a stick. 那狗扑来时，我用棍子自卫。

degree [di'gri:]

n. 程度；度数；学位

【例句】She shows a high **degree** of skill in her work. 她在工作中表现出高度的技巧。

【搭配】by degrees 一点一点地，逐渐地

delay [di'lei]

n.& *v.* 推迟；耽搁

【例句】I was **delayed** by the traffic. 因交通堵塞我迟到了。

【用法】delay doing 推迟做某事，delay 后接动词时必须将动词变成动名词即 ing 形式。

【例句】She **delayed** doing her homework. 她推迟写作业。

【真题】Nowadays more and more young couples are trying to delay having children. (GMET2010-06)

A. 推迟　　B. 反对　　C. 尝试　　D. 决绝

（答案：A）

delicious [di'liʃəs]

adj. 美味的；可口的

【例句】It smells **delicious**. 闻起来多香啊！

delighted [di'laitid]

adj. 快乐的

【例句】I'm **delighted** at your success. 我对你的成功感到很高兴。

【近义词】pleased, happy, cheerful

deliver [di'livə]

v. 递送；交付；发言

【例句】We **deliver** to your door. 我们送货上门。

【搭配】deliver sth. to (over) sb. 把某物交给某人

demand [di'mɑ:nd]

v.& *n.* 要求；需要

【例句】It is impossible to satisfy all your **demands**. 满足你所有的要求是不可能的。

【用法】demand 不能接"宾语 + 不定式"，而接 that 从句，从句的谓语动词应用"(should) + 动词原形"。

【搭配】

in demand 非常需要的，受欢迎的

on demand 一经要求

meet the demand 满足需要，符合要求

demand sth. of/ from sb.　向某人要某物

department [di'pɑ:tmənt]

n. 部门；系；部

【例句】I work in the IT **department**. 我在信息技术部工作。

depend [di'pend]

v. 依靠；信赖

【例句】Can I **depend** on him? 我能相信他吗？

【搭配】

depend on/ upon 依靠；依…而定

It all depends. 看情况。

depth [depθ]

n. 深；深度

【例句】If you can't swim, don't get out of your **depth**. 不会游泳就不要到水深没顶的地方去。

【搭配】

beyond/ out of one's depth 非…所能理解，为…所不及

in depth 深入地，彻底地

describe [dis'kraib]

v. 描写；叙述

【例句】Words can't **describe** the beauty of the scene. 那景色之美难以言传。

【搭配】describe… as 把…描绘成，形容为

description [dis'kripʃən]

n. 描写；描述

【例句】He's not good at **description**. 他不大擅长描写叙述。

【搭配】

give / make a description of 描述，说明

beyond description 难以形容

desert ['dezət]

n. 沙漠 [di'zəːt] *v.* 遗弃

【例句】He **deserted** his wife and children and went abroad. 他抛弃了妻子儿女，出国去了。

design [di'zain]

v.& *n.* 设计；绘制

【例句】We should **design** a new desk. 我们要设计一张新的书桌。

【搭配】by design 有意地，故意地

desire [di'zaiə]

v. 要求；期望

【例句】We all **desire** happiness and health. 我们都期望幸福和健康。

【搭配】

desire to do 想要做…

desire sb. to do 想要某人做…

【例句】He **desired to** be happy. 他渴望幸福。

She **desired him to** wait. 她要他等一等。

desk [desk]

n. 书桌；写字台

【例句】He took a dictionary from the **desk**. 他从书桌上拿了一本字典。

destroy [dis'trɔi]

v. 破坏，毁坏

【例句】They've **destroyed** all the evidence. 他们销毁了一切证据。

【真题】Waves are beautiful to look at, but they can destroy ships at sea. (GMET2010-10)

A. 承载 B. 误导 C. 引领 D. 毁掉

（答案：D）

detail ['diːteil]

n. 详情

【例句】Please give me all the **details**. 请告诉我全部详情。

【搭配】

in detail 详细地

go into detail(s) 详细叙述

determine [di'təːmin]

v. 决定；决心

【例句】She will **determine** how it is to be done. 她会决定这件事的做法。

【搭配】

determine to do / be determined to do 决心做

determine on (doing) sth. 决定（做）某事

【例句】We **are determined to** get the work done before Friday.

我们决心要在周五之前完成这项工作。

develop [di'veləp]

v. 发展；开发

【例句】The place has **developed** from a fishing port into a tourist centre.

这地方由原来的渔港发展成旅游胜地。

【搭配】develop into 发展成

【例题】China is a ________ country.

A. developed B. developing

C. modern D. develop

【解答】答案：B。句意：中国是一个发展中国家。developed 发达的，developing 发展中的，modern 现代的，develop 动词，不能置于名词前修饰。

development [di'veləpmənt]

n. 发展

【例句】We must wait further **developments**. 我们必须等待事态的进一步发展。

【搭配】with the development of 随着…的发展

【例句】**With the development of** technology, we are closer. 随着技术的发展，我们更紧密了。

device [di'vais]

n. 装置；仪器

【例句】The **device** will save much time and effort for us.

这种装置会使我们节省大量时间和气力。

devote [di'vəut]

v. 奉献；致力于

【例句】I will **devote** my whole life to scientific research. 我愿用全部的生命从事科学研究。

【搭配】devote… to (doing) sth 将…奉献给，致力于

dial ['daiəl]

v. 拨（电话）号码

【例句】I started to **dial** but then hung up. 我开始拨号，而后来挂断了电话。

dialog(ue) ['daiələg]

n. 对话

【例句】The **dialogue** remained light and friendly. 对话仍然是轻松友好的。

diamond ['daiəmənd]

n. 钻石，金刚石

【例句】The **diamond** ring glittered on his finger. 钻戒在他的手指上闪闪发亮。

diary ['daiəri]

n. 日记；日记本

【例句】He tore a few pages out of his **diary**. 他从日记本里撕下了几页。

【搭配】keep a diary 记日记

dictation [dik'teiʃən]

n. 听写

【例句】The teacher gave the pupils **dictation**. 教师让学生听写。

dictionary ['dikʃənəri]

n. 辞典；字典

【例句】She bought a Chinese **dictionary** for me. 她给我买了一本汉语字典。

die [dai]

v. 死；枯萎

【例句】What can I do for Cathy before I **die**? 我死之前能为凯西做些什么呢？

【搭配】

die of 因某种疾病或饥饿等致死（内因）

die from 突发性的、直接的致死原因（外因）

die away 渐弱，消逝

die out 熄灭，绝种

die down 慢慢熄火

【例题】The noise of the plane died ________ in the distance.

A. away　　B. out　　C. down　　D. off

【解答】答案：A。句意：飞机的噪音在远处逐渐减弱。只有 die away 符合题意。

difference ['difərəns]

n. 差异；不同

【例句】It's hard to tell the **difference** between the twins. 区别这对双胞胎很难。

【搭配】

make a difference 有影响，起作用

tell the difference 分清，说出差别

the difference between 两者之间的差异；

the difference in 在某方面的差异

different ['difərənt]

adj. 不同的；差异的

【例句】

1. It's the same product with a **different** name. 名称不同的同一种产品。

2. Interestingly, men and women are quite **different** in shopping for clothes. (GMET2012- 阅读 D) 有趣的是，男女在购买服装上相当不同。

【搭配】be different from 与…不同

difficult ['difikəlt]

adj. 困难的；艰难的

【例句】Usually it is not **difficult** for people to find

an old house to buy, ….(GMET2010- 阅读 C)

通常，对人们来说，想寻购一栋老宅并不难。

difficulty ['difikəlti]

n. 困难；费力；难事

【例句】I had the greatest **difficulty** in persuading him. 我为了说服他，费了很大劲。

【搭配】

have great / no difficulty (in) doing sth. 做…有很大 / 没有困难

be in difficulties 经济拮据

dig [dig]

v. (dug，dug) 挖（洞、沟等）；掘

【例句】I spend the morning **digging**. 我整个上午都在不停地挖。

【搭配】

dig in 挖沟壕来防护

dig out 掘出，发现

dig up 挖掘出，找出

dinner ['dinə]

n. 正餐，宴会

【例句】It's time for **dinner**. 该吃饭了。

direct [di'rekt]

adj. 直接的；笔直的　*v.* 指导；导演

【例句】She has a **direct** way of speaking. 她说话直爽。

【反义词】indirect *adj.* 间接的

direction [di'rekʃən]

n. 方向；方位

【例句】We're making changes in various **directions**. 我们正在多方面进行改革。

【搭配】

in the direction of 朝…方向

in all directions 四面八方

under the direction of 在…的指导下

director [di'rektə]

n. 主任；指挥者；导演；董事

【例句】The **director** expresses his sorrow in his film. 导演在影片中表达出他的悲哀。

dirty ['də:ti]

adj. 脏的

【例句】The bed is very **dirty**. 床很脏。

disappear [disə'piə]

v. 消失

【例句】The plane **disappeared** behind a cloud. 飞机飞入云中不见了。

disappointment [disə'pɔintmənt]

n. 失望

【例句】She couldn't hide her **disappointment**. 她无法掩饰自己失望的情绪。

【派生词】disappointed *adj.* 失望的

(be disappointed at / about sth. 对…失望)

disc/disk [disk]

n. 磁盘；唱片；圆盘

【例句】The program takes up much of the **disc** space. 这个程序占用很多磁盘空间。

discover [dis'kʌvə]

v. 发现；发觉

【例句】Columbus **discovered** America. 哥伦布发现了美洲。

【辨析】discover，find 和 look for

discover：指发现本来存在，但未被认识的事物、真理或情况。

find：指偶然发现，也可指经过寻找后得到或重新获得已失去的东西，强调动作的结果。

look for：寻找，强调动作的过程。

【例句】Scientists **discovered** a new disease. They **found** it was very strange. Now, they are **looking for** a cure. 科学家发现一种新的疾病。他们发现这种疾病非常奇怪，现在他们正在找寻治疗方法。

discovery [dis'kʌvəri]

n. 发现

【例句】Scientists have made many important **discoveries**. 科学家做出了许多重大发现。

discuss [dis'kʌs]

v. 讨论

【例句】They **discussed** selling the house. 他们商量过卖房子的事。

【搭配】discuss sth. with sb. 和某人讨论某事

discussion [dis'kʌʃən]

n. 讨论；议论

【例句】After much **discussion**, they decided to accept our offer.

经过反复讨论，他们决定接受我们开的价。

disease [di'zi:z]

n. 病；疾病

【例句】He fought against the **disease** for a long time. 他同疾病做了长时间的斗争。

【辨析】**disease，illness, sickness**

disease：通常指具体的疾病，且通常比较严重，发病时间也较长。

illness：很少指具体疾病，只表示抽象的疾病和生病的状态，如身体不适。

sickness：指恶心，呕吐，表示急性病如：晕船，晕车，胃病。

dish [diʃ]

n. 盘；碟；一道菜

【例句】The **dish** was made of silver. 这盘子是银制的。

display [dis'plei]

n.& v. 显示；陈列，展示

【例句】It's the first time the painting has been **displayed** to the public. 这是该画首次公开展出。

【搭配】on display 在展览中

distance ['distəns]

n. 距离

【例句】The railway station is some **distance** from the village. 火车站离这个村庄相当远。

【搭配】

in the distance 远处

at a distance of... 隔着…的距离

keep sb. at a distance 对…冷淡，同…疏远

district ['distrikt]

n. 区；地区；区域

【例句】He was very well thought of all over the **district**. 他在整个地区评价很高。

【辨析】**district**, **area**, **region** 和 **zone**

district：指一个国家或城市内的一个行政地区或管辖地区。

area：应用最广，可大可小，有固定的界线。

region：指一个较大的行政区域，也指地理上有某种天然界限或具有某种特色的自然地域单位。

zone：指由于本身具有某些特殊性而被划分的地带，特区。

disturb [dis'tə:b]

v. 扰乱；打扰

【例句】She dislikes you to **disturb** her so often. 她不喜欢你经常去打扰她。

【派生词】disturbing *adj.* 烦扰的，使人烦恼的

divide [di'vaid]

v. 分；划分

【例句】This class is too large, we shall have to **divide** it. 这个班太大了，我们得把它分一分。

【例题】When you divide 8 ________ 2, you get 4.

A. by B. to C. in D. from

【解答】答案：A。句意：8 除以 2 得 4。divide by 用…除以

【辨析】**divide 和 separate**

divide (...into...) 往往是指把某个整体划分为若干部分。

separate (...from...) 表示“将…与…分开”，指把原来连在一起或靠近的分隔开来。

【例句】**Divide** a cake **into** four pieces. 把蛋糕分成 4 块。

No one can **separate** children **from** their mother. 没人能把孩子和母亲分离。

do [du:]

v.（did，done) 做（事）*aux.*

1. [放在主语前构成疑问句]

2. [与 not 连用构成否定句]

【例句】You have to consider what to **do** next. 你必须考虑下一步该做什么。

【搭配】

do away with 消灭，去掉

do up 整修，梳理

do with 处理，对待

do without 免除，不用

have nothing to do with 与…没有关系

【例题】The city has decided to ________ smoking.

A. take away B. do away with

C. get away with D. put away

【解答】答案：B。句意：城市决定戒烟行动。do away with 废除，取消；take away 减去；put away 放好，收好；get away with 做了（坏事）而不被惩罚。

doctor ['dɔktə]

n. 医生；博士

【例句】You'd better see a **doctor** about that cut. 你最好去找医生看看你那伤口。

document ['dɔkjumənt]

n. 文档

【例句】The spy stole secret government **documents**. 间谍窃去了政府的机密文件。

dog [dɔg]

n. 狗

【例句】I took my **dog** for a walk along the river. 我带着狗沿那条河散步。

dollar ['dɔlə]

n. 元 [美国、加拿大、澳大利亚等国的货币单位]

【例句】This ten-**dollar** hat is now on sale for five. 十美元一顶的帽子现在减价卖五美元。

domestic [də'mestik]

adj. 国内的；家庭的；家养的

【例句】A good newspaper publishes both **domestic** and foreign news.

一家好的报纸既刊登国内消息，也刊登国外消息。

door [dɔː]

n. 门；通道

【例句】The journey takes about an hour, **door** to door. 从这家到那家的路程要一个小时。

【搭配】out of doors 在户外，在野外

double ['dʌbl]

n. & *adj.* 双；两倍

【例句】His income is **double** hers. 他的收入是她的两倍。

doubt [daut]

n. & *v.* 怀疑；疑惑

【例句】I **doubt** whether these people can hold together. 我对这些人能否很好相处拿不准。

【用法】doubt "怀疑…不是"，表示不相信；suspect "怀疑…是"，表示相信。通常在肯定句中 doubt 后用 whether 或 if；在否定句或疑问句中 doubt 后接 that。doubt that "恐怕未必"。

试对比：I doubt if she will change her mind. 我拿不准她是否会改变想法。

I doubt that she will change her mind. 我恐怕她不会改变想法。

【搭配】

beyond (a) doubt 无疑地，确实地

in doubt 不能肯定的，可怀疑的

no doubt 无疑地，很可能

【派生词】doubtful *adj.* 未必的，不大可能的；拿不准的

【真题】1. It's ________ he will be able to come.（GMET2011-33）

A. a doubt whether B. doubtful whether

C. a doubt if D. doubtful that

2. ________（毫无疑问）that our boss will come to see us tomorrow.（GMET2013-79）

【解答】1. 选 D。句意：恐怕他不能来。It 是形式主语，代替 that 从句。

2. 答案：There is no doubt。

down [daun]

adv. 向下 *prep.* 沿着…而下

【例句】He bent **down** to pick up his wallet. 他弯腰去捡他的钱包。

【搭配】

get down to 静下心来处理，专心致志于…

up and down 上上下下

downtown ['dauntaun]

adj.& adv. 在商业区（的） *n.* 闹市区，商业区

【例句】An apartment building **downtown** is on fire. 市中心区的一幢公寓楼着火了。

dozen ['dʌzn]

n.（一）打，十二个

【例句】I have sent for a **dozen** copies of the book. 这本书我订购了 12 本。

【搭配】

dozens of… 几十个…

in dozens 一打一打的，成打的

draw [drɔː]

v. (drew，drawn) 画；绘制；拉；吸引

【例句】You **draw** beautifully. 你画得真好看。

【搭配】

draw into 驶进，开到

draw out 延长；畅谈

draw up 起草，拟定

draw back 退后，犹豫，不守诺言

drawer ['drɔːə]

n. 抽屉

【例句】My pen turned up in a **drawer**. 我的钢笔在一个抽屉里找到了。

dream [driːm]

v. (dreamt, dreamt) 做梦；向往　*n.* 梦想；愿望

【例句】My son's **dream** is to be a scientist. 我儿子的梦想是成为一名科学家。

【搭配】dream of / about doing 梦见，梦想

【例句】When I was young I **dreamed of** becoming a singer. 我年轻时梦想成为一名歌手。

dress [dres]

n. 女服；童装　*v.* 给…穿衣；穿着

【例句】She is old enough to **dress** herself. 她可以自己穿衣服了。

【辨析】**dress, wear, put on** 和 **in**

四者都有穿衣的含义。

dress：宾语为人。

wear：着重穿衣的状态，后面接衣服。

put on：着重指穿、戴的动作，宾语为物。

in：表示穿时，后面接表颜色的词。

【例句】It is cold, **put on** your coat. 天很冷，穿上你的外套。

He liked to **be dressed in** black. 他喜欢穿黑色。

He **wears** a pair of glasses. 他戴着眼镜。

drill [dril]

v. 操练；钻（孔）　*n.* 操练，反复练习；钻孔

【例句】There'll be a fire-**drill** this morning. 今天早上有消防演习。

drink [driŋk]

v. (drank，drunk) 喝；饮　*n.* 饮料；喝酒

【例句】We **drink** whisky mixed with beer. 我们喝掺有啤酒的威士忌。

【搭配】have a drink 喝一杯

drive [draiv]

v. (drove，driven) 驾驶；驱赶

【例句】He ought to **drive** home. 他应该开车回家。

driver ['draivə]

n. 司机；驾驶员

【例句】A careless **driver** is a danger to the public. 粗心的驾驶员对于公众是一种危险。

drop [drɔp]

v. 落下；掉下　*n.* 下降；滴

【例句】The bottle **dropped** and broke. 瓶子掉下来摔碎了。

【搭配】

drop by/ in 顺便（或偶然）访问

drop off 睡着，入睡；下车，把…放下；下降，减少

drop out 退出，退学

【真题】I've lost my key. I must ________ it somewhere.（GMET2011-18）

A. drop　　B. have dropped

C. be dropping　　D. have been dropping

【解答】选 B。本题考查 must 表肯定猜测的用法。句意为：我丢了钥匙，一定是掉在哪儿了。

drug [drʌg]

n. 药；药物

【例句】The effects of the **drug** began to wear off. 药效开始减弱了。

【辨析】**drug, medicine, pill**

drug：在广义上可指任何“药剂”，更多指“麻醉剂”、“毒品”。

medicine：指起治疗作用的“药”，通常指口服的药，一般不用复数。

pill：指“药片，药丸”。

dry [drai]

adj. 干的；干燥的　*v.* 使干燥；变干

【例句】The heat from the fire will soon **dry** your coat. 炉火的高温很快就会烘干你的上衣。

【搭配】

dry out（使）干透

dry up（使）干涸，（使）干透

duck [dʌk]

n. 鸭；鸭肉

【例句】Tom likes Peking **Duck**. 汤姆喜欢北京烤鸭。

due [djuː]

adj. 预期的；约定的

【例句】

1. How much is still **due** on your car? 你买的车还应付多少钱？

2. **Due** to his mistake, they lost this chance. 由于他的失误，他们错失了这次机会。

【搭配】due to 由于，因为

【真题】They couldn't start out on time ________ (因为下大雨). (GMET2008-79)

【解答】答案：due to/ because of the heavy rain 或 because/ as/ since it was raining heavily。

during ['djuəriŋ]

prep. 在…的期间

【例句】It rained **during** the harvest. 庄稼收割期间下雨了。

【例题】They had a two-week trip to Hongkong ________ Christmas.

A. on B. during C. in D. by

【解答】答案：B 句意：他们在圣诞节期间去香港旅游了两个星期。on Christmas 强调圣诞节那天，但句中旅游时间是两周，就该是圣诞节期间，两种表达方式，"at Christmas" 或 "during Christmas"。

dust [dʌst]

n. 灰尘；尘土

【例句】The old furniture was covered in **dust**. 旧家具上满是灰尘。

duty ['dju:ti]

n. 职责；责任

【例句】I feel it our **duty** to help others. 我认为帮助别人是我们的责任。

【搭配】

on duty 在上班，在值班

off duty 下了班，不在值班

【例句】He is **on duty** tonight. 今晚他值班。

E

each [iːtʃ]

pron. 每个；各自　*adj.* 每；各自的　*adv.* 每个；各自

【例句】**Each** boy here likes football. 这里的每一个孩子都喜欢足球。

【搭配】each other 互相；彼此

【辨析】**each, every**

均有“每个”之意。

each：强调个体；指两者或两者以上的每个。

every：强调整体，全部；指三者以上的每个，后面接名词，不能单独使用。

［误］There are many trees on **every** side of the street.

［正］There are many trees on **each** side of the street.

【例题】Tom and Mary love ________ other.

A. each　B. both　C. all　D. every

【解答】答案：A。题意：汤姆和玛丽彼此相爱。each other 是固定搭配，“相互，彼此”。

eager ['iːgə]

adj. 渴望的；热切的；急切的

【例句】He was **eager** to match his knowledge against mine. 他很想和我比谁的知识更丰富。

【搭配】be eager for 渴望；渴求；迫切要

【例句】I believe almost everyone **is eager for** success. 我相信几乎所有人都渴望成功。

【辨析】**eager, keen, anxious**

这些形容词均有“急切的，渴望的”之意。

eager：侧重于急于成功的迫切心情。

anxious：强调因忧虑、关注或害怕而产生的急切心情。

keen：强调因兴趣强烈或欲望而急于做某事。

【例句】

1. He was **eager** to see her. 他渴望见到她。

2. They were **keen** to win. 他们急于取胜。

3. I'm **anxious** to know the final result. 我急于想知道最后的结果。

【真题】She is <u>eager</u> to try on the new shoes. (GMET 2010-09)

A. 迫切的　B. 高兴的　C. 兴奋的　D. 认真的

（答案：A）

ear [ɪə]

n. 耳朵；听觉

【例句】The function of the **ear** is to listen. 耳的功能是听。

early ['ɜːlɪ]

adj. 早的；早期的　*adv.* 早；在初期

【例句】Why are you so **early**？你为何这么早回来？

earn [ɜːn]

vt. & vi. 赚得；获得

【例句】I don't know how much he **earns** now. 我不知道现在他挣多少。

【搭配】earn one's living 谋生

【例句】It is thought that one billion people, that is half the world's workers, **earn their living** by farming. 据认为有十亿人，也就是全世界劳动人口的一半，是靠务农谋生的。

earth [ɜːθ]

n. 地球（常写作 the earth)；陆地；泥土

【例句】We felt the **earth** shaking suddenly. 我们突然感到大地在颤抖。

【搭配】

on earth 究竟

in the earth 在地里

【例句】

1. What **on earth** are you doing? 你到底在干什么呢?

2. The rooster clawed a hole **in the earth**. 那只公鸡在地上扒出个洞来。

east [iːst]

n. 东方；东方国家　*adj.* 东方的；向东的　*adv.* 向东方，在东方

【例句】

1. The sun is rising from the **east**. 太阳正从东方升起。

2. Shanghai lies in the **east** of China. 上海位于中国的东部。

eastern ['iːst(ə)n]

adj. 东方的；东部的

【例句】The **eastern** sky pinkened. 东方的天空变成了粉红色。

easy ['iːzɪ]

adj. 容易的；安逸的

【例句】It is no **easy** thing to get at the meaning of every idiom in English.
理解英语中每一个习语的含义并不是件容易事。

【搭配】take things easy = take it easy 别着急；不要紧张

eat [iːt]

vt. & vi. (ate, eaten) 吃，喝；腐蚀

【例句】Do you have something to **eat**? 你有什么可吃的东西吗？

【搭配】eat up 吃光；耗尽

economic [iːkə'nɒmɪk]

adj. 经济的，经济上的；经济学的

【例句】His theory is linked closely with the success of our **economic** reform.
他的理论与我们的经济改革的成功紧密联系在一起。

economy [ɪ'kɒnəmɪ]

n. 经济；节约；理财

【例句】As the war debt lightened, the **economy** of the country developed quickly.
由于战争负债减轻，这个国家的经济很快发展起来。

edge [edʒ]

n. 边缘；优势；刀刃；锋利

【例句】New housing estates have grew quickly on the **edge** of the town.
城郊的新住宅楼发展得十分迅速。

【搭配】

on the edge of 几乎；濒于；在…边缘

on the edge 在边缘上；坐立不安

on edge 紧张；烦躁；竖着

【例句】

1. She has a house **on the edge of** the town. 她在市镇边上有一所房子。

2. I have no appetite and always **on the edge**. 我吃饭没有胃口，总是感到不安。

3. I'm just a little **on edge**. 我只是有点紧张。

edit ['edɪt]

vt. 编辑；校订　*n.* 编辑工作

【例句】How long does it take to **edit** a film? 剪辑一部电影需要多长时间？

【近义词】rewrite, correct, check

education [edjʊ'keɪʃ(ə)n]

n. 教育；培养；教育学

【例句】I promise he can get a good **education**. 我承诺他能得到好的教育。

effect [ɪ'fekt]

n. 影响；效果；作用

【例句】

1. This medicine has no side **effect**. 这种药没有副作用。

2. Does it have any **effect** on our everyday life? 它影响我们的日常生活吗？

【搭配】have an effect on/upon 对…有影响，对…起作用

side effect 副作用

【例句】Noise pollution will also **have an effect on** the houses and schools near the airport. (GMET2010-阅读 B) 噪音污染也会对机场周边的房屋和学校造成影响。

cffort ['cfət]

n. 努力；成就

【例句】Just spend more **effort** and time. 只不过要多花些力气和时间而已。

【搭配】in an effort to 企图（努力想）；试图要

egg [eg]

n. 蛋；卵子

【例句】It looks like a cracked **egg**. 它看上去象个破碎的鸡蛋。

either ['aɪðə]

pron. & adj. & conj. 两者之中任一（的）

adv.（用于否定句）也；根本

【例句】

1. You may take **either** of the two. 你可以从两个中

间挑任何一个。

2. **Either** you or she is wrong. 不是你就是她错了。

【搭配】

either of 两者之一

either… or… 不是…就是；要么…要么

【例题】I'm not going to have a rest, ________ .

A. too　B. also　C. either　D. and

【解答】答案：C。题意：我也不打算去休息。too，also 用于肯定句，either 用于否定句。

【真题】You have a choice. You can ________ help your mother with the housework ________ to play volleyball with your classmates. (GMET2009-31)

A. either...or...　B. neither...nor...

C. not only...but also　D. both...and

【解答】答案：A。句意：你做个选择，要么帮你妈做家务要么和同学打网球。B 意为"既不…也不"，C 意为"不仅…而且"，D 意思是"既…又"，都不符合逻辑。

elder ['eldə]

n. 老人；长辈；年长者　*adj.* 年长的；资格老的

【例句】She's the **elder** of the two. 她是两个人中年龄较大的一个。

elect [ɪ'lekt]

vt. & vi. 选举；选择；推选

【例句】Before we **elect** him to parliament, we want to know what he stands for.

在我们选他当国会议员之前，我们要知道他的主张。

【辨析】**elect, choose, select**

elect：指事物的选择范围有限，通常指某职位人选的选举。

choose：强调决定过程，也强调选择的结果，若规定必须两者选其一，只能用 choose。

select：指从几件事中挑选，强调选择时需要鉴别和仔细考虑。

【例句】

1. We **elected** our monitor by a show of hands. 我们举手选举了班长。

2. You may **choose** one out of them. 你可以从中挑选一个。

3. He **selected** a team for the special task. 他为这项特殊任务挑选了一组人马。

electric [ɪ'lektrɪk]

adj. 电的；导电的　*n.* 带电体

【例句】

1. I shave with an **electric** razor. 我用电动剃须刀刮胡子。

2. What do you think, acoustic or **electric**? 你怎么看，是原声吉他还是电吉他好？

【搭配】

electric fan 电扇

electric power 电力；电功率

electric current 电流

electric energy 电能

electricity [ɪlek'trɪsɪtɪ]

n. 电力；电流

【例句】We use **electricity** in order to run machines. 我们使用电力来运行机器。

【搭配】electricity supply 供电；电力供应

electronic [ɪlek'trɒnɪk]

adj. 电子的

【例句】You stole an **electronic** key card? 你偷了一张电子磁卡？

【搭配】

electronic equipment 电子设备

electronic industry 电子工业

else [els]

adj. 别的；其他的　*adv.* 其他；否则；另外

【例句】Nobody **else** in my school comes from Greece. 我们学校没有其它人来自希腊。

【搭配】or else 否则；要不然

【例句】Hurry up **or else** you'll be late. 快点，否则你就要迟到了。

【例题】I have nothing ________ to do in the afternoon.

A. other　B. others　C. rest　D. else

【解答】答案：D。题意：我下午没什么事做。else 作形容词用于疑问词和不定代词之后。

e-mail [iː'meil]

n. 电子邮件

【例句】You can contact us by **e-mail**. 你可以通过电子邮件和我们联系。

emergency [ɪ'mɜːdʒ(ə)nsɪ]

n. 紧急情况；突发事件

【例句】

1. He had an **emergency** to take care of. 他有急事要处理。

2. The government had to take **emergency** action. 政府只好采取紧急措施。

【搭配】

in emergency 在紧急情况下

emergency treatment 急救；急症治疗

employ [ɪm'plɔɪ]

vt. 使用；雇用 *n.* 使用；雇用

【例句】He is **employ**ed in a bank. 他在一家银行任职。

【搭配】

employ in 使忙于；受聘于

in the employ of 受雇于

【例句】

1. She used to **employ** herself **in** reading after work. 班后她常常把时间花在看书上。

2. I have been for over five years **in the employ of** an exporting company.

本人曾经前后五年受雇于一家出口贸易公司。

employee [ɪm'plɔɪiː]

n. 雇员；职工

【例句】

1. You're becoming a model **employee**. 你正成为一个模范雇员。

2. That's my job as an **employee**. 这就是我作为一名雇员的工作。

【真题】There are nearly 8,000 employees working for this company. (GMET2010-08)

A. 老板 B. 雇员 C. 技术员 D. 工程师

（答案：B）

empty ['em(p)tɪ]

adj. 空的；空洞的；徒劳的 *v.* 清空，倒空

【例句】The cinema was half **empty**. 电影院空着一半。

【搭配】be empty of 缺乏

【例句】This speech had a good topic but **was empty of** content.

这次的报告会主题是好的，只可惜内容空洞。

enable [ɪn'eɪb(ə)l]

vt. 使能够；使可能

【例句】The bird's large wings **enable** it to fly. 这鸟的大翅膀使它能飞。

encourage [ɪn'kʌrɪdʒ]

vt. 鼓励；激励；支持

【例句】

1. We should **encourage** them to do so. 我们应该鼓励这种做法。

2. My fellow classmates knew how important this exam was to me and **encouraged** me as much as possible.（GMET2011-完形）同学们都知道这次考试对我有多么的重要，大家伙都尽可能多地鼓励我。

【搭配】encourage sb to do sth 鼓励某人做某事

end [end]

n. 结束；尽头；末尾，末端 *v.* 结束，终止

【例句】

1. His death marked the **end** of an era. 他的逝世标志着一个时代的结束。

2. They **ended** the play with a song. 他们以一首歌曲结束了这出剧。

【搭配】

in the end 终于，最后

at the end of 在…尽头；在…结束时

by the end of 到…时为止

put an end to 终止或废止某事物

【例题】________ of this term, we will have learned 2000 words.

A. In the end B. At the end

C. By the end D. To the end

【解答】答案：C。题意：到本学期末，我们就将学完两千个单词。by the end of 表示“到…为止”，通常用完成时态，与过去的时间连用，句子用过去完成时；与将来的时间的连用则用将来完成时。

enemy ['enəmɪ]

n. 敌人，仇敌；敌军

【例句】

1. Jane and Sarah used to be friends but now they

are bitter **enemies**.
简和萨拉以前是朋友而现在是死对头。
2. Poverty and ignorance are the **enemies** of progress. 贫穷和愚昧是进步的敌人。

energy ['enədʒɪ]
n. 精力；活力；精神；[物] 能量
【例句】Young people are always full of **energy**. 年轻人总是精力旺盛。
【真题】My grandfather is 82 years old now. But he is still full of energy. (GMET2009-09)
A. 热情　B. 动力　C. 智慧　D. 精力
（答案：D）

engage [ɪn'geɪdʒ]
vt. & vi. 从事，忙于（in）；占用，雇佣；预定；使订婚（to）
【例句】
1. She was **engaged** as a teacher. 她应聘当教员。
2. I have no time to **engage in** gossip. 我无暇闲聊。
3. She**'s engaged to** Peter. 她与彼得订了婚。

engine ['endʒɪn]
n. 引擎，发动机；机车，火车头
【例句】Press this button to start the **engine**. 要开动发动机就按这个按钮。

engineer [endʒɪ'nɪə]
n. 工程师；工兵；火车司机
【例句】His father is an **engineer**. 他的父亲是位工程师。

enjoy [ɪn'dʒɔɪ]
vt. 享受；喜爱
【例句】
1. She **enjoys** playing tennis. 她喜好打网球。
2. Men and women should **enjoy** equal rights. 男女应当享有平等权利。
3. The children **enjoyed** themselves playing in the water. 孩子们在水中玩得很高兴。
【搭配】
enjoy oneself 玩得高兴，过得愉快
enjoy doing 乐于做，喜欢做
【例题】All of us enjoyed ________ some English songs.
A. learn　B. learned　C. to learn　D. learning
【解答】答案：D。句意：我们都喜欢学英文歌曲。enjoy doing 表示“喜欢做”。
【派生词】enjoyable 令人愉快的
【例句】Time spent in a bookshop can be most **enjoyable**, whether you are a book-lover or you merely there to buy a book as a present. (GMET2008- 阅读 A)
无论你是爱书的人抑或只是购书作礼物的人，在书店度过的时光都是最令人惬意的。

enough [ɪ'nʌf]
adj. 足够的，充足的 *adv.* 足够地，充足地 *n.* 充足
【例句】
1. I've got **enough** money to pay for a taxi. 我的钱够付计程车费的。
2. Six bottles of wine will be **enough**. 六瓶葡萄酒就够了。
3. She plays well **enough** for a beginner. 对于初学者说来，她弹奏得已相当不错了。
【搭配】
be enough for 对…来说足够的
sure enough 果然，果真
【例句】
1. That**'s** not **enough for** me. 对我来说这还不够。
2. He said he would come, and **sure enough** he came. 他说过要来，果然，他来了。

enter ['entə]
vt. & vi. 进入；开始；参加
【例句】
1. Don't **enter** without knocking. 进屋前先敲门。
2. You may even have **entered** the shop just to keep yourself from being caught in a sudden rain. (GMET2008- 阅读 A）走近书店的原因甚至仅仅就是为了避雨而已。
【搭配】
enter for 报名参加（比赛）
enter on 开始，着手
【例句】
1. I shall **enter for** that new competition. 我将报名参加那项新的比赛。
2. Before I **enter on** the subject I have something to say. 在进入正题之前，我有些话要说。

entire [ɪn'taɪə]

adj. 全部的，整个的；全体的

【例句】The **entire** committee will talk over the proposal. 全体委员会将要讨论这项建议。

【同义词】whole

entrance ['entr(ə)ns]

n. 入口；进入

【例句】

1. He stood in the **entrance** of the hospital. 他站在医院入口处。

2. I'll meet you at the **entrance** to the theatre. 我在剧院门口和你见面。

【搭配】college entrance examination 高考；大学入学考试

envelope ['envələup]

n. 信封；包裹

【例句】Stick a stamp on the **envelope**. 把邮票贴在信封上。

environment [ɪn'vaɪrənm(ə)nt]

n. 环境，外界

【例句】Many people are concerned about the pollution of the **environment**.

许多人都关心环境污染问题

equal ['i:kwəl]

adj. 平等的；相等的；胜任的　*vt.* 等于；比得上

【例句】

1. They are of **equal** height. 他们一般高。

2. She feels **equal** to the task. 她认为能胜任该项工作。

3. Women are demanding **equal** pay for equal work. 妇女要求同工同酬。

【搭配】be equal to 等于

【例句】It will **be equal to** your actual username. 它相当于你的实际用户名。

equipment [ɪ'kwɪpm(ə)nt]

n. 设备，装备；器材

【例句】I tried to fix the **equipment** but I failed. 我想把设备修理好，但是失败了。

error ['erə]

n. 错误；过失；误差

【例句】The accident was caused by human **error**. 这一事故是人为错误造成的。

escape [ɪ'skeɪp]

vt. & vt. & n. 逃跑；避开；泄漏

【例句】

1. A lion has **escaped** from its cage. 有一头狮子从笼中逃走了。

2. There's gas **escaping** somewhere, can you smell it? 有什么地方漏气，你闻到了吗？

3. He listens to music as an **escape** from the pressure of work. 他听音乐以缓解工作压力。

【搭配】escape from 逃脱；从…漏出

especially [ɪ'speʃ(ə)lɪ]

adv. 特别；尤其；格外

【例句】I like to swim, **especially** in the sea. 我喜欢游泳，尤其喜欢在大海中游泳。

establish [ɪ'stæblɪʃ]

vt. 建立；创办；安置

【例句】The committee was **established** in 1912. 这个委员会创立于 1912 年。

estimate ['estɪmeɪt]

vt. & n. 估计，评估；判断

【例句】

1. That **estimate** is four percent higher than last year. 这个评估比上年高了百分之四。

2. We **estimate** they could save 15000 lives in the first year alone.

我们估计仅第一年就可以拯救一万五千条生命 .

etc.（=etcetera）*adv.* 等等，以及其他

even ['i:v(ə)n]

adv. 甚至；即使；还，更加

【例句】**Even** a child can understand the book. 甚至连孩子都看得懂这本书。

【搭配】even if = even though 即使；虽然

【例句】You must go tomorrow **even if** you aren't ready. 哪怕你没有准备好，明天你也得走。

evening ['i:v(ə)nɪŋ]

n. 晚上；傍晚

【例句】We arrived home in the **evening**. 我们在傍晚回到家。

【搭配】

in the evening 在晚上

evening party 晚会

【例句】

1. He often goes to the library **in the evening**. 他经常在晚上去图书馆。

2. There is always an **evening party** at the end of year. 年终之时经常有晚会。

event [ɪ'vent]

n. 事件，大事；运动项目

【例句】

1. She won the first **event**. 她在第一个项目中获胜。

2. It is one of the chief **events** of 1964. 那是 1964 年的主要大事之一。

ever ['evə]

adv. 曾经；究竟；永远

【例句】

1. Nothing **ever** happens in this village. 这个村里从未发生过任何事。

2. It is raining harder than **ever**. 雨下得更大了。

3. What **ever** do you mean? 你到底是什么意思？

【搭配】

for ever 永远；总是

ever since 从那时到现在

as ever 依然，依旧

every ['evrɪ]

adj. 每一的，每个的；每隔…的

【用法】"every ＋基数词＋复数名词" 和 "every ＋序数词＋单数名词"表示"每隔…"、"每…"。如：every other day = every two days 每隔一天，every three hours = every third hour 每隔两天。

【例句】

1. **Every** child in the class passed the examination. 班上所有的学生考试都及格了。

2. He enjoyed **every** minute of his holiday. 假日的每一分钟他都过得很愉快。

3. The buses go **every 10 minutes**. 公共汽车每 10 分钟一辆。

everybody ['evrɪbɒdɪ]

pron. 每个人；人人

【例句】We must treat **everybody** alike. 我们对待人要一视同仁。

everything ['evrɪθɪŋ]

pron. 每件事物；一切

【例句】How is **everything**? 一切可好？

everywhere ['evrɪweə]

adv. 到处

【例句】There are cameras **everywhere**. 这里到处都有摄像机。

evidence ['evɪd(ə)ns]

n. 证据，证明；迹象

【例句】There wasn't enough **evidence** to prove him guilty. 没有充分的证据证明他有罪。

【搭配】

in evidence 明显的；作为证据

give evidence 作证

【例句】

1. The first signs of winter are **in evidence**. 初冬迹象已明显可见。

2. You may be called to **give evidence** at the trial. 法庭可能传你去作证。

exact [ɪg'zækt]

adj. 准确的，精密的；精确的

【例句】He's in his mid-fifties; well, fifty-six to be **exact**. 他五十多岁，嗯，确切说是五十六岁。

【派生词】exactly *adv.* 恰恰

【例句】

1. That's **exactly** what I expected. 那正是我期望的。

2. You've arrived at **exactly** the right moment. 你到得正是时候。

exam [ɪg'zæm]

n. 考试；测验

【例句】

1. We succeeded in passing the **exam** in the end. 我们最终成功地通过了考试。

2. I feel my heart beating fast when I take an **exam**. 参加考试时，我感觉心跳加快。

【搭配】

take an exam 参加考试

mid-term exam 期中考试

examine [ɪg'zæmɪn]

v. 检查；诊查；考试

【例句】He **examined** her passport and stamped it. 他仔细检查了她的护照，然后盖了章。

【派生词】examination *n.*

example [ɪg'zɑːmp(ə)l]

n. 例子；榜样 *v.* 作为…的例子；举例

【例句】

1. This dictionary has many **examples** of how words are used. 词典有许多单词用法的实例。

2. She was an **example** to the rest of the class. 她是全班的模范。

【搭配】

for example 例如

as an example 例如；作为一个例子

set an example to sb. 给某人树立榜样

excellent ['eks(ə)l(ə)nt]

adj. 卓越的；极好的；杰出的

【例句】She has become an **excellent** student. 她已变为优秀学生。

【辨析】**excellent, good, fine, nice, well**

excellent：通常指“极好的，优秀的，卓越的”，无比较级。

good：含义很广，常用来表示好的质量、品质，可用来说明人或物。

fine：侧重于“身体健康，天气晴朗，质量精细”，比 good 语气强一些。

nice：是对取悦于感觉器官的东西而言，带有一定的感情色彩，有“美好的，美味的，漂亮的”等意思。也可表示对人“友好和蔼”。

well：作 adj. 时指“身体状况良好”，作 adv. 时表“好”，用来修饰形容词、副词或动词。

【例句】

1. He is an **excellent** swimmer. 他是一名优秀的游泳运动员。

2. Jim is a **good** student. 吉姆是个好学生。

3. — How are you? — I'm **fine**, thank you. 你感觉如何？我很好。你呢？

4. This is a **fine** watch. 这是块做工精细的表。

5. It's very **nice** of you. 你真好。

6. He cannot speak English **well**. 他英语说得不流利。

except [ɪk'sept]

prep. & conj. 除…之外；要不是

【例句】The restaurant is open every day **except** Monday. 这家饭店除星期一外，每天都营业。

【搭配】

except for 除了；除…之外

except that 除…之外

【辨析】**except，except for，except that, but, besides**

这些词均含“除…以外”之意。

except：侧重于排除在外，从整体里减去。连用的词常常是同类的，可与 but 换用，但语气较强。常与 all，every，no，none，nothing 等含有整体意义的词连用。

except for：多用于在说明基本情况或对主要部分加以肯定，还引出相反的原因或细节，含惋惜意味。连用的词往往不是同类的。

except that：后接从句，不包括在内。

but：侧重指不包括在内。

besides：“除…以外，（还，也）”，包括在内，另外还有。

【例句】

1. He answered all the questions **except** the last one. 除了最后一个问题外，所有的问题他都回答了。

2. Your composition is good **except for** a few spelling mistakes.
除了几处拼写错误以外，你的作文写得很好。

3. She remembered nothing (about him) **except that** his hair was black. 她（对他）什么都不记得，只记得他的头发是黑的。

4. We have nothing to do **but** wait. 我们只有等待。

5. **Besides** English, they also study math, physics and chemistry. 除了英语以外，他们还学习数学，物理和化学。

【例题】Everyone went the party ________ Tom.

A. except B. except for

C. besides D. bedside

【解答】答案：A。题意：除了汤姆之外，所有人都参加了晚会。

exchange [ɪks'tʃeɪndʒ]

n. 交换；交易所；兑换 *vt. & vi.* 交换；交易；兑换

【例句】

1. Tom scored again in the stock **exchange**. 汤姆在

股票交易中又赚了一笔。

2. The two men **exchanged** greetings. 那两个男人互相问候。

excited [ɪk'saɪtɪd]

adj. 兴奋的；激动的　*v.* 使兴奋；激动（excite 的过去式和过去分词）

【例句】We were all **excited** by the news. 我们都为这消息感到兴奋。

excuse [ɪk'skjuːz]

n. 借口；理由　*vt.* 原谅；为…申辩；免除

【例句】

1. He's always making **excuses** for being late. 他迟到总是有借口 。

2. **Excuse** me for being late. 原谅我迟到了。

【搭配】

excuse from 使免除责任；得到解脱；免除

excuse oneself 为自己辩解；请求免除；请求准予离开

make an excuse 找借口

exercise ['eksəsaɪz]

n. 练习；运动；操练　*v.* 锻炼；练习

【例句】You should **exercise** more. 你应该多多锻炼。

【搭配】

do exercise 做运动；锻炼；做操；做练习 (-s)

take exercise 做运动；锻炼；做操

exhibition [eksɪ'bɪʃ(ə)n]

n. 展览，显示；展览会；展览品

【例句】Have you been to the **exhibition**? 你参观展览会了没有?

【搭配】on exhibition 展出中

exist [ɪg'zɪst]

vi. 存在；生存

【例句】Man can't **exist** without oxygen. 人没有氧气就不能生存。

【搭配】exist in 存在于

expect [ɪk'spekt]

vt. & vi. 期望；预料；指望；认为

【例句】

1. I **expect** to see my uncle. 我期望见到我的舅舅。

2. We **expected** him to arrive yesterday. 我们原以为他昨天能到。

3. You will be **expected** to work on Saturdays. 你们星期六要上班。

4. "Will you need help?" "I don't **expect** so." "你需要帮忙吗？" "我想不必了。"

【搭配】

expect of 对…期望（要求）

expect to do 期待去做；期望做某事

expect sb to do sth 期望某人做某事

【辨析】**expect, want, hope, wish**

expect：强调客观上可能实现的"期待、期望"。

want：常用于口语，表示"想要"。

hope：强调主观上的"希望"。

wish：表示客观上不太可能实现的"愿望"或者表示"祝愿"，从句中用虚拟语气。

【例句】

1. He is **excepting** her letter. 他在等她的来信。

2. I **want** a new pen. 我想要支新笔。

3. We **hope** to visit Shanghai soon. 我们期待马上去上海。

4. I **wish** I were young again. 我希望我能再年轻一次。

expensive [ɪk'spensɪv]

adj. 昂贵的；花钱多的

【例句】These glass-products are not **expensive**. 这些玻璃制品不贵。

【辨析】**expensive, high**

expensive：指昂贵的、花钱多的。其主语不能是价格，必须是货物、物品本身。

high：在表示价格时，含义是"高"，不能用于物品本身，只能用在价格 price 上。

【例句】

1. This watch is **expensive**. 这只表很贵。

2. The price of this watch is very **high**. 这只表的价格很高。

experience [ɪk'spɪərɪəns]

n. & vt. 经验；经历；体验

【用法】表示"经验"时为不可数名词，而表示"经历"时为可数名词。

【例句】

1. The child had never **experienced** kindness. 这孩子从未受过善待。

2. She was a housewife of **experience**. 她是一个有经验的主妇。

3. Does she have much **experience** of teaching? 她教学经验丰富吗？(经验，不可数)

4. He had many interesting **experiences** while travelling in Africa.

他在非洲旅行时，有许多有趣的经历。(经历，可数)

【搭配】experience in 有…的经验

experiment [ɪk'sperɪm(ə)nt]

n. 实验，试验；尝试 *vi.* 尝试；进行实验

【例句】We decided to begin the **experiment** in the evening. 我们决定晚上开始那个实验。

【搭配】experiment upon animals 用动物做实验

experiment with new methods 实验新方法

expert ['ekspɜːt]

n. 专家；行家；能手 *adj.* 熟练的；内行的

【例句】

1.We'll need an **expert** opinion. 我们需要听听专家的意见。

2. He's **expert** at/in cooking good cheap meals. 他善于烹制又好吃又便宜的饭菜。

【搭配】be expert in 熟于；在…方面是行家

explain [ɪk'spleɪn]

v. 说明；解释

【例句】

1. He **explained** his plan in some detail. 他详细地说明了自己的计划。

2. Please **explain** this problem to me. 请把这个问题给我讲解一下。

【搭配】

explain oneself 把自己的意思解释清楚

explain sth. away 为(过失或错误等)辩解；为某事物搪塞

explanation [eksplə'neɪʃ(ə)n]

n. 说明，解释；辩解

【例句】Your **explanation** has clarified this difficult sentence. 你的解释使得这难句的意思清楚了。

【搭配】in explanation of 解释

explode [ɪk'spləʊd]

v.(使)爆炸，爆发；激增

【例句】

1. When the boiler **exploded** many people were injured. 锅炉爆炸，许多人受了伤。

2. She **exploded** into loud laughter. 她突然大笑起来。

【搭配】explode into 爆发出

exploit [ik'splɔit]

vt. 开采；开拓；剥削；利用

【例句】People should read the related regulations before they **exploit** natural resources.

在开发自然资源前，人们应该先了解相关的规定。

export [ɪk'spɔːt]

vt. 出口，输出 ['ekspɔːt] *n.* 出口；输出品

【例句】

1. The company is beginning to **export** to the west. 这家公司开始出口产品到西方。

2. Africa is **exporting** beef to Europe. 非洲向欧洲出口牛肉。

3. Last year's **exports** exceeded imports in value. 去年的出口价值超过进口。

【反义词】import *v.* & *n.* 进口；进口商品

express [ɪk'spres]

vt. 表达；快递 *n.* 快车；快递 *adj.* 特快的；明确的

【例句】

1. I cannot **express** to you how grateful I am. 我无法向你表达我是多么感激。

2. The **express** train does not stop at this station. 快车不停靠此站。

【搭配】express oneself 表达自己的思想

【派生词】expression *n.* 表达；表情；词语

extra ['ekstrə]

adj. 额外的，附加的；特大的 *adv.* 额外地；特别地，非常

【例句】

1. The football match went into **extra** time. 这场足球赛进入加时赛。

2. Luggage in excess of 100 kg will be charged **extra**. 超 100 公斤的行李要额外收费。

extremely [ɪk'striːmli]

adv. 非常，极其；极端地

【例句】He's an **extremely** dangerous man. 他是一

个极其危险的人。

eye [aɪ]

n. 眼睛；视力；眼光；见解，观点

【例句】

1. He is blind in one **eye**. 他一只眼睛失明。
2. I hope I never set **eyes** on him again. 我希望永远不要再见到他。

【搭配】

in the eyes of 在…心目中；从…来看

keep an eye on 照看；密切注视

catch one’s eye 引人注目

F

face [feɪs]

n. 脸；表面　*v.* 面对；朝，向

【例句】

1. We have to discuss the matter **face** to **face**. 我们必须面对面讨论此事。

2. The window **faces** south. 那扇窗户朝南。

【搭配】

face to face 面对面

make a face 扮鬼脸

in the face of 面对

fact [fækt]

n. 事实；真相

【例句】But nothing can **change** the facts. 但任何事情也改变不了这些事实。

【搭配】

in fact 实际上

as a matter of fact 事实

factor ['fæktə]

n. 因素；<数学>因子

【例句】Time is the limiting **factor**. 时间是限制性的因素。

factory ['fækt(ə)rɪ]

n 工厂；制造厂

【例句】How many workshops are there in your **factory**? 你们厂有多少车间？

fail [feɪl]

vi. & vt. 失败；不及格

【例句】

1. I passed maths but **failed** in French. 我数学及格，但法语不及格。

2. She did not **fail** to keep her word. 她没有食言。

3. If parents **fail** to provide what they want, it must be a matter of choice. (GMET2008- 阅读 C) 如果父母没提供孩子想要的一切，那肯定就是家长的选择问题。

【搭配】fail in 在…中失败

fail to do 失败；未做成

【反义词】succeed *v.* 成功

failure ['feɪljə]

n. 失败；故障；破产；失败者

【例句】I regretted over my **failure**. 我为我的失败而遗憾。

fair [feə]

adj. 公平的；美丽的，白皙的；晴朗的

n. 展览会；市集；美人

【例句】It's not very **fair** to blame me for that. 为那件事而责备我是不太公平的。

fairly ['feəlɪ]

adv. 相当地；公平地；简直

【例句】You have done **fairly** well. 你做得相当好。

faith [feɪθ]

n. 信仰；信念；信任；忠实

【例句】I haven't much **faith** in this medicine. 我对这种药没有多大信心。

【搭配】have faith in 相信，信任，对…有信心

fall [fɔːl]

vi. (fell, fallen) 落下；变成；减弱　*n.* 下降；<美>秋天；瀑布

【例句】

1. Christmas Day **falls** on a Monday. 今年的圣诞节是星期一。

2. The temperature **fell** sharply in the night. 夜间温度急剧下降。

3. My favorite season is **fall**. 我最喜欢的季节是秋季。

【搭配】

fall in love with 爱上

fall into 落入；分成

fall off 从…掉下

fall asleep 睡着

fall behind 落后

fall ill 生病

【例句】If you have trouble **falling asleep**, some people suggest breathing very slowly and very deeply. (GMET2012- 阅读 C) 如果无法入睡，可以做一下慢呼吸和深呼吸。

false [fɔːls]

adj. 错误的；虚伪的；伪造的

【例句】She didn't want to raise **false** hopes. 她不愿引起虚假的希望。

【反义词】true 正确的

familiar [fə'mɪlɪə]

adj. 熟悉的；常见的；亲近的

【例句】Your name is **familiar** to me. 你的名字我是熟悉的。

【搭配】

be familiar with 熟悉（一般指某人熟悉某人 / 某物）

be familiar to 为…所熟悉（一般指某物 / 某事为某人所熟悉）

【真题】That student is very familiar ______ all the works of Shakespeare. (GMET2010-31)

A. with B. about C. to D. in

【解答】答案：A。句意：那学生深谙莎士比亚的全部作品。本题考查 familiar 的介词搭配。

family ['fæməli]

n. 家；家族；家人；(动植物)科；族

【例句】

1. All my **family** enjoy skiing. 我全家都喜欢滑雪。
2. She comes from a famous **family**. 她出生于名门望族。
3. Lions belong to the cat **family**. 狮子属於猫科动物。
4. Jack was born in a very poor **family**...He had no schooling, for being so poor, the **family** could not afford his school fees. (GMET2013- 阅读 C)

杰克出生在一个非常贫穷的家庭。…家境贫寒实在拿不出学费，也就没上什么学。

【用法】family 作主语时，如果作为一个整体看待，谓语动词用单数形式；如果强调其中一个个成员，谓语动词用复数形式。如：His family is a happy one. 他的家是个幸福的家。

The whole family are watching TV. 全家人都在看电视。

【辨析】**family, home, house**

family：“家庭”，强调构成家庭的成员

home：“家”，强调与家庭成员共同居住的地方，带有感情色彩。

house：“房子”，单纯指住宅，没有感情色彩。

famous ['feɪməs]

adj. 著名的

【例句】

1. Hangzhou is **famous** for silk. 杭州以丝绸而出名。
2. Mo Yan is **famous** as a writer. 莫言作为一名作家而出名。

【搭配】

be famous for 以…著称，闻名

be famous as 作为…而出名

be famous to 为…所熟知

fan [fæn]

n. 风扇；迷，爱好者

【例句】

1. She stooped to pick up her **fan**. 她弯身去捡起扇子。
2. She is a big **fan** of American football. 她是橄榄球运动的铁杆球迷。

far [fɑː]

adj. 远的；久远的 *adv.* 遥远地；很，非常（比较级前）

【例句】

1. He took his journey into a **far** country. 他到一个遥远的国家去旅行。
2. He runs **far** faster than his brother. 他远比哥哥跑得快。
3. We danced **far** into the night. 我们跳舞跳到深夜。
4. This problem is not solved **far** away. 这问题远远没有解决。

【用法】far 的比较级和最高级有两种形式：farther/further, farthest/furthest。表示距离“更远、最远”时用 farther /farthest; 表示抽象的程度“进一步、最深远”时用 further/furthest。

【搭配】

far away 遥远；远远不

far from 远离

so far 迄今为止

farm [fɑːm]

n. 农场 *v.* 耕种；经营农场

【例句】

1. We've lived on this **farm** for twenty years. 我们已在这农场住了二十年。

2. He is **farming** in Africa. 他在非洲务农。

【搭配】on a farm 在农场

farmer ['fɑːmə]

n. 农夫，农民

【例句】The **farmer** decided to leave the land fallow for a year. 农夫决定让土地休耕一年。

fashion ['fæʃ(ə)n]

n. 时尚；时装；样式

【例句】I don't like the **fashion** of that coat. 我不喜欢那件上衣的式样。

【搭配】

in fashion 合于时尚，流行

out of fashion 过时

fast [fɑːst]

adj. & *adv.* 快速，迅速；紧，牢

【例句】His son learns **fast** and well. 他的儿子学得又快又好。

【搭配】fast food 速食，快餐

【辨析】**fast, quick**

fast："快的"，常指人或物持续地高速运动，强调运动的方式。

quick：特指瞬时动作，强调动作敏捷迅速；也指匆忙的行为，而不暗示速度很快。

【例句】

1. I took a **fast** train. 我搭乘了一列快车。

2. He is **quick** at figures. 他计算很快。

fasten ['fɑːs(ə)n]

v. 扎牢；扣住；系紧

【例句】Please **fasten** your safety belt before we take off. 飞机起飞前请系好您的安全带。

【搭配】

fasten down 盖紧；确定

fasten up 关紧；栓起来；系住

fat [fæt]

adj. 肥胖的；油腻的；丰满的 *n.* 脂肪，肥肉

【例句】

1. If you eat too much chocolate you'll get **fat**. 吃巧克力太多会发胖。

2. You must avoid eating **fat**. 你要避免吃肥肉。

father ['fɑːðə]

n. 父亲；祖先；前辈

【例句】Time is the **father** of truth. 时间是真理之父。

fault [fɔːlt; fɒlt]

n. 故障；错误；毛病

【例句】There is a **fault** in the electrical system. 电路系统出了故障。

favo(u)r ['fevɚ]

vt. 支持；赞成 *n.* 恩惠；偏爱；支持

【例句】

1. Do you **favor** my proposal? 你赞成我的建议吗?

2. I owe you a big **favor**. 我欠你一个人情 .

3. But not everyone is in **favor** of the plan. 但不是所有人都赞成这个计划。

【搭配】

in favor of 有利于；支持；赞同

do sb. a favor 帮个忙

in one's favor 对某人有利

【真题】1. Would you mind ________（帮我一个忙）?（GMET2011-80）

2. Those in favor of the plan, please raise your hands.（GMET2013-11）

A. 制定 B. 赞成 C. 相信 D. 反对

【解答】1. 答案：doing me a favor。2. 答案：B。句意：赞成这个计划的请举手。

favo(u)rite ['feivərit]

adj. & *n.* 最喜爱的（人或事物）

【例句】

1. The crowd cheered their **favourite** horse on. 群众为他们最喜爱的赛马加油。

2. These books are great **favourites** of mine. 这些是我最喜爱的书。

fear [fɪə]

n. 害怕；恐惧；担忧 *v.* 害怕；敬畏；为…担心

【例句】**Fear** came over him. 他感到一阵恐惧。

【搭配】

for fear (that) 以免，唯恐

for fear of 以免，唯恐

【辨析】**fear，horror，terror**

fear：普通用词，侧重指面临危险或灾祸时内心所引起的恐惧心情。

terror：指极大的恐惧和惊骇，语气最强。

horror：侧重指因看到令人讨厌或危险的东西或情景而引起的厌恶情绪、极度恐惧的心情或战栗的动作。

【例句】

1. Burned children **fear** the fire. 被烫过的孩子怕火。

2. His eyes were wide with **terror**. 他恐惧地睁大眼睛。

3. The idea of being locked up in jail filled her with **horror**.
她一想到被关进牢房便毛骨悚然。

feather ['feðə]

n. 羽毛 *v.* 用羽毛装饰；长羽毛

【例句】

1. Mr. Zhuge was holding a feather fan in his hand. 诸葛先生手里拿着一把羽毛扇。

2. The chick will soon **feather** out. 这只小鸡很快就要长羽毛了。

fee [fiː]

n. 费用；酬金 *vt.* 付费给…

【例句】

1. Free or **fee**? 免费或收费？

2. Is this money enough for the tuition **fee**? 这些钱交学费够吗？

feed [fiːd]

vt.（fed, fed）喂养；向…供给； *vi.* 吃，以…为食

【例句】

1. She has a large family to **feed**. 她要养活一大家人。

2. The cows were **feeding** on hay in the barn. 母牛正在牲口棚里吃干草。

【搭配】feed on 以…为食，吃

【例句】Birds **feed on** worms and grains. 鸟以虫和谷物为食。

feel [fiːl]

v. 感觉；认为；触摸

【例句】

1. I **feel** much better today. 我今天感觉好多了。

2. It **feels** more comfortable. 摸上去更舒服。（系动词 feel 主动表被动含义）

【用法】feel 可作系动词，其后接 bad，good，happy 之类表示情绪或表示冷热的形容词。

【搭配】feel like doing sth. 想要做某事

【例句】I **feel like** talking with you now. 现在我想跟你谈谈。

【真题】________ tired, I went to bed. (GMET2010-27)

A. To feel B. Felt C. Feeling D. Feel

【解答】答案：C。考查非谓语动词用法。主语一致，现在分词短语用作原因状语。

feeling ['fiːlɪŋ]

n. 感觉；感情；情绪

【例句】A **feeling** of shame came over her. 她突然产生一种害羞的感觉。

【搭配】

have a feeling 预感到…；觉得…

good feeling 好感

strong feelings 强烈的感情

fellow ['feləʊ]

n. 家伙；伙伴

【例句】Here comes the little **fellow**. 那个小家伙来了。

festival ['festɪv(ə)l]

n. 节日；艺术节

【例句】

1. There is a poster about the pop **festival**. 有一张关于流行音乐节的海报。

2. The whole town was immersed in a **festival** atmosphere. 全城沉浸在节日的气氛中。

【搭配】the Spring Festival 春节（中国农历正月初一）

the Mid-Autumn Festival 中秋节

Film Festival 电影节

fetch [fetʃ]

vt. 去拿；去取；去接

【例句】Can you **fetch** it out and show it to me？你能把它拿出来给我看看吗？

【辨析】**bring，take，fetch，carry**

bring：“带来”，指从某处把人或物带到或拿到说话者所在的地点，强调方向。

take：“拿走、取走”，指从说话人或说话人心目中所在处把某人或某物带离开，带到离说话者有一定距离的地方，与 bring 的方向正相反，侧重方向。

fetch：“去拿来”，是指一往一返，相当于 go and bring，去取了东西或带人再返回到出发处。

carry：是指“拿动、搬动、携带”，指把物品从一个地方带到另一个地方，不涉及方向，只强调方式。

【例句】

1. **Bring** your friend to the party. 请带你的朋友来参加聚会。

2. **Take** the letter to the post office. 把这封信送到邮局去。

3. I asked her to **fetch** me an evening paper. 我求她去给我拿一张晚报来。

4. The mother **carries** her baby in her arms. 母亲怀里抱着她的孩子。

fever ['fiːvə]

n. 发烧，发热；狂热　*v.*（使）发烧；狂热

【例句】I think I have got a **fever**. 我想我发烧了。

【搭配】

high fever 高烧

have a fever 发烧

few [fjuː]

adj. 很少的；几乎没有的　*pron.* 很少；有些

【例句】There were **few** people in the streets. 街上人很少。

【搭配】

quite a few 不少，相当多

only a few 很少；只有几个

every few 每隔几…

few words 沉默寡言的

【辨析】**few, several, little**

few：修饰可数名词的复数形式，侧重指数量非常少，含否定意义。

several：修饰可数名词的复数形式，指至少有 3 个，但不会超过 5、6 个。

little：修饰不可数名词，含否定意义。

【例句】

1. There were **few** people in the streets. 街上人很少。

2. We got **little** help from them. 我们没有从他们那儿得到什么帮助。

3. He was seriously injured in the accident and died **several** days later.

他在那次事故中受了重伤，几天后就死了。

field [fiːld]

n. 田；场地；领域

【例句】After years of hard work, she has finally arrived in her **field**.

经过多年的努力工作之后她终于在她的领域功成名就了。

【搭配】

in the field 在实地；在作战；参加比赛

in the field of 在…方面，在…领域

fight [faɪt]

vi.（fought，fought）打架；与…打仗　*n.* 打架；战斗

【例句】We are ready to **fight** again. 我们再度准备好战斗。

【搭配】

fight for 为…而战 / 奋斗

fight against 对抗；反对；与…作斗争

fight with 与…并肩战斗；与…打架

fight back 回击；抵抗

figure ['fɪgə]

n. 数字；人物；图形；体形　*v.* 计算；估计；描绘

【例句】I will check up the **figure**. 我将核对一下这个数字。

【搭配】figure out 计算出；想出；弄清

fill [fɪl]

v. 装满，使充满

【例句】I'll **fill** in the other details for you. 我将为你补充其他细节。

【搭配】

fill in 填写；填充；替代

fill with 装满，充满

be filled with = be full of 装满了…

film [fɪlm]

n. 电影；胶卷　*vt.* 把…拍成电影

【例句】

1. That **film** is just another Hollywood bomb. 那部片不过是另一部好莱坞烂片。

2. They're **filming** a new comedy. 他们正在拍摄一部新的喜剧片。

final ['faɪn(ə)l]

adj. 最终的，决定性的 *n.* 决赛；期末考试

【例句】You must reserve your strength for the tennis **final**. 你必须为网球决赛保存力量。

【派生词】finally *adv.* 最后

find [faɪnd]

vt. (found，found) 发现；找到；发觉

【例句】If you **find** yourself behind a closed door, never quickly open it. (GMET2013- 阅读 D)
如果你发现自己在一扇紧闭的门后，千万不要急着快速打开。

【搭配】find out 找出，查明

【辨析】**find, find out, look for, discover**

find：意为"找到、发现、感到"，强调找的结果，是非延续性动词。

find out：意为"查明、发现、了解"，指经过认真观察、调查或研究，把某事某物找出来弄清楚，多用于复杂而不容易直接查处的情况。

look for：意为"寻找"，强调找的动作，是延续性动词。

discover：意外"发现、发觉"，指发现某种情况或发现早已存在而未为人知的东西。

【例句】

1. I **find** it difficult to learn English well. 我发现把英语学好很难。

2. Do **find out** why Tom was late? 你了解汤姆迟到的原因吗?

3. I'm **looking for** my pen. 我在找我的钢笔。

4. Scientists around the world are working to **discover** a cure for AIDS.
世界各地的科学家们正努力寻找治疗艾滋病的疗法。

fine [faɪn]

adj. 好的；健康的；优良的；细小的，精美的；晴朗的

n. & vt. 罚款

【例句】

1.The sand is **fine** and white. 沙子又细又白。

2. Have you handed in your **fine**? 你交了罚款了吗?

finger ['fɪŋgə]

n. 手指；指针，指状物

【例句】I've stuck a needle in my middle **finger**. 我用针刺伤了我的中指。

finish ['fɪnɪʃ]

v. 完成；结束；用完

【例句】We can only **finish** half of it this afternoon at best. 今天下午我们充其量只能完成一半。

【搭配】

finish off 吃完；喝完

finish doing sth. 完成某事

【真题】Tom will go to school as soon as he ________ his breakfast. (GMET2010-23)

A. will finish　　B. finishes

C. finished　　D. would finish

【解答】答案：B。句意：汤姆吃过早饭就去上学了。本题考查动词时态。as soon as 等引导的时间状语从句中通常使用一般时态表示将来动作，主将从现。

fire ['faɪə]

n. 火；火灾 *vt.* 点燃；解雇；开除

【例句】Most animals are afraid of **fire**. 大多数动物怕火。

He was **fired** for stealing money. 他因偷钱而遭解雇。

【搭配】on fire 着火；起火；非常激动

【辨析】**fire**，**discharge**，**dismiss**

均含"解雇"之意。

fire：口语用词，多指断然地突然解雇，其行动犹如开枪一样干净利落。

discharge：语气较重，指有理由的解雇，含几乎不再复用的意味。

dismiss：正式用词，是这组词中语气最轻的一个，一般只有从上文才能看出解雇的原因或理由。

【例句】

1. The manager **fired** Bob because he was always late for work. 鲍勃因上班总迟到而被经理解雇。

2. The boss **discharged** her because of her absence.

老板因她缺勤而把她解雇了。

3. The new governor **dismissed** the staff that served his predecessor.

新州长将前任州长的职员全部解雇。

firm [fɜːm]

adj. 坚定的；牢固的 *vt.* 使坚定；使牢固 *n.* 公司；商号

【例句】

1. I don't think the chair is **firm** enough to stand on. 我认为这椅子不够稳固，不能站人。

2. I was investigating the **firm**. 我正在调查该公司。

first [fɜːst]

adv. & num. 第一；首先 *adj.* 第一的；最早的；基本的

【例句】

1. It was the **first** time they had ever met. 这是他们初次见面。

2. It was love at **first** sight! (GMET2011- 阅读 C) 一见钟情！

3. **First**, carefully touch the door to check if it is hot. (GMET2013- 阅读 D) 首先要小心翼翼地摸摸门，检查一下门是不是热的。

【搭配】

at first 起初，最初

first of all 首先

fish [fɪʃ]

n. 鱼，鱼类 *v.* 钓鱼，捕鱼；搜寻

【例句】There are about 30000 species of **fish** in the world. 世界上约有 3 万种鱼。

【用法】fish 作集体名词时，统称"鱼"，单复数形式相同；作不可数名词时，指"鱼肉"；作可数名词时，有复数形式，表示"各种鱼"。

【搭配】go fishing 钓鱼

fit [fɪt]

vt. & vi. 安装；（使）合身，适合 *adj.* 合适的；恰当的；健康的

【例句】This coat does not **fit** me. 这上衣并不适合我穿。

【搭配】

be fit for 适于；胜任于

keep fit 保持（身体）健康

fix [fɪks]

v. 修理；安装；使固定；注视

【例句】

1. My watch has stopped, it needs **fixing**. 我的表停了，需要修理了。

2. The time for our meeting has been **fixed** already. 我们开会的时间已经确定了。

3. Her eyes were **fixed** on the gun. 她紧盯着那枝枪。

【搭配】fix one's eyes on 注意；凝视

【例句】The people who are to be happy **fix their attention on** the bright side of things. (GMET2009- 阅读 D) 幸福的人总会把注意力集中在事情美好的那一面。

flag [flæg]

n. 旗帜；标志

【例句】The hotel flies the European Union **flag**. 这家旅馆悬挂着欧盟的旗帜。

flash [flæʃ]

n. 闪光，闪现；一瞬间 *vt. & vi.* 闪光；闪现；反射

【例句】Lightning **flashed** in the distance. 远处闪电闪闪。

【搭配】in a flash 瞬间；立刻

flat [flæt]

n. 套房；公寓 *adj.* 平坦的；扁平的

【例句】Of course, no one now believes that the earth is **flat**. 当然如今无人相信地球是平的。

flight [flaɪt]

n. 飞行；航班；逃走

【例句】She has booked me down for next **flight**. 她已为我登记乘坐下一个航班。

float [fləʊt]

v. 浮动；漂浮

【例句】A balloon **floated** across the sky. 有个气球从空中飘过。

flood [flʌd]

n. 洪水；泛滥；一大批 *v.* 淹没；涌出

【例句】

1. Japanese cars have **flooded** the American market. 日本汽车已充斥美国市场。

2. Applications **flooded** into the office. 申请书像潮

水般涌进办公室。

3. In 1975, the **floods** in that area made 233,000 people homeless. 一九七五年，该地区的洪水使得二十三万三千人无家可归。

【搭配】flood in 涌入，大量地涌到

floor [flɔː]

n. 地板，地面；楼层

【例句】

1. There weren't enough chairs so I had to sit on the **floor**. 房间椅子不够，我只好坐地上。

2. Our office is on the 6th **floor** of a ten-storeyed building. 我们的办公室在一座 10 层楼房的 6 楼。

【搭配】

on the floor 在地板上

first floor [美] 一楼；[英] 二楼

【辨析】**floor，storey**

floor：侧重指楼房的层面，通常是针对建筑物的内部而言的。

storey：侧重指楼层的高度，通常是从建筑物的外部看上去而言的。

【例句】

1. These hotels have bathrooms on every **floor**. 这些旅馆每层楼上都有浴室。

2. This skyscraper has 90 **storeys**. 这座摩天大楼有 90 层。

flow [fləʊ]

vi.& n. 流动；涌出

【例句】The river Thames **flows** into the North Sea. 泰晤士河流入北海。

【搭配】flow in 流入

flower ['flaʊə]

n. 花；花期；开花植物

【例句】

1. The roses have been in **flower** for a week. 这些玫瑰花已经开了一星期了。

2. Bees gather nectar from **flowers**. 蜜蜂采集花蜜。

fly [flaɪ]

v. (flew, flown) 飞行；放（风筝、飞机模型等）

n. 苍蝇

【例句】Several seagulls flew across the **sky**. 几只海鸥飞过天空。

【搭配】

on the fly 在飞行中；忙忙碌碌

fly away 飞走，离开

follow ['fɒləʊ]

vt. 跟随；仿照；听得懂

【例句】

1. Monday **follows** Sunday. 星期一在星期日之后。

2. I couldn't **follow** his argument at all. 我根本不明白他的论点。

3. The lightning was quickly **followed** by/with heavy thunder. 闪电过后紧接着是响雷。

【搭配】follow one's advice 听从某人的劝告

fond [fɒnd]

adj. 喜欢的；温情的

【例句】

1. I've always been very **fond** of you. 我一向非常喜欢你。

2. He is **fond** of recalling the experiences of his youth. 他喜欢回想少年时代的经历。

【搭配】be fond of 喜欢；爱好

【真题】She is fond of collecting stamps. (GMET 2010-12)

A. 喜好　B. 擅长　C. 从事　D. 希望

（答案：A）

food [fuːd]

n. 食物；养料

【例句】Milk is the natural **food** for babies. 牛奶是婴孩的天然食品。

fool [fuːl]

n. 傻瓜；愚人；受骗者　v. 愚弄；欺骗；戏弄

【例句】

1. Do you take me for a **fool**? 你是不是把我当傻瓜?

2. You can't/don't **fool** me! 你休想 [别] 骗我！

3. He has **fooled** a lot of people into believing he is a rich man. 他骗了许多人，让人相信他是个富翁。

【搭配】

April Fool's Day 愚人节

fool with 戏弄

fool around 游手好闲；闲荡

make a fool of 愚弄；欺骗

foolish ['fu:lɪʃ]

adj. 愚蠢的；傻的

【例句】Can you persuade her out of her **foolish** plans? 你能劝她放弃那些愚蠢的计划吗？

foot [fʊt]

n.（pl. feet）脚；英尺

【例句】The village is at the **foot** of the mountain. 村子在山脚下。

【搭配】

on foot 步行；在进行中

at the foot of 在…（山）脚下；在…的底部

football ['fʊtbɔ:l]

n. 足球，橄榄球

【例句】He is on the college **football** team. 他是大学橄榄球队的队员。

for [fɔ:; fə]

prep. 为了；因为；给；对于；至于　*conj.* 因为

【例句】

1. This letter is **for** you. 这是你的信。

2. They fought **for** national independence. 他们为民族独立而战。

【用法】

1. "为了"，表示目的，意图。

2. "往，向"，表示方位，方向。

3. "达到，计"，表示时间、距离、数量。

4. "花了多少钱"，表示交换、代价。

5. 作 conj.，表补充原因，常在主句后。

【真题】He didn't go to the party ________ a variety of reasons. (GMET2010-30)

A. with　B. at　C. for　D. on

【解答】答案：C。句意：他由于种种原因未参加派对。本题用 for 表原因。

forbid [fə'bɪd]

vt.（forbade/forbad, forbidden）禁止；阻止；妨碍

【例句】Their father **forbade** them to go. 他们的父亲禁止他们去。

force [fɔ:s]

vt. 强迫；强加　*n.* 力量；武力；军队

【例句】The thief **forced** her to hand over the money. 强盗逼她把钱交出来。

【搭配】

by force 强迫地；靠武力

in force 有效的；大批地；大规模地

force sb. to do sth. = be forced to do… 强迫某人去做某事

【例句】…; he often coughed rudely as he got on the bus and **forced** the other **to** offer the seat to him in a loud voice. (GMET2011- 阅读 A)

…；他上车时常常粗鲁地干咳，还大声地硬要别人让座给他。

forecast ['fɔ:kɑ:st]

v. (forecast, forecast) & *n.* 预报，预测；预示

【例句】The teacher **forecast** that twenty of his pupils would pass the examination.

老师预测他有二十名学生能通过考试。

foreign ['fɒrɪn]

adj. 外国的；外交的

【例句】He likes collecting **foreign** stamps. 他喜欢手机外国邮票。

foreigner ['fɒrɪnə]

n. 外国人；外地人

【例句】Many **foreigners** came to China and attended the Fair. 许多外国朋友来华参加交易会。

forest ['fɒrɪst]

n. 森林

【辨析】**forcst，woods**

forest：指树木高大、面积大、人迹罕至的原始森林。

woods：面积不大的树林或小块的树林。

【例句】

1. Most of the ancient **forests** in the world have been destroyed. 世界上大多数原始森林都被毁坏了。

2. The children are playing in the **woods**. 孩子们在树林里玩耍。

forever [fə'revə]

adv. 永远；老是，不断地

【例句】

1. Why are you **forever** asking questions? 你怎么老是问问题?

2. It takes her **forever** to get dressed. 她穿衣打扮得

老半天。

forget [fə'get]

vt. (forgot, forgotten) 忘记

【例句】Don't **forget** to write. 别忘记写信来。

【搭配】

forget doing sth. 忘记做过某事

forget to do sth. 忘记去做某事

【辨析】**forget，leave**

两者都有"忘记"的意思。

forget：指忘记了某事，后面一般不接地点状语。

leave sth. in some place：指的是把某物忘 / 遗留在某地了，常与地点状语连用。

forgive [fə'gɪv]

vt. (forgave，forgiven) 原谅; 免除（债务、义务等）

【例句】He **forgave** her for what she had said to him. 他原谅她对他说过的那些话。

fork [fɔːk]

n. 餐叉；岔路口

【例句】The Chinese use chopsticks instead of knives and **forks**. 中国人不用刀叉，用筷子。

form [fɔːm]

n. 形式；形状；表格 *vt. & vi.* 形成；组织；产生

【例句】Churches are often built in the **form** of a cross. 教堂常常建成十字形。

【搭配】in the form of 以…的形式

formal ['fɔːm(ə)l]

adj. 正式的

【例句】The letter was **formal** in its wording. 此信措辞正式。

former ['fɔːmə]

adj. 从前的；前者的；前任的

【例句】John chanced upon a **former** colleague of his at the airport.

约翰在机场偶然碰到一个以前的同事。

【搭配】in former times 从前

fortunate ['fɔːtʃ(ə)nət]

adj. 幸运的；侥幸的

【例句】I feel **fortunate** to have met them. 我觉得很幸运见到了他们。

fortunately ['fɔrtʃənətli]

adv. 幸运地

【例句】**Fortunately**, the fire was discovered soon after it had started. 幸好火刚起就被发现了。

【反义词】unfortunately *adv.* 不幸地

【例句】**Unfortunately** they got lost in the forest. (GMET2012-07) 他们不幸在森林中迷了路。

【真题】Unfortunately the woman had all her money stolen. (GMET2013-07）

A. 意外地　　B. 慢慢地

C. 迅速地　　D. 不幸地

（答案：D)

forward ['fɔːwəd]

adv. & adj. 向前　*vt.* 促进；转寄　*n.* 先锋

【例句】My watch was slow, so I put it **forward** three minutes. 我的手表慢了，所以我把它向前拨了三分钟。

【搭配】

put forward 提出

look forward to 盼望，期望

【例句】I **look forward to** reading more letters about this problem in your newspaper. (GMET2010- 阅读 B) 我期待在贵报能读到更多有关这个问题的信函。

【真题】I'm looking forward to your reply. (GMET 2009-11)

A. 希望　　B. 看待

C. 期待　　D. 思念

（答案：C）

found [faʊnd]

vt. (founded，founded) 创立，建立；创办

【例句】This settlement was **founded** in 1592. 该居民点建立于 1592 年。

【联想】find-found-found *v.* 发现，找到

free [friː]

adj. 免费的；自由的　*adv.* 自由地；免费　*vt.* 使自由；释放

【例句】He felt himself at last absolutely **free**. 他觉得自己终于完全自由了。

【搭配】

for free 免费

free from 使摆脱；免于；解放

set free 释放

freedom ['friːdəm]

n. 自由，自主

【例句】The rebels fought for **freedom**. 反叛者为自由而战斗。

freeze [friːz]

v.（froze, frozen）结冰；冻僵；冻结；冷冻

【例句】When the thermometer is at 0 degree centigrade, water will **freeze**. 当温度计降至摄氏零度时，水便会结冰。

frequent ['friːkw(ə)nt]

adj. 频繁的，时常发生的

【例句】Your shirts have faded from **frequent** washing. 你的衬衣由于经常洗涤已经褪色。

fresh [freʃ]

adj. 新鲜的；清新的；淡水的；无经验的

【例句】They buy **fresh** meat. 他们买新鲜肉，

fridge [frɪdʒ]

n. 电冰箱

【例句】This dessert can be served straight from the **fridge**. 这种甜品从冰箱里拿出就可以吃。

friend [frend]

n. 朋友；助手

【例句】

1. He's one of my best **friends**. 他是我最要好的朋友之一。

2. If a **friend** says that his arms and legs are weak, we know that it is his own mistake. (GMET2013- 阅读 B) 要是有朋友和你说他胳膊腿虚弱，这可是他自己的错。

【搭配】make friends with 与…交朋友

friendly ['fren(d)lɪ]

adj. 友好的

【例句】Little Tom is very **friendly** to his classmates. 小汤姆对同学非常友好。

【搭配】be friendly to 对…友好

friendship ['fren(d)ʃɪp]

n. 友谊；友善

【例句】**Friendships** formed while she was at college. 友谊是她在大学时建立的。

frighten ['fraɪt(ə)n]

vt. 使惊吓；吓唬 *vi.* 害怕，惊恐

【例句】Sorry, I didn't mean to **frighten** you. 对不起，我没有吓唬你的意思。

from [frɒm; frəm]

prep. 来自，从；由于

【例句】She began to walk **from** him. 她开始离他而去。

【搭配】

from now/then on 从现在 / 那时起

from…to 从…到

from…on 从…起

be from/come from 出身，来自

front [frʌnt]

n. 前面；正面；前线 *adj.* 前面的；正面的

【例句】The **front** of the building was covered with ivy. 大楼的正面爬满了常春藤。

【搭配】

in front 在前面，在前方

in front of 在…的前面

in the front of 在…的前部

fruit [fruːt]

n. 水果；产物 *v.* 结果实

【例句】Eat plenty of fresh **fruit** and vegetables. 要多吃新鲜水果和蔬菜。

fry [fraɪ]

v. 油炸；油煎 *n.* 油炸食物

【例句】KFC stands for Kentucky **Fried** Chicken. KFC 即是肯德基炸鸡。

fuel [fjuəl]

n. 燃料 *vt.* 加燃料，加油；激起

【例句】They ran out of **fuel**. 他们的燃料用完了。

full [fʊl]

adj. 满的，充满的；完全的，完整的

【例句】

1. She could only nod, because her mouth was **full**. 她口里塞满了东西，只能点点头。

2. My grandfather is 82 years old now. But he is still **full** of energy. (GMET2009-09) 我外公 82 岁了，但是他依然精力充沛。

3. This letter is **full** of careless spelling mistakes. (GMET2013-12) 这封信满是粗心大意的拼写错误。

【搭配】

be full of 装满；充满

make full use of 充分利用

fun [fʌn]

n. 乐趣；玩笑；有趣的人或事

【例句】We had a lot of **fun** at Sarah's party. 我们在萨拉的聚会上玩得很开心。

【用法】fun，不可数名词；它的派生词：funny *adj.* 好笑的，滑稽的。

【搭配】

have fun 玩得开心

for fun 开玩笑地；闹着玩地

make fun of 取笑

【例句】As a result, my classmates often **made fun of** me. (GMET2011- 完形）结果，同班同学经常取笑我。

function ['fʌŋ(k)ʃ(ə)nç

n. 功能，作用；[数] 函数　*vi.* 起作用；运行；行使职责

【例句】The **function** of heart is to pump blood through the body.

心脏的功能就是把血液输往全身。

fund [fʌnd]

n. 基金；资金　*vt.* 出资，资助

【例句】They are raising **funds** for a new laboratory. 他们在募款建一个新的实验室。

funny ['fʌnɪ]

adj. 有趣的；滑稽的；古怪的

【例句】That's the **funniest** joke I've ever heard. 那是我所听过的最风趣的笑话。

furniture ['fɜːnɪtʃə]

n. 家具；设备

【例句】Some articles of **furniture** were lost when we moved. 我们搬家时有几件家具丢失了。

future ['fjuːtʃə]

n. 未来；前途；期货　*adj.* 将来的，未来的

【例句】

1. We discussed about our **future** plans. 我们讨论了我们将来的计划。

2. And perhaps, the **future** is there too, waving at us. (GMET2008- 阅读 B)

也许，未来就在那儿，正在朝着我们挥手呢。

3. Jack was very happy because he felt that there was a bright **future** before him. (GMET2013- 阅读 C) 杰克很开心，因为他感觉到美好的未来就在面前。

【搭配】

in the future 在将来，在未来

in future 今后，往后

【例句】Lessons learned from the past can guide one **in the future**. 前事不忘，后事之师。

I'll be more careful **in future**. 以后我会小心些。

G

gain [gein]

v. 获得；赢得

【例句】He sold this valuable stamp and **gained** a lot of money.

他卖了这枚珍贵的邮票，得到了很多钱。

【例题】John won the game, so he gained ________ a computer.

A. to　　B. with　　C. /　　D. in

【解答】答案：C。句意：约翰赢了比赛，因而获得了一台电脑。gain sth. 意为"赢得某物"。

【近义词】get, earn, win, obtain

【反义词】lose *v.* 失去

game [geim]

n. 游戏；比赛

【例句】It was the first **game** of the season. 这是本赛季的首场比赛。

【搭配】play a game 玩游戏

【辨析】**game, match**

game：可以指游戏，也可以指比赛，如：a basketball game 篮球比赛。

match：一般指足球、篮球、网球等的比赛，如 a football match 足球比赛。

【例句】This **game** is interesting and we all like playing it. 这游戏有趣，我们都爱玩。

garage ['gærɑːʒ]

n. 车库；汽车修理间

【例句】Sam drove his car into his **garage**. 山姆把他的车开进他的车库。

garden ['gɑːdn]

n. 花（果、菜）园

【例句】There are many beautiful flowers in this **garden**. 这个花园里有许多美丽的花。

gas [gæs]

n. 气体；汽油；煤气

【例句】The **gas** from the cars is not good for us. 汽车的尾气对我们有害。

【辨析】**gas, oil, petrol**

oil 指石油，而 gas、petrol 可以指石油加工后的汽油，gas 还可以用来表示气体。

gate [geit]

n. 大门

【例句】He opened the **gate** and started walking up to the house. 他打开门，迈步朝房子走去。

【搭配】open/close/guard the gate 开 / 关 / 守门

【辨析】**gate, door**

gate：指校园、公园、工厂、城市或庭院等的大门，通常有墙无顶。

door：指建筑物的大门或房间的门，一般有墙有顶，也指车辆等的门。

【例句】When he arrived at the school, he found the school **gate** closed.

当他到达学校的时候，发现校门是关闭的。

I knocked at the front **door**, but there was no answer.

我敲了敲前门，但没人应。

gather ['gæðə]

v. 聚集；采集

【例句】Many students **gathered** on the playground.

许多学生聚集在操场。

general ['dʒenərəl]

adj. 一般的；总的；普遍的　*n.* 将军

【例句】

1. These difficulties are **general** among people of his age.

这些困难在他那个年龄的人中普遍存在。

2. He became a **general** when he was thirty-five years old. 在他 35 岁的时候，他成为了一位将军。

【搭配】

general knowledge 常识

general manager 总经理

in general 总的来说，一般而言

【派生词】generally *adv.* 一般地，通常

【近义词】common, ordinary, usual, universal

generation [dʒenə'reiʃən]

n. 代；一代（人）

【例句】The new **generation** are good at using computers. 新一代人擅长使用电脑。

【搭配】

generation gap 代沟

from generation to generation/ generation after generation 一代一代

Beat Generation 垮掉的一代

gentle ['dʒentl]

adj. 温柔的；轻轻的

【例句】

1. The mother touched the baby with a **gentle** hand. 这位母亲用手温柔地抚摸这个婴儿。

2. Be **gentle** with the cup! 这个杯子要轻拿轻放！

【搭配】a gentle look 温和的样子

【派生词】gently *adv.* 温柔地，gentleness *n.* 温和

【近义词】tender, soft

gentleman ['dʒentlmən]

(pl. gentlemen) *n.* 绅士

【例句】Tom was very polite and behaved like a **gentleman**. 汤姆很有礼貌，举止像一名绅士。

【联想】lady *n.* 女士

geography [dʒi'ɔgrəfi]

n. 地理（学）

【例句】After studying **geography**, she learned about many countries.

在学习了地理之后，她了解了许多国家。

get [get]

v. (got, got/gotten) 获得；变得；到达；使得；[用于 have got 短语中] 有

【例句】

1. Yesterday was Jane's birthday, so she **got** many presents. 昨天是珍妮的生日，她收到了许多礼物。

2. Air pollution will **get** worse and this will affect people, for example, asthma sufferers. (GMET2010-阅读 B) 大气污染会更严重，而这会对人类健康造成影响，比如哮喘病。

【搭配】

get on/off the bus 上 / 下公车

get in/out of the car 上 / 下轿车

get out 出去

get along (with) 进展

get away 逃避处罚

get back 回来

get down 记下；下来

get down to 开始认真做

get on well with 与 … 相处融洽

get over 克服

get through 完成；接通电话

get to 到达

get together 聚集

get up 起床

【例题】The car has arrived. Let's get ________ the car.

A. on B. off C. in D. out

【解答】答案：C。句意：汽车来了，我们一起上车吧。

【近义词】gain *v.* 获得，receive *v.* 收到

【反义词】lose *v.* 失去

gift [gift]

n. 赠品；礼物

【例句】She banded the birthday **gift** with a silk strip. 她用一根丝带扎好了生日礼物。

【辨析】**gift, present**

gift 和 present 在表示礼物的意思时可以互用。

gift 还有另外的意思：天赋。

present 还有其它意思：现在；目前的；出席的。

【例句】On Christmas day, he gave me a toy as a **gift/present**.

在圣诞节，他送给我一个玩具作为礼物。

girl [gəːl]

n. 女孩；姑娘

【例句】She is a pretty nine-year-old **girl**. 她是个九岁的漂亮的小女孩。

【辨析】**girl, woman, lady**

girl 意为"女孩"，woman 意为"女人"，lady 是尊称，意为"女士"。

【例句】She is a lovely **girl**. Everybody loves her. 她是个可爱的小女孩，每一个人都爱她。

【联想】woman, boy, man, girlfriend, boyfriend, child, baby, adult give [giv]

v. (gave, given) 给，给予

【例句】

1. Some of the conclusions of these studies may **give** people ideas on how to deal with weight problems. (GMET2009- 阅读 C)
这些研究的有些结论或许能就人们如何应对体重问题给出一些新视角。

2. When someone else says that his memory is poor, he really means that he does not **give** it enough chance to become strong. (GMET2013- 阅读 B) 如果有人说记忆力不好，那真实的情形就是他没有给予它充分的机会去让记忆力变得更加强大而已。

【搭配】

give sb. sth./give sth. to sb. 给某人某物

give back 归还；恢复

give in 屈服，让步；上交

give up 放弃

give away 泄露；赠送

give out 分发；用光，耗尽

give off 发出（光、气体、气味、热量等）

【例题】Mike failed the exam, but he didn't give ________ .

A. away　　B. up　　C. out　　D. off

【解答】答案：B。句意：迈克考试不及格，但是他并没有放弃。give up 意为“放弃”。

【反义词】get *v.* 得到，receive *v.* 收到

glad [glæd]

adj. 高兴的；乐意的

【例句】My name is Paul. I am **glad** to meet you. 我的名字叫保尔，很高兴见到你。

【搭配】be glad to do sth. 高兴做某事

【例题】He is so glad ________ to the party.

A. go　　B. to go　　C. going　　D. to going

【解答】答案：B。句意：他很高兴去参加这个派对。

【近义词】happy *adj.* 快乐的，pleased *adj.* 愉快的

【反义词】sad *adj.* 伤心的，angry *adj.* 生气的

glass [glɑːs]

n. 玻璃；玻璃杯；[pl.] 眼镜

【例句】

1. He asked for a **glass** of beer. 他要了一杯啤酒。

2. Jack began to wear a pair of **glasses** when he was sixteen years old. 杰克 16 岁的时候开始戴眼镜。

【用法】

1. 当 glass 指“玻璃”时，是不可数名词，glass 后面不能加 es;

2. 当 glass 指“玻璃杯”时是可数名词，复数形式是 glasses;

3. 当 glass 指“眼镜”时，常常需要加量词，如：a pair of glasses 一副眼镜。

【例题】This table is made of ________ .

A. glass　　B. glasses

C. a glass　　D. some glasses

【解答】答案：A。句意：这张桌子是用玻璃做的。此句中的 glass 指“玻璃”，不可数；be made of sth. 由…制作（原材料可见）。

【搭配】

a glass of water 一杯水

a pair of glasses 一副眼镜

globe [gləub]

n. 球，球状物；(the) 地球，世界；地球仪

【例句】His song was popular around the **globe**. 他的歌曲在全球很流行。

【近义词】earth, world, universe

go [gəu]

v. (went, gone) 去；变得

【例句】**Go** over to the front door and lock it. (GMET-2010- 阅读 D）去把前门锁上。

【用法】go 作系动词，常后接形容词表示变化，如：go bad/bald/blind/mad/pale/bankrupt 变质 / 秃 / 变瞎 / 变疯 / 变苍白 / 破产。

【例句】Fish soon **goes bad** in hot weather. 天热时鱼坏得快。

【搭配】

go ahead 继续

go away 走开

go down/ up 往下 / 上走

go in for 从事，参加；喜爱

go on 继续

go over 复习；检查

go through 经历；详细检查；完成

【辨析】**go on to do sth., go on doing sth.**

go on to do sth.：做完某事后，接着做不同的另一件事。

go on doing sth.：暂停后继续做原来的事。

【例句】After talking to Jim, she **went on to** clean the floor. 跟吉姆说完话，她继续去清洁地板。

After a short break, I **go on doing** my homework. 在短暂的休息后，我继续做作业。

【例题】When he was playing a game, he got an e-mail. He read the e-mail and ________ the game.

A. went on to play　　B. went on

C. went on playing　　D. went with

【解答】答案：C。句意：当他玩游戏的时候，他收到了一封邮件。他看完邮件后继续玩游戏。go on doing sth 意为“继续做某事（同一件事）”。

goal [gəul]

n. 目标，目的；球门

【例句】He worked very hard and reached his **goal** finally. 他非常努力并最终达到了他的目标。

【搭配】reach a goal 达到一个目标

【近义词】aim, objective，purpose

god [gɔd]

n. 神；［大写］上帝

【例句】When they had troubles, they would pray to **God**.

当他们遇到困难的时候，他们会向上帝祈祷。

【搭配】pray to God 向上帝祈祷

【联想】goddess 女神，human being 人类

gold [gəuld]

n. 黄金

【例句】They went there to look for **gold**. 他们去那里寻找黄金。

golden ['gəuldən]

adj. 金（黄）色的

【例句】When the autumn comes, the wheat was **golden**. 当秋天到来，麦穗呈金黄色。

good [gud]

adj. (better, best) 好的；有益的

【搭配】

be good at (doing) sth. 擅长做某事

be good to 对…友好

be good for 对…有益

【辨析】**good, well**

good：只做形容词，表示“好的，有益的”。

well：有两种词性，当它作副词时，表示“好地”，作形容词时表示身体健康的。

【例句】— How about going to the park? — That's a **good** idea.

—咱们去公园，怎么样？　—那是个好主意。

【例题】— Do you still feel sick?

— No, I'm very ________ now.

A. good　B. well　C. better　D. wrong

【解答】答案：B。句意：“你还感到不舒服吗？”“不，我身体现在感觉很好。”well 作形容词时表示身体健康的。

【近义词】fine, great, nice, kind, friendly

【反义词】bad, harmful, evil

good-bye [ˌgud'bai]

int. 再见；再会

【例句】It was late and I had to say **goodbye** to my friend.

已经很晚了，我不得不和我的朋友说再见。

【搭配】say goodbye to sb. 向某人说再见

【近义词】farewell, so long

【联想】hello, hi 你好

goods [gudz]

n. [pl.] 商品；货物

【近义词】product 产品

【用法】goods：可数名词，只有复数形式，表示商品、货物。和 good 是完全不同的两个词。

【例句】There are many **goods** in this shop. 这间商店里有许多货物。

government ['gʌvənmənt]

n. 政府

【例句】The **government** solved many problems for the people. 政府为人民解决了许多困难。

grade [greid]

n.（中、小学的）年级；等级

【例句】

1. Li Hua is a student in the second **grade**. 李华是二年级学生。

2. He has made great progress and got **Grade** A in maths. 他取得了很大的进步，数学拿了 A 级。

【近义词】level 级别

gradually ['grædjuəli]

adv. 逐渐地

【例句】She knows about Susan **gradually**. 她逐渐地了解苏珊。

【真题】Gradually we learned to use the computer. (GMET2010-07)

A. 迅速地　B. 突然地

C. 逐渐地　D. 幸运地　（答案：C）

graduate ['grædjueit]

v. 毕业

【例句】Mary **graduated** from this university in 2002. 玛丽 2002 年从这所大学毕业。

【搭配】graduate from 从…毕业

【例题】Could you tell me when you graduated ________ this school?

A. in　B. to　C. off　D. from

【解答】答案：D。句意：你可以告诉我你什么时候从这所学校毕业的吗?

grain [grein]

n. 谷物；谷粒

【例句】This truck is full of **grains**. 这辆卡车满载谷物。

grammar ['græmə]

n. 语法

【例句】**Grammar** is an important part in English learning. 语法是英语学习的一个重要部分。

grandparents ['grændpɛərəts]

n. 祖父母；外祖父母

granddaughter ['grænddɔ:tə]

n. 孙女；外孙女

grandfather ['grændfɑ:ðə]

n. 祖父；外祖父

grandmother ['grændmʌðə]

n. 祖母；外祖母

grandson ['grændsʌn]

n. 孙子；外孙

【例句】

1. We look after our **grandparents** very well. 我们把祖父母照顾得非常好。

2. The old man loved his **granddaughter** very much. 这位老人非常爱他的孙女。

3. My **grandfather** often told me some old stories. 我的祖父常常跟我讲一些老故事。

4. My **grandmother** once lived a hard life. 我的祖母曾过着艰苦的生活。

5. Her **grandson** brought a lot of fun to the family. 她的孙子给家里带来了许多欢乐。

【用法】英语中表示家庭成员关系的前后缀：

grand-：表示相隔一代的。grandfather（外）祖父祖父；grandson（外）孙子；

great-：表示相隔至少两代的。great-granddaughter 曾（外）孙女；

half-：表示半血缘关系。half-brother/sister 同父异母或同母异父的兄弟 / 姐妹；

foster-：表示虽在同一家庭但非亲生的、没有血缘关系的。foster-parent 养父 / 母；

-in-iaw：表示姻亲关系。father-in-law 岳父 / 公公；sister-in-law 嫂子 / 小姑子 / 小姨子；

ex-：已解除（婚姻）关系的。ex-husband/wife 前夫 / 妻，ex-girl friend 前女友；

step-：再婚产生的家庭关系。step-father/mother 继父 / 母 ; step-brother 继父母的儿子。

grass [grɑ:s]

n. 草；草地

【例句】They felt tired and sat on thc **grass**. 他们感到疲惫了，就坐在草地上。

【用法】注意 grass 是不可数名词，表示一片草叶时可用量词 blade（叶片），a blade of grass。

【搭配】a blade of grass 一片草叶

great [greit]

adj. 伟大的；巨大的；绝妙的　*adv.*（口语）好极了，棒

【例句】He is a **great** leader in our country. 他是我们国家的伟大领导。

【近义词】good, wonderful

【反义词】bad, awful（糟糕的）

green [gri:n]

adj. & *n.* 绿色（的）

【例句】Mary is in **green** dress today. 玛丽今天穿

绿色的裙子。

【搭配】a green hand 新手

【例题】It is his first time to do this job. He is a ________ hand.

A. green B. blue C. orange D. red

【解答】答案：A。句意：他第一次做这个工作，是一名新手。

【真题】The grass is always ________ on the other side of the fence. (GMET2012-32)

A. the greener B. greenest

C. greener D. more green

【解答】答案：C。句意：篱笆另一边的草总是更绿。这是句谚语，意为"这山望着那山高"。本题隐含比较和对比关系，要用比较级，关键词是 the other。

greeting ['gri:tiŋ]

n. 问候；致敬

【例句】When the Moon's Day came, she sent her **greeting** to me. 当中秋节来临，她对我表示问候。

【用法】greeting 包括 hello, how are you? 等表达。

【搭配】

send greetings 致以问候

a greeting card 一张贺卡

grey/gray [grei]

n. & *adj.* 灰色（的）；灰白的

【例句】They sky is **grey**. It's going to rain. 天空灰蒙蒙的，快要下雨了。

ground [graund]

n. 地面；土地

【例句】The bottle fell to the **ground** and broke. 瓶子掉在地上，打碎了。

【近义词】floor 地板

【联想】sky 天空，playground 操场

group [gru:p]

n. 小组；群

【例句】The whole class was divided into four **groups**. 全班被分为了四个组。

【近义词】team 队

grow [grəu]

v. (grew [gru:], grown [grəun]) 生长；种植；渐渐变得

【例句】Sam **grew** up in a small town in Suzhou. 山姆在苏州的一个小镇长大。

【用法】1. 当 grow 表示"变得"时，和 become 用法相似，例如：grow /become old 变老。

2. 当 grow 表示"增长"时，和 increase 意思相似，例如：

The population grows. 人口增长。The number is increasing. 数目正在增长。

【搭配】grow up 长大

【例题】He likes this place because he grew ________ here.

A. off B. in C. up D. down

【解答】答案：C。句意：他喜欢这个地方，因为他在这长大。grow up 意为"长大"。

【近义词】become, go, turn, get

guard [gɑ:d]

v. 守卫；看守 n. 警戒；卫兵

【例句】The old man **guards** the school gate every day. 这位老人每天看守校门。

【搭配】on guard 站岗；警惕

【例题】The two soldiers guarded ________ the gate for the whole night.

A. at B. for C. in D. /

【解答】答案：D。句意：这两名士兵整晚看守着大门。

【近义词】protect 保卫

【反义词】attack 攻击

guess [ges]

v. & *n.* 猜想；猜测

【例句】Can you **guess** what it is？你能猜猜它是什么吗?

【搭配】have/make a guess 猜一猜

guest [gest]

n. 客人

【例句】He cooked a lot of delicious food for his **guests**. 他为他的客人做了很多好菜。

【近义词】visitor 访客

【反义词】host 男主人，hostess 女主人

guide [gaid]

n. 向导，导游；指南 *v.* 指导；引路

【例句】My teacher **guided** me to read some books.

我的老师指导我读一些书。

【搭配】guide sb. to some place 带领某人去某地

【例题】Which of the following is wrong?

I don't know the way to the theatre. Could you ________ me there?

A. lead B. guide C. pass D. take

【解答】答案：C。句意：以下哪一项是错的？我不知道去戏院的路，你可以带我去那吗？ guide sb. to some place 意为“带领某人去某地”。

【近义词】lead

gun [gʌn]

n. 枪；炮

【例句】Don't play the **gun**! It's dangerous! 不要玩枪！那是很危险的！

【搭配】shoot the gun 开枪

H

habit ['hæbit]

n. 习惯

【例句】Tom had a **habit** of getting up early. 汤姆有早起的习惯。

【搭配】be in/fall into/get into the habit of doing sth. 有[养成]做某事的习惯

fall/get out of the habit of doing sth. 改掉做某事的习惯

break the habit of doing sth. 改掉做某事的习惯

hair [heə]

n. 头发

【例句】Kety had beautiful long **hair**. 凯蒂有着美丽的长发。

【用法】1. hair 是不可数名词，不能加 s，如：

She has long blonde **hair** and blue eyes. 她有着长长的金发和蓝色的眼睛。

2. 但如果要特指头上或身上的某一缕或几缕毛发，则是可数名词，如：

There were some grey **hairs** in the car. 车里有几根银发。

【搭配】

wash one's hair 洗头发

comb one's hair 梳头发

have one's hair cut 理发

hair salon 理发店

【例题】Paul went to the hair salon to have his hair ________ .

A. cutted　　B. cut　　C. cutting　　D. cuts

【解答】选 B。句意：保罗到理发店理发。have one's hair cut 意为“理发”，cut 是过去分词。

haircut ['heəkʌt]

n. 理发

【例句】Do I look better today? I have a **haircut** yesterday.

我今天看起来更好吗？我昨天把头发理了。

【搭配】have a haircut 理发

half [hɑ:f]

n. & *adj.* 半；一半

【例句】He only ate **half** of the cake. 他只吃了半块蛋糕。

【搭配】

half an hour 半小时

two and a half hours/ two hours and a half 两个半小时

【例题】He will come to our house in ________ .

A. half a hour　　B. half an hour

B. a half hour　　D. an hour half

【解答】答案：B。句意：他会在半个小时后到我们家。

【联想】double 双倍，quarter 四分之一

hall [hɔ:l]

n. 大厅；礼堂

【例句】The meeting will be held in the **hall**. 这个会议将会在礼堂举行。

【搭配】dining hall 食堂

hammer ['hæmə]

n. 铁锤；木槌

【例句】The workers are working with **hammers**. 这些工人在用铁锤工作。

hand [hænd]

n. 手；(钟表)指针　*v.* 递给

【例句】

1. My friend **handed** a teabag to me. 我的朋友递给我一个茶包。

2. Please **hand** in your homework. 请上交你们的作业。

【搭配】

a green hand 新手

the hour/minute/second hand 时 / 分 / 秒针

raise one's hand 举手

hand sth. to sb. 把某物递给某人

hand in 上交某物

hand out 分发

at hand 在手边

hand down 传下来

shake hands with 与…握手

【例题】When the bell rang, the students handed ________ their test paper.

A. at　　B. for　　C. in　　D. to

【解答】答案：C。句意：当铃声敲响，学生们上交他们的考试卷。hand in sth.，上交某物。

【近义词】pass 递给

handkerchief ['hæŋkətʃif]

n. 手帕

【例句】Linda is used to bringing her **handkerchief** with her. 琳达习惯带着她的手帕。

【用法】注意 handkerchief 的复数形式有两种，handkerchiefs 和 handkerchieves 均可。

【例题】Kate bought three ________ for her children.

A. handkerchiefs　　B. handkerchieves

C. handkerchief　　D. both A and B

【解答】答案：D。句意：凯特帮她的孩子们买了三块手帕。

【近义词】tissue *n.* 纸巾

handle ['hændl]

n. 柄；把手　*v.* 处理；对待

【例句】There was something wrong with his project. He knew how to **handle** that problem.

他的项目出了问题。他知道如何去处理它。

【用法】handle 作动词用时后面无需加介词，handle sth.，表“处理某事”，相当于 deal with。

【例题】Tom hurt his leg when he was running. Can you handle ________ this ?

A. with　　B. for

C. to　　D. /

【解答】答案：D。句意：汤姆在跑步的时候伤了腿，你能处理这件事情吗？

【近义词】deal/do (with) 处理

handsome ['hænsəm]

adj. 英俊的

【例句】That singer not only sings well but also looks **handsome**.

那位歌手不仅唱得棒而且长得很英俊。

【反义词】ugly *adj.* 丑陋的

hang [hæŋ]

v. (hung [hʌŋ], hung) 悬；挂 (hanged [hæŋd], hanged) 绞死；吊死

【例句】

1. Please **hang** the picture on the wall. 请把这幅画挂在墙上。

2. She was **hanging** her clothes on the line. 她正在把她的衣服晾在绳子上。

happen ['hæpən]

v. 发生；碰巧

【例句】A strange thing **happened** to him. 一件奇怪的事发生在他身上。

【搭配】

happen to sb. 某事发生在某人身上

happen to do sth. 碰巧做某事

【例题】I called her and she ________ to be out.

A. happen　　B. occur

C. happened　　D. occurred

【解答】答案：C。句意：我打电话给她，她碰巧出门了。happen to do sth.，碰巧做某事。

【近义词】occur *v.* 发生，take place

happy ['hæpi]

adj. 高兴的；幸福的

【例句】Lily was **happy** to have a picnic with her family. 莉莉很高兴地和家人一起去野餐。

【近义词】glad, pleased

【反义词】sad 伤心的，angry 生气的

hard ['hɑːd]

adj. 硬的；困难的；艰难的　*adv.* 努力地；猛烈地

【例句】It is **hard** to solve this problem. 解决这个问题很困难。

【辨析】**hard, difficult**

这两个词都有“困难的”意思，而 hard 含义更广，还有“硬的”、“努力的 / 地”的意思，而 difficult 则无。

【例句】The sun baked the ground **hard**. 太阳将地晒得坚硬。

【例题】This stone is very ________ . I can not break it.

A. hard　　B. difficult

C. easy　　D. soft

【解答】答案：A。句意：这块石头很硬，我没法打碎它。这里的 hard 意为"硬的"。

【近义词】difficult 困难的

【反义词】soft 软的，easy 容易的，simple 简单的

hardly ['hɑːdli]

adv. 几乎不；刚刚

【例句】He has **hardly** made any mistake in doing this exercise.

他在做这个练习的时候几乎没有出任何错。

【用法】hardly 表示"几乎不"是一个否定词，常与 any 一起用。

【例题】Kenny has ________ spent any time learning maths, so he didn't pass the maths exam.

A. nearly　　B. hardly

C. almost　　D. ever

【解答】答案：B。句意：肯尼几乎没有花时间学习数学，因此他没有通过数学考试。

【反义词】nearly, almost *adv.* 几乎

hard-working ['hɑːdwəːkiŋ]

adj. 勤劳的，努力工作的

【例句】Jane is not a clever girl, but she is very **hard-working**.

珍妮不是一个聪明的女孩，但是她很勤奋。

【例题】If you want to get the prize, you need to ________.

A. be hard work　　B. work hardly

C. hardly work　　D. be hard-working

【解答】答案：D。如果你想要得到这个奖，你就得勤奋刻苦。

【同义词】diligent *adj.* 勤奋的

【反义词】lazy *adj.* 懒惰的

harm [hɑːm]

n. & *v.* 伤害；损害

【例句】Smoking does much **harm** to our health. 抽烟对我们的健康有很大害处。

【用法】harm 是不可数名词，所以表达很大 / 小害处要用 much/little。

【搭配】do harm to 对…有害处

【例题】Drinking too much beer does ________ harm to one's health.

A. no　　B. few

C. much　　D. lot

【解答】答案：C。句意：酗酒对一个人的健康有很大害处。

【近义词】hurt *v.* 伤害

【反义词】benefit *n.* & *v.*. 益处；得益

harvest ['hɑːvist]

n. & *v.* 收获；收割

【例句】The farmers got a good **harvest** this autumn.

这些农民今年秋天有好的收成。

【搭配】have a good harvest 有一个好的收成

【反义词】loss *n.* 损失

hat [hæt]

n. 帽子（一般指有边的帽子）

【例句】Rosa wanted to buy a nice **hat** for the party.

罗莎想为参加这个派对买顶漂亮的帽子。

【近义词】cap

hate [heit]

v. 憎恨，讨厌，不愿

【例句】Ben often said rude words to Jim. Jim **hated** talking to him.

本常常对吉姆说粗话，吉姆讨厌和他说话。

【搭配】

hate to do sth. 讨厌做某事

hate doing sth. 讨厌做某事

【辨析】**hate doing sth. , hate to do sth.**

hate doing sth. 是长期讨厌做某事。

hate to do sth. 是某个时候讨厌做某事，是短暂的状态。

【例题】— Do you want to go to the park?

— No, I don't feel well today. I hate ______ out now.

A. going　　B. to going　　C. to go　　D. go

【解答】答案：C。句意：你想去公园吗？不了，我今天感到不舒服，现在不想出去。

hate to do sth 表示某个时间讨厌做某事，只是短暂的状态。

【近义词】dislike 不喜欢

【反义词】love/like 喜欢

have [hæv]

v. (had，had) 有；吃；喝；进行；使　*aux. v.* [加过去分词，构成完成时态]【例句】Mike **has** a dictionary to help him learn English words. 迈克有

本字典帮助他学英语单词。

【搭配】

have breakfast 吃早餐

have sb. do sth. 让某人做某事

have sth. done 使某事被完成

have (got) to 必须，不得不

have sth. on 穿着

【例题】1. My bike is broken. I will have it ______ .

A. repair　　B. repairing

C. repaired　　D. to repair

2. There was no rice. Kate' mother had Kate ______ some rice.

A. buy　　B. buys

C. bought　　D. buying

【解答】

1. 答案：C。句意：我的自行车坏了，我会让人把它修好的。have sth. done 意为“使某事被完成”。

2. 答案：A。句意：没有米了，凯特的母亲让凯特去买一些米。 have sb. do sth. 意为“让某人做某事”。

【近义词】own *v.* 拥有

【反义词】lose *v.* 失去

head [hed]

n. 头；领袖

【例句】We all like the **head** of our company. 我们都喜欢我们公司的领导。

【搭配】keep one's head 保持冷静

lose one's head 失去理性

【近义词】leader *n.* 领导，top *n.* 顶

【反义词】tail *n.* 尾，foot *n.* 脚

headache ['hedeik]

n. 头痛

【例句】I have a **headache** and I need a rest now. 我感到头痛，我现在需要休息。

【搭配】have a headache 感到头痛

headmaster ['hed'mɑːstə]

n. 中（小）学校长

【例句】The **headmaster** is busy doing a lot of things every day. 校长每天忙着很多事务。

【近义词】principal 校长

elθ]

卫生

走 ting up early is good for our **health**. 早

hear [h

v. (heard) 听见；听说

【例句】

1. David Beck famous football player. Have you **heard** of him

大卫贝克汉姆是一个 的足球运动员，你听说过他吗?

2. Liu Xiang hurt his leg n. Have you have **heard** about the news?

刘翔再次伤到腿了，你听到这个 息了吗?

【搭配】

hear of 听说

hear about 听到…的详情

hear from sb. 收到某人的来信

【辨析】**hear, listen**

hear：无意中听到，且强调听见这个结果。听到某个消息不是刻意听到的，则表达为 hear the news。

listen：有意地听，而且 listen 要与介词 to 连用，强调听这个动作本身。比如说听课是集中注意力听，所以表达为 listen to the lesson。

【例题】1. John likes music. Now he is ______ to the music.

A. hearing　　B. listening

B. hears　　D. listens

2. I got a letter from my brother yesterday. It was the first time I heard ______ him this year.

A. to　　B. at

C. from　　D. with

【解答】1. 答案：B。句意：约翰喜欢音乐，他现在正在听音乐。

2. 答案：C。句意：我昨天收到我弟弟的来信，这是我今年第一次收到他的来信。

heart [hɑːt]

n. 心；心脏

【例句】It really breaks my heart to see them this

way. 看到他们这个样子可真让我们

【搭配】

from the bottom of one's heart

heart and soul 全心全意，完

learn sth. by heart 记住，背

lose heart 灰心，泄气

heat [hi:t]

n. 热；炎热 *v.* 把…

【例句】They ca... me **heat** in the house in winter. 在冬天他们...屋子里取热。

heaven ['hevn]

n. 天空；天堂

【例句】This ... is like **heaven** because it is so beautiful. 这...方很漂亮，就像天堂一样。

【搭配】

Good He...ens! 天哪！

Than... ...eavens! 谢天谢地！

【同义词】paradise *n.* 天堂

【反义词】hell *n.* 地狱

heavy ['hevi]

adj. 重的

【例句】This box is too **heavy** for me to carry. 这个箱子太重了，我提不动。

【反义词】light *adj.* 轻的

height [hait]

n. 高；高度

【例句】The **height** of the this mountain is 3350 kilometres. 这座山的高度是 3350 千米。

【联想】high *adj.* 高的，length *n.* 长度，width *n.* 宽度，depth *n.* 深度

hello [he'ləu]

int. 喂（表示问候或唤起注意）

【例句】Tom saw his friend in the street and said **hello** to him.

汤姆在街上看到他的朋友并向他问好。

【搭配】say hello to sb. 向某人问好

【近义词】hi 你好

【反义词】goodbye 再见

help [help]

v. & *n.* 帮助

【例句】I can't open the bottle. Please **help** me. 我开不了这个瓶子，请帮帮我。

【搭配】

can't help doing sth. 忍不住作某事

help sb. (to) do sth. 帮助某人做某事

help oneself to 自便

help sb. with sth. 帮助某人做某事

【例题】I didn't have time to go to the shop, so my brother helped me ________ the milk.

A. bought　　B. buys

C. buy　　D. buying

【解答】答案：C。句意：我没有时间去商店，所以我的弟弟帮我去买牛奶。help sb. (to) do sth. 意为“帮助某人做某事”。

【真题】When I heard the joke, I couldn't help ________ . (GMET2012-25)

A. to laugh　　B. laughing

C. from laughing　　D. laughed

【解答】答案：B。句意：听到这个笑话，我禁不住大笑起来。考查 can't help doing sth.。

helpful ['helpful]

adj. 有帮助的，有益的；肯帮忙的

【例句】He drove me to the airport. He was very **helpful**. 他开车在我去机场，他非常肯帮忙。

【近义词】useful *adj.* 有用的

【反义词】helpless *adj.* 没用的，useless *adj.* 没用的

here [hiə]

adv. 这里；在这里；向这里

【例句】**Here** is some food I cooked. Please enjoy it. 这些是我做的菜，请享用吧。

【搭配】

here and there 处处

Here you are. 给你。

Here we are. 我们到了。

【例题】I have some sugar for you. ________ .

A. Here are you　　B. Here you are

C. You are here　　D. You here are

【解答】答案：B。句意：我有一些糖给你。给你吧。here you are 意为“给你”。

【反义词】there *adv.* 那里

hero ['hiərəu]

n. 英雄；男主角

【例句】He saved many lives in the fire. He was a **hero**.

他在火灾中拯救了许多人的性命，他是个英雄。

【用法】要注意，hero 的复数要加 es，即 heroes。

hide [haid]

v. (hid [hid], hidden [hidn] /hid) 隐藏，隐瞒

【例句】Mary **hid** the present in order to give her mother a surprise.

为了给妈妈一个惊喜，玛丽把礼物藏了起来。

【搭配】hide and seek 捉迷藏

【反义词】show 展示

high [hai]

adj. 高的

【例句】Can you see them standing at a **high** place?

你能看见他们站在高处吗？

【辨析】**high** 和 **tall** 的区别

tall：一般用来形容人的身高，如：a tall young man 一个高个年轻人。

high 一般用来形容事物的高度，如：a high building 高楼，a high mountain 高山。

【近义词】tall

【反义词】low

highway ['haiwei]

n. 公路

【例句】There are many trees beside the **highway**.

在公路两旁有很多的树。

【近义词】road *n.* 马路

hill [hil]

n. 小山

【例句】Many people climbed the **hill** every weekend.

每个周末有很多人爬这座小山。

【近义词】mountain 大山

hire ['haiə]

v. 雇用

【例句】The man was **hired** by a boss soon after he graduated.

这位男子在毕业后不久就被一位老板雇用了。

【反义词】fire *v.* 解雇

history ['histəri]

n. 历史；历史学

【例句】He has read a lot of books and knows much about **history**. 他读过很多书，对历史很了解。

hit [hit]

v. (hit，hit) & *n.* 打，打中，打击

【例句】The boy was so naughty that he **hit** another boy on the nose.

这个男孩太调皮了，他打了另一个男孩的鼻子。

【搭配】hit on the nose 打在鼻子上

【辨析】**hit, beat**

hit 侧重强力击中，如：hit sb. 打人。

beat 侧重连续击打，如：beat the drum 打鼓。

【例句】He **hit** me in the face. 他击中我的脸。

【例题】He can't come to school today because he was hit ________ the nose yesterday.

A. to B. in C. on D. at

【解答】选 C。句意：他今天不能来校，因为昨天他的鼻子被打了。hit on the nose 打在鼻子上。

【近义词】beat, strike

hold [həuld]

v. (held [held], held) 拿；握住；举行；容纳

【例句】

1. The singer **held** flowers when she sang songs. 这位歌手边唱歌边拿着花。

2. A big party was **held** in her house last night. 昨晚她家举行了一场大的派对。

【搭配】

hold on 坚持住；（口语）别挂电话

catch hold of 抓住

take hold of 握住，控制住

【近义词】catch, keep, carry, contain

hole [həul]

n. 洞；坑；孔

【例句】I saw a mouse running into a **hole** just now.

我刚刚看到一只老鼠跑到洞里了。

holiday ['hɔlədi]

n. 假日；节日

【例句】They planned to go traveling on national **holidays**. 他们计划在国庆假日出游。

【搭配】on holiday 度假

【近义词】vacation 假日

home [həum]

n. 家 *adv.* 到家，回家；在本国

【例句】

1. He likes a drink when he returns **home** from work. 他喜欢下班回家后喝一杯酒。

2. East or west, **home** is best.（谚语）走东串西，还是家里好。

【搭配】

at home 在家

from home and abroad 从国内外

go home 回家

Make yourself at home. 请别拘束。（请随便）

【辨析】**I'm home. 和 I'm at home.**

I'm home. 指"我回到家了"，home 在这里是一个副词，表示"回到家"。

I'm at home. 指"我在家里"，home 在这里是一个名词，表示"家"。

【反义词】abroad

homework ['həumwəːk]

n. 家庭作业

【例句】David spent two hours doing his **homework** every day. 大卫每天花两个小时做作业。

【搭配】do one's homework 做家庭作业

honest ['ɔnist]

adj. 诚实的；正直的

【例句】You need to be **honest** to me on this matter. 在这件事情上你需要对我诚实。

【搭配】be honest to sb. 对某人诚实

【例题】The thief was not honest ________ the police.

A. at B. for C. with D. to

【解答】答案：D。句意：这个小偷对警察不诚实。be honest to sb. 意为"对某人诚实"。

【派生词】dishonest *adj.* 不诚实的，honesty *n.* 诚实

hono(u)r ['ɔnə]

n. 荣誉 *v.* 尊敬；给予荣誉

【例句】It's my **honor** to have dinner with you. 和你共进晚餐是我的荣幸。

【近义词】glory *n.* 光荣，pride *n.* 骄傲

hope [həup]

v. & *n.* 希望

【例句】He **hopes** there is no war in the world. 她希望世界没有战争。

【搭配】hope to do sth. 希望做某事

【例题】Kate hoped ________ a cake for her mother.

A. make B. to make

C. making D. to making

【解答】答案：B。句意：凯蒂希望为她妈妈做个蛋糕。hope to do sth. 意为"希望做某事"。

【近义词】wish

hopeless ['həuplis]

adj. 没有希望的；绝望的

【例句】It's **hopeless** to win the match. 看来没有希望赢这场比赛了。

【近义词】desperate *adj.* 绝望的

【反义词】hopeful *adj.* 充满希望的

horse [hɔːs]

n. 马

【例句】It was her first time to ride a **horse**. 那是她第一次骑马。

【搭配】ride a horse 骑马

hospital ['hɔspitl]

n. 医院

【例句】Tom's leg was hurt and he was sent to the **hospital**. 汤姆腿受伤了，他被送到医院。

host [həust]

n. 主人；东道主；节目主持人

【例句】The **host** was friendly and cooked a delicious meal for us.

主人很友好，为我们准备了丰富的一餐。

【反义词】guest 客人，visitor 访客

hot [hɔt]

adj. 热的

【例句】It's good to have an ice-cream in the **hot** weather. 在热天吃冰淇淋感觉很好。

【反义词】cold 冷的，cool 凉爽的

hotel [həu'tel]

n. 旅馆，宾馆

【例句】They lost their way and found a **hotel** to stay at. 他们迷路了，找了一间旅馆住下来。

【用法】旅馆是一个小地点，所以在一间旅馆要用介词 at。

【例题】After visiting some famous places, they rested ________ a hotel.

A. in　　B. at　　C. with　　D. off

【解答】答案：B。句意：在参观了一些著名景点后，他们在一间旅馆歇息。

【搭配】stay at a hotel 住旅馆

【近义词】inn 旅馆

hour ['auə]

n. 小时

【例句】They have been working for several **hours**. 他们已经工作了几个小时了。

【搭配】half an hour 半小时

【辨析】after an hour, in an hour

含义均为“一小时后”。

after an hour：用在描述过去发生的事情，句中用过去时。

in an hour：用在将来时态中，事情还未发生。

【例题】The party will begin ________ an hour.

A. for　　B. after　　C. at　　D. in

【解答】答案：D。句意：这场派对一小时后将会开始。in an hour 表示从说话时开始算起的一个小时后，事情尚未发生。

house [haus]

n. 房子

【例句】They lived in a big **house** in this area. 他们住在这个地区的一间大房子里。

【近义词】flat 公寓

housewife ['hauswaif]

(pl. housewives) *n.* 家庭主妇

【例句】The **housewife** took good care of three children. 这位家庭主妇对三个孩子照顾得很好。

housework ['hauswəːk]

n. 家务

【例句】Young as Paul is, he has already helped his mother do the **housework**.

虽然保罗还年幼，他已经帮他母亲做家务活了。

【搭配】do the housework 做家务

how [hau]

adv. 怎样，如何；多少；多么

【例句】**How** can you repair this computer? 你怎样修这部电脑？

【用法】1. 用在特殊疑问句的句首，表示“怎样”。

2. 用在感叹句句首，表示“多么”。

【搭配】

how many/much 多少

how about …怎么样，如何

【辨析】**how many, how much**

都是“多少”的意思，都用在特殊疑问句的句首。

how many：后接可数名词，如：**How many** books have you bought? 你买了多少本书？

how much 后接不可数名词，也可以不接名词表示“多少钱”，如：

How much is this shirt? 这件衬衫多少钱？

【例题】________ do you use the machine?

A. What　　B. How　　C. Who　　D. Which

【解答】答案：B。句意：你怎样用这台机器？How 用在特殊疑问句的句首，表示“怎样”。

however [hau'evə]

adv. 然而，可是　*conj.* 无论如何

【例句】They went to the park, **however**, it was closed. 他们去公园，然而，公园关门了。

【用法】1. 表示“然而、可是”时，通常在句子的中间，前后用逗号隔开，如：

She loved this dress, **however**, she didn't buy it. 她喜欢这条裙子，却没买。

2. 表示“无论多么，不管怎样”时，后接形容词或副词，如：

However hard he worked, he didn't get the prize. 不管他多么努力，他都没得奖。

【例题】She tried to look happy, ________ , she failed.

A. but　　B. though　　C. however　　D. since

【解答】答案：C。句意：她尽量使自己显得开心的样子，然而她失败了。

huge [hjuːdʒ]

adj. 巨大的，庞大的

【例句】A **huge** mountain is over there. 那里有一座巨大的山。

【辨析】**huge, big, large**

huge 强调体积或容积的庞大，大的程度比 big、large 高，也可用于引申意义。

【近义词】big, large

【反义词】small 小的

human ['hjuːmən]

adj. 人的，人类的

【搭配】human being 人类

【例句】In the story, **human beings** were replaced by robots. 在这个故事中，人类被机器人代替了。

hungry ['hʌŋgri]

adj. 饥饿的

【例句】It's lunch time. I feel **hungry**. 午餐时间到了，我饿了。

【反义词】full *adj.* 饱的

hunt [hʌnt]

v. 打猎；搜寻

【例句】He **hunted** a rabbit in the forest. 他在树林里猎到一只兔子。

【近义词】search, seek, explore

hurry ['hʌri]

v. & *n.* 赶紧，匆忙

【例句】Mike got up late and went to school in a **hurry**. 迈克起床晚了，他匆匆忙忙地去学校。

【搭配】

hurry up 快点

in a hurry 匆忙地

hurt [hə:t]

v. (hurt, hurt) 使受伤；伤害；疼痛

【例句】He fell to the ground and **hurt** his leg. 他摔在地上，伤到了他的腿。

【近义词】harm, injure, wound

husband ['hʌzbənd]

n. 丈夫

【例句】Her **husband** cared much about the family. 她的丈夫非常爱护自己的家庭。

【联想】wife, sister, brother, parents, grandparents, daughter, son, nephew, niece, aunt, uncle

I

ice [ais]

n. 冰

【例句】The **ice** can keep the fish fresh. 这些冰可以使鱼保持新鲜。

ice-cream ['aiskri:m]

n. 冰淇淋

【例句】Mary bought an **ice-cream** for her brother. 玛丽买了一根冰淇淋给她的弟弟。

idea [ai'diə]

n. 主意；意见；想法

【例句】

1. His **idea** is very useful for the project. 他的想法对这个项目很有帮助。

2. Though scientists do not know for sure why you sleep, they do have some **ideas**. (GMET2012- 阅读 C) 尽管科学家们还无法确切了解人要睡觉的原因，但是他们也的确已经对此有了一些自己的见解。

【搭配】

have an idea 想到一个主意

have no idea 不知道

identify [ai'dentifai]

v. 识别，鉴别

【例句】Can you **identify** which vase is better? 你能鉴别出哪个花瓶更好吗？

if [if]

conj. 如果；是否

【例句】

1. Hold up your hands **if** you have any question. 如有问题请举手。

2. I'm not sure **if** she can come on time. 我不确定她是否能按时来。

【辨析】**if** 和 **whether** 的区别

当 if 意为"是否"时，常可与 whether 互换。whether 没有"如果"的意思。

【例题】________ I have a holiday, I will go travelling.

A. Whether B. If C. How D. Why

【解答】答案：B。句意：如果我有一个假期，我会去旅游。

【反义词】unless *conj.* 除非，如果不

ignore [ig'nɔ:]

v. 忽视

【例句】Tom couldn't speak English well because he **ignored** the learning of English.

汤姆的英语说得不好，因为他忽视了英语的学习。

【近义词】neglect *v.* 忽略

ill [il]

adj. 生病的；坏的

【例句】Ben has been **ill** for three days. We are worried about him. 本已经病了三天，我们担心他。

【辨析】**ill, sick**

当表达某个人生病了，可以说：He is ill. 或者 He is sick.，但表达"一个生病的人"就

不能用 ill 而只能用 sick, 因为 ill 在这里形容"坏的"，而不是生病的，如：a sick man

（一个生病的人），an ill man（一个坏人）。

【例题】The teacher sent the ________ student to the hospital.

A. ill B. sick C. hard D. naughty

【解答】答案：B。句意：这位老师把这名生病的学生送到医院。

【同义词】sick *adj.* 生病的

illness ['ilnis]

n. 疾病

【例句】Doing exercise can help cure the **illness**. 锻炼身体能帮助治愈这种疾病。

【同义词】disease *n.* 疾病

imagine [i'mædʒin]

v. 想象；设想

【例句】Can you **imagine** how hard he studied? 你能想象得到他学习有多勤奋吗？

immediate [i'mi:djət]

adj. 立即的，马上的

【例句】

1. David gave an **immediate** answer to his question. 大卫对他的问题马上给出了答案。

2. If the shop has it in stock (库存), the salesman takes it out **immediately**, and the buyer tries it on at once. (GMET2012-阅读 D) 如果商场有库存货，售货员会立马拿出来让买家试穿。

【近义词】quick *adj.* 快速的

import [im'pɔːt]

v.& n. 进口

【例句】America will **import** these toys. 美国将会进口这些玩具。

【反义词】export *v.& n.* 出口

importance [im'pɔːtəns]

n. 重要（性）

【例句】You need to know the **importance** of doing sports. 你需要认识到运动的重要性。

【派生词】important *adj.*

important [im'pɔːtənt]

adj. 重要的

【例句】It's **important** to study hard at school. 在学校努力学习是非常重要的。

【反义词】unimportant *adj.* 不重要的

impossible [im'pɔsəbl]

adj. 不可能的

【例句】He believes nothing is **impossible** in the world. 他相信世上凡事皆有可能。

【反义词】possible 可能的

improve [im'pruːv]

v. 改进；改善

【例句】Jane is trying to **improve** her reading ability. 珍妮正在努力提高她的阅读能力。

【搭配】improve oneself in English 提高自己的英语水平

【派生词】improvement *n.*

in [in]

prep. 在…里面；在…中；在…年/月；以…（方式）；使用…（语言）；穿戴

adv. 在家；在内；向内

【例句】

1. They are talking happily **in** the room. 他们在房间里愉快地聊天。

2. Bob graduated from high school **in** 2002. 鲍比在2002年高中毕业。

【搭配】

come in 进来

in all 总共，共计

in time 及时

in this way 用这种方式

in English 用英语

【例题】1. They are talking to each other ________ Chinese.

A. of　　B. out　　C. in　　D. at

2. She told us she would be ________ blue the next day.

A. with　　B. for　　C. at　　D. in

3. The man solved the problem ________ another way.

A. to　　B. in　　C. with　　D. at

【解答】1. 答案：C。句意：他们用中文交谈。

2. 答案：D。句意：她告诉我们她第二天会穿蓝色衣服。

3. 答案：B；句意：这位男子用另一种方式解决这个问题。

【反义词】out

inch [intʃ]

n. 英寸

【例句】The cup is two **inches** high. 这个杯子有两英寸高。

【联想】foot *n.* 英尺，yard *n.* 码

include [in'kluːd]

v. 包括

【例句】This passage **includes** three parts. 这篇文章包括三部分。

【近义词】contain 含有

income ['inkəm]

n. 收入；所得

【例句】He is working for a big company and has a high **income**.

他在一家大公司工作，有很高的收入。

【搭配】

high income 高收入

low income 低收入

【联想】salary 工资，wage 薪水

increase [in'kri:s]

v. & n. 增加；增长

【例句】

1. The number of students at this school **increased** this year. 这间学校的学生人数今年增长了。

2. Problems will **increase** even if the government has promised to build a new hospital.（GMET2010-阅读 B）即便政府承诺新建一座新医院，问题还是会不断增加。

【近义词】grow *v.* 增长

【反义词】decrease *v. & n.* 减少，reduce *v.* 减少

indeed [in'di:d]

adv. 确实，的确

【例句】

1. They've been very helpful **indeed**. 他们的帮助确实很大。

2. A friend in need is a friend **indeed**. [谚] 患难朋友才是真正的朋友。

【近义词】really 真地

independent [indi'pendənt]

adj. 独立的

【例句】He learned to be **independent** when he was 15 years old. 他 15 岁的时候学会独立。

【反义词】dependent *adj.* 依赖的

indicate ['indikeit]

v. 指出；表明

【例句】The report **indicates** that more and more people are moving to cities.
这份报告表明越来越多的人口迁移到城市。

【近义词】show *v.* 表明

individual [indi'vidjuəl]

adj. & *n.* 个别（的），个人

【例句】Each **individual** has his own part of the task.
每个人有这个任务的一部分。

industry ['indəstri]

n. 工业；产业

【例句】The **industry** in this country is developing quickly. 这个国家的工业发展迅速。

information [ˌinfə'meiʃən]

n. 信息；情报；消息

【例句】

1. Have you got any **information** about Christmas? 你有关于圣诞节的信息吗？

2. With the development of **information** technology, the e-schoolbag will help you. (GMET2009- 完形) 伴随着信息技术的发展，电子书包会让你的书包变轻。

【用法】information 是不可数名词，无复数形式，其前不能直接加不定冠词 a/an。

【近义词】news *n.* 消息

injury ['indʒəri]

n. 伤害；损害

【例句】He got some **injury** in the accident. 他在这次意外中受了伤。

【近义词】wound 伤口

ink [iŋk]

n. 墨水

【例句】Could you hand me your bottle of **ink**? 你能把你那瓶墨水递给我吗？

【搭配】a bottle of ink 一瓶墨水

inquire/enquire [in'kwaiə]

v. 询问

【例句】

1. Jack **inquired** of the waiter where the nearest hotel was.
杰克询问服务员最近的旅馆在哪里。

2. They **inquired** about the planes to America.
他们询问关于前往美国的飞机的信息。

【搭配】

inquire sth. of sb. 向某人询问某事

inquire about sb/sth. 打听消息

【近义词】ask *v.* 问

【反义词】answer *v.* 回答

inside [in'said]

n. 内部　*adv.* 在内部；在里面　*prep.* 在…里面；在…内部

【例句】She put the eggs **inside** the basket. 她把鸡蛋放进篮子里。

insist [in'sist]

v. 坚持；坚决认为

【例句】Her father **insisted** on buying a new house. 她的父亲坚决主张买新房。

【搭配】

insist on sth. 坚持要求某事物

insist on doing sth. 坚决主张做某事

【例题】John insisted ________ choosing the second project.

A. in B. to C. of D. on

【解答】答案：D。句意：约翰坚决主张选择第二个项目。insist on doing sth. 意为"坚决主张做某事"。

instance ['instəns]

n. 例证，实例

【例句】Take another **instance**. 再举一个例子。

【搭配】for instance 例如

【同义词】example, case

instead [in'sted]

adv. 代替，顶替

【例句】Mike doesn't study at all. **Instead**, he sits idle all day.

迈克根本不肯读书，相反地，他终日游手好闲。

【搭配】instead of 代替

【例句】Maggie bought a hat **instead** of a dress. 麦琪买了一顶帽子而没有买裙子。

institute ['institjuːt]

n. 学院；研究所

【例句】The professor is working in the **Institute** of Education. 这位教授在教育学院工作。

instruction [in'strʌkʃən]

n. 指示，说明；须知

【例句】You need to read the **instruction** before you begin to use the machine.

在开始使用这部机器前你需要先阅读说明。

【近义词】guidance，direction *n.* 指导说明

instrument ['instrumənt]

n. 仪器；乐器

【例句】His father bought him a musical **instrument** as a present.

他的父亲买了一件乐器给他作为礼物。

【搭配】a musical instrument 一件乐器

insurance [in'ʃuərəns]

n. 保险

【例句】His **insurance** saved his life. 他的保险救了他的命。

insure [in'ʃuə]

v. 保证；确保

【例句】The man **insured** his house against fire. 这位男子为他的房子保火险。

【搭配】insure sb./sth. against sth. 为某人或某物投保

intelligent [in'telidʒənt]

adj. 聪明的

【例句】They thought Rose was an **intelligent** girl. 他们认为罗斯是一个聪明的女孩。

【近义词】clever 聪明的，wise 明智的

【反义词】silly, foolish, stupid

intend [in'tend]

v. 想要；打算

【例句】He **intended** to talk to the successful man. 他想和这位成功人士说话。

【搭配】intend to do sth. 想要做某事

【例题】She intended ________ to London to see her son.

A. go B. going C. to go D. went

【解答】答案：C。句意：她想要去伦敦见她的儿子。intend to do sth. 意为"想要做某事"。

【近义词】want, plan, mean, aim

interest ['intrist]

n. 兴趣；利息 *v.* 使感兴趣；引起…关注

【例句】

1. Paul has an **interest** in playing football. 保罗对踢足球感兴趣。

2. The more he learned, the greater **interest** he had.（GMET2013- 阅读 C）

他学得越多，兴趣就越浓。

【搭配】

have an interest in doing sth. 有兴趣做某事

a place of interest 名胜

be interested in 对…感兴趣

take an interest in 对…感兴趣

【例题】Charlie has no interest ________ collecting

stamps.

A. on　B. in　C. at　D. for

【解答】答案：B。句意：查理对集票不感兴趣。have no interest in doing sth. 意为"没有兴趣做某事"。

【近义词】hobby *n.* 爱好

interesting ['intristiŋ]

adj. 有趣的；引人入胜的

【例句】The teacher told us an **interesting** story. 老师讲了一个有趣的故事给我们听。

【辨析】**interested, interesting**

interested 是形容人的感受的，表示人感兴趣，如：

He is **interested** in drawing pictures. 他对画画感兴趣。

interesting 是形容事物的，表示事物令人感兴趣，如：

The lesson was **interesting**. 这课很有趣。

【例题】We went to the cinema last night. The film was very ________ .

A. interest　B. interested

C. interesting　D. interests

【解答】答案：C。句意：我们昨晚去看电影了，电影很有趣。

【近义词】funny, attractive

【反义词】boring

international [ˌintə(:)'næʃənl]

adj. 国际的；世界性的

【例句】She is a famous singer with **international** fame. 她是一位有着国际声名的著名歌手。

Internet [intə'net]

n. 因特网，互联网

【例句】The boy likes surfing the **Internet** in his spare time. 这个男孩喜欢在空闲时间上网。

【搭配】surf the Internet 上网

interrupt [intə'rʌpt]

v. 打断；打扰

【例句】Sorry to **interrupt** you, I didn't know you were having a meeting.

抱歉打扰你们了，我不知道你们正在开会。

interview ['intəvju:]

v. & *n.* 会见；面试；采访

【例句】He was informed that he would have an **interview** the next day.

他被通知他第二天将有一个面试。

【用法】注意 interview 既可以作名词，也可以作动词。

【搭配】have an interview 有一个面试

into ['intu]

prep. 到…内，向内；变成

【例句】They went **into** the shopping mall to buy something. 他们去购物广场购物。

【搭配】

go into 进去

put into 把…译成；投入

【近义词】in, inside

【反义词】out

introduce [ˌintrə'dju:s]

v. 介绍

【例句】Let me **introduce** my friend to you. 请让我给你介绍我的朋友。

【搭配】introduce sb./sth. to sb. 把某人或某物介绍给某人

【例题】He introduced the product ________ me.

A. at　B. to　C. in　D. of

【解答】答案：B。句意：他介绍这个产品给我。introduce sth. to sb. "把某物介绍给某人"。

invent [in'vent]

v. 发明

【例句】This machine was **invented** by a famous scientist. 这部机器由一位著名的科学家发明。

【近义词】create *v.* 创造

【反义词】copy *v.* 仿造

invite [in'vait]

v. 邀请

【例句】Susan **invited** her classmates to the party. 苏珊邀请她的同学去这个派对。

【搭配】invite sb. to some place

【例题】My friend invited me ______ her hometown.

A. to　B. of　C. into　D. beside

【解答】答案：A。句意：我的朋友邀请我去她的家乡。invite sb. to some place 意为"邀请某人去某个地方"。

iron ['aiən]

n. 铁；熨斗　*v.* 熨（衣服）

【搭配】iron the clothes 熨衣服

【例句】You'd better **iron** the dress before you wear it. 你最好在穿之前先熨一下这条裙子。

island ['ailənd]

n. 岛

【例句】They went to the **island** to spend their holiday. 他们到这个岛上过他们的假日。

issue ['iʃjuː]

v. & *n.* 发行；出版；颁布；问题

【例句】This is the second **issue** of the magazine. 这是这本杂志的第二期。

【搭配】the latest issue 最近一期(报刊)

item ['aitəm]

n. 项目；条款；一件商品（或物品）

【例句】There are five **items** in this shopping list. 这张购物清单上有五样东西。

【近义词】thing *n.* 东西

J

jacket ['dʒækit]

n. 上衣，茄克（衫）

【例句】This **jacket** goes well with the shirt. 这件夹克衫和这件衬衫很搭配。

jam [dʒæm]

n. 果酱；拥挤，堵塞

【例句】My father came home late because of the traffic **jam**. 因为交通堵塞我父亲晚到家了。

【搭配】traffic jam 交通堵塞

jar [dʒɑː]

n. 罐子；坛子

【例句】This **jar** is filled with wine. 这个罐子装满了酒。

【近义词】pot *n.* 罐

job [dʒɔb]

n. 工作

【例句】You've done a fine **job** with Billy and Joey. 你和比利、乔伊一起干得非常出色。

【搭配】do a good job 干得好

【辨析】**job, work**

job 是可数名词，通常指一切有收入，长期或临时的职业。

work 是不可数名词，指任何种类的工作，也泛指职业。可以说 a job, 而不能说 a work。

【例句】He loved his **job** and did it well. 他喜欢他的工作并且做得很好。

join [dʒɔin]

v. 参加，加入；连接

【例句】Would you like to **join** in the party? 你想要参加这个派对吗？

【搭配】

join the army 参军

join in 参加；和…一起（做某事）

【辨析】**join, join in**

join：一般指加入团体、组织，如 **join** the army（加入军队），**join** the club（加入俱乐部）。

join in：一般指参加活动，如 **join in** the activity（参加活动），**join in** the game（参加游戏）。可与 take part in 互换。

【例题】His parents advised him to join ________ the army,.

A. in　　B. at　　C. to　　D. /

【解答】答案：D。句意：他的父母建议他去参军。

【联想】attend, take part in, participate in

joke [dʒəuk]

n. 笑话，玩笑　*v.* 开玩笑

【例句】He played a **joke** to make everybody laugh. 他为了让每个人笑开了个玩笑。

【搭配】play a joke 开玩笑

journey ['dʒəːni]

n. 旅行，旅程

【例句】The girl learned a lot during the **journey**. 这个女孩在这次旅程中学到了很多东西。

【近义词】trip 旅行

joy [dʒɔi]

n. 欢乐，高兴，乐趣

【例句】We had a lot of **joy** in having a picnic. 我们在野餐中有很多的乐趣。

【近义词】pleasure, happiness, fun

【反义词】sorrow, sadness, pain

judge [dʒʌdʒ]

v. 判断；断定　*n.* 法官，审判员

【例句】Can you **judge** who is right? 你能判断谁是对的吗？

【近义词】tell *v.* 辨别

juice [dʒuːs]

n.（水果、蔬菜和肉菜的）汁；液

【例句】It's good to have some orange **juice** for breakfast. 早餐喝橙汁是很好的。

【搭配】apple juice 苹果汁

jump [dʒʌmp]

v. & *n.* 跳跃

【例句】He **jumped** to the river and swam to his friends. 他跳到河里，游向他的朋友。

just [dʒʌst]

adv. 正好；恰好；刚才；仅 *adj.* 正义的，公正的

【例句】My sister **just** bought some milk. 我的姐姐刚刚买了些牛奶。

【用法】当 just 作副词用时表示“正好、恰好；刚才”，一般放在 be 动词的后面或者行为动词的前面，如 This is **just** the dress I want. 这正是我想要的裙子。He **just** came in. 他刚刚进来。

K

keep [kiːp]

v. (kept, kept) 保持；保存；坚持；维持

【例句】He was careless and **kept** making mistakes. 他很粗心，一直犯错误。

【搭配】

keep doing sth. 继续做某事

keep away（使）不接近

keep one's feet 站稳

keep one's mind on 专心于

keep up with 跟上，紧跟

【真题】Keep away from the doors while the train is moving. (GMET2011-14)

A. 靠近　　B. 远离　　C. 关闭　　D. 注视

（答案：B）

key [kiː]

n. 钥匙；答案

【例句】I will give you the **key** to the exercises after you finish them.

你们做完练习后我会给你们答案。

【用法】注意表达“门的钥匙”或“问题的答案”时，介词不用 of 而用 to。

【例题】I can't open the door. Maybe it is not the key ________ the door.

A. of　　B. to　　C. with　　D. by

【解答】答案：B。句意：我开不了门，也许这不是这个门的钥匙。

【搭配】

key to the door 门钥匙

key to the question 问题的答案

【近义词】answer *n.* 答案

kick [kik]

v. & *n.* 踢

【例句】The boy **kicked** the ball and it broke the window. 这个男孩踢球，把窗户砸碎了。

【搭配】kick the ball 踢球

kill [kil]

v. 杀死

【例句】Many people were **killed** in the war. 很多人在这场战争中被杀害了。

【搭配】kill the time 消磨时间

kilo [kiləu]

n. 公斤，千克；公里，千米

【例句】The rice weighs three **kilograms**. 这些米重三千克。

【联想】kilogram 千克，kilometer 千米

kilometre/kilometer [kiləu'miːtə]

n. 公里；千米

【例句】The school is seven **kilometers** away from our house. 这所学校离我们家有七公里远。

kind [kaind]

adj. 友好的；和善的　*n.* 种；类

【例句】The man is **kind** to everyone and they all like him.

这位男子对所有人都很友好，他们都喜欢他。

【搭配】

all kinds of 各种各样的

be kind to sb. 对某人友好

【例题】There are different kinds ________ hats in the shop.

A. to　　B. of　　C. in　　D. at

【解答】答案：B。句意：商店里有不同种类的帽子。different kinds of 意为“不同种类的”。

kindergarten ['kindəˌgɑːtn]

n. 幼儿园

【例句】His son made a lot of friends in the **kindergarten**. 他儿子在幼儿园里交了很多朋友。

kindness ['kaindnis]

n. 仁慈；好意

【例句】His **kindness** moved the poor man. 他的好意感动了这位穷人。

king [kiŋ]

n. 国王

【例句】The **king** ruled the country for thirty years. 这位国王统治了这个国家长达三十年。

【反义词】queen 皇后

【联想】prince *n.* 王子，princess *n.* 公主，kingdom *n.* 王国

kiss [kis]

v. & *n.* 吻

【例句】The mother **kissed** her daughter before she went to sleep.

这位母亲在她女儿睡前亲吻了她一下。

kitchen ['kitʃin]

n. 厨房

【例句】His mother is busy cooking in the **kitchen**. 他的母亲正在厨房忙着做饭。

kite [kait]

n. 风筝

【例句】Many children are flying **kites** in the park. 许多孩子正在公园里放风筝。

【搭配】fly a kite 放风筝

knife [naif]

n. (pl. knives)（有柄）小刀；餐刀

【例句】He cut the oranges with a **knife**. 他用一把小刀切橙子。

【搭配】knife and fork 刀叉

【用法】1. knife 的复数形式是将 fe 改为 ve 再加 s，也就是 knives。

2. a knife and fork 表示"一副刀叉"，作主语时视为整体，谓语动词用单数。如：A knife and fork is on the table. 桌上有一副刀叉。

【例题】The captain cut the rope ________ a knife.

A. in B. for C. with D. of

【解答】答案：C。句意：船长用一把小刀切断了绳子。knife 前的介词用 with 表示"用小刀"。

knock [nɔk]

v. & *n.* 敲；击；打

【例句】

1. He **knocked** at the door but no one opened the door. 他敲了门，却没人开门。

2. The boy ran everywhere in the house and **knocked** over the vase.

小男孩在房子里到处跑，把花瓶撞翻了。

【搭配】

knock at the door 敲门

knock over sth. 撞翻某物

know down 撞到

knock into sb. 撞到某人身上

【例题】Tim was so careless that he knocked ________ the bottle.

A. at B. out C. over D. in

【解答】答案：C。句意：丁姆太粗心了以致于撞翻了瓶子。knock over sth. 意为"撞翻某物"。

know [nəu]

v. (knew, known) 知道；懂得；了解；认识

【例句】Do you **know** about the history of China? 你了解中国的历史吗？

【搭配】

know about 了解

as we know 众所周知

【例题】He knows a lot ________ the famous singer.

A. at B. for C. with D. about

【解答】答案：D。句意：他对这位著名歌手很了解。know about 意为"了解"。

【近义词】understand, realize

knowledge ['nɔlidʒ]

n. 知识；学问

【例句】

1. A little knowledge is a dangerous thing. [谚] 一知半解是危险的。

2. Knowledge is power. [谚] 知识就是力量。

【搭配】have knowledge of sth. 有某方面的知识

【例题】She has little knowledge ________ fishing.

A. in B. at C. of D. with

【解答】答案：C。句意：她对钓鱼知之甚少。

【近义词】news, information

L

lab [læb]

(=laboratory [lə'bɔrətəri]) *n.* 实验室

【例句】Please go to the chemistry **lab** for our last experiment.

请到化学实验室完成我们最后的实验。

【用法】lab 是口语化用词，全称为 laboratory。

labo(u)r ['leibə]

n. 劳动；努力

【例句】

1. There is so much **labor** on moving house. 搬家要干的活真多。

2. They have succeeded by their own **labor**. 他们通过自己的努力取得了成功。

3. The problem is, most children don't connect the things parents buy with the **labor** that pays for them. (GMET2008- 阅读 C) 问题是，绝大部分的孩子并不把父母给买的物品与为此所付出的劳动联系在一起。

【用法】labo(u)r 指劳动、努力，作不可数名词使用，如 much labor（许多工作 / 劳作）。

【派生词】laborious *adj.* 费力的，艰辛的

【例句】It is a **laborious** process, but certainly an enjoyable one to her. (GMET2012- 阅读 D)

这过程可是要消耗体力的，不过，当然对女性来说可也是种享受。

lack [læk]

v. & *n.* 缺乏；没有

【例句】

1. She **lacks** work experience. 她缺乏工作经验。

2. **Lack** of courage forced him to keep silence. 由于缺乏勇气，他保持了沉默。

【用法】lack 作名词使用时，组成短语 "lack of + 名词" 来表达 "缺乏什么" 的意思。

【例句】**Lack of** money is one of the most embarrassing matters. 缺钱是最囧的事情之一。

【例题】1. He ________ strength to walk forward because he was afraid of failure.

A. wanted　　B. lacked

C. needed　　D. kept

2. The fish died for ________ water.

A. short of　　B. enough

C. lack of　　D. lack

【解答】1. 答案：B。句意：由于害怕失败，他没有力气再往前走了。want 意为想要；need 意为需要；keep 意为保持。

2. 答案：C。句意：鱼因缺水而死了。for 为介词，后面接名词、代词的宾格或动名词 doing，故首先排除 A（形容词短语）和 D（动词）；而 B 选项 enough "足够"，不符合常识；C 为正确答案，lack of 为名词短语，"缺乏"。

ladder ['lædə]

n. 梯子

【例句】My mom needs a **ladder** to reach the box on the top of the shelf.

我妈妈需要梯子才能够得着架子顶部的盒子。

lady ['leidi]

n. 女士，夫人，小姐

【例句】Show the **lady** to a seat. 引这位女士入座。

lake [leik]

n. 湖

【例句】The West **Lake** is famous for its scenery. 西湖以其风景美而著称。

lamp [læmp]

n. 灯；油灯

【例句】Don't light the **lamp**. 别开灯。

【辨析】**light, lamp**

这两个名词均有 "灯" 之意。

light：普通用词，含义广泛。1. 泛指一切供照明的灯，多指 "电灯"。2. 还有 "光" 的意思，指日、月、星或灯等的光。3. 可作动词，意为 "点亮"。

lamp：通常指以油、气或电为能源的照明设备，

一般有罩。也可与一些词搭配形成特定的灯，如：floor lamp（落地灯），daylight lamp（日光灯）。

land [lænd]

n. 陆地；土地

【例句】

1. They plan to travel by **land** during summer holidays. 暑假期间，他们打算陆路旅行。

2. This **land** is good for growing coffee beans. 这块地适合种咖啡豆。

【搭配】a piece of land 一块地

language ['læŋgwidʒ]

n. 语言

【例句】

1. What **language** can you speak? 你能说哪种语言？

2. Chinese is our native **language**. 中文是我们的母语。

large [lɑ:dʒ]

adj. 大的；巨大的

【例句】There is a very **large** garden in front of Mr. Johnson's house.

约翰逊先生的房子前有一个大花园。

【例题】China is a country with a ______ population.

A. much　　B. large　　C. small　　D. many

【解答】选 B。句意：中国是一个人口众多的国家。修饰 population 用 large/small 表示多 / 少。

last [lɑ:st]

adj. 最后的；最近的，上一次　*v.* 持续

【例句】

1. But for your help, I wouldn't have passed the exam **last** term. 要不是你的帮助，上学期的考试我就不会通过。

2. The war between China and Japan **lasted** eight years. 中日战争持续了八年。

【搭配】at last 最后

【例题】He worked so hard that he caught up with his classmates ________.

A. at last　　B. latter　　C. latest　　D. last

【解答】答案：A。句意：他学习是如此努力，最后他赶上了他的同学。at last 副词短语，"最后、终于"，修饰整个句子。latter "后者"，latest "最近的"，last "最后的"。

late [leit]

adj. & adv. 晚的（地）；迟的（地）

【例句】

1. The train was five minutes **late**. 火车晚点 5 分钟。

2. Bella and Edward married **late**. 贝拉和爱德华晚婚。

【搭配】be late for 迟到

【真题】He ______________（上课经常迟到）and does not work hard. (GMET2009-76)

【解答】答案：is always late for class。

lately ['leitli]

adv. 最近，近来

【例句】He has been friendlier **lately**. 他最近更友好了。

【例题】He ________ moved into a new apartment.

A. recent　　B. lately　　C. late　　D. latest

【解答】答案：B。句意：他最近搬进了一套新的公寓。修饰句子要用副词。

【近义词】recently

later ['leitə]

adv. 之后，后来

【例句】

1. See you **later**. 再见 / 回见。

2. Don't rush into marriage; you might regret it **later**. 不要匆匆忙忙结婚，不然你以后也许要后悔的。

【搭配】sooner or later 早晚，迟早

【例题】Ten years ________ , she became a doctor.

A. late　　B. later　　C. lately　　D. latest

【解答】答案：B。句意：十年后，她成为了一名医生。

laugh [lɑ:f]

v. & n. 笑；大笑；嘲笑

【例句】

1. You should not **laugh** at the disabled. 你不应该嘲笑残疾人。

2. He said with a short **laugh**. 他笑了一笑说。

【搭配】laugh at 嘲笑

【辨析】**smile, laugh**

smile：指面露微笑，会心一笑，侧重于无声。

laugh：指因高兴或轻视而发出的大笑。

【例题】Her ________ sounds beautiful.

A. cry B. smile C. laugh D. laughed

【解答】答案：C。句意：她的笑声很好听。

【近义词】smile *n.* 微笑

【反义词】cry *v.* 哭

【派生词】laughter *n.* 笑，笑声

law [lɔː]

n. 法律；法规

【例句】

1. The **law** was passed on a second vote. 此法在第二次表决时通过。

2. His word is **law** with her. 他的话对她来说就是法律。

【搭配】

obey the law 遵守法律

break the law 违法

【例句】Each citizen must **obey the law**. 每个公民都必须遵守法律。

【近义词】rule, regulation

lawyer ['lɔːjə]

n. 律师

【例句】He is dreaming of becoming a **lawyer**. 他梦想着成为一名律师。

【联想】law, judge

lay [lei]

v. (laid, laid) 放，搁；下（蛋），产（卵）

【例句】

1. She is **laying** a cover on a bed. 她在铺床单。

2. A hen **lays** many eggs at one time. 母鸡一次下很多蛋。

3. The letter was **laid** on her desk. 信被放在她的桌子上。

【搭配】

lay eggs 下蛋

lay the table 摆桌子（准备吃饭）

【联想】

lay（放，搁；下蛋）	laid, laid, laying
lie（躺，位于）	lay, lain, lying
lie（说谎）	lied, lied, lying

【例题】My mom ________ the table at seven o'clock every evening.

A. lays B. laid C. lied D. lay

【解答】选 A。我妈妈每晚 7 点摆好餐具准备开饭。句中 every evening 决定需用一般现在时，mom 为第三人称单数，所以动词要用第三人称单数。

lazy ['leizi]

adj. 懒惰的

【例句】She is too **lazy** to clean up her room. 她太懒了，不清扫房间。

lead [liːd]

v. (led，led) 领导；引导

【例句】

1. The guide **led** us through the forest. 向导引领我们穿过树林。

2. The usher **led** me to my seat. 引座员引领我去座位上。

【搭配】lead to 引起，造成，导致；通向

leader ['liːdə]

n. 领袖；领导者

【例句】He is a born **leader**. 他天生是个领袖。

leadership ['liːdəʃip]

n. 领导

【例句】He shows quality of **leadership**. 他展现了领导的才能。

leaf [liːf]

n. (pl. leaves) 叶；叶子

【例句】Trees begin to have **leaves** in spring. 春天，树木开始长叶子了。

league [liːg]

n. 联盟

【例句】I have been in the football **league** for three years. 我参加足球联盟三年了。

learn [ləːn]

v. (learnt/learned, learnt/learned) 学习；听说，获悉

【例句】

1. Only in this way can she **learn** English well. 只有用这种办法，她才能把英语学好。

2. She **learnt** of her son in the newspapers. 她从报纸上获悉她儿子的消息。

【搭配】

learn of 听到，获悉

learn from 向…学习

【辨析】**study, learn**
这两个动词均含“学习”之意。
study：着重指学习过程和高深的或周密的研究，尤指从书本上学习，研究。
learn：指一般性的学习，尤指初级阶段的学习；着重学习效果，作“学会”解。

least [liːst]

n. & *adj.* 最小（的）；最少（的）

【例句】

1. That's the **least** you could do. 你至少应该能做到那样。

2. These flowers will cost at **least** ten pounds. 这些花至少要 10 英镑。

【搭配】at least 至少

leave [liːv]

v. (left, left) 离开；留下，遗忘，剩下

【例句】

1. She was determined to **leave** at once. We can't stop her. 她决定马上离开，我们阻止不了。

2. He can't find his umbrella. He must have it **left** on the bus. 他找不到他的雨伞了。他肯定是把它留在公车上了。

【搭配】

leave for 动身去

ask for leave 请假

【例题】Be sure not to ________ anything behind, please.

A. forget　B. leave　C. leaving　D. forgetting

【解答】答案：B。句意：请当心，别遗留下任何东西。不定式符号 to 后面接动词原形。

lecture ['lektʃə]

n. 讲课；演讲

【例句】

1. The **lecture** hall was filled with students. 演讲厅里坐满了学生。

2. Each candidate should have a series of **lectures** before the election. 每个候选人都要在选举前做一系列的演讲。

left [left]

adj. & *n.* 左边（的）

【例句】

1. Do you always write with your **left** hand? 你总是用左手写字的吗？

2. She was sitting on my **left**. 她坐在我左边。

【搭配】on the left 在左边

【反义词】right 右边

leg [leg]

n. 腿

【例句】A bullet hit the soldier and he was wounded in the left **leg**.
子弹射中了那个士兵，他的左腿受伤了。

【联想】foot, arm, hand, limb

legal ['liːgl]

adj. 法律的；合法的

【例句】When you are 18, you are a **legal** voter. 当你满 18 岁时，你就是一个合法的选民。

【派生词】illegal *adj.* 非法的

lend [lend]

v. (lent, lent) 借给

【例句】Could you **lend** me your car? 你能把汽车借我用一下吗？

【搭配】lend sth. to sb. / lend sb. sth. 把某物借给某人

【辨析】**lend, borrow**
这两个词均含“借”之意。
lend：指将自己的东西借出给别人，借出，常与 to 搭配。
borrow：指从某人或某处借来某物，借进，常与 from 搭配。

【例题】My friend ________ me a camera. That means I ________ a camera from him.

A. borrowed, lent　B. lent, borrowed
C. lend, borrowed　D. borrow, lend

【解答】答案：B。句意：我的朋友借给了我一部相机，即我从他那儿借了一部相机。borrow, lend 同有“借”的含义，borrow 表示借进，lend 表示借出。本题还要注意时态。

length [leŋθ]

n. 长度

【例句】The plant grows to a **length** of three or four meters. 这植物长到 3, 4 米长。

【例题】What is the ________ of the street?

A. long B. longer C. length D. lengths

【解答】答案：C。句意：这条街有多长？

【联想】long *adj.* 长的

less [les]

adj. & adv. 更少的（地）；较少的（地）

【例句】

1. The doctor advises people to eat **less** meat. 医生建议人们少吃肉。

2. She eats **less** than she could. 她吃得比她能吃的少。

【搭配】

more or less 或多或少

less than 少于

the less … the less 越少…越不…

lesson ['lesn]

n. 课；功课

【例句】The girl is fond of her **lessons**. 女孩喜欢所学的功课。

【搭配】

do one's lessons 做功课

have lessons 上课

let [let]

v. (let, let) 让

【例句】Her parents wouldn't **let** her go out with boys. 她的父母不允许她和男孩一起出去。

【搭配】

let sb. do sth. 让某人做某事

let out 泄露（机密）

let in 让…进入

letter ['letə]

n. 字母；信

【例句】

1. You can't read others' personal **letters**. 你不能看别人的私信。

2. There are 26 **letters** in the English alphabet. 英语字母表中有 26 个字母。

level ['levl]

n. 水平

【例句】The **level** of the river rose. 河流水位上升。

【搭配】the sea level 海平面

liberate ['libəreit]

v. 解放；释放

【例句】

1. The country was **liberated** in 1954. 这个国家是在 1954 年解放的。

2. Music **liberated** her from grief. 音乐释放了她的悲伤。

【例题】The landlord finally agreed to ________ the slaves.

A. force B. kill C. frees D. liberate

【解答】答案：D。句意：地主最终同意释放这些奴隶。agree to do "同意去做…"; force "强迫", kill "杀死", free "释放，免除", 但在此不能加 s。

【派生词】liberation *n.* 解放

librarian [lai'breəriən]

n. 图书管理员

【例句】The **librarian** took a book from the shelf. 图书管理员从书架上拿了一本书。

library ['laibrəri]

n. 图书馆

【例句】This **library** has a history of 100 years. 这个图书馆有 100 年的历史了。

license/licence ['laisəns]

n. 许可证；执照

【例句】He just obtained a driver's **license**. 他刚拿到驾驶证。

【搭配】business license 营业执照

lie [lai]

v. (lay, lain) 躺，平放；位于 *v.* (lied, lied) 说谎

n. 谎话，谎言

【例句】

1. He often tells **lies**. 他老是说谎。

2. He has often **lied** to me about his studies. 关于他的学习情况他常对我说谎。

3. The dog is **lying** in front of the fire. 狗趴在炉火前。

【搭配】tell a lie 说谎

【辨析】**lie, lay**

lie (lied, lied, lying)：意为"说谎"。**lie** to sb. 对某人撒谎。

lie (lay, lain, lying)： 意为"平卧，躺"。**lie** on one's side 侧卧。

lay (laid, laid, laying): 意为“置放，放下；生蛋”。**lay** a pen on a desk 把笔放在课桌上；
lay eggs 下蛋；**lay** the table 摆桌子，**lay** the bed 铺床。

【例题】1. The village ________ across the river.

A. lies B. lays

C. lie D. lying

2. The novel ________ on the table.

A. is laying B. is lying

C. lays D. is lain

【解答】1. A。句意：村庄在河对岸。主语为第三人称单数，谓语动词也要用第三人称单数。

2. B。句意：小说平放在桌子上。表示小说目前所处的一种状态用进行时态来表示。

【联想】liar *n.* 说谎的人

life [laif]

n. (pl. lives) 生命；一生；生活

【例句】What parents say and do has a **life**-long effect on their children.

父母的所作所为会对孩子产生一生的影响。

【搭配】

all one's life 一辈子

come to life 苏醒过来

【联想】live *v.* 生活

lifetime ['laiftaim]

n. 一生；终身

【例句】I've seen a lot of changes in my **lifetime**. 我在一生中经历了许多变化。

lift [lift]

v. 抬起；举起 *n.* 电梯

【例句】She is too weak to **lift** the suitcase. 她是如此虚弱，提不起行李箱。

【例题】She ________ her eyes from the book.

A. lifted B. lift C. put D. takes

【解答】答案：A。句意：她从书本上抬起视线。put 意为“放”，take 意为“拿走”，都不符合语意；B 的时态不正确。

【同义词】elevator 电梯 < 美 >

light [lait]

n. 光；电灯 *adj.* 明亮的；轻的；浅色的 *v.* (lit, lit) 点火

【例句】

1. He turned off the **light** before going out. 他出门前把灯关了。

2. I saw him sit down and **light** a cigarette. 我看见他坐下来，点燃了一根香烟。

【搭配】

turn/switch on the light 开灯

turn/switch off the light 关灯

lightning ['laitniŋ]

n. 闪电

【例句】The little girl is afraid of thunder and **lightning**. 这小女孩害怕雷声和闪电。

like [laik]

v. 喜欢，喜爱 *prep.* 像

【例句】

1. If you **like**, we could go out for dinner. 你要是愿意的话，咱们出去吃晚饭。

2. He looks a bit **like** James Bond. 他有点像詹姆斯·邦德。

【搭配】

should/would like (to do) sth. 想要…

feel like (doing) sth. 摸起来像是…；想要做某事

look like 看起来像…

【例题】Unfortunately, we will not go swimming. It looks like ________.

A. rainy B. raining C. rain D. rains

【解答】答案：C。句意：不幸的是，我们不能去游泳了，看起来要下雨了。

limit ['limit]

n. & *v.* 限度；限制

【例句】

1. The man **limits** his wife's spending. 这个人限制他妻子的开支。

2. You should **limit** your speed when you drive. 你开车时应限速。

【派生词】

limitation *n.* 限制

limited *adj.* 有限的

unlimited *adj.* 无限的

line [lain]

n. 线条；绳索；行列

【例句】

1. The ball went over the **line**. 球越线出界了。

2. Please **line** up one after another. 请按顺序排队。

【搭配】line up 排队

lion ['laiən]

n. 狮子

【例句】**Lions** hunt animals at dusk. 狮子在黄昏猎杀动物。

lip [lip]

n. 嘴唇

【例句】The girl bit her **lip** to keep from crying. 女孩咬着嘴唇忍着不哭。

liquid ['likwid]

n. 液体

【例句】In some degree, blood is a kind of **liquid**. 某种程度上，血液是一种液体。

【反义词】solid 固体，gas 气体

list [list]

n. 清单；名单；一览表 *v.* 列出

【例句】

1. You should make a shopping **list** in case you forget. 以防你忘记，你应列个购物清单。

2. We were asked to **list** our ten favorite songs. 我们被要求列出我们最喜爱的十首歌曲。

【搭配】name list 名单

listen ['lisn]

v. 听

【例句】You're not **listening** to what I'm saying! 你没注意听我说话！

【搭配】listen to 听

【辨析】**listen, hear**

这两个动词均有"听"之意。

listen：有意识的倾听，强调行为的过程。

hear：表示听见、听到，可能是有意识也可能是无意识，强调结果。

【例句】I **listened** but **heard** nothing. 我注意听了，但什么也没听见。

litre/liter [li·tre || 'lɪːtə(r)]

n. 升

【例句】She still kept crying as if she had a **litre** of tears. 她一直哭着，仿佛她有一升的眼泪。

little ['litl]

adj. 小的；少的 (less, least) *adv.* 很少 *n.* 没有多少；一点

【例句】

1. She is too **little** to wear the high-heeled shoes. 她太小了，还不能穿高跟鞋。

2. He is a **little** better today. 他今天感觉好一些了。

3. Give me a **little**, please. 请给我一点。

【搭配】

a little 一点儿

little by little 逐渐地

【例题】Don't worry, Ben. There's still ________ time left.

A. few B. a few C. little D. a little

【解答】答案：D。句意：别担心，还剩一点时间。little（表否定）、a little（表肯定）修饰不可数名词；few（表否定）、a few（表肯定）修饰可数名词。time 表示"时间"含义时，为不可数名词，据句意，应用表肯定含义的 a little 修饰。

【真题】________ the danger as he climbed up the stairs. (GMET2013-31)

A. Little the baby realized

B. The baby little realized

C. The little baby not realized

D. Little did the baby realize

【解答】答案：D。little 等否定副词置于句首引起句子部分倒装。句意：那个婴孩爬楼梯时几乎没意识到危险。

live [liv]

v. 居住；活着；生活 [laiv] *adj.* 活的；生动的；现场直播的

【例句】

1. Fish cannot **live** long out of water. 鱼离了水活不久。

2. Where do you **live**? 你住哪？

3. Only a few **live** trees were left after the fire. 火灾之后只剩几棵树还活着。

【例题】*The American Idols* is a ________ show.

A. live B. alive C. living D. lively

【解答】答案：A。句意："美国偶像"是一个直播节目。alive "活着的"，修饰名词，后置；living 意为"活着的，有生命的"；lively 意为"活

泼的”。

lively ['laivli]

adj. 活泼的；充满生气的

【例句】My grandpa is over 80, but he is still **lively**. 我祖父已经 80 多岁了，但仍精力充沛。

living ['liviŋ]

adj. 活的；活着的 *n.* 生活，生计

【例句】

1. My father makes a **living** by selling second-hand cars. 我爸爸以卖二手车谋生。

2. Is your grandfather still **living**？你祖父还在世吗？

【搭配】

make a living 谋生

the living 活着的人们

【辨析】**live**，**alive**，**living**，**lively** 作为形容词的区别

live：“活生生的，生气勃勃的”，“现场直播的”，通常作定语。如：

a **live** fish 一条活鱼；a **live** report 现场报道。

alive：“活着的”，强调生与死的界限，通常作表语。如：

He must be still **alive**. 他一定还活着。

living：“活着的，有生命的”，“健在”。如：all **living** things 所有生物；

His grandfather is still **living** at the age of 102. 他祖父 102 岁，仍健在。

lively：“活泼的，有生气的”，如：a **lively** child 活泼的孩子。

【例题】She has no ________ relatives.

A. lively B. living

C. alive D. live

【解答】答案：B。句意：她没有还健在的亲戚。

living-room ['liviŋru:m]

n. 起居室

load [ləud]

v. 装；装载 *n.* 负担；负荷；装载量

【例句】

1. The workers are **loading** the ship with coal. 工人正把煤装上船。

2. The **load** is too heavy for him. 这个负担对他来说太重了。

loaf [ləuf]

n. 一条面包

【例句】He bought a **loaf** of French bread. 他买了一条法国面包。

loan [ləun]

n. 贷款，借出 *v.* 借出；贷与

【例句】

1. I plan to repay the **loan** at 200 dollars a month. 我打算每月偿还贷款 200 美金。

2. Could you **loan** me a bike for a day? 你能借我单车用一天吗？

【近义词】lend

local ['ləukəl]

adj. 当地的，地方性的

【例句】He put a commercial advertisement in the **local** paper. 他在当地报纸登了一则商业广告。

lock [lɔk]

v. 锁住；锁上 *n.* 锁

【例句】Don't forget to **lock** the door when you leave. 离开时，别忘了锁门。

【近义词】shut, close, fasten *v.*

【反义词】unlock *v.*

lonely ['ləunli]

adj. 孤独的，寂寞的；偏僻的

【例句】Some people feel **lonely** without friends and families. 有些人亲人和朋友不在身边就觉得孤独。

【辨析】**lonely, alone**

lonely：形容词，作定语和表语，带有浓厚的感情色彩，“寂寞的，孤单的”。

alone：形容词和副词，作表语或状语，表示“独自一个人”。

【例句】I was **alone**, but I didn't feel **lonely**. 我独自一人，但并不寂寞。

long [lɔŋ]

adj. 长的 *adv.* 长久地

【例句】It took me a **long** time to finish my homework last night. 昨晚，我花了很长时间完成作业。

【搭配】

before long 不久，很快

long ago 很久以前（指的是从现在算起的很久以

前，通常与一般过去时连用）

long before 在还没有…的很久以前（主句谓语通常用过去完成时）

not… any longer 不再

no longer 不再

so/as long as 只要

look [luk]

v. 看；好像，显得　*n.* 看；外表

【例句】

1. The parents **looked** at the baby with a smile. 父母微笑地看着小婴儿。

2. She had a beautiful **look** in her wedding. 婚礼上，她的样子很漂亮。

【辨析】**look, see , watch, observe**

look：表示看，侧重看的动作。

see：意为看见，侧重看的结果。

watch：表示注意集中的看，观察。

observe：侧重以客观的态度观察。

【搭配】

have/take a look 看一看

look after 照看，照顾

look at 看

look down on/ upon 看不起，蔑视

look for 寻找

look forward to 盼望，期望

look into 调查或观察某事物

look like 看上去像

look on 旁观

look out 向外看；小心，当心

look through 看穿；审查；浏览

look up 仰视；（在词典或参考书中）查阅（词或资料）

【例题】______ at the picture! What can you ______ in it?

A. Look; see　　B. See; look

C. Watch; look　　D. See; observe

【解答】答案：A。句意：看这幅画！你能看出什么吗？

【真题】I'm looking forward to your reply. (GMET 2009-11)

A. 希望　　B. 看待

C. 期待　　D. 思念

（答案：C）

lose [luːz]

v. (lost, lost) 丢失；输去

【例句】Usually, we don't know how important something is until we **lose** it.

通常，我们直到失去后才明白事情的重要性。

【搭配】

be lost (in) 消失，迷失；倾心于

lose heart 灰心，泄气

lose one's temper 发脾气，发火

lose one's way 迷路

【例题】"Things ______ never come again!" I couldn't help talking to myself.

A. lost　　B. losing

C. to lose　　D. have lost

【解答】答案：A。句意："失去的东西一去不复返！"我控制不住地自语。lost是lose的过去分词，表示被动和完成，作定语修饰 things。

loss [lɔs]

n. 损失；遗失；失败

【例句】The **loss** of her cell phone caused her much inconvenience. 丢失手机给她造成许多不便。

lot [lɔt]

n. 许多；大量

【例句】I have **a lot of** questions to ask. 我有许多问题要问。

【用法】a lot of 既可以修饰可数名词，又可以修饰不可数名词。a lot 是副词词组，修饰动词或比较级。

【搭配】

a lot 很，非常

a lot of 许多的，大量的

【例句】

1. She spent **a lot of** money on clothes. 她花了很多钱买衣服。

2. Tom speaks **a lot**. 汤姆说得很多。

loud [laud]

adj. & *adv.* 高声的（地）

【例句】Please answer questions in a **loud** voice. 请大声回答问题。

【例题】Suddenly, there was a ________ sound when the clock fell to the floor.

A. low　B. quick　C. loud　D. loudly

【解答】答案：C。句意：突然，钟掉到地上时发出了很大的声响。low 意为“低的”的；quick 意为“快的，迅速的”；loudly 为副词，不能修饰名词。

【派生词】loudly/aloud *adv.*

【反义词】low（小声的），quiet，silent

love [lʌv]

n. & *v.* 爱；热爱

【例句】

1. We **love** each other. We want to spend our lives together. 我们彼此相爱。我们希望共度一生。

2. The world is full of **love**. 世界充满爱。

lovely ['lʌvli]

adj. 可爱的

【例句】She looks **lovely**. 她看上去很漂亮。

【例题】Look at the flowers on the hillside. ________ they are!

A. Much lovely　B. What lovely

C. How lovely　D. Such lovely

【解答】答案：C。句意：看山坡上的花，多么美啊！句型为感叹句，lovely 为形容词，由 how 引导感叹句，what 引导感叹句常修饰名词。

【近义词】attractive, pretty, charming, pleasing, sweet

low [ləu]

adj. 低的；矮的

【例句】He jumped over the **low** wall to run away from home. 他翻过矮墙，离家出走了。

luck [lʌk]

n. 运气，好运

【例句】It was good **luck** that she had found a job. 真是好运气，她找到工作了。

【搭配】have good luck 运气好

lucky ['lʌki]

adj. 幸运的

【例句】You're very **lucky** to be alive after that accident. 你大难不死可真幸运。

luggage ['lʌgidʒ]

n. [U] 行李

【例句】Have you brought much **luggage**? 你行李带得多吗？

【搭配】a piece of luggage 一件行李

【同义词】baggage

lunch [lʌntʃ]

n. 午餐

【例句】I will take medicine after **lunch**. 我会在午饭后吃药。

【搭配】have lunch 吃午饭

【联想】breakfast 早餐，supper 晚餐，dinner 晚餐 / 正餐

M

machine [mə'ʃi:n]

n. 机器

【例句】The **machine** needs repairing, for it hasn't worked for years.

由于这个机器坏了几年了，它需要维修。

madam ['mædəm]

n. 夫人；女士

【例句】That poor **madam** has lost all contact with reality. 那位可怜的夫人脱离了现实生活。

magazine [mægə'zi:n]

n. 杂志

【例句】This **magazine** sells well. 这本杂志很畅销。

mail [meil]

n. 邮件　*v.* 邮寄

【例句】

1. The **mail** always comes on Wednesdays. 邮件总是在周三到达。

2. He **mailed** me the contract. 他把合同邮寄给了我。

【同义词】post *n. & v.*

mailbox [meilbɔks]

n. 邮筒；邮箱

main [mein]

adj. 主要的；重要的

【例句】Be careful when crossing that **main** road. 过那条大路时要小心。

【派生词】mainly *adv.* 主要地；首要地

【例句】The people in the streets were **mainly** tourists. 街上的人大多是游客。

maintain [mein'tein]

v. 维持；维修；保持

【例句】He also helped us to **maintain** the camera. 他还帮助我们保养相机。

【例题】You should _______ your own ground when the trouble is coming.

A. keep　B. stand　C. maintain　D. promise

【解答】答案：C。句意：当面对困难时，你应该坚持你的立场。固定搭配：maintain one's ground" "坚持立场"。

major ['meidʒə]

adj. 较大的；主要的　*n. & v.* 主修（专业）

【例句】

1. We have come across **major** problems. 我们已遇到重大问题。

2. She **majored** in maths and physics at university. 她在大学主修数学和物理。

3. Her **major** is French. 她的主修科目是法语。

【搭配】major in 主修（大专院校的）科目

【反义词】minor *adj.* 较小的；少数的

【派生词】majority *n.*

majority [mə'dʒɔriti]

n. 大多数

【例句】The **majority** of people prefer computer to television. 大多数人喜欢电脑胜过电视。

【搭配】in the majority 占多数

【反义词】minority 少数

make [meik]

v. (made, made) 制造；使得

【例句】It is imagination that **makes** the world colorful. 想象使世界变得多姿多彩。

【搭配】

make up 弥补；化妆；编造

be made from/of 由…制成

be made in 在…地方制作

be made into 被制成…

【真题】Professor Liu is a funny man. He always makes me _______. (GMET2009-32)

A. to laugh　B. laugh

C. be laughed　D. laughing

（答案：B）

【解答】答案：B。句意：刘教授是如此有趣，他常把我逗笑。make sb. do 使某人做什么。

【真题】They were made ________ from morning till night. (GMET2012-26)

A. work　　B. working

C. worked　　D. to work

【解答】答案：D。句意：他们被迫从早干到黑。考查 be made to do 结构。

man [mæn]

n. (pl. men) 男人；人类（不用冠词）

【例句】Will **man** conquer nature？人类会征服自然吗?

【用法】man 指人类的意思时，用单数形式，而且不用冠词。

manage ['mænidʒ]

v. 管理；设法做到

【例句】

1. He's good at **managing** his money. 他善于理财。

2. I just **managed** to get up the stairs. 我总算挣扎着上了楼。

【搭配】manage to do sth. 设法做成某事

management ['mænidʒmənt]

n. 管理；经营

【例句】The failure was caused by bad **management**. 破产是经营不善所致。

manager ['mænidʒə]

n. 经理；管理人

【例句】My mother is an excellent **manager** in our family. 我妈妈是家里的好当家。

【例题】Tom is a ________ of a company.

A. student　　B. nurse

C. citizen　　D. manager

【解答】答案：D。句意：Tom 是个公司经理。

manner ['mænə]

n. 方式；态度；风格；[pl.] 礼貌

【例句】He is easy in conversation and graceful in **manner**. 他谈吐从容，举止优雅。

【用法】单数时为“方式，态度”，复数时 manners 为“礼貌”“态度”。

【例题】It's bad ________ to be late.

A. manners　　B. manner

C. way　　D. action

【解答】答案：A。句意：迟到是不礼貌的。

manual ['mænjuəl]

adj. 手工的；体力的　*n.* 手册；指南

【例句】She has a good **manual** skill of making cakes. 她有一手做蛋糕的好手艺。

manufacture [mænju'fæktʃə]

n. & *v.* 制造；加工；产品

【例句】

1. Our **manufactures** are popular in this country. 我们的产品在这个国家很受欢迎。

2. The factory is now trying to **manufacture** a new model.
这家工厂现正试制一种新产品。

【用法】manufacture 作名词时，复数有两个意思，一为“制造，制造业”，二为“产品”。

many ['meni]

adj. & *pron.* (more, most) 许多(的)

【例句】**Many** people dream about being a star. 许多人梦想成为一个明星。

【搭配】a good/great many 大量

【例题】1. ________ beggars are blind.

A. Many a　　B. Much

C. Many　　D. A lot

2. The children have been told ________ times not to go swimming alone.

A. much　　B. many

C. few　　D. little

【解答】1. 答案：C。句意：很多乞丐都是瞎子。Many a 后面接可数名词单数；much 修饰不可数名词；a lot 为副词短语，常用于修饰动词或形容词副词比较级，a lot of 才能修饰名词。

2. 答案：B。句意：孩子们已经被告诫多次不要独自去游泳。times 指“次数”时是可数名词，而 much、little 修饰不可数名词。

map [mæp]

n. 地图

【例句】The child drew a **map** of China on the paper. 孩子在纸上画了一幅中国地图。

march [mɑːtʃ]

v. & *n.* 前进；行进

【例句】The rain being over, we continued to **march**. 大雨过后，我们继续前进。

【联想】March *n.* 三月（缩写为 Mar.）

mark [mɑ:k]

n. 标志；分数；痕迹 *v.* 做记号；打分数

【例句】

1. The fire left its **mark** on the wall. 墙上留着火烧的痕迹。

2. Professor Lee has a pile of exam papers to **mark**. 李教授有一堆试卷要打分。

market ['mɑ:kit]

n. 市场

【例句】I bought two dozen oranges in the **market.** 我在市场买了 24 个橙子。

marry ['mæri]

v. 结婚

【例句】He didn't **marry** until he was in his thirties. 他直到三十多岁才结婚。

【搭配】

marry sb. 娶 / 嫁某人

be/get married to sb 和…结婚

【例题】She ________ money.

A. married　　B. marry

C. married to　　D. marries with

【解答】答案：A。句意：她嫁给了有钱人。

【派生词】marriage *n.* 婚姻

mass [mæs]

n. 众多；大量

【例句】

1. There are **masses** of butterflies flying in the garden. 花园里有许多蝴蝶在飞。

2. She has **masses** of work to do. 她有一大堆的工作要做。

【搭配】

masses of (非正式) 许多，大量

mass production 大量生产

master ['mɑ:stə]

n. 主人；大师；硕士 *v.* 精通；控制

【例句】

1. I can be a **master** of myself. 我能成为自己的主人。

2. She **mastered** four languages after graduating from high school.

她高中毕业后掌握了四门语言。

【搭配】master a language 掌握一门语言

match [mætʃ]

n. 火柴；比赛；匹配 *v.* 相配，和…相配，相一致

【例句】

1. It's too bad he couldn't finish the **match**. 他不能完成比赛真的太可惜了。

2. The blue shirt and gray tie are a good **match**. 蓝衬衫与灰领带很谐调。

3. Your tie should **match** your shirt. 你的领带要与衬衫相配。

【搭配】

match with 与…相配，与…相称；可与…匹敌

have a match 举行比赛

material [mə'tiəriəl]

n. 原料；材料

【例句】She is collecting **materials** for her novel. 她在为她的小说找素材。

【例题】Wood is ________ of this table.

A. material　　B. the material

C. materials　　D. a material

【解答】答案：B。句意：这张桌子的材质是木头。表示特指这张桌子的材料，加定冠词 。

maths [mæθs]

(=mathematics [ˌmæθi'mætiks]) *n.* 数学

【例句】In common, girls are not good at **maths.** 普遍的，女生都不擅长数学。

【真题】Mathematics ________ an important subject taught in the middle school. (GMET2013-20)

A. are　　B. is　　C. being　　D. be

【解答】答案：B。maths 等以 -s 结尾的学科单词做主语时，用作复数。

matter ['mætə]

v. 要紧；有关系 *n.* 事情；[与 the 连用] 问题，毛病

【例句】

1. What's the **matter** with you? 你怎么了？

2. It doesn't **matter** to me what you do. 你做什么我都无所谓。

may ['mei]

aux. *v.* (might) 可以；也许；可能

【例句】

1. We **may** come at another time. 我们可以另找时间来。

2. That **might** be our car. 那有可能是我们的车。

maybe ['meibiː]

adv. 或许；大概

【例句】**Maybe** he is still at home. 可能他还在家里。

【辨析】**may, maybe, may be**

may：情态动词，意为“可以，也许”。

maybe：是副词，意思是“也许、可能”，在句中作状语，相当于 perhaps，常位于句首。

may be：may 是情态动词，be 是动词原形，两者构成完整的谓语形式，与主语形成系表结构，意为“也许是、可能是”。

【例句】**Maybe** she'll come this afternoon.

She **may be** a doctor.

meal [miːl]

n. 一餐（饭）

【例句】This is the best **meal** I have ever had. 这是我吃过的最好的一餐饭。

mean [miːn]

v. (meant, meant) 意思是；意味着

【例句】

1. What do you **mean**? 你是什么意思？

2. I **mean** to go shopping in Hong Kong tomorrow. 我打算明天去香港购物。

【搭配】

mean to do 打算做什么

mean doing 意味着什么

meaning ['miːniŋ]

n. 意义；意思

【例句】You mistook my **meaning**. 你误会了我的意思。

means [miːnz]

n. 方法；手段（单复数同形）

【例句】Are there any **means** to solve this problem? 有没有其他方法能解决这个问题？

【搭配】

by means of 凭借

by no means 决不

by this means 用这种方法（或手段）

by all means 用一切手段

【例题】The move is a good ________ to fight drugs.

A. means　　B. mean

C. meaning　　D. ways

【解答】答案：A。句意：这个举措是打击毒品的好办法。

meanwhile ['miːn'wail]

adv. 与此同时，其间

【例句】**Meanwhile**, my income was mounting up. 同时，我的收入也在不断增加。

measure ['meʒə]

v. 量；测量　*n.* 措施

【例句】

1. They **measured** the height of the building. 他们测量了大楼的高度。

2. The government has taken **measures** to protect the environment. 政府已采取措施保护环境。

meat [miːt]

n. 肉

【例句】She gave some of the **meat** to my dog. 她给我的狗吃了一些肉。

medal ['medl]

n. 奖章；纪念章

【例句】She got a **medal** for bravery. 她因勇气而获得一枚奖章。

【辨析】**medal, prize**

medal 指“奖牌，奖章，勋章”；prize 指“奖项，奖金，奖品”。

medical ['medikəl]

adj. 医疗的；医学的

【例句】Ten **medical** teams hurried to the disaster area. 十支医疗队伍赶往灾区。

medicine ['medisin]

n. 药；医学

【例句】The more **medicine** I take, the worse I seem to feel. 我吃越多药，我好像觉得越不舒服。

【搭配】

take medicine 服药

have some medicine 吃药

meet [miːt]

n. 会；集会　*v.* (met, met) 碰见；遇见

【例句】

1. I'll **meet** my parents at the airport tomorrow morning. 我明天上午去机场接父母。

2. The sports **meet** was delayed by rain. 运动会因下雨延迟了。

【搭配】

meet with 偶然遇到；与…会面

make ends meet 使收支相抵

meeting ['mi:tiŋ]

n. 会议；集会

【例句】The **meeting** will begin at eight o'clock. 会议将在 8 点开始。

【搭配】have a meeting 开会

member ['membə]

n. 成员；会员

【例句】Don't worry, you will be a **member** of us. 别担心，你会成为我们的一员。

【搭配】League member 团员

memory ['meməri]

n. 记忆力；回忆；存储器

【例句】He has a bad **memory** for dates. 他对日期的记忆很差。

【搭配】in memory of 以纪念

【派生词】memorize *v.* 记忆，回忆

mend [mend]

v. 修理；修补

【例句】He asked someone to **mend** the violin. 他叫人来修小提琴。

【近义词】repair, fix

mental ['mentl]

adj. 精神的；脑力的

【例句】We should pay more attention to children's **mental** health.

我们应该更关注孩子们的心理健康。

【反义词】physical *adj.* 生理的

mention ['menʃən]

v. 提到，说起

【例句】

1. — Thank you very much. 非常感谢！

— Don't **mention** it. 别客气。

2. He **mentioned** that he was fond of music. 他提及他喜爱音乐。

【搭配】

don't mention it 不用谢

not to mention 更不用说

menu ['menju:]

n. 菜单

【例句】The **menu** offers many kinds of desserts. 菜单提供各种各样的甜品。

merchant ['mə:tʃənt]

n. 商人　*adj.* 商业的；商人的

【例句】He is really a successful **merchant**. 他确实是个成功的商人。

【近义词】businessman

merely ['miəli]

adv. 仅仅；只不过

【例句】It's important to write the rules down rather than **merely** think about them.

把规则写下来是非常重要的，而不是仅仅想想而已。

merry ['meri]

adv. 欢乐的，愉快的

【例句】

1. There was a **merry** smile on his wife's face. 他妻子的脸上露出愉快的笑容。

2. Merry Christmas, everyone. 祝大家圣诞快乐！

【派生词】merrily *adv.* 快乐地

【联想】merry-go-round 旋转木马

message ['mesidʒ]

n. 讯息，消息

【例句】Can you take a **message** to John? 你能带信给 John 吗?

【搭配】

leave sb. a message 给某人留个口信

take a message for 给…捎口信

【例题】In the last two years, he hasn't sent a single ________ to his friends.

A. information　　B. news

C. message　　D. advice

【解答】答案：C。在最近两年里，他没有给朋友发过一条讯息。information 信息，不可数名词；news 新闻，不可数名词；advice 建议，不可数名词。

【真题】Most people see and hear several hundred advertising messages every day. (GMET2013-07)

A. 宣传　B. 信息　C. 描述　D. 播出

(答案：B)

metal ['metl]

n. 金属

【例句】The medal is made of **metal**. 奖牌是由金属做的。

method ['meθəd]

n. 方法

【例句】In my opinion, we should try again using a different **method**.

依我看来，我们应该再试试用别的办法。

【近义词】means, approach, way

metre/meter ['mi:tə]

n. 米

【例句】The boy was one **meter** tall when he was eight. 男孩 8 岁时一米高。

【例题】My school is only ________ away from my home.

A. one thousands meters

B. thousands of meter

C. one-thousand meters

D. one-thousand meter

【解答】答案：C。句意：学校离我家只有一千米远。meter 为可数名词，复数需加 -s。

middle ['midl]

n. 中间；当中；中部

【例句】He planted roses in the **middle** of the garden. 他在花园中间种了玫瑰。

【搭配】

in the middle of 在…中间

middle class 中产阶级

midnight ['mi:dnait]

n. 子夜，午夜

【例句】The result of the exam won't be known until **midnight**. 考试结果要到午夜才能揭晓。

【搭配】at midnight 在子 / 午夜

mile [mail]

n. 英里

【例句】He drove at a speed of 110 **miles** per hour. 他以每小时 110 英里的速度开车。

【联想】meter, kilometer

milk [milk]

n. 牛奶

【例句】Mother is boiling **milk**. 妈妈在煮牛奶。

million ['miljən]

num. & *n.* 百万；百万个（人或物）

【例句】The damage was over one **million** dollars. 损失超过一百万美元。

【搭配】millions of 成千上万的…，无数的…

【例题】There were ________ people on the road before the Spring Festival.

A. one million of　B. millions of

C. million of　D. two millions

【解答】答案：B。句意：春节前有上百万人在路上（开车回家或外出旅游）。million 这一类词与名词连用时，有两种表达方法，第一种与数词连用只能用单数且不与 of 连用；第二种只与 of 连用，则必须以复数形式出现。

【联想】millionaire 百万富翁

mind [maind]

v. 介意；照看　*n.* 思想；想法

【例句】

1. Parents should **mind** their children, especially, when they are out. 父母应该照看孩子，特别是外出时。

2. Would you **mind** (my) turning on the television? 你介意(我)打开电视机吗?

3. He changed his **mind** when he heard all the facts. 他在得知所有事实后改变了他的想法。

【搭配】

change one's mind 改变主意

keep (sth.) in mind 记住

make up one's mind to do… 下定决心做某事 = be determined to do sth.

mind (sb.) doing sth. 介意（某人）做某事

never mind 没关系，不用担心

【例题】1. He doesn't mind me ________ the dog with me.

A. bring　B. brings

C. to bring　D. bringing

2. Make up your ________ , or you will miss the chance.

A. mind　　B. decision

C. plan　　D. minding

【解答】1. D。句意：他不介意我带着狗。mind sb doing sth 介意某人做某事。

2. A。固定搭配 make up one's mind "下定决心"，近义词组 make a decision。

【真题】It's hard for me ________（下决心做这件事）.（GMET2009-77）

【解答】答案：to make up my mind to do it/to make a decision to do it。

mine [main]

n. 矿；矿山　*pron.* 我的

【例句】

1. He's a friend of **mine**. 他是我的朋友。

2. This mountain is full of gold **mine**. 这座山遍布金矿。

【派生词】mineral *n.* & *adj.* 矿物（的）

【真题】If you need a pencil, you can use one of ________.（GMET2013-16）

A. mine　　B. me　　C. this　　D. it

【解答】答案：A。句意：如果你需要铅笔，你可以用我的。本题考查双重所有格。

minute ['minit]

n. 分（钟）；瞬间

【例句】I can't wait another **minute**. 我片刻都等不了了。

【搭配】

in a minute 马上；立刻

just a minute 稍等片刻（通常说话人此时在说或做某事）

mirror ['mirə]

n. 镜子

【例句】Cathy often spends much time dressing herself up in front of the **mirror**.

凯茜常在镜子前花很多时间打扮自己。

miserable ['mizərəbl]

adj. 痛苦的；悲惨的

【例句】This family led a **miserable** life. 这个家庭过着悲惨的生活。

miss [mis]

v. 想念；错过

【例句】

1. I do **miss** the children. The house seems so silent without them. 我真想念孩子们。他们不在，家里显得太安静了。

2. It's the chance of a lifetime. You shouldn't **miss** it. 这是一生中难得的机会，你不应错过。

【搭配】miss doing 错过做…

【例题】Hurry up, or you will ________ the bus.

A. miss　　B. get on　　C. lose　　D. catch

【解答】答案：A。句意：快点，要不然你要赶不上公交车了。get on 意为"上（车）"，lose 意为"丢失"；catch 意为"赶上，抓住"。

Miss. [mis]

n.［对未婚女子的称呼］小姐；女士

mistake [mis'teik]

n. 错误；过失　*v.* (mistook, mistaken) 弄错；误解

【例句】

1. Your composition is good except for some spelling **mistakes**. 你的作文很好，只是有一些拼写错误。

2. He **mistook** me for my twin sister. 他错把我当成我的孪生姐妹了。

【搭配】

make a mistake 犯了一个错误

make mistakes 犯错误

by mistake 错误地

mix [miks]

v. 混合

【例句】You can't **mix** oil with water. 油和水无法混合在一起。

model ['mɔdl]

n. 模型；模范；模特儿

【例句】She used to be a fashion **model**. 她以前是个服装模特。

modern ['mɔdən]

adj. 现代的

【例句】He can't adjust himself to the **modern** life in the big city. 他无法适应大都市的现代生活。

moment ['məumənt]

n. 一会儿；片刻

【例句】The big **moment** has come at last. 重要的时刻终于来了

【搭配】

for a moment 片刻，一会儿

in a moment 立刻，马上

just a moment 等一会儿

the moment (that) 一…就

money ['mʌni]

n. 钱；货币

【例句】**Money** doesn't always bring happiness. 金钱并不总能带来快乐。

monitor ['mɔnitə]

n. 班长；监视 / 听器

【例句】

1. He was elected **monitor** of the class just now. 他刚才被选为班长。

2. He needs to buy a new computer **monitor**. 他需要买一台新的电脑显示器。

monkey ['mʌŋki]

n. 猴子

【例句】He can't stay for a while, like a **monkey**. 他不能呆一会，就像只猴子一样。

month [mʌnθ]

n. 月

【例句】July is the hottest **month** in a year in Beijing. 七月是北京一年中最热的月份。

moon [mu:n]

n.（词前常用 the）月亮；月球

【例句】The **moon** goes around the earth. 月球绕着地球转。

more [mɔ:(r)]

(much, many 的比较级) *adj.* & *adv.* 更多的；更，更多

【例句】You need to be more patient. 你需要再多点耐心。

【搭配】

more and more 越来越

more or less 多少有点；大约，左右

no more 不再

not … any more 不再

not more than 至多，不超过

once more 再度；再次

the more… the better 越多越好

what's more 另外，还有

【例题】My jacket is ________ expensive than hers.

A. much　　B. more

C. most　　D. the most

【解答】答案：B。句意：我的夹克比她的贵。句子中为比较级，much 的比较级为 more。

【反义词】less 更少的

morning ['mɔ:niŋ]

n. 早晨；上午

【例句】I will ring her up tomorrow **morning**. 我明早打电话给她。

【搭配】in the morning 在早上

【联想】noon, afternoon, dusk, evening, night, midnight, dawn, daybreak

most [məust]

(much, many 的最高级) *adj.* & *adv.* 最多

n. 大部分；大多数

【例句】**Most** students passed the final examination of English. 大多数学生通过了英语期末考试。

【搭配】

most of 大部分

at most 至多

【真题】It was ________ film I've seen. (GMET 2011-35)

A. the most boring　　B. the more boring

C. more boring　　D. most boring

【解答】答案：A。句意：它是我看过的最无趣的电影。本题考查形容词最高级。

mother ['mʌðə]

n. 母亲

【例句】He disobeyed his **mother** and went to the party. 他不听他妈妈的话，去了派对。

【搭配】mother tongue 母语，本国语

motor ['məutə]

n. 发动机；马达

【例句】We should switch off the **motor** when we leave. 当离开时，我们应把发动机关了。

mountain ['mauntin]

n. 山；山脉

【例句】When they got to the top of the **mountain**, they were already out of breath.
当他们爬上山顶时，已经喘不过气了。

mouse [maus]

n.（pl. mice）老鼠；鼠标

【例句】The **mouse** is one of the most disgusting animals. 老鼠是最恶心的一种动物。

【联想】Mickey Mouse, Donald Duck, cat, rat, kitty

mouth [mauθ]

n. 嘴

【例句】Open your **mouth** and read aloud. 张开嘴，大声读。

move [mu:v]

v. 移动；搬家；感动

【例句】They **moved** to a new place after the accident. 事故发生之后，他们搬去了新地方。

【例题】She ________ when she was proposed marriage.

A. moves　　B. moved

C. was moved　　D. was moving

【解答】答案：C。句意：当她被求婚时，她很感动。be moved 短语意为“受感动”。

movement ['mu:vmənt]

n. 运动；活动；动作

【例句】Her every **movement** is very graceful. 她的每个举动都很优美。

movie ['mu:vi]

n. 电影（院）

【例句】I don't want to go to the **movies** because I have seen the film before.
我不想去电影院，因为之前我已经看过这部电影了。

【同义词】film

Mr. ['mɪstə(r)]

n.［用于姓名前］先生

Mrs. ['mɪsɪz]

n.［对已婚妇女的称呼］夫人

Ms. [miz]

n. 女士

much [mʌtʃ]

adj.（more, most）［修饰不可数名词］大量的；许多的　*adv.*［修饰动词］非常；［加强比较级］更　*n.* 许多；大量

【例句】

1. Did you have **much** difficulty finding the house? 你找到这所房子很困难吗？
2. She's **much** better today. 她今天好多了。

【例题】I think we may learn ________ from this activity.

A. lots of　　B. many

C. much　　D. a great deal of

【解答】答案：C。句意：我想我们可以从这次活动学到很多。在此，much 做副词修饰动词 learn；而 lots of，many，a great deal of 意为“许多、大量”，修饰名词。

【真题】________ has been done by the government to improve people's living conditions. (GMET2009-34)

A. Few　　B. Any

C. Many　　D. Much　　（答案：D）

museum [mju(:)'ziəm]

n. 博物馆

【例句】We found a Picasso in the **museum**. 我们在博物馆发现了一幅毕加索的画。

music ['mju:zik]

n. 音乐；乐曲

【例句】He can't live without **music**. 他生活中不能没有音乐。

【搭配】a piece of music 一段音乐

【例题】She is fond of ________, especially, ________ in *Titanic*.

A. music, music　　B. music, the music

C. music, a music　　D. the music, music

【解答】答案：B。句意：她喜爱音乐，特别是《泰坦尼克号》里的音乐。music 泛指音乐，零冠词；the music 特指电影里面的音乐。

must [mʌst]

aux. *v.* 必须；需要；［表示推测］一定

【例句】

1. You **must** be home by seven. 你必须在 7 点前回家。
2. We **must** have taken the wrong road. 我们一定走错路了。

【用法】1. must 意为“必须”; mustn't 意思是“不准，禁止”。
2. 表示对现在情况的肯定猜测用 must + 动词原形，对过去情况的肯定猜测用 must have done。而表否定判断时需用 can't 或 couldn't。

【例题】1. He can't be in the garden, he ________ be in the room.

A. mustn't B. will

C. must D. may not

2. You ________ drink the water in this river as it is heavily polluted.

A. mustn't B. needn't

C. may not D. don't have to

【解答】1. 答案：C。句意：他不可能在花园，他一定是在房间。

2. 答案：A。句意：你不能喝这条河的水，因为它被严重污染了。

【真题】I've lost my key. I must ________ it somewhere. (GMET2011-18)

A. drop B. have dropped

C. be dropping D. having been dropping

【解答】答案：B。句意：我的钥匙丢了，肯定是掉在某处了。考查 must 表肯定推测的用法。

N

nail [neil]

n. 钉子；指甲

【例句】You can try this **nail** polish on your nails. 你可以在指甲上试试这种指甲油。

name [neim]

n. 名字；名称　*v.* 给…取名；给…命名

【例句】

1. She signed the paper with her **name**. 她在文件上签上了名字。
2. The child was **named** after its father. 那个孩子是按他父亲的名字取的名。

【搭配】name after 依据…命名

narrow ['nærəu]

adj. 狭窄的

【例句】The gate is too **narrow** for a car. 门太窄，车进不去。

【反义词】wide 宽广的

nation ['neiʃən]

n. 国家；民族

【例句】It is said that France is a romantic **nation**. 据说法国是个浪漫的国家。

【派生词】national adj.

national ['næʃənəl]

adj. 国家的；全国性的；民族的

【例句】We must safeguard our **national** interest. 我们必须保卫我们国家的利益。

【派生词】international *adj.* 国际的

nationality [ˌnæʃə'næliti]

n. 国籍；民族

【例句】Many celebrities have dual **nationalities**. 许多名人有双重国籍。

native ['neitiv]

n. 本地人；本国人　*adj.* 本地的；本国的

【例句】

1. My **native** language is Chinese and his is Korean. 我的母语是中文，他的是韩文。
2. He is a **native** of Beijing. 他是北京本地人。

【搭配】native language/tongue 母语

natural ['nætʃərəl]

adj. 自然的；天生的

【例句】

1. It is **natural** for ducks to swim. 鸭子生来就会游泳。
2. Coal is a kind of **natural** wealth. 煤炭是一种自然资源。

nature ['neitʃə]

n. 大自然，自然界；天性

【例句】

1. It is her **nature** to be kind. 善良是她的本性。
2. Hunting and killing wild animals is against **nature**. 猎杀野生动物是违背自然的。

near [niə]

prep. 在…近旁　*adj.* & *adv.* 近的；在近旁

【例句】

1. Don't come near me. 别靠近我。
2. We will meet in Germany in the **near** future. 不久的将来，我们会在德国重逢。

nearly ['niəli]

adv. 将近；几乎

【例句】There are **nearly** 8,000 employees working for this company.
将近 8000 个雇员为这个公司工作。

【近义词】almost *adv.*

neat [niːt]

adj. 整洁的；简洁的

【例句】Although the train in Hong Kong is old, it still keeps **neat**.
虽然香港的地铁老旧，但仍然很整洁。

【近义词】clean, tidy

necessary ['nesisəri]

adj. 必要的；必需的

【例句】

1. If **necessary**, please call me. 如有必要，打电话

给我。

2. Is it **necessary** for us to meet? 我们有必要见面吗？

3. Besides, sleep is **necessary** for good health. (GMET2012- 阅读 C)

还有就是，睡眠是良好健康所必须的。

【搭配】

necessary conditions 必要条件

absolutely necessary 绝对必要的

neck [nek]

n. 颈

【例句】You will make your **neck** ache if you over use the computer.

如果你过度使用电脑，脖子会感到酸痛。

need [ni:d]

v. & *n.* 需要；必需

【例句】

1. Plants **need** the sun to grow. 植物生长需要阳光。

2. You can't meet all his **needs**. 你不可能满足他所有的需求。

【用法】1. 作实意动词时，need (sb.) to do，如：You **need** to go to see a doctor. 你需要去看医生。

2. 作情态动词时，主要用于否定和疑问句中，后接不带 to 的不定式，need / needn't do

如：You **need** not go now. 你不必现在去。

【搭配】in need of 需要

【例题】— Must he come to the meeting this morning?

— No, he ________. He's got something else to do.

A. may not　　B. mustn't

C. needn't　　D. might not

【解答】答案：C。句意："今早他必须参加会议吗？""不，他不必。他有其他事可做。"

needle ['ni:dl]

n. 针；指针

【例句】She pricked her finger on a **needle**. 她被针扎了一下指头。

neglect [ni'glekt]

v. 忽视；忽略

【例句】Nobody should **neglect** his health. 任何人都不应该忽视健康。

【例题】The nurse was severely criticized by the public because she ________ her duty.

A. was neglecting　　B. neglected

C. had neglected　　D. was neglected

【解答】答案：C。句意：这个护士由于擅离职守被公众严厉批评。"擅离职守"先于"被批评"发生，要用过去完成时。

neighbo(u)r ['neibə]

n. 邻居；邻人

【例句】My **neighbours** are a couple of high virtue. 我的邻居是一对道德高尚的夫妻。

【派生词】neighborhood 邻近，居民区

neither ['naiðə, 'ni:ðə]

adj. & *pron.*（两者）都不　*conj.* & *adv.* 也不

【例句】**Neither** of my sisters is interested in sports. 我的两个妹妹都不喜欢运动。

【搭配】neither…nor… 既不…也不…

【用法】neither 作主语时谓语动词用单数，常与 of 连用；neither...nor 连接并列主语时，谓语动词形式适用于就近原则。

【例句】**Neither** you **nor** she is wrong. 你和她都没错。

nephew ['nefju(:)]

n. 侄子；外甥

【例句】I have never heard of anything about what had happened to my **nephew**.

我没听到任何关于我侄子的事。

nervous ['nə:vəs]

adj. 紧张的，不安的

【例句】I have never seen anyone so **nervous**. 我从没看到过这么紧张的人。

net [net]

n. 网

【例句】Stretch the **net** and catch the fish. 张开网，抓住鱼。

【联想】Internet *n.* 互联网

network ['netwə:k]

n. 网络

【例句】The Internet is a worldwide computer **network**. 因特网是一个全球计算机网络系统。

never ['nevə]

adv. 决不；从未

【例句】I will **never** forget your help. 我永远不会

忘记你的帮助。

【搭配】never say die 永不放弃 / 不要失望

new [njuː]

adj. 新的

【例句】She is eager to try on the **new** shoes. 她迫切地要试试新鞋。

【近义词】fresh, young, recent

【反义词】old

news [njuːz]

n. 新闻；消息

【例句】Sandy wants to be a **news** reporter. 仙蒂想要成为一名新闻记者。

【搭配】a piece of good news 一则好消息

【例题】I have ________ for you.

A. a piece of good news

B. a good news

C. some informations

D. an information

【解答】选 A。句意：我有一条好消息给你。news 和 information 都是不可数名词。

newspaper ['njuːspeipə]

n. 报纸

【例句】I learnt this news from the **newspaper**. 我从报纸上得知这个消息。

【例题】My dad is used to reading two ________ in the morning .

A. newspaper

B. newspapers

C. pieces of newspaper

D. pieces of newspapers

【解答】答案：B。句意：我爸爸每天早上习惯看 2 份报纸。newspaper 为可数名词。

next [nekst]

adj. & *n.* 下次的，下一个　*adv.* 随后；其次；下一步

【例句】Your suggestion that he (should) stay with us till **next** week is good.

你的建议很好，他应该和我们一起呆到下个星期。

【搭配】next to 紧靠，仅次于

nice [nais]

adj. 美好的

【例句】Do you have a **nice** holiday? 你假期过得愉快吗？

niece [niːs]

n. 侄女；甥女

night [nait]

n. 夜，夜晚

【例句】**Night** began to fall. 夜幕降临。

【搭配】

day and night 夜以继日

at night 在晚上

no [nəu]

adj. & *adv.* 没有；不；无

【例句】**No** one can change his mind except his mother. 没人能改变他的想法，除了他妈妈。

nobody ['nəubədi]

pron. & *n.* 没有人；谁也不

【例句】**Nobody** would like to do such a thing. 没人愿意做这样的事。

【例题】The work was so hard, ________ but him wanted to have a try.

A. nobody　　B. everybody

C. someone　　D. anyone

【解答】答案：A。句意：这份工作如此艰难，只有他想尝试一下。nobody but = only。

【联想】somebody, anybody

nod [nɔd]

v. 点头

【例句】Trees **nod** in the wind. 树在风中摇曳。

【搭配】nod one's head 点头

noise [nɔiz]

n. 噪音

【例句】There is so much **noise** in the restaurant, I can hardly hear you talking.

餐厅太吵了，我几乎听不到你在说什么。

【搭配】make a noise 吵闹；弄出声

noisy ['nɔizi]

adj. 嘈杂的，喧闹的

【例句】I have got used to **noisy** sound. 我已经习惯了嘈杂的声音。

none [nʌn]

（= no one）*pron.* 没有任何东西或人

【例句】Last week, only three people came to look at the car, but **none** wanted to buy it.
上周，只有三个人来看车，但没有人想买。

【辨析】**nobody, none, no one**
nobody, no one 常用于指人，谓语动词用单数形式，不与 of 连用。可回答 Who…？的特殊疑问句。
none 既可指人又可指物，常与 of 连用作主语，后接不可数名词时谓语动词用单数；后接可数名词时，谓语动词单复均可。可用于回答 How much/ How many …？的特殊疑问句。
【例题】They were all very tired, but ________ of them would stop to take a rest.
A. some　B. neither　C. any　D. none
【解答】答案：D。句意：他们都非常累了，但没有人停下来休息。some "一些"，neither "两者都不"，any "任何"。

noon [nu:n]
n. 中午
【例句】At **noon**, the sun is high in the sky. 正午，烈日当空。
【搭配】at noon 在中午
【同义词】midday
【联想】morning, night

nor [nɔ:]
conj. 也不
【例句】Neither he **nor** I have free time. 他和我都没时间。
【搭配】neither … nor … 既不… 也不…

normal ['nɔ:məl]
adj. 正常的；标准的
【例句】Everything is absolutely **normal.** 一切都很正常。
【反义词】abnormal 反常的，不正常的

north [nɔ:θ]
n. & adj. 北；北方（的）
【例句】There are several developed countries in **North** America. 北美有几个发达国家。
【派生词】northern
【联想】south, east, west

northeast ['nɔ:θ'i:st]
n. 东北（方）
【例句】The **northeast** is the coldest area in China. 东北是中国最寒冷的地方。

northern ['nɔ:ðən]
adj. 北部的；北方的
【例句】New York is a large **northern** city in America. 纽约是美国北部的大城市。

northwest ['nɔ:θ'west]
n. 西北（方）
【联想】northeast, southeast, southwest

nose [nəuz]
n. 鼻子
【例句】The dog has a wonderfully good **nose**. 这只狗嗅觉特灵。

not [nɔt]
adv. 不；没
【例句】It's **not** your fault. 不是你的错。
【搭配】
not only … but also … 不但…而且…
not… at all 一点也不；根本不
【例题】________ a single song did she sing at yesterday's party.
A. No　B. Not　C. None　D. Neither
【解答】答案：B。句意：昨天的派对上，她连一首歌都没唱。（倒装句）

note [nəut]
n. 便条；笔记；注释；钞票，纸币
【例句】
1. You should take **notes** in class. 上课时你应该做笔记。
2. Suddenly, he gained a million-pound **note**. 突然，他拿到了一张百万英镑的钞票。

notebook ['nəʊtbʊk]
n. 笔记本；记事本
【例句】She filled her **notebook** with paintings. 她在笔记本上画满了画。

nothing ['nʌθiŋ]
n. & pron. 没有东西
【例句】I'm sure that he has **nothing** to do with this. He is still a child
我确信他与此无关。他还是个孩子。
【搭配】have nothing to do with 与…无关

notice ['nəutis]

n. 通知；布告；注意　*v.* 注意，留心

【例句】

1. He didn't see the **notice** on the wall. 他没看见墙上的通知。

2. I **noticed** that somebody left the room. 我注意到有人离开了房间。

noun [naun]

n. 名词

novel ['nɔvəl]

n.（长篇）小说

【例句】She was reading a **novel** yesterday evening when the bell rang.

昨天晚上铃响的时候，她正在读一本小说。

now [nau]

adv. 现在

【例句】**Now** you see I'm telling you the truth. 现在你明白我说的是真话了。

【搭配】

by now 到如今；到目前为止

just now 刚刚

now that 由于；既然（引导原因状语从句）

now and then 有时，时而，不时；间或

【真题】_______ I am well again, I can go on with the trip. (GMET2011-29)

A. Now that　　B. In that

C. Even if　　D. That

【解答】答案：A。句意：既然我的身体又好了，我就能继续旅程。

nowadays ['nauədeiz]

adv. 当今；现今

【例句】**Nowadays** more and more young couples are trying to delay having children.

如今，越来越多的年轻夫妻都在尽量推迟生孩子。

nowhere ['nəuweə]

adv. 无处，任何地方都不

【例句】**Nowhere** else will you find such a good man. 其他任何地方你都找不到这样的好男人了。

number ['nʌmbə]

n. 数字；号码；数量

【例句】He was so careless as to give you the wrong phone **number**.

他如此粗心，以至于给错了你电话号码。

【辨析】**a number of, the number of**

a number of：意为“许多”，相当于“many”，谓语动词用复数形式。

the number of：意为“…的数量”，谓语动词用单数形式。

【例句】**A large number of** Chinese students go abroad to study these years.

近年来大量中国学生出国留学。

The number of pandas is growing. 熊猫的数量在增长。

【例题】_______ tourists to that place is limited.

A. Many　　B. A number of

C. The number of　　D. A few

【解答】答案：C。句意：去这个地方的旅客数量被限制了。

nurse [nə:s]

n. 护士；保育员

【例句】A **nurse** came to put on a clean bandage for him. 护士来给他换上干净的绷带。

nursery ['nə:səri]

n. 托儿所

【例句】Parents send children to the **nursery** when they are working.

父母在工作的时候把孩子送去托儿所。

nut [nʌt]

n. 坚果；干果

【例句】Eating more **nuts** is good for our brains and hearts. 吃坚果对我们的大脑和心脏有好处。

O

obey [ə'bei]

v. 服从；顺从；遵守

【例句】

1. **Obey** your boss, or you will be fired. 服从你的上司，否则你会被解雇。

2. We should **obey** the law. 我们应当遵守法律。

【同义词】follow, observe

【反义词】disobey, resist

object ['ɔbdʒikt]

n. 物体；目的；宾语　*v.* 反对，不赞成

【例句】

1. I don't know the names of the **objects** in this lab. 我不知道这个实验室里物件的名称。

2. What is the **object** of his visit? 他访问的目的是什么?

【搭配】object to (sb.) doing sth./ object to doing sth. 反对做某事

【例句】

1. Many people **object to** building the new bridge. 很多人反对修建这座新桥。

2. I don't **object to** you buying so many clothes. 我不赞成你买这么多的衣服。

observe [əb'zəːv]

v. 注意到；观察到

【例句】

1. They carefully **observed** the behavior of deer. 他们仔细观察了鹿的生活习性。

2. The teachers in our school are required to **observe** at least five classes every term.
我校教师每学期至少要观摩五节课。

occupy ['ɔkjupai]

v. 占用，使用；侵占，占领；担任；使忙碌

【例句】

1. The bed seems to **occupy** most of the room. 床似乎占据了大半个屋子。

2. The capital has been **occupied** by the rebel army. 首都已经被叛军占领。

【搭配】

occupy oneself (in doing sth/with sth) 忙着（做某事物）；忙（于某事物）

be occupied (in doing sth/with sth) 无暇；忙碌

【派生词】occupied *adj.* 在使用中；已占用的；不空闲的

occur [ə'kəː]

vi. 发生；出现

【例句】

1. Earthquakes **occur** frequently in this area. 这一地区经常发生地震。

2. It **occurred** to me to visit my teacher. 我想到要去看看我的老师。

【搭配】occur to sb. 使某人突然想起什么事情

【辨析】**occur, happen, take place**

均不能用于被动语态。

happen：普通用词，泛指一切客观事物或情况的发生，强调动作的偶然性。

occur：较正式用词，可指意外地发生，也可指意料中的发生。

take place：多指通过人为安排的发生。

【例句】

1. The accident **happened/occurred** yesterday. 事故是昨天发生的。

2. His birthday **occurs** on 15th October. 他的生日是 10 月 15 日。

3. The dance will **take place** on Saturday night. 舞会将于星期六晚上举行。

ocean ['əuʃən]

n. 海洋

【例句】**Ocean** levels are rising. 海平面正在上升。

【联想】the Pacific Ocean, the Indian Ocean, the Atlantic Ocean, the Arctic Ocean

o'clock [ə'klɔk]

n. …点钟，…时

【例句】He left at five **o'clock**. 他是五点钟离开的。

of [ɔv, əv]

prep. …的；关于

【例句】

1. She is a friend **of** my sister's. 她是我姐的一个朋友

2. One **of** the three problems was beyond me. 那三个问题当中有一个我不懂。

off [ɔ:f,ɔf]

adj. & *adv.* & *prep.* 离开；脱离；距离

【例句】

1. He took **off** his clothes and went to bed. 他脱掉衣服上床睡觉。

2. I'm **off** now. 我现在要走了。

offer ['ɔfə]

v. & *n.* 提供，给予

【例句】

1. He **offered** $4000 for the car. 他出了 4000 元买这车。

2. Thank you for your kind **offer** of help. 谢谢你想给予帮助的好意。

【搭配】

offer sb. sth = offer sth. to sb 提供某物给某人

offer to do sth.（主动）表示愿意做某事

【例句】He **offered** some useful advice to me.

= He **offered** me some useful advice. 他向我提供了一些有用的建议。

【真题】In the end, the program ________ by Wilson was adopted. (GMET2010-28)

A. offer　　B. offered

C. offering　　D. to offer

【解答】答案：B。句意：最后，威尔逊的计划被采纳。本题考查被动语态。

office ['ɔfis]

n. 办公室

【例句】I want to go to post **office**. 我想去邮局。

【搭配】take office 就职；上任

【例题】My father is over sixty years old, but he is still ________ .

A. in office　　B. out of office

C. in the office　　D. out of the office

【解答】答案：A。句意：我的父亲 60 多岁了，但他仍在任职。in office 是习语，意为“在任职”。

officer ['ɔfisə]

n. 军官

【例句】The **officers** live here, and the soldiers over there. 军官住在这里，士兵住在那里。

official [ə'fiʃəl]

adj. 官方的；正式的；公务的；公职的 *n.* 官

【例句】He made an **official** visit to Tokyo in March. 他三月到东京进行了一次公务访问

【搭配】an official announcement/decision/statement 官方公告 / 决定 / 声明

often ['ɔ(:)fn,'ɔ:ftən]

adv. 经常，常常

【例句】On Sundays he **often** visits museums. 星期天他经常去参观博物馆。

【例题】

— How ________ does this magazine come out?

— Once a month.

A. soon　　B. often　　C. long　　D. old

【解答】答案：B。句意：这杂志多久出一次？一个月一次。how often “多久，多常”，对频率进行提问。

【联想】frequently 时常，usually 通常，seldom 很少，sometimes 有时，always 总是，never 从不

oil [ɔil]

n. 油

OK (okay)[əu'kei]

adv. & *adj.* 行；好；可以

old [əuld]

adj. 老的，年纪大的；陈旧的，古老的

【例句】

1. The baby was only a few hours **old**. 婴儿才出生几个小时。

2. At thirty years **old**, he was a famous painter. 三十岁时，他就是一个很出名的画家。

3. China is a great country with an **old** history. 中国是一个有古老历史的伟大国家。

【搭配】the old 老年人

【近义词】aged, ancient

【反义词】new, young, fresh, modern, fashionable, recent

【联想】the young 年轻人，the rich 富人，the poor 穷人

on [ɔn]

prep. 在…上；关于 *adv.* 进行下去，继续下去

【例句】

1. He can work **on** without a break. 他能不停地工作。
2. The lights were all **on**. 灯都开着。
3. The film was already **on** when we arrived. 我们到时，电影已经开演了。
4. Have you got any money **on** you? 你带着钱吗？
5. Which/Whose side are you **on**? 你站在哪［谁］一边（支持哪种意见）？
6. Look in the TV guide to see what's **on**. 看看电视节目表上有什么节目。

【搭配】

and so on 等等；诸如此类

hit sb. on the head 击某人的头部

live on 靠…生活；以…为食

on and on 继续不停地

on duty 值班

on guard 看守

【真题】I'll be at home _______ Friday morning. (GMET2011-24)

A. in　　B. at　　C. on　　D. over

【解答】答案：C。句意：周五上午我会在家。选项中的介词都可以用于指时间。in 后接年、月、季节等名词，at 用于具体时刻前，on 用于具体某天或某天的早、中、晚前，over 指时间时多，可以译为“多于（时间）”或“在…期间”。

once [wʌns]

adv. & *n.* 一次；从前；一度

conj. 一旦；一…就

【例句】

1. He cleans the car **once** a week. 他一星期擦一次车。
2. This book was **once** famous, but nobody reads it today.
这书从前很出名，现在没人看了。
3. **Once** you understand this rule, you'll have no further difficulty.
一旦明白了这条规则，就再也没有困难了。

【搭配】

at once 立刻，马上

once upon a time 从前，很久以前

once again/once more 再一次

once in a while 偶尔；间或

one [wʌn]

num. & *pron.* (pl. ones）一；任何人

【例句】

1. Book **One**, Chapter One. 第一册，第一章。
2. **One** of my friends lives in Brighton. 我有个朋友住在布赖顿。
3. **One** Smith called to see you but you were out. 有个叫史密斯的电话找你，你不在。

【搭配】one by one/one after another 一个接着一个

【辨析】**one, that, it**

代词 one 和 that 指代上文提到过的同类物，但不同物；it 指代同物。

one：泛指，等同于“a（an）”+ 名词，用于指代可数名词，其复数形式为 ones。

that：特指，等同于“the+ 名词”，可指代可数名词或不可数名词，其复数形式为 those。

it：特指，指代前面提到过的同类同物，用于指代可数名词或不可数名词。

oneself [wʌn'self]

pron. 自身，自己；亲自

【例句】

1. First and last, it is important to know **oneself**. 总而言之，人要有自知之明。
2. If one wants to learn it, one must do it **oneself**. 要想学会它就得亲自去做。

【搭配】

（all）by oneself 独自，单独

of oneself 自动地

for oneself 为自己；亲自地

enjoy oneself 过得愉快

help oneself to 随便吃

teach oneself 自学

talk to oneself 自言自语

only ['əunli]

adv. 只；仅仅 *adj.* 唯一的，单独的

【例句】

1. After the earthquake **only** a few houses were left standing.

地震过后只有几幢房屋还立着。

2. She is **only** a child. 她只是个孩子。

3. She is the **only** child of her family. 她是独生女。

【搭配】

not only … but also… 不但…而且…

only to do sth. 反而；却（用以指随即发生的事，尤指使人惊讶、失望等的事）

【例句】I arrived at the shop **only to** find I'd left all my money at home.

我到了商店，却发现钱全落在家了。

onto ['ɔntu]

prep. 到…之上(与动词连用，表示朝某处或某位置移动)

【例句】

1. She stepped down from the train **onto** the platform.

她走下火车来到站台上。

2. The cat jumped **onto** the chair. 猫跳到椅子上。

open ['əupən]

adj. 开着的；开放的；开阔的　*v.* 打开；开放

【例句】

1. The shop **opens** at nine o'clock. 这家商店 9 点营业。

2. The library is **open** from 9 a.m. to 6 p.m. 图书馆从上午 9 点到下午 6 点开放。

【搭配】

open up 开业；开放；开设

in the open air 在户外，在野外

open fire 开火

an open letter 公开信

【派生词】opening *n.* 开放，口子

【反义词】close *v.* 关；closed *adj.* 关着的

operate ['ɔpəreit]

v. 运转；操作；控制

【例句】

1. The machine is not **operating** properly. 机器运转得不正常。

2. Who **operates** that machine? 那台机器由谁操作？

【搭配】operate (on sb)(for sb) 动手术

operation [ɔpə'reiʃən]

n. 操作；运转；手术

【例句】

1. The **operation** of this machine is simple. 这个机器的操作很简单。

2. Her father underwent a major **operation** last week. 她父亲上周动了一次大手术。

operator ['ɔpəreitə]

n. 操作员；接线员

【例句】He dialed the **operator**. 他拨通了接线员。

【搭配】a computer/machine **operator** 电脑 / 机器操作员

opinion [ə'pinjən]

n. 意见，看法

【例句】

1. I changed my **opinion** of her. 我改变了对她的看法。

2. Everyone had an **opinion** on the subject. 大家对这个问题都有自己的看法。

【搭配】

give [express] one's opinion on [upon] 对…发表意见

have a good opinion of 对…评价好

in one's opinion 据某人的意见

【辨析】**advice , opinion, thought, idea**

都有“想法”的意思，其区别在于：

advice：普通用词，侧重依据个人经验、学识和正确判断而提出的忠言。

idea：含义较广，指指通过思索产生的思想、念头、主意、意见。

opinion：日常用词，泛指对某事物的想法和意见。

thought：指在智力活动的基础上而形成的一般的思想、看法或概念。

view：侧重指对重大的或引起公众关注的问题所持的看法和态度。

【例句】He gave me a piece of **advice** on how to learn physics.

他就如何学好物理给我提出了一条建议。

I'd like to know your **opinion** about/on this matter.

我想知道你对这件事的看法。

Do you have any good **idea** about our party? 对于我

们的晚会，你有什么好主意吗？

Though she rarely speaks out, she has her own **thoughts**.

虽然她不常开口，但她很有自己的想法。

This book will give you a general **view** of the world war.

这部书可以使你对于世界大战有一个总的认识。

opportunity [ˌɔpə'tjuːniti]

n. 机会；时机

【例句】

1. There may be an **opportunity** for you to see the chairman of the board tomorrow.

明天你也许有机会见到董事长。

2. You will have the **opportunity** to ask any question at the end.

你们最后将有机会提问任何问题。

【辨析】**chance, opportunity**

这些名词均含“机会”之意。

chance：侧重指偶然或意外的机会，有时也指正常或好的机会。

opportunity：侧重指有利或适合于采取行动，以达到某一目的或实现某种愿望的最佳时机或机会。

opposite ['ɔpəzit]

adj. 对面的；相反的

【例句】

1. They have **opposite** views on the question. 在这个问题上他们持相反的观点。

2. He lives **opposite** to me. 他住在我对面。

【搭配】opposite to 在…对面，和…相反

or [ɔː,ə]

conj. 或者；还是；否则

【例句】

1. Are you going to the theatre **or** the cinema? 你去看戏还是去看电影？

2. Don't move, **or** I'll fire! 不许动，不然我就开枪了。

【搭配】or so 大约，左右

【真题】1. Make up your mind, ________ you will miss the chance. (GMET2010-21)

A. unless　　B. or

C. and　　D. so

2. We must hurry, ________ we'll be late for class. (GMET2012-30)

A. or　　B. and

C. so　　D. for

【解答】答案：1. B；2. A。or 意为“否则，要不然”。

oral ['ɔːrəl]

adj. 口头的

【例句】He passed his German **oral** exam. 他通过了德文口试

orange ['ɔrindʒ]

n. 柑，桔；橙色　*adj.* 橙色的

【例句】

1. He bought a box of **oranges** for his children. 给孩子买了一箱橘子。

2. Her skirt is **orange**. 她的短裙是橘色的。

order ['ɔːdə]

n. 命令；定购；顺序　*v.* 命令；定购

【例句】

1. Everything in the house is in **order**. 这座房子里一切都井然有序。

2. He received a large **order** for coal. 他收到了一份购买煤的大定单。

3. They received **orders** to start at once. 他们接到立即出发的命令。

4. He **ordered** himself three new suits. 他给自己定购了 3 套衣服。

【搭配】

carry out orders 执行命令

give orders 下命令

in order 整齐，秩序井然

in order to/that 为了

take orders 接受命令

out of order 发生故障；次序颠倒

【真题】He got up very early yesterday morning ________（为了赶上火车）. (GMET2012-77)

【解答】答案：in order to catch the train。

ordinary ['ɔːdinəri]

adj. 普通的；平常的

【例句】She had on an **ordinary** dress. 她穿着平常的衣服。

【同义词】common, usual

【反义词】extraordinary, uncommon, unusual

organize / organise ['ɔ:gənaiz]

v. 组织，筹备；安排，分配

【例句】

1. We'll **organize** a speech contest. 我们将筹划一次演说比赛。

2. I am sure you can **organize** your time better. 我肯定你能更好的分配你的时间。

【搭配】to **organize** a meeting/party/trip 组织筹备会议 / 聚会 / 旅游

【派生词】organization *n.*

original [ə'ridʒənəl]

adj. 起初的，最初的；新颖的；原作的，真迹的

【例句】

1. The **original** price of the car was a bit too high. 这辆汽车的原价太高了一点。

2. He is an **original** dramatist. 他是个有独创性的剧作家。

3. This is an **original** painting by Picasso. 这是一幅毕加索的原作。

【派生词】originally *adv.* 起初，原来；独创地

other ['ʌðə]

adj. 其他的；另外的

pron. 别人；别的东西

【例句】

1. There are some **other** people waiting to see you. 还有另外一些人等着要见你。

2. This book is mine and the **other** is Ella's. 这本书是我的，另一本是艾拉的。

【搭配】

on the other hand 另一方面，反过来说

each other 互相，彼此

one... the other... （两个当中的）一个…，另一个…

some...others... （某一范围内的）一些…另一些…（但不是全部）

some...the others （某一范围内的）一些…其他…（其他全部）

【辨析】**another, the other(s), other(s)**

another：既可作形容词，也可作代词，只能用于三个或更多的人或物，泛指同类事物中的三者或三者以上的“另一个”，只能代替或修饰单数可数名词。

the other：既可作形容词，也可作代词。指两者中的另一个时只能用 the other，不能用 another，此时的 other 作代词。the other 后可加单数名词，也可加复数名词，此时的 other 作形容词。

the others：只可作代词，“其他东西，其余的人”。特指某一范围内的“其他的全部（人或物）”，是 the other 的复数形式。

other： 可作形容词或代词。做形容词时，意思是“别的，其他”，泛指“其他的（人或物）”。

others： 只可作代词，是 other 的复数形式，泛指“另外几个”，“其余的”。在句中可作主语、宾语。

1. I don't like this one. Please show me **another**. 我不喜欢这一个，请给我看看另一个。

2. Mary is much taller than **the other** girls in their class. 玛丽比他们班其他女孩高得多。

3. Do you have **any other** question(s)? 你还有其他问题吗？

4. Give me some **others**, please. 请给我别的东西吧！

5. Listen, the two boys will go to the zoo, and **the others** will stay at home.

听着，这两个男孩将去动物园，其余的留在家里。

【真题】Of the four bridges over the river, the new one is longer and wider than ________.

A. the others B. the other

C. another one D. other one (GMET2010-16)

【解答】答案：A。句意：河上这四座桥中，新桥比其他三座桥更长、更宽。

otherwise ['ʌðəwaiz]

adv. 要不然；否则

【例句】I'm not feeling very well today, **otherwise** I would do it myself.

今天我身体不太舒服，否则这事我就自己去做了。

ought [ɔ:t]

aux. *v.* 应该；应当

【例句】

1. Students **ought to** study hard. 学生应该努力学习。

2. It **ought to** be a fine day tomorrow. 明天该是好天气。

【搭配】ought to 应该

out [aut]

adv. 向外；在外

【搭配】out of 从…往外；（数目）从…之中；由于，缺乏

【真题】1. We waved until the car was out of sight. (GMET2012-09)

A. 出现　　B. 启动

C. 消失　　D. 停止　　（答案：C）

2. When they got to the top of the mountain, they were already out of breath. (GMET2009-14)

A. 呼吸困难　　B. 停止呼吸

C. 气喘吁吁　　D. 力不从心　　（答案：C）

outdoor ['autdɔː]

adj. 室外的

【例句】I like **outdoor** sports. 我喜欢室外运动。

output ['autput]

n. 产量；输出

【例句】The measures will double our **output** of bicycles. 这些措施能使我们的行车产量加倍。

outside ['aut'said]

n. 外部；外面　*adv.* & *prep.* 在外面

outstanding [aut'stændiŋ]

adj. 杰出的；优秀的；突出的；明显的

【例句】She is an **outstanding** actress. 她是一个杰出的演员。

【近义词】great, excellent, obvious

over ['əuvə]

prep. 在…上方（以上）；越过；遍及　*adv.* 结束；越过；超过

【例句】

1.The boys climbed **over** the wall. 男孩子们爬过墙头。

2. He has travelled **over** the whole country. 他已经游遍了全国。

3. Our holidays will soon be **over**. 我们的假日就要结束了。

4. Please sit down **over** there. 请到那边坐下。

【搭配】

over and over 再三

over there 在那边

overcoat ['əuvəkəut]

n. 外套大衣

【例句】Put on your **overcoat**. 穿上你的大衣。

【联想】coat, sweater, skirt, shirt, T-shirt, dress, blouse, pants, jacket, trousers, clothes, suit

overcome [ˌəuvə'kʌm]

v. (overcame, overcome) 克服；战胜；压倒 (+by/with)

【例句】

1. She **overcame** injury and won the Olympic gold medal. 她克服伤痛，赢得了奥运会金牌。

2. He was **overcome** by the heat. 他热得受不了。

3. She was **overcome** with grief. 她悲不自胜。

【真题】Don't worry. Jane will help you overcome this difficulty. (GMET2009-08)

A. 克服　　B. 扫除　　C. 处理　　D. 考虑

（答案：A）

overseas ['əuvə'siːz]

adv. 在海外　*adj.*（在）海外的；（在）国外的

【例句】

1. The radio station sets up an **overseas** broadcast program. 电台新设置了一个对外广播节目。

2. Her man has been sent **overseas** by his employers. 她的丈夫已被雇主派往海外。

【搭配】

overseas market/trade 海外市场 / 贸易

to live /work/go overseas 在海外居住 / 工作 / 出国

owe [əu]

v. 欠（债，情等）；把…归功于 (owe to)

【例句】

1. I **owe** the landlord one hundred dollars.

= I **owe** one hundred dollars **to** the landlord. 我欠房东一百美元。

2. We **owe** a great deal **to** our parents. 我们深受父母之恩。

3. He **owes** his success **to** hard work. 他把他的成功归功于努力工作

own [əun]

adj. 自己的　*v.* 拥有

【例句】

1. I saw the whole accident with my **own** eyes. 我亲

眼看到这次事故的全过程。

2. I **own** an apartment. 我拥有一套公寓。

【搭配】

of one’s own 属于自己的

on one’s own 独立地

owner ['əunə]

n. 物主；所有人

【例句】Who is the **owner** of that motorcycle? 谁是那辆摩托车的主人？

P

pack [pæk]

v. 收拾（行李）；装（箱） *n.* 一捆，一包，一盒

【例句】

1. I haven't **pack**ed my suitcase yet. 我还没收拾好行李。

2. He **packed** a few clothes into a bag. 他在袋子里装了几件衣服。

3. We **packed** the books before we moved. 我们在搬迁前把书本包好了。

4. He used to smoke a **pack** of cigarettes a day. 他过去经常一天抽一包香烟。

【搭配】pack sth. (up) 包装；包裹

package ['pækidʒ]

n. 包裹；包装

【例句】A large **package** has arrived for you. 你有一个大包裹来了。

packet ['pækit]

n. 小包；小盒

【例句】

1. The mailman brought a small **packet**. 邮差送来了一个小邮包。

2. He bought a **packet** of cigarettes. 他买了一包香烟。

page [peidʒ]

n. 页

【例句】

1. Here are some **pages** from Jane's diary. 这是简日记中的几页。

2. The students can read the text **page by page** on the screen, take notes, or even send to their teachers. (GMET2009- 完形) 学生能在屏幕上逐页阅读文本、记笔记甚至给老师发电子邮件。

pain [pein]

n. 痛苦；疼痛；刻苦

【例句】

1. The death of her son gave her infinite **pain**. 她儿子的去世使她悲痛欲绝。

2. She has a **pain** in her stomach. 她胃痛。

paint [peint]

v. 油漆；（用颜料等）绘画 *n.* 油漆；涂料

【例句】

1. The door was **painted** blue. 门漆成蓝色。

2. The boy is **painting** a tiger. 那男孩在画一只老虎。

painting ['peintiŋ]

n. 绘画，油画；水彩画

【例句】**Painting** is taught at our school. 我们学校有绘画课。

pair [peə]

n. 一双，一对

【例句】I'm looking for a **pair** of black shoes. 我想买一双黑色的鞋。

【搭配】a pair of 一双；一对

palace ['pælis]

n. 宫殿；公馆

【例句】Soldiers stood at the gate of the **palace**. 士兵们站在宫殿的大门口。

【搭配】the Summer Palace 颐和园

pale [peil]

adj. 苍白的；(颜色) 淡的

【例句】

1. She was **pale** with fear. 她吓得脸色发白。

2. He wore a **pale** blue tie. 他戴一条浅蓝色的领带。

pan [pæn]

n. 平底锅

paper ['peipə]

n. 纸；报纸；论文

【例句】

1. Have you got a piece of **paper**? I want to write a letter. 你有张纸吗？我想写封信。

2. What do the **papers** say? 报纸上说什么？

3. She was looking over examination **papers** last night. 她昨晚在批改试卷。

pardon ['pɑ:dn]

n. & *v.* 原谅，宽恕

【例句】You have my **pardon** for your recent rudeness. 我原谅你最近的无礼。

【搭配】beg one's pardon 请求原谅；请再说一遍

parent ['peərənt]

n. 父亲或母亲

【例句】I'd like you to meet my **parents**. 我想让你见见我的父母。

park [pɑ:k]

n. 公园；停车场 *v.* 停放（汽车等）

【例句】

1. There's a car **park** over there. 那儿有个停车场。
2. Don't **park** the car on this street. 别把汽车停放在这条街上。

part [pɑ:t]

n. 部分；零部件

【例句】

1. **Parts** of the book are interesting. 这本书有几部分很有意思。
2. Our workshop turns out **parts** for mobile phones. 我们车间生产手机零件。

【搭配】

play a part 扮演（角色）

take part in 参加

【辨析】当 part of…作主语时，谓语动词通常与 of 后的名词的数保持一致。

Only (a) **part of** the story is true. 这个故事只有部分情节是真实的。

Part of the pupils are interested in English. 部分学生对英语感兴趣。

particular [pə'tikjulə]

adj. 特殊的，特别的；独特的，特有的

【例句】

1. The teacher showed **particular** concern for the disabled child.
老师特别关心那个残疾儿童。
2. Her **particular** way of smiling left a good impression on me.
她特有的微笑给我留下了美好的印象。

【派生词】particularly *adv.*

partner ['pɑ:tnə]

n. 伙伴；合伙人；搭档

【例句】

1. They were **partners** in crime. 他俩是同谋犯。
2. The business is owned by two **partners**. 这家企业为两个合伙人所拥有。

party ['pɑ:ti]

n. 聚会；政党

【例句】The evening **party** will take place on New Year's Eve. 晚会将在除夕那天举行。

【搭配】

the Communist Party of China [the Chinese Communist Party] 中国共产党

enter [join] the Party 入党

a tea party 茶会

give [hold] a dinner [an evening] party 举行宴[晚]会

the other party 对方

pass [pɑ:s]

v. 经过；传递；通过

【例句】

1. Read the notice and **pass** it to your neighbor. 看完这份通告后把它传给你的邻居。
2. Please **pass** me the salt. 请把盐递给我。

【搭配】pass by 经过，走过；逝去

【用法】表示“传递”时可跟双宾语，若双宾语易位要用介词 to。如：

Please **pass** me the dictionary.

=Please **pass** the dictionary to me. 请把那本词典递给我。

passage ['pæsidʒ]

n. 通道；走廊；（文章等）一段，一节

【例句】

1. His office is at the end of the **passage**. 他的办公室在走廊的尽头。
2. The ship sailed through a **passage** between the islands. 轮船在两岛之间航道行驶。
3. People have different interpretations of the **passage**. 人们对这段文字有不同解释。

passenger ['pæsindʒə]

n. 乘客，旅客

【例句】This bus can carry 50 **passengers**. 这辆公车可载五十名乘客。

past [pɑ:st]

prep. 过；经过　*n.* 过去；往事　*adj.* 过去的；结束的

【例句】

1. Remember to mail the letter when you walk **past** the post office.
当你路过邮局的时候记得发这封信。

2. In the **past** he had to read by candlelight. 过去他只得在烛光下攻读。

3. The danger is **past**. 危险已过。

【例题】He hurried ________ me without stopping to speak.

A. pass　B. past　C. passed　D. pasted

【解答】答案：B。句意：他匆忙地从我身边经过，没停下来说话。

paste [peist]

n. 糊；糨糊；面团　*v.* 粘贴

【例句】

1. He stuck the sheets of paper together with **paste**.
他用浆糊把这些纸张粘在一起。

2. Please **paste** the pieces together. 请把这些碎片粘在一起

path [pɑ:θ]

n. 小路，小径；道路

【例句】

1. They walked along the **path** through the woods.
他们沿着林间小路走去。

2. Three men blocked his **path**. 三个男人挡住了他的去路。

patient ['peiʃənt]

adj. 有耐心的　*n.* 病人

【例句】

1. The doctor is very **patient** with his **patients**. 那位医师对病人十分耐心。

2. He is one of my **patients**. 他是我的一个病人。

【搭配】

be patient with sb. 对某人有耐心

be patient of sth. 对某事有忍耐力

be patient to do sth. 有耐心干某事

【例句】

1. We must **be patient with** children. 我们对孩子一定要有耐心。

2. They **are patient of** hardships. 他们能吃苦耐劳。

【派生词】

patience *n.* 耐心

patiently *adv.* 耐心地

pattern ['pætən]

n. 式样；图案；模式，方式

【例句】

1. I don't like the **pattern** on the fabric. 我不喜欢那块布料上的图案。

2. They like new **patterns** of family life. 他们喜欢新的家庭生活方式。

pause [pɔ:z]

v. & *n.* 暂停，中止

【例句】

1. After a brief **pause** the speaker continued. 稍稍停顿一下后演讲者继续讲下去。

2. He **paused** when he heard steps behind him. 他听到后面有脚步声便停了下来。

pay [pei]

v.（paid，paid）付钱　*n.* 工资

【例句】

1. She **paid** the money to me. / She paid me the money. 她将钱付给了我。

2. The miners went on strike for higher **pay**. 矿工举行罢工，要求增加工资。

【搭配】

pay back 还债；报答；报复

pay for sth. 为…付钱；赔偿；受惩罚

pay off 付清；解雇；取得成功

【例题】1. We get ________ today.

A. paid　B. paying

C. pay　D. to pay

2. They worked without any ________ .

A. pay　B. pays

C. paid　D. paying

3. I'm afraid that you've lost it, you must ________ it.

A. pay　B. pay for

C. paid　D. paying

【解答】答案：1. A 2. A 3. B。句意：1. 我们今天发工资了。2. 他们无报酬地工作。3. 恐怕如果你把它弄丢了，你要赔偿。get paid 是被动语态的一种变体；pay (工资，报酬) 是不可数名词；pay for 意思是“赔偿”。

peace [piːs]

n. 和平

【例句】We live in **peace** with our neighbors. 我们与邻居和睦相处。

【搭配】

in peace 平安地；安静地

make peace with 同…讲和

peaceful ['piːsful]

adj. 和平的；安宁的

【例句】

1. They hope for a **peaceful** solution. 他们希望和平解决。

2. He had a **peaceful** life. 他过着平静的生活。

【派生词】peacefully *adv.*

pear [peə]

n. 梨

peasant ['pezənt]

n. 农民

【例句】A large number of **peasants** in China move to big cities to work in factories.

中国大量的农民去大城市务工。

pen [pen]

n. 钢笔

pencil ['pensl]

n. 铅笔

penny ['peni]

n.（pl. pence）便士

【例句】It only cost fifty pence. 只花了 50 便士。

【联想】pound *n.* 英镑

people ['piːpl]

n. 人们；民族

【例句】

1.The streets were crowded with **people**. 大街上挤满了人。

2. A lot of **people** go to the movies to relax themselves. 许多人去看电影来休闲。

【用法】1. 表示“人们”时只有单数形式，但表示复数意义，作主语时谓语用复数。

2. 表示“民族”时有单复数。

【搭配】

the People's Republic of China 中华人民共和国

people from /of all walks of life 各界人士

southern people 南方人

pepper ['pepə]

n. 胡椒粉

per [pəː]

prep. 每一；每

【例句】The lunch is $3.50 **per** person. 午餐费是每人三元五。

percent [pə'sent]

n. 百分比，百分数

【例句】Thirty **percent** of the farmland has been planted oil crops.

百分之三十的农田已种上油料作物。

perfect ['pəːfikt]

adj. 完美的

【例句】Her acting is really **perfect**. 她的演技真到了炉火纯青的境界。

【真题】There is always something wrong with everything. Nothing is ever perfect. (GMET2012-15)

A. 美丽的　　B. 完美的

C. 可爱的　　D. 错误的　　（答案：B）

perform [pə'fɔːm]

v. 履行；执行；做；表演

【例句】

1. The young doctor **performed** the heart operation on the patient. 这年轻医生为病人做了心脏手术。

2. They always **perform** their duties faithfully. 他们总是忠实地履行自己的职责。

3. The students will **perform** an opera next Friday. 这些学生下星期五将演出歌剧。

【派生词】performance *n.*

perhaps [pə'hæps]

adv. 可能；也许

【例句】**Perhaps** I can help you. 也许我能帮你忙。

【辨析】**maybe, perhaps, possibly, probably**

这些副词均有“或许，大概”之意。

maybe：普通用词，美国英语多用。指某事也许如此，含不能确定意味。

perhaps：普通用词，多用于英国，与 maybe 同义。

possibly：指客观上潜存着发生某种变化的可能。

probably：一般指根据逻辑推理，估计有发生的可能，把握性较大，语气比 possibly 强。

period ['piəriəd]

n. 时期，期间；时代

【例句】This was the most difficult **period** of his life. 这是他一生中最艰难的时期。

permit [pə:'mit]

v. 允许；准许

【例句】

1. They **permitted** her to leave. 他们允许她离开。

2. We'll discuss both questions if time **permits**.

如果时间允许，我们将把两个问题都讨论一下。

【搭配】

permit sb. to do sth. 允许某人做某事

permit doing sth 允许做某事

【近义词】allow, let

persist [pə:'sist]

v. 坚持（+in/with)

【例句】

1. Why do you **persist** in writing these things? 你为什么要坚持写这些东西呢？

2. He **persisted** with his questioning. 他问个不停。

【辨析】**insist, persist**

这些动词均有“坚持”之意。

insist：通常用于对意见、主张等的坚持。常与介词 on 搭配，insist on (doing) sth。

persist：用于褒义指坚持继续做某事，但更常用于贬义，指不听劝告，顽固坚持。

用作不及物动词，常与介词 in 搭配，persist in (doing) sth。

I **insisted on** his coming with us. 我坚持要求他和我们一起来。

He **persists in** his bad habit. 他坚持不改坏习惯。

person ['pə:sn]

n. 人；个体

【例句】He is a warm-hearted **person**. 她是个热心肠的人。

【搭配】in person 亲自

personal ['pə:sənl]

adj. 个人的；私人的；本人的，亲自的

【例句】

1. It's all a matter of **personal** taste. 这纯粹是个人的兴趣问题。

2. The plan was drawn up under the chief engineer's **personal** guidance.

这一方案是在总工程师的亲自指导下制定的。

【辨析】**personal, private, individual**

这些形容词均含“个人的，私人的”之意。

personal：指属于或关于某人或某些特定的人，以区别于其他人。如：**personal** belongings 个人物品。

private：指属于私人所有或具有私营性质，以区别于集体或公共的，有时含不公开的意味。与 public 相对。如：a **private** school 私立学校，a **private** letter 私人信件。

individual：与集体的相对，指个别或个体的。如：**individual** instruction 个别教导。

persuade [pə:'sweid]

v. 说服，劝服

【例句】

1. She **persuaded** me into buying it. 她说服我买下了它。

2. The salesman **persuaded** us to buy his product. 那推销员说服了我们买他的产品。

【搭配】

persuade sb. into sth/into doing sth. 说服某人做某事

persuade sb. to do sth. 说服某人做某事

【真题】Nobody could persuade her to change her mind.（GMET2013-15）

A. 强迫　　B. 说服　　C. 鼓动　　D. 阻止

(答案：B)

pet [pet]

n. 宠物

【例句】The little girl keeps a lamb as a **pet**. 那个小女孩养了一头羔羊作为宠物。

phone [fəun]

（=telephone ['telifəun]）*n.* 电话　*v.* 打电话

【例句】

1. I went back to the motel to **phone** Jane. 我回到汽车旅馆给简打电话。

2. She spoke to me by **phone** last night. 她昨晚与我通了电话。

【同义词】telephone, call, ring *v.*

photo ['fəutəu]

(=photograph ['fəutəgrɑ:f]) *n.* 照片

【例句】I will take **photos** of you. 我给你照几张照片。

【搭配】

take photos 拍照

take photos of 给…拍照

phrase [freiz]

n. 短语

【例句】Try to learn by heart these English words and **phrases**.

努力把这些英语单字和短语记住。

physical ['fizikəl]

adj. 身体的；肉体的；物质的；客观存在的；物理的

【例句】

1. Playing basketball is one form of **physical** exercise. 打篮球是体育运动的一种形式。

2. I have no idea how large the **physical** universe is. 我不知道物质世界有多大。

3. These are **physical** changes while those are chemical changes. 这些是物理变化而那些是化学变化。

physics ['fiziks]

n. 物理学

【例句】**Physics** is my favorite subject. 物理是我最喜爱的科目。

【用法】是单数，作主语时谓语动词用单数。

【联想】politics, maths, chemistry, biology, English, Chinese, P.E., geography, history

piano [pi'ænəu]

n. 钢琴

【例句】Maggie plays the **piano** very well. 麦琪钢琴弹得很好。

pick [pik]

v. 挑选，选择；采，摘；(用手指或尖形工具)挖，剔；扒 [(+from/out of)]

【例句】

1. Please **pick** a good book for me. 请为我挑一本好书。

2. He **picked** her a rose. 他给她采了一朵玫瑰花。

3. She **picked** the meat from the bones. 她将骨头上的肉剔去。

【搭配】

pick out 挑选；选出；辨认出

pick up 拾起；学会；偶获

【例题】1. The thief ________ my pocket.

A. stole B. picked C. steal D. stolen

2. The best partner has been picked ________ .

A. out B. up C. on D. at

【解答】答案：1. B；2. A。句意：1. 那个小偷扒走了我的钱包。2. 最佳搭档已被选了出来。pick one's pocket = steal one's wallet；pick out 挑选；识别。

picnic ['piknik]

n. & *v.* (picnicked，picnicked) 野餐

【例句】They went on a **picnic** on the beach. 他们到海滩野餐。

picture ['piktʃə]

n. 图画；照片

【例句】I took a **picture** this morning. 今天上午我拍了张照。

pie [pai]

n. 馅饼

【例句】Does anyone want some more **pie**? 有谁想再吃点馅饼吗？

piece [pi:s]

n. 块（片；张；件；条）；碎片；碎块

【例句】1. There were tiny **pieces** of glass all over the road. 路上到处都是碎玻璃片。

【搭配】

a piece of 一条 / 个…

a **piece** of string/wood/paper/cake 一截绳子 / 一块木头 / 一张纸 / 一块蛋糕

pig [pig]

n. 猪

【例句】He keeps **pigs** as a career. 他以养猪为业。

pile [pail]

n. & *v.* 堆

【例句】

1. A **pile** of dirty clothes lay by the washing machine. 一堆脏衣服放在洗衣机旁边。

2. He **piled** the books on top of each other. 他把书一本本地叠起来。

pill [pil]

n. 药丸

【例句】She had to take sleeping **pills** every night. 她每天夜里都得服安眠药。

pilot ['pailət]

n. 飞行员

【例句】The flying school graduates a hundred **pilots** a year.

这个飞行学校一年毕业一百名飞行员。

pin [pin]

n. 大头针；别针

pink [piŋk]

n. 粉红色

【例句】Have you seen the girl in **pink**? 你看见了那个穿粉色裙子的女孩吗？

pioneer [paiə'niə]

n. 先锋，开拓者

【例句】They were the **pioneers** of the American West. 他们是美国西部的开拓者。

【搭配】the Young Pioneer 少年先锋队

pipe [paip]

n. 管子；烟斗

【例句】

1. They are laying **pipes** under the road. 他们正在铺设路下面的管子。

2. His father is a **pipe**-smoker. 他父亲是抽烟斗的。

pity ['piti]

n. 怜悯，同情；憾事

【例句】

1. The villagers took **pity** on the hungry travellers and gave them hot food. 村民们很同情饥饿的旅行者，端出热的食物给他们吃。

2. It's a **pity** he missed the opportunity to travel abroad. 他错过了去国外旅游的机会，真是可惜。

【搭配】

take pity on 可怜…；同情…

What a pity！真可惜！

place [pleis]

n. 地方；处所　*v.* 放置

【例句】

1. Shenzhen is a good **place** to live in. 深圳是一个居住的好地方。

2. We ate lunch at her **place**. 我们在她的住处吃的午饭。

3. He **placed** cups and saucers on the table. 他把杯子和茶碟放到桌上。

【搭配】

in place 在适当的地方

in place of 代替

take place 发生；进行

take the place of 取代

take one's place 坐…座位；取代某人

【例题】1. I will go there myself ________ him.

A. in place of　　B. take place of

C. take the place of　　D. take place

2. Great changes have ________ in China since liberation.

A. taken place　　B. been taken place

C. took place　　D. take the place

【解答】答案：1. A；2.A。句意：1. 我将代替他去那儿。2. 解放后中国发生了很大的变化。take place "发生变化"，没有被动语态。

plain [plein]

adj. 清楚的；简单的；朴素的；平坦的　*n.* 平原

【例句】

1. The meaning of the sentence is very **plain**. 这个句子的意思十分清楚。

2. He advocates **plain** living. 他提倡过简朴的生活。

plan [plæn]

n./v 计划 (+for/of)/[+to-v]

【例句】

1. What's your **plan** for the weekend? 你打算如何过周末？

2. We're **planning** to visit London this summer. 我们打算今年夏天走访伦敦。

【用法】1. 用作名词表示做某事的计划、打算或办法等，其后通常接不定式或 for 短语。如：He doesn't like my plan to go there alone. 他不赞成我一个人去。
2. 用作动词表示"打算做某事"时，其后可接不定式或"on +动名词"。如：
I am planning to start/on starting next month. 我打算下个月动身。

plane [plein]

(=aeroplane ['eərəplein] *n.* 飞机

【例句】We are going to travel by **plane** next week. 下周我们将乘飞机旅行。

planet ['plænit]

n. 行星

plant [plɑ:nt]

n. 植物；工厂　*v.* 种植

【例句】

1. He works at a power **plant**. 他在发电厂工作。
2. We **planted** a lot of flowers in our garden. 我们在庭院里种了很多花。

plastic ['plæstik]

adj. 塑料的　*n.* [常用复数] 塑料；塑料制品

【例句】

1. The shop assistant helped Mary put the fruit into a **plastic** shopping bag.
售货员帮玛丽把水果装入一个塑胶购物袋里。
2. **Plastics** don't rust like metal. 塑胶不像金属那样会生锈。

plate [pleit]

n. 盘子

【例句】

1. The child soon finished the food on his **plate**.
那孩子很快把自己盘子里的食物吃完了。
2. He had a **plate** of beef for lunch. 他午餐吃了一盘牛肉。

platform ['plætfɔ:m]

n. 站台；讲台；平台

【例句】

1. The speaker mounted the **platform**. 演讲者登上了讲台。
2. He was coming by train, so I waited on the **platform**. 他坐火车来，所以我在月台上等。

play [plei]

v. 玩；扮演；播放　*n.* 游戏；戏剧

【例句】There's a time to work and a time to **play**. 有工作的时间，也要有娱乐的时间。

【搭配】

play a joke on sb. 开某人的玩笑；捉弄人

play football, cricket, chess, cards 踢足球、打板球、下国际象棋、玩纸牌

play (the violin, flute, etc) (well) 演奏（小提琴、笛子等）(演奏得优美)

play the part of 扮演…，充当…

play an important role in　在… 扮演角色（发挥作用）

play with 与…一起玩

play against 同…比赛

player ['pleiə]

n.（球类）运动员；演奏者

【例句】

1. Her younger brother is a professional tennis **player**. 她弟弟是个职业网球运动员。
2. Let's give the **players** a big round of applause! 让我们为演员们热烈鼓掌。

playground ['pleigraund]

n. 操场

【例句】You can find him on the **playground**. 你去操场能找到他。

pleasant ['pleznt]

adj. 令人愉快的；舒适的；和蔼的

【例句】

1. The walk was very **pleasant**. 那次散步很愉快。
2. The new manager is a **pleasant** Chinese American. 新任经理是个和气的美籍华人。

please [pli:z]

interj. 请　*v.* 使满意，取悦

【例句】

1. **Please** be quiet. I have to study for the test tomorrow. 请不要说话了，明天要考试，我得看书。
2. It's difficult to **please** everybody. 很难使每个人满意。

【派生词】pleased, pleasing, pleasant, pleasure

【近义词】like, desire, want

pleasure ['pleʒə]

n. 愉快；乐事

【例句】

1. He finds great **pleasure** in reading. 他从读书中得到很大乐趣。

2. It is a **pleasure** to work with you. 和你一起工作真是件乐事。

【搭配】

take a pleasure in 喜欢；以…为乐

with pleasure 高兴地

plenty ['plenti]

n. 充足；大量

【例句】He has **plenty** of humorous stories to tell. 他有许多幽默故事可讲。

【搭配】plenty of 大量，许多

plus [plʌs]

prep. 加上

【例句】Five **plus** two equals seven. 五加二等于七。

pocket ['pɔkit]

n. 衣袋，口袋

【例句】The policeman made the thief turn out his **pockets**. 警察叫小偷把口袋都翻出来。

【搭配】pocket money 零用钱

poem ['pəuim]

n. 诗

【联想】poet *n.* 诗人

point [pɔint]

n. 点；要点；尖端；分数　*v.* 指向，把…对准

【例句】

1. He missed the whole **point** of my speech. 他完全没抓住我讲话的要点。

2. Do you have a pencil with a sharper **point**? 你有尖一点的铅笔吗？

3. In the game we got ten **points** while the Medical School got only three. 比赛中我们得了十分，而医学院只得了三分。

4. It's rude to **point** your fingers at people. 用手指指人是很不礼貌的。

5. He **pointed** out that they were mistaken. 他指出他们错了。

【搭配】

point at 指向

point to 指向；证明，显示

point out 指出

poisonous ['pɔiznəs]

adj. 有毒的

【例句】This medicine is **poisonous** if taken in large quantities. 此药大量服用是有害的。

【联想】poison *n.* 毒药

pole [pəul]

n. 杆；柱；地级

【例句】We used a branch as a fishing **pole**. 我们用树枝做钓竿。

【搭配】the North/South **Pole** 北极 / 南极

police [pə'liːs]

n. 警察

【例句】The **police** are getting after the thieves in the city. 警察在城里追捕小偷。

【用法】= policemen，用作复数，因此作主语时谓语动词要用复数。

policeman [pə'liːsmən]

n.（pl. policemen）警察

【例句】My father is a **policeman**. 我父亲是警察。

policy ['pɔlisi]

n. 政策；方针

【例句】One of the new government's **policies** is to cut taxes. 新政府的政策之一是减税。

polite [pə'lait]

adj. 有礼貌的

【例句】He's always so **polite** to people. 他对人总是非常有礼貌。

political [pə'litikəl]

adj. 政治的

【例句】He was a **political** prisoner. 他曾是个政治犯。

politics ['pɔlitiks]

n. 政治；政治学

【例句】**Politics** was one of his university subjects. 政治学是他大学的课程之一。

pollution [pə'luːʃən]

n. 污染

【例句】We have freed the lake from **pollution**. 我们已经清除了该湖的污染。

【联想】pollute *v.* 污染

pool [pu:l]

n. 水池

【搭配】swimming pool 游泳池

poor [puə]

adj. 贫穷的；可怜的；贫乏的

【例句】

1. My family used to be **poor**. 我家过去很穷。

2. That country is **poor** in natural resources. 那个国家自然资源贫乏。

【搭配】be poor in 在…方面差

popular ['pɔpjulə]

（= pop）*adj.* 受欢迎的；流行的

【例句】

1. She is now a **popular** film star. 她现在是有名的影星。

2. Many young people love **popular** songs. 许多年轻人喜爱流行歌曲。

【搭配】be popular with 受…欢迎

population [pɔpju'leiʃən]

n. 人口

【例句】

1. The **population** of this country rose by 10 percent. 这个国家的人口增长了百分之十。

2. What is the **population** of Ireland? 爱尔兰人口有多少？

pork [pɔ:k]

n. 猪肉

【联想】meat 肉，beef 牛肉，mutton 羊肉，chicken 鸡肉，duck 鸭肉，fish 鱼肉

port [pɔ:t]

n. 港；口岸

【例句】The former fishing village has now become an important **port**. 过去的渔村现已成为重要港口。

position [pə'ziʃən]

n. 位置，方位；地位，身份，职位（+ in）；立场，态度（+ on）

【例句】

1. The bed used to be in this **position**. 床原来是放在这儿的。

2. He has a high **position** in society. 他社会地位很高。

3. What's your **position** on this problem? 你对这个问题持什么态度？

positive ['pɔzətiv]

adj. 确定的；确实的；积极的；肯定的 [(+of/about)][+(that)]

【例句】

1. There is **positive** proof that he did it. 有确凿的证据证明他做了这件事。

2. Are you **positive** that you saw him? 你肯定你看到他了吗？

3. He has a **positive** attitude towards life. 他对生活持有积极的态度。

【真题】We can win if we keep a positive attitude.（GMET2013-06）

A. 严肃的　　B. 明确的

C. 积极的　　D. 认真的　　（答案：C）

possible ['pɔsəbl]

adj. 可能的

【例句】

1. I'll do everything **possible** to help you. 我将尽一切可能帮助你。

2. It's **possible** that he will not accept the invitation. 他有可能不接受邀请。

post [pəust]

v. 邮寄　*n.* 邮政，邮件；岗位；柱

【例句】

1. There was a lot of **post** this morning. 今天早上很多邮件。

2. We will be creating 15 new **posts** next year. 明年我们将新增 15 个职位。

3. I will **post** this letter to you next week. 下周我会把这封信邮寄给你。

【同义词】mail *n.* & *v.* 邮件；邮寄

postcard ['pəustkɑ:d]

n. 明信片

postman ['pəustmən]

n. 邮递员

【联想】类似的合成词：policeman, milkman,

spiderman, Englishman, Frenchman

pot [pɔt]

n. 罐；锅；壶

【搭配】

a coffee pot 咖啡壶

a tea-pot 茶壶

a pot of tea 一壶茶

hot pot 火锅

potato [pə'teitəu]

n. (pl. potatoes) 土豆，马铃薯

pound [paund]

n. 英镑；[重量单位] 磅

pour [pɔː]

v. 倒；注；灌

【例句】I've **poured** a cup of tea for you. 我给你倒了一杯茶。

powder ['paudə]

n. 粉；粉末

power ['pauə]

n. 力量；权力；电力

【搭配】

in power 掌权的

beyond one's power 力所不及，不能胜任

powerful ['pauəful]

adj. 强大的；有力的

【例句】He is a rich and **powerful** man. 他是个有钱有势的人。

practical ['præktikəl]

adj. 实际的；实用的

【例句】There are some obvious **practical** applications of the research.

这些研究有一些明显的实际用途。

practice ['præktis]

n. 实践；练习

【例句】

1. He determined to put his new ideas into **practice**. 他决定把他的新想法付诸实践。

2. She does an hour's piano **practice** every day. 她每天练一小时的钢琴。

【搭配】

in practice 实际上；事实上

out of practice 生疏；荒疏

practise / practice ['præktis]

v. 实践；练习

【例句】She **practises /practices** playing the piano every day. 她每天练习钢琴。

【搭配】practise /practice doing sth. 练习做…

praise [preiz]

v. 赞扬；表扬

【例句】He **praised** his team for their performances. 他称赞了各队员的表现。

【搭配】praise sb. for… 因为…表扬某人

prefer [pri'fəː]

v. 更喜欢；宁愿

【例句】

1. Do you **prefer** coffee or tea? 你喜欢咖啡还是茶？

2. I much **prefer** jazz to rock music. 我喜欢爵士乐远胜过摇滚乐。

【用法】prefer… to… ：“宁可选择；更喜欢…”、“与…相比，更喜欢…”。

有下面两类句型：prefer (doing) sth. to (doing) sth. prefer to do sth. rather than do sth。如：

He **prefers** skating **to** skiing. 他喜爱溜冰多于滑雪。

I **prefer** the town **to** the country. 我喜欢城市而不喜欢乡下。

I **prefer to** go with them **rather than** stay at home. 我宁愿同他们一道去而不愿呆在家里。

【真题】I prefer tea _______ coffee. (GMET2011-25)

A. to B. for C. against D. over

（答案：A）

【解答】答案：A。句意：比起咖啡，我还是更喜欢喝茶。考查 prefer…to…结构。

prepare [pri'peə]

v. 准备；预备

【例句】My mother is **preparing** lunch for me. 我妈妈正在给我准备午餐。

【搭配】prepare sth. for sb. 为…准备…

present ['preznt]

adj. 现在的；出席的 *n.* 礼物；现在

【例句】

1. He is the **present** owner of the house. 他是这个

房子现在的拥有者。

2. There were 200 people **present** at the meeting. 有两百人出席了这个会议。

3. I bought my mother a birthday **present**. 我给我妈妈买了个生日礼物。

【搭配】

at present 目前，现在

for the present 目前；暂时

president ['prezidənt]

n. 总统；校长；主席

【例句】The **President** gave an address to the nation over the radio. 总统向全国发表广播演说。

press [pres]

v. 压；按 *n.* 报刊；记者们；新闻界；通讯社

【例句】

1. She **pressed** her face against the window. 她把脸贴在窗子上。

2. He **presses** a handkerchief to his nose. 他用手绢捂住鼻子。

3. The **Press** were not allowed to attend the trial. 新闻记者不得出庭旁听。

pressure ['preʃə]

n. 压力

【例句】More and more people cannot stand **pressure** at work. 越来越多的人不堪忍受工作压力。

【搭配】high blood pressure 高血压

pretend [pri'tend]

v. 假装；装作

【例句】

1. He **pretended** to be asleep when his mother came in. 妈妈进来时他假装睡着了。

2. He **pretended** to his family that everything was fine. 他对家人佯称一切都好。

【搭配】

pretend to do… 假装去做…

pretend to be doing … 假装正在做…

pretty ['priti]

adj. 漂亮的；俊俏的 *adv.* 相当地

【例句】I am **pretty** sure I'll be going. 我相当肯定会去的。

【搭配】pretty much 几乎，差不多

【辨析】**pretty, beautiful**

pretty：主要表示“漂亮”、“俊俏”、“标致”等意，多用于描写妇女、儿童以及小巧玲珑，精美可爱之物。语气比 beautiful 弱，含有“可爱”或“讨人喜欢”之意。

beautiful：含义广泛，语气强，指优美和谐，是一种几乎接近完美的美。指人时通常形容女人或小孩，很少用于描写男子。

prevent [pri'vent]

v. 阻止；预防

【例句】Nothing would **prevent** him from playing games. 没有任何事情能阻止他玩游戏。

【搭配】prevent sb./sth. (from doing sth) 阻止某人做某事

price [prais]

n. 价格；代价

【例句】I can't afford it at that **price**. 我可出不起那样的价钱。

pride [praid]

n. 自豪

【例句】I **take** a pride in my work. 我为自己的工作感到骄傲。

【搭配】take a pride in = be proud of 以… 引以为傲

primary ['praiməri]

adj. 首要的；初级的

【例句】

1. The **primary** aim of this course is to improve your spoken English. 这门课的主要目的是提高英语口语。

2. I am a **primary** teacher. 我是个小学教师。

print [print]

v. 印刷

【例句】I' m **printing** a copy of the document for you. 我正在给你印一份这个文件。

printer ['printə]

n. 打印机

prison ['prizn]

n. 监狱

【例句】

1. He was sent to **prison** for five years. 他判了五年

监禁。

2. The **prisons** are overcrowded. 监狱人满为患 .

private ['praivit]

adj. 私人的；个人的

【例句】It's a **private** conversation. 这是私人会谈。

【搭配】in private 私下地，秘密地

【反义词】public

prize [praiz]

n. 奖赏；奖品

【搭配】

1. She won first **prize** in the 100-metre race. 她在百米赛跑中获头奖。

2. Her book gained several literary **prizes**. 她写的书获得好几种文学奖。

probably ['prɔbəbli]

adv. 很可能；大概

【例句】You are **probably** right. 你很可能是对的。

【联想】probable *adj.*

【近义词】possibly, perhaps, maybe

problem ['prɔbləm]

n. 问题；难题；习题

【例句】Do you know how to deal with this **problem**? 你知道怎样处理这个问题吗?

【辨析】**problem, question**

problem：指需要解决的“问题”或“难题”，或指需要计算或证明的数学物理等学科的“题目”。

question：指提出来待回答或说明的“问题”。

【例句】They are trying to solve the **problem**. 他们正设法解决这个问题。

Who can answer this **question**? 谁能回答这个问题?

【例题】Who can work out the ________ ?

A. problem B. question

C. matter D. answer

【解答】答案：A。problem 常与 settle，solve，work out 等动词搭配，表示说话者难以解决的问题，或解数学题或物理等习题；question 常指需要寻找答案的问题，与之搭配的动词为 ask，answer 等。

process ['prɔses]

n. 过程；程序 [prə'ses] *v.* 加工；处理

【例句】

1. Coming off the drug was a long and painful **process** for him. 戒毒对他来说是个漫长而又痛苦的过程。

2. Most of the food we buy is **processed** in some way. 我们买的大多数食物都是用某种方法加工过的。

produce [prə'djuːs]

v. 生产；引起 *n.* 农产品

【例句】

1. Hard work **produces** success. 辛勤劳动带来成功。

2. Winter **produce** will cost more for the next few weeks. 在未来几周，冬季农产品会更贵。

【派生词】production *n.*

product ['prɔdəkt]

n. 产品

【例句】With the help of this machine, we can make a new **product**. 利用这台机器，我们能够生产一种新产品。

【辨析】**manufacture, produce, product, production** 这些名词均含有“产品，制品”之意。

manufacture：一般指机器大量制造的产品。

produce：多指农产品 (尤指蔬菜水果等)。

product：一般指工业产品，也可泛指各种各样的产品。

production：含义广泛，不同场合有不同的意思，可表示“产品，产物”，尤指人类智力或艺术劳动的产品。

production [prə'dʌkʃən]

n. 生产；制作；产物，(文艺) 作品

【例句】We were for cutting down the cost of **production**. 我们赞成降低生产成本。

professional [prə'feʃənl]

adj. 职业的；专业的

【例句】Most of the people on the course were **professional** women.

参加本课程的大多数是职业女性。

professor [prə'fesə]

n. 教授

program(me) ['prəugræm]

n. 节目；规划；程序；项目

progress ['prəugres]

n. & v. 进步；前进

【例句】

1. She is **progressing** in her studies. 她学习有进步。

2. There has been very little **progress** this term. 这学期没有什么进步。

【搭配】

in progress 进行中

make progress in 在…方面取得进步 / 展

prohibit [prə'hibit]

v. 禁止

【例句】The students are **prohibited** from smoking in the school. 在学校禁止学生吸烟。

【搭配】prohibit sb. from doing sth. 禁止做…

project ['prɔdʒekt]

n. 方案；计划；工程项目

【例句】I don't know much about the **project**. 我对此项目知之甚少。

promise ['prɔmis]

n. 诺言 *v.* 答应；允诺；预示

【例句】

1. He **promised** the money to his children. 他答应把这笔钱给他的孩子们。

2. The dark clouds overhead **promise** rain. 满天乌云预示要下雨。

【搭配】

make a promise 答应，许诺

promise sth. to sb. 答应（某人）给予某物

promise (sb.) to do sth. 答应 / 保证做某事

【派生词】promising *adj.* 有出息的；有前途的；有希望的

promote [prə'məut]

v. 促进；增进

【例句】We should **promote** the students' awareness of environmental issues. 我们应该提高学生们的环保意识。

pronounce [prə'nauns]

v. 发音

【例句】Very few people can **pronounce** my name correctly. 很少有人能把我的名字读对。

【派生词】pronunciation *n.* 发音

proper ['prɔpə]

adj. 适当的；正确的

【例句】We should have had a **proper** discussion before voting. 我们本应表决之前好好讨论。

protect [prə'tekt]

v. 保护

【例句】We should **protect** the children from fire. 我们应该保护孩子们远离火源。

【搭配】protect sb. from doing sth. = protect sb. against sth. 保护；使免受

proud [praud]

adj. 自豪的；骄傲的

【搭配】be proud of 以…自豪

【例句】

1. I am **proud** of my parents. 我为我的父母感到骄傲。

2. I am very **proud** to be a part of the team. 能成为这个队中的一员我觉的很骄傲。

【真题】"I have a bright daughter!" the father said proudly. (GMET2012-06)

A. 直接地 B. 大声地

C. 自豪地 D. 高兴地 （答案：C）

prove [pruːv]

v. 证明

【例句】

1. The new evidence can **prove** her innocence. 新证据能证明她无罪。

2. Just give me a chance and I will **prove** my ability to you.

只要给我一次机会，我就会向你证明我的能力。

【搭配】

prove sth. to sb. 向某人证明

prove to be 证明是

provide [prə'vaid]

v. 提供

【例句】

1. I can **provide** a chance for you. 我能为你提供个机会。

2. We are here to **provide** the public with a service. 我们来这里是为公众服务。

【搭配】provide sb. with sth. = provide sth. for sb. 向某人提供某物

province ['prɔvins]

n. 省

public ['pʌblik]

adj. 公共的；公开的

【例句】

1. The government had to bow to **public** pressure. 政府不得不向公众的压力低头。

2. This is a **public** library. 这是个公共图书馆。

【搭配】in public 公开

publish ['pʌbliʃ]

v. 出版；公布

【例句】

1. The first edition was **published** in 2002. 第一版于 2002 年发行。

2. The report will be **published** on the Internet. 报告将会在互联网上公布。

pull [pul]

v. 拉；拖

【例句】**Pull** the door shut. 把门拉上。

【反义词】push *v.* 推

pump [pʌmp]

v. 用泵抽水；打气 *n.* 泵

【例句】The engine is used for **pumping** water out of the mine. 这台发动机是用来从矿井中抽水的。

punish ['pʌniʃ]

v. 处罚

【例句】He was **punished** for refusing to answer questions. 他由于拒不回答问题受到了惩罚。

【搭配】punish sb. for sth. (for doing sth) 因…惩罚某人

【派生词】punishment *n.*

pupil ['pju:pl]

n. 小学生；瞳孔

【例句】Every **pupil** is supposed to be in his classroom at 8 a.m. 上午 8 点时每个学生都应当在教室里。

pure [pjuə]

adj. 纯的，纯洁的

【例句】

1. These shirts are 100% **pure** cotton. 这些衬衫是百分百纯棉。

2. This is a bottle of **pure** water. 这是一瓶纯净水。

purpose ['pə:pəs]

n. 目的；意图

【例句】What is the **purpose** of the meeting? 这会议的目的是什么？

【搭配】on purpose 故意地；特地

purse [pə:s]

n.（尤指女式）钱包

push [puʃ]

v. & *n.* 推

【例句】You **push** and I pull. 你推我拉。

put [put]

v. (put, put) 放；摆

【例句】He **put** on his hat, looked around the room, then went out.

他戴上帽子，环顾屋子四周，然后出去了。

【搭配】

put away 把…收起来（放好）

put sth. down 放下

put off 推迟

put on 穿戴；上演

put up 举起；挂起，张贴；建造

put up with 忍受

【真题】1. Mr. Robinson put ________ his books before he left the office. (GMET2009-25)

A. away B. off

C. out D. up （答案：A）

2. This new building was put up not long ago. (GMET2011-13)

A. 拆除 B. 改建

C. 装修 D. 建造 （答案：D）

Q

quality ['kwɔliti]

n. 质量；品质

【例句】Their **quality** of life improved when they moved to France.

他们移居法国以后，生活质量提高了。

【真题】Everyone can greatly improve the quality of life. (GMET2011-11)

A. 质量　B. 成本　C. 习惯　D. 压力

（答案：A）

quantity ['kwɔntiti]

n. 量，数量

【例句】The data is limited in terms of both quality and **quantity**. 这资料质量和数量上都有限。

quarrel ['kwɔrəl]

v. & *n.* 争吵

【例句】

1. He often **quarrels** with his wife. 他经常和他的妻子争吵。

2. They **quarrelled** about money. 他们因为钱而吵架。

【搭配】

quarrel with sb 和某人吵架

quarrel about/over sth 因…而争吵

quarter ['kwɔːtə]

n. 四分之一；一刻钟

【例句】

1. The big moon cake was divided into four parts. I got a **quarter**. 这块大月饼被分成四份，我得到了四分之一。

2. It's now a quarter to ten. 现在是九点四十五分（十点差一刻钟）。

question ['kwestʃən]

n. 问题　*v.* 质问

【例句】Answer my **question**, please. 请回答我的问题。

【搭配】

in question 正被谈论的；有疑问

out of the question 不考虑的，不可能的

out of question 毫无疑问

【例题】This is the answer ________ the question.

A. of　B. to　C. in　D. with

【解答】答案：B。句意：这是这个问题的答案。answer 后面用介词 to 表示关联关系。

quick [kwik]

adj. 快的，迅速的；灵敏的

【例句】Li Ming is clever. He is **quick** to learn. 李明很聪明，他学东西很快。

【例题】He is a ________ boy and he can learn anything easily.

A. fast　B. quick　C. rapid　D. quickly

【解答】答案：B。句意：他是一个思维敏捷的孩子，学东西很容易。fast 着重速度快；quick 强调反应敏捷。

quiet ['kwaiət]

adj. 安静的；平静的

【例句】It was usually very **quiet**, and he could see the park from his window.

通常那里十分安静，他可以从他的窗户看到花园。

【例题】1. I'd like to live a ________ life in the countryside.

A. quite　B. quiet

C. quietly　D. quilt

2. It's bad manners to keep ________ when the teacher asks you a question.

A. quiet　B. quietly

C. silent　D. silently

【解答】答案：1. B；2. C。句意：1. 我想在乡下过一种平静的生活。2. 老师问你问题时保持沉默是不礼貌的。quiet 指"宁静"，侧重无动静，无声响，指性格温和安静，也指人的闲散或不活动；silent"无声的""沉默的""不开口的"，指不发出声音。

quite [kwait]

adv. 相当；十分

【例句】Although they are twins, they look **quite** different.

虽然他们是双胞胎，但他们看起来非常不一样。

【用法】注意不要混淆 quite 与 quiet。

1. 可以用于 a 或 an 后接形容词加名词的结构之前。如：

It's **quite an** old house. 这是一座很旧的房子。

= The house is **quite** old. 这座房子很旧了。

It was **quite** a cold day. 那是相当冷的一天。

= The day was **quite** cold. 那天很冷。

注意：在此类句子中，quite 须置于不定冠词的前面，例如不可以说 It's a quite old house。

2. 可以修饰形容词和副词，其程度稍强于 fairly，但弱于 very。quite 可以表示某事物比预料中更加具备某特点，如：

Nobody here's ever heard of it but it is actually **quite** common.

这里没有人听说过它，但是它实际上颇为常见。

【例题】1. I felt quite ________ today.

A. good B. well

C. very D. badly

2. I ________ like him.

A. quite B. very

C. well D. quiet

【解答】1. 答案：B。句意：我今天感觉很好。quite 可以修饰形容词和副词，在此句中 well 为形容词，表“身体好”，与 feel 构成系表结构。

2. 答案：A。句意：我很喜欢他。quite 可修饰动词，形容词，副词；very 可修饰形容词，副词，但不能修饰动词。

R

race [reis]

n. 赛跑；种族　*v.* 赛跑；与…赛跑

【例句】

1. He came first in the **race**. 他赛跑得了第一名。

2. I'll **race** you home. 我跟你比赛，看谁先跑回家。

radio ['reidiəu]

n. 无线电；收音机

【例句】She always listens to the **radio** in the car. 她经常在车内收听无线电广播。

【搭配】on the radio 在广播中

railway ['reilwei]

n. 铁路

【例句】

1. The two cities are connected by a **railway**. 两个城市有铁路相连。

2. She will take me to the **railway** station. 她会送我去火车站。

rain [rein]

n. 雨；下雨　*v.* 下雨

【例句】We will go camping if it doesn't **rain**. 如果不下雨我们就去露营。

【派生词】rainy 多雨的（a rainy day 雨天，the rainy season 雨季）

raise [reiz]

v. 举起；提高；饲养；养育

【例句】

1. Please **raise** your hand if you have any question. 如果你有问题请举手。

2. There's no need to **raise** your voice. 你没必要提高嗓音。

3. Those in favor of the plan, please **raise** your hands. (GMET2013-11)
支持这个计划的请把手举起来。

【搭配】

raise a family 养家

raise money 募捐

raise one's voice 提高嗓音

【辨析】**raise, rise**

raise：及物动词，主语通常是人，表示"人为地使某物上升"。

rise：不及物动词，主语通常是物，表示"自然或非主观因素地上升"。

【例句】He **raised** himself up on one elbow. 他用一个肘撑起身体。

The sun **rises** in the east. 太阳从东边升起。

range [reindʒ]

n. 范围，一系列　*v.*（在一定范围内）变化

【例句】

1. This shop has a very wide **range** of shoes. 这家店有各种各样的鞋子。

2. The ages of the students **range** from 7 to 12. 学生们的年龄从 7 岁到 12 岁不等。

rapid ['ræpid]

adj. 快速的

【例句】

1. She has made **rapid** progress this year. 她今年进步很快。

2. This kind of sleep is called REM, which means **rapid** eye movement.
(GMET2012- 阅读 C) 这种睡眠叫 REM，也就是快速眼动的意思。

【派生词】rapidly *adv.*

【近义词】fast, quick, speedy

【反义词】slow

rate [reit]

n. 比率；速率　*v.* 评级，认为

【例句】

1. The birth **rate** is falling. 出生率在下降。

2. She's **rated** among the best tennis players of all time. 她被评为有史以来最佳的网球选手之一。

【搭配】

at this/that rate 这 / 那样的话

at any rate 无论如何

rather ['rɑ:ðə]

adv. 相当；宁愿

【例句】It is **rather** a nice hat. 那顶帽子相当好看。

【搭配】

rather than 胜于，而非

would rather...(than) 宁愿…也不，与其…不如…

【辨析】**rather, pretty, quite, fairly**

这些程度副词都有"相当，颇"之意。

都可以用于修饰形容词和副词，但是它们都没有very 的程度强。

rather：1. 和 pretty 在这 4 个词中程度最强，意思和 very 最接近。

2. 往往和有消极意义的词连用，如：

I was feeling **rather** sad. 我觉得很难过。

3. 唯有 rather 可以和比较级或 too 连用。如：

Global warming could be **rather worse** than we think it will be.

全球变暖可能比我们想象的更加严重。

The book is **rather too** difficult for the boy.

这本书对于这个孩子来说太难了。

pretty：程度和 rather 相似，常用于非正式文体。

quite：比 fairly 的程度稍强一些，表示有些超乎人们的期望。

fairly：语意最弱，多用于褒义，表示适度地、尚可的意思。

对比：Your work is **pretty** good. 你干得非常好。

Your work is **rather** good. 你干得相当好。

Your work is **quite** good. 你干得很不错。

Your work is **fairly** good. 你干得还不错。

ray [rei]

n. 光线；射线

【例句】She went to the hospital for an **X-ray** yesterday. 她昨天去医院作了 X 光检查。

reach [ri:tʃ]

v. 到达；伸出

【例句】I will **reach** the airport before 8. 我八点前会到达机场。

【辨析】reach, arrive in/at, get to 都可以表示到达某个地点，reach 是及物动词，直接跟地点，arrive 和 get 是不及物动词，要接介词构成 arrive in/at, get to 结构。

【真题】I don't know ____________ (约翰何时到达这里). (GMET2008-80)

【解答】答案：when John will arrive (here)/ get here/ reach this place。

read [ri:d]

v. (read , read) 阅读；朗读

【例句】I **read** some good books this summer. 这个夏天我看了一些好书。

【搭配】

read newspapers 看报纸

read a letter 读信

read out 朗读

a reading room 阅览室

do some reading 读书

【派生词】reader *n.* 读者

ready [redi]

adj. 准备好的

【例句】The piano will be **ready** for you to collect tomorrow. 钢琴明天可备好，你可以来取。

【搭配】

be ready for sth. 准备好

be ready to do sth. 准备好；乐意

real [riəl]

adj. 真的；现实的

【例句】The story is based on **real** life. 这个故事取材于现实生活。

【搭配】the real thing 真迹；原作；原装货

【派生词】really *adv.* 真地，unreal *adj.* 不真实的，reality *n.* 现实，realistic *adj.* 现实的，realize *v.* 认识到；实现

realize ['riəlaiz]

v. 认识到；实现

【例句】He **realized** that he was wrong. 他认识到他错了。

【搭配】realize one's dream 实现某人的梦想

【派生词】realization *n.*

really ['riəli]

adv. 真正地；确实；十分

【例句】She wasn't **really** happy. 她不是真地高兴。

reason [ri:zn]

n. 理由；原因

【例句】She left the job for personal **reasons**. 她因私人理由离职了。

【搭配】

the reason for sth./doing sth. …的原因

for some reason 不知什么原因，不知何故

【例句】**For some reason** he likes you. 不知为什么他喜欢你。

【派生词】reasonable *adj.* 合理的；公道的；理智的

receive [ri'si:v]

v. 收到，接收

【例句】I **received** a letter from my parents yesterday. 昨天我收到了父母的来信。

【辨析】**receive, accept**

这些动词均有"接受，接纳"之意。

receive：着重仅仅接到或收到这一行为或事实，而不含采取主动或积极行动的意思。

accept：强调主动地或自愿地接受，或者说，经过考虑后同意接受。

【例句】I **received** his gift, but I didn't **accept** it. 我收到了他的礼物，但是没有接受。

【派生词】reception *n.* 接待

recent [ri:snt]

adj. 近来的

【例句】This is a **recent** photograph of my son. 这是我儿子的近照。

【派生词】recently *adv.* 近来

recently [ri:sntli]

adv. 最近

【例句】Have you seen Mike **recently**? 你最近见过麦克了没有?

【辨析】**recently, lately**

recently：可以指一个时间点或一段时间。指一个时间点，用简单过去时。指一段时间，则用现在完成时或现在完成进行时。

lately：只用于指一段时间，只能用现在完成时或现在完成进行时。有时还可与一般现在时连用，指现在的习惯（但是 recently 一般不这样用）。

【例句】I have seen a lot of her **lately** [**recently**]. 我最近经常见到她。

Did she have a party **recently**? 她最近举办过聚会吗?

He doesn't like watching TV **lately**. 他近来不喜欢看电视。

recognize/recognise ['rekəgnaiz]

v. 认出；承认

【例句】I **recognized** him at once. 我立刻认出了他。

【派生词】recognition *n.* 认识；识别；认可

record ['rekɔ:d]

n. 记录；唱片

[ri'kɔ:d] *v.* 记录；录音

【例句】I **recorded** a song from the radio. 我从电台录了一首歌。

【搭配】

break a record 打破记录

keep a record 保持记录

【派生词】recorder [ri'kɔ:də] *n.* 录音机；记录员

recover [ri'kʌvə]

v. 恢复；痊愈

【例句】It took me a week to **recover** from the holiday. 我花一周才从假期的疲惫中恢复过来。

【派生词】recovery *n.*

red [red]

adj. & *n.* 红色（的）

【例句】It is a **red** car. 这是一辆红色的车。

【搭配】

red card（足球）红牌

the red carpet 红地毯，隆重的接待

reduce [ri'dju:s]

v. 减少

【例句】

1. We're ready to **reduce** our prices by 2 percent. 我们准备减价百分之二。

2. For example, when several hundred people were asked about their eating habits in times of stress, 44% said they **reduced** stress by eating.

(GMET2009- 阅读 C) 例如，当向数以百计的人问及压力状态下的饮食习惯时，44% 的人说会吃东西减压。

【派生词】reduction *n.*

refer [ri'fə:]

v. 提到；涉及；参考；查阅

【例句】In his letter, he **referred** to his newborn son. 在他的信中提到了他的新生儿。

【搭配】refer to sb./sth. 提及；参考

refuse [ri'fju:z]

v. 拒绝

【例句】He **refused** to go out with me. 他拒绝和我一块出去。

【派生词】refusal *n.* 拒绝；优先取舍权

【反义词】agree *v.* 同意

regard [ri'gɑ:d]

v. 看待，当作　*n.* 关心，致意

【例句】

1. Alice is **regarded** as the best student in her class. 爱丽丝被认为是班里最好的学生。

2. She is **regarded** as one of the greatest singers in the world. (GMET2012-81)
她被看作是世界上最伟大的歌唱家之一。

【搭配】

regard… as… 把…看作…

with regard to 关于，至于

give my best regards to someone 请代问候（某人）

region ['ri:dʒən]

n. 区域；地区

【例句】People from this **region** are very polite. 这个地区的人非常有礼貌。

【辨析】**district, region, area**

district：多指由政府等机构出于行政管理等目的而明确划分的地区。

region：普通用词，常指地球上、大气中具有自然分界线的区域，特指按照气候、人体或其他特征鲜明、自成一体的地区。

area：是最概括的用语，兼有前两者的含义。

regret [ri'gret]

v. & *n.* 遗憾；后悔

【例句】Do you **regret** not going to the party? 你没有参加聚会，感到后悔了吗？

【用法】regret to do sth. 表示对将要做的事表示遗憾。

regret doing sth. 表示对已经发生的事表示遗憾、后悔。

I **regret** to ask you to move. 很遗憾，我现在得让你搬家。

I **regret** asking you to move. 我很抱歉当时让你搬家。

regular ['regjulə]

adj. 规则的；定期的

【例句】We have **regular** meetings every Monday. 我们每星期一举行例会。

【派生词】regulation *n.* 规则；条例

【反义词】irregular *adj.*

relation [ri'leiʃən]

n. 关系

【例句】The speech has **relation** to global warming. 这个演讲与温室效应有关。

【搭配】

have relation to 有关，和…有关系

in relation to 关于

relative ['relətiv]

n. 亲戚　*adj.* 相对的，有关系的

【例句】

1. Get a **relative** to look after the children. 找一个亲戚来照看孩子。

2. The facts **relative** to the problem is clear. 与这问题有关的事实是清楚的。

relax [ri'læks]

v. 休息；放松

【例句】He **relaxed** at the seashore. 他在海边休养。

【派生词】

relaxed *adj.* 放松的

relaxing *adj.* 令人轻松的，令人放松的

relaxation *n.* 放松

release [ri'li:s]

n. & *v.* 释放，解放；赦免，豁免；发行，发表

【例句】

1. He's been **released** from prison. 他已获释出狱。

2. The latest developments have just been **released** to the media.
最新的进展情况已向大众传播媒介发布。

【搭配】

on release（电影）发行，公映

release…to 向…发布

remain [ri'mein]

v. 保持；剩下（通常不用于进行时态）

【例句】

1. The child **remained** silent. 那个小孩保持沉默。

2. Let things **remain** as they are. 一切保持现状吧。

【近义词】last, stay, keep

remember [ri'membə]

v. 记得，想起

【例句】

1. **Remember** to buy me a cup of coffee for me. 记得帮我买杯咖啡。

2. Please **remember** me to Jenny. 请代我问候珍妮。

【搭配】

remember to do sth. 记得要做某事

remember doing sth. 记得曾做过某事

remember sb. to sb. 代某人向某人问候

【例句】**Remember to turn off** the lights when you leave the room.

记得在你离开房间时要关灯。(现在还没有关灯)

I **remembered tuning off** the lights when I left the room. 我记得当我离开房间时我关灯了。(灯已经关了)

remind [rimaind]

v. 提醒，使想起

【例句】He **reminded** the children to bring their books. 他提醒孩子们要带书。

【搭配】remind sb. of sb./sth. 提醒某人…，使某人想起…

【真题】She reminded her husband to take an umbrella with him. (GMET2012-10)

A. 请求　B. 命令　C. 建议　D. 提醒

（答案：D）

remove [ri'mu:v]

v. 去掉，拿走

【例句】**Remove** the cake from the oven. 把蛋糕从烤箱里取出来。

【搭配】

remove sb. from sth. 免去某人的职务

remove sth. from sth. 去掉或清除某物

【派生词】removal *n.*，removable *adj.*

repair [ri'pɛə]

v. 修理，修补

【例句】I had my car **repaired** yesterday. 昨天我请人修理了我的车。

【辨析】**repair, mend, fix**

repair: 正式用语，对象范围很广，从房屋、道路、机器到日常生活必需品，指把损坏的东西修理好，既可以是简单的修理，也可以是难度较大的修理。

mend：多指修补磨损、穿破、撕毁的简单日常用品等，修复过程较简单，一般不需要专门技术或特殊工具；也可用于比喻，指改进行为、修改法律、治愈感情创伤等。

fix：= repair，但 repair 更正式。多用于美语，指带有安装固定性质的修理。

【例句】Can you **repair/fix** the broken chair/camera? 你能修理那把坏了的椅子 / 照相机吗?

This shirt is too old to **mend**. 这件衣服太旧不能补了。

repeat [ri'pi:t]

v. 重复，重说

【例句】Don't **repeat** the same mistake again. 不要重蹈覆辙。

【派生词】

repeated *adj.*

repeatedly *adv.*

replace [ri'pleis]

v. 取代，替换；把…放回原处

【例句】I believe human beings will never be **replaced** by robots.

我相信人类永远不会被机器人所替代。

【派生词】replacement *n.* 取代，替换

reply [ri'plai]

v. 回答，答复　*n.* 回答，答复

【例句】

1. I wrote to Alice but she hasn't **replied**. 我写信给爱丽丝，但她还没有回复。

2. What did he do in **reply** to your challenge? 你提出与他较量，他作何反应?

【同义词】answer, respond

report [ri'pɔ:t]

v. & *n.* 报告，报道；举报

【例句】

1. He **reported** seeing the beggar. 他说曾经见过那个乞丐。

2. All **reports** must be sent in by the end of this week.
所有的报告必须在本周末前交齐。

【搭配】
It is reported that… 据报道
school report 成绩单

republic [ri'pʌblik]
n. 共和国
【例句】In 1918, Austria became a republic. 1918 年，奥地利成为共和国。
【搭配】the People's **Republic** of China 中华人民共和国

request [ri'kwest]
v. & *n.* 请求；要求
【例句】Students are **requested** not to eat in the lab. 学生不能在实验室里吃东西。
【辨析】与 ask 相比，request 多用于正式场合。

require [ri'kwaiə]
v. 需要；要求
【例句】These flowers **require** watering. 这些花需要浇水。
【用法】当 require 的主语是事物时，sth. require doing = sth. require to be done 表被动意义。
【辨析】与 need 相比，require 多用于正式场合。
【派生词】requirement *n.*

research [ri'səːtʃ]
n. 研究；调查
【例句】We are carrying out market **research**. 我们正在进行市场调查。
【搭配】
be engaged in/carry out/do research 从事 / 进行 / 作研究
research into/ do research on (sth./sb.) 对（某事物[某人]）进行研究或调查

respect [ris'pekt]
v. & n. 尊敬，尊重
【例句】I **respect** him for his honesty. 我敬重他为人诚实。
【搭配】
in respect of 关于某事物；就某方面而言
with respect to 涉及 / 提到 / 关於某事物
respect sb. for（因某事物）尊敬或敬重某人
respect sb's wishes/opinions/feelings 尊重某人的意愿 / 意见 / 感情
respect oneself 自尊，自重

responsible [ri'spɔnsəbl]
adj. 负责的；有责任的
【例句】The police is **responsible** for the safety of residents. 警察对居民的安全负责。
【搭配】be responsible for sth. 对某事负责
【真题】David is responsible for this project. (GMET 2009-07)
A. 设计　B. 责备　C. 关心　D. 负责
（答案：D）

rest [rest]
n. 休息；剩余部分　*v.* 休息
【例句】He went on studying after a short **rest**. 短暂的休息之后，他又继续学习。
【搭配】
take/have a rest 休息一下
the rest (of) 剩余的，其余的
【辨析】**rest, break**
rest：指统称的休息。
break：非正式用词，指突然的或短时间的中止，如工作或活动期间接短暂休息，lunch break, tea break 等。如：
She rang me during a coffee **break**. 她利用工间喝咖啡的休息时间给我打了个电话。

restaurant ['restərənt]
n. 饭店，餐馆
【例句】I found a fast food **restaurant**. 我找到了一家快餐店。

result [ri'zʌlt]
n. & *v.* 结果；成绩
【例句】We haven't got our exam **results** yet. 我们还不知道考试成绩。
【搭配】
as a result 结果，因此
result from sth. 产生于，由…而引起
result in sth. 导致，引起

return [ri'təːn]
v. & *n.* 返回；归还

【例句】

1. I **returned** from Beijing yesterday. 我昨天从北京回来。

2. The coach was happy with his **return** to the team. 教练很高兴他归队了。

【搭配】

in return for 作为…的回报

return ticket 往返票，双程票

reverse [ri'vəːs]

v. & *n.* 颠倒；反转

【例句】The truth is just the **reverse**. 事实的真相恰好相反。

review [ri'vjuː]

v. 回顾，复习

【例句】Let's **review** what we've learned today. 让我们复习一下今天的学习内容。

revolution [ˌrevə'luːʃən]

n. 革命

【例句】The French **revolution** took place in 1789. 法国大革命发生于 1789 年。

【派生词】revolutionary *adj.*

rice [rais]

n. 稻；米（饭）

【例句】We live on **rice**. 我们吃米饭。

【用法】rice 是不可数名词，a bowl of rice 一碗米饭。

rich [ritʃ]

adj. 富裕的；丰富的

【例句】He comes from a **rich** family. 他来自一个富裕的家庭。

【搭配】

the poor 富人

be rich in sth. 富于，含有丰富的…

【反义词】poor

ride [raid]

v. (rode , ridden) 骑；乘

【例句】We **rode** through the forest. 我们骑马穿过森林。

right [rait]

adj. 正确的；右边的 *n.* 右边；权利 *adv.* 正好；直接地

【例句】I'm afraid that's not the **right** answer. 那个恐怕不是正确答案。

【搭配】

right now 立即；此刻，现在

right away 立刻，马上

all right 顺利，良好

on the right 在右边

【反义词】wrong *adj.* 错的；left *n.* 左边

【真题】I will call him back right away. (GMET 2009-13)

A. 离开时 B. 马上 C. 一会儿 D. 以后

（答案：B）

ring [riŋ]

v. (rang, rung)（钟、铃等）响；打电话 *n.* 环；戒指；打电话

【例句】He **rang** the door bell but nobody answered. 他按了门铃，可是没有人应门。

【搭配】

ring back 回电话

ring off 挂断电话

ring up 给…打电话

rise [raiz]

v. (rose, risen) 上升；上涨；起床 *n.* 上升，增加；加薪

【例句】

1. The sun **rises** in the east and sets in the west. 太阳在东方升起，在西边落下。

2. The cost of living continues to **rise**. 生活费用继续上涨。

3. The river has **risen** (by) several metres. 河水上涨了好几米。

4. He **rose** to welcome me. 他起身欢迎我。

5. Her voice **rose** in anger. 她因愤怒而提高了嗓门。

【搭配】

demand a rise in wages 要求增加工资

give rise to sth. 引起 / 导致

【反义词】fall *v.* & *n.*

risk [risk]

n. & *v.* 冒险

【例句】Don't take any **risks** when you're driving.

驾车时可别冒险。

【搭配】at the risk of sth/doing sth. 冒可能…的风险

river ['rivə]

n. 河，江

【例句】There is a **river** in front of the house. 房子前面有一条河。

road [roud]

n. 路；道路；街道

【例句】Turn left off the main **road**. 向左拐离大路。

【搭配】

on the road 在路上

by road 由公路，乘坐汽车

rock [rɔk]

n. 岩石

【例句】The ship hit the **rocks** and started to sink. 那艘船触礁，开始下沉。

【搭配】

rock and roll 摇滚乐

rock climbing 攀岩

role [rəul]

n. 角色；作用

【例句】Which **role** do you like best? 你最喜欢哪个角色？

【搭配】play a role in 在…当中起作用

roll [rəul]

v. 卷起；滚动

【例句】He tried to **roll** the rock up the hill. 他想把石头推上山坡去。

【搭配】

roller coaster 过山车

a pair of roller skates 一双旱冰鞋

roll over 翻滚

roof [ru:f]

n.（*pl.* roofs）屋顶；顶

【例句】The **roof** of the house is covered with fallen leaves. 房顶布满了落叶。

room [ru:m]

n. 房间；空间

【例句】I booked a double **room** for one night. 我订了一晚的一间双人间。

【用法】作不可数名词时意为“空间”。如：This piano takes up too much **room**/space. 这台钢琴占了太多地方。

【搭配】make room for 为…腾出空间

【联想】room-mate 室友，room service 客房用餐服务

root [ru:t]

n. 根（部）

【例句】The deep **roots** of these trees can cause damage to buildings. 这些树的树根很深，有可能对建筑物造成损害。

rose [rəuz]

n. 玫瑰

【例句】She is holding a bunch of red **roses**. 她拿着一束红玫瑰。

rough [rʌf]

adj. 粗糙的

【例句】The ground is **rough**. 地面高低不平。

【派生词】roughly *adv.* 大体上

【反义词】soft, smooth

round [raund]

adj. 圆的；球形的　*adv.* & *prep.* 在…周围；围着

【例句】They are sitting **round** the table. 他们围着桌子坐着。

【搭配】

look round 回头看

show sb. round 带某人四处看看

It's my round. 这回我请客。

row [rəu]

n. 排；行　*v.* 划船

【例句】

1. She was sitting in the back **row**. 她坐在后排。

2. I like **rowing** the boat in the lake. 我爱湖上泛舟。

【搭配】in a row 接连；成一行

rubber ['rʌbə]

n. 橡皮；橡胶

【例句】I need a pair of **rubber** gloves. 我需要一副橡胶手套。

rubbish ['rʌbiʃ]

n. 垃圾；废物

【例句】It's only **rubbish**. Throw it away. 这只是垃圾，扔掉吧。

【搭配】rubbish bin 垃圾箱

【同义词】garbage, trash（美）

rude [ruːd]

adj. 粗鲁的

【例句】It's **rude** to shout in public. 在公众场合大叫是不礼貌的。

【派生词】rudeness *n.* rudely *adv.*

【同义词】impolite *adj.*

rule [ruːl]

n. & *v.* 规定；统治

【例句】He **ruled** the country for 10 years. 他统治了国家10年时间。

【搭配】

as a rule 通常，照例

rule sb./sth. out 排除…可能性

【派生词】ruler *n.*

ruler ['ruːlə]

n. 尺子；统治者

【例句】That's a **ruler**. 那是一把尺子。

run [rʌn]

v. (ran, run) 跑；运行；经营

【例句】

1. She **ran** nearly ten kilometers today. 今天她跑了差不多10公里。

2. My parents **run** a paint business. 我父母经营一家涂料公司。

【搭配】

run across 偶然碰到

run after 追赶

run away 逃走

run down 撞倒

rush [rʌʃ]

v. 冲，奔；匆忙

【例句】

1. They **rushed** to see what was happening. 他们冲出去看发生了什么事。

2. We had to **rush** our meal. 我们不得不匆匆吃了饭。

【搭配】rush hour 交通繁忙时间，高峰期

S

sad [sæd]

adj. 悲伤的

【例句】I am very **sad** to hear that you are leaving. 听说你要离去我很难过。

【派生词】sadly *adv.* sadness *n.* 悲哀，忧伤

safe [seif]

adj. 安全的；牢靠的 *n.* 保险箱

【例句】I left my computer in a **safe** place. 我把电脑放在一个安全的地方。

【搭配】safe and sound 安然无恙

【派生词】safely *adv.* safety *n.*

safety ['seifti]

n. 安全；保险

【例句】In the interests of **safety**, smoking is forbidden. 确保安全，禁止吸烟。

sail [seil]

v. 航行

【例句】When does the ship **sail**? 什么时候开船？

【派生词】sailing *n.* 航行 sailor *n.* 水手

sale [seil]

n. 卖，出售

【例句】Anna works in **sales** department. 安娜在销售部工作。

【搭配】

for sale 待出售

on sale 出售

salt [sɔːlt]

n. 盐

【例句】Add some **salt**. 加点盐

【派生词】salty *adj.* 咸的

same [seim]

adj. 相同的 *pron.* 同样的事（或人）

【例句】They both said the **same** thing. 他们俩都说同样的话。

【搭配】

the same as 和…一样

at the same time 同时

sand [sænd]

n. 沙；沙滩

【例句】Blue sea, soft **sand** and gentle breezes. It's really relaxing. 蓝色的大海，软软的沙滩，柔和的微风，真的很不错。

sandwich ['sænwidʒ]

n. 三明治

【例句】I'd like a ham **sandwich**. 我要一个火腿三明治。

satisfaction [ˌsætis'fækʃən]

n. 满意，满足

【例句】She felt a small glow of **satisfaction**. 她有了一丝满足感。

satisfy ['sætisfai]

v. 使满意；满足

【例句】He was **satisfied** with the result of the test. 他对考试成绩感到满意。

【搭配】be satisfied with sth. 对…感到满意

【派生词】satisfaction *n.* 满意 satisfying *adj.* 令人满意的 satisfactory *adj.* 令人满意的

save [seiv]

v. 救；保存；节省

【例句】They **saved** the child from drowning. 他们救了那个溺水的小孩。

【搭配】

save sb./sth. from 拯救

save one's life 挽救生命

say [sei]

v. (said, said) 说，讲

【例句】I **said** goodbye to her at the airport. 我在机场跟她说再见。

【搭配】

It is said that... 据说

that is to say... 那就是说

say yes/no to 赞同 / 不同意

say hello/goodbye to 向…问好 / 告别

scene [siːn]

n. 景色；场景；布景；现场

【例句】An ambulance was on the **scene** in minutes. 救护车在几分钟内到达现场。

【搭配】behind the scenes 在后台；秘密地

schedule ['ʃedjuːəl]

n. 时间表

【例句】I have a busy **schedule** for this week. 我这周日程安排得很紧。

【搭配】

ahead of schedule 提前

behind schedule 落后于预订计划；晚点

school [skuːl]

n. 学校；学院

【例句】I took the kids for a picnic in the park after **school**. 放学后我带孩子们去公园野餐。

【搭配】

after school 放学后

at school 在学校；在上课

go to school 上学

leave school 毕业；离校

【联想】schoolboy（中小学）男生，schoolgirl（中小学）女生

science ['saiəns]

n. 科学；理科

【例句】The tour included a visit to the **Science** Museum. 这次游览包括参观科学博物馆。

【搭配】

science fiction 科幻小说

science and technology 科技

【例句】**Science and technology** are No.1 productive forces. 科学技术是第一生产力。

【派生词】scientist *n.* scientific *adj.*

scientific [ˌsaiən'tifik]

adj. 科学的

【例句】We need more funding for **scientific** research. 我们需要更多经费作科学研究。

scientist ['saiəntist]

n. 科学家

【例句】To be a **scientist** is his dream. 成为一个科学家是他的梦想。

score [skɔː]

n.（比赛）得分；二十 *v.* 得分

【例句】What was the final **score**? 最后的得分是多少？

【搭配】scores of 许多，大量

sea [siː]

n. 海

【例句】The **sea** is quite calm today. 今天海面颇为平静。

【搭配】

at sea 在海上；茫然

by sea 乘船；由海路

search [səːtʃ]

n. & *v.* 搜寻；探求

【例句】

1. The police are still **searching** for the missing boy. 警察仍在搜寻那个失踪的男孩。

2. The police **searched** her for drugs. 警察搜查她，看她身上是否有毒品。

【搭配】

in search of 寻找，搜寻

search … for … 细查（某物或某处）以搜寻某人 / 某物

season ['siːzən]

n. 季节

【例句】Spring is my favourite **season**. 春天是我最喜欢的季节。

【搭配】

in season 当令，应时；在旺季

out of season 不当令，不合时令；在淡季

【派生词】seasonal *adj.* 季节性的

seat [siːt]

n. 座位 *v.* 使…就座；可容纳…的

【例句】

1. Please take a **seat**. 请坐下。

2. Please be **seated**, ladies and gentlemen. 女士们、先生们，请就座。

3. She **seated** herself on the sofa. 她坐在沙发上。

【搭配】be seated = take a seat 坐下，就座

second ['sekənd]

num. 第二 *n.* 秒；第二个

【例句】

1. She poured herself a **second** cup of tea. 她替自己倒了第二杯茶。

2. Please wait a **second**. 请等一等。

【联想】second-hand 旧的，二手的，second-class 二等的

secret ['siːkrət]

adj. 秘密的　*n.* 秘密；秘诀

【例句】I didn't want anyone to know about it, it was my **secret**. 我不想任何人知道这件事，这是我的秘密。

【搭配】keep secret 保密

secretary ['sekrətəri]

n. 秘书；书记

【例句】Mr. Blake's **secretary** is always on hand when he appears in public.

布雷克先生在公开场合露面时，他的秘书总在场。

section ['sekʃən]

n. 章节；部门

【例句】The library has an excellent reference **section**. 那个图书馆的参考书部藏书丰富。

security [英] [si'kjuəriti]

n. 安全；担保；安心；有价证券

【例句】The robbers were caught on the bank's **security** cameras.

这几个窃贼给银行的安全摄像机录了下来。

see [siː]

v. (saw，seen) 看见；领会；看望

【例句】

1. It was so dark that we couldn't **see**. 太黑了，我们什么都看不见。

2. Do you **see** what I mean? 你明白我的意思吗？

3. **See** to it that you're ready on time! 到时候你千万要准备好！

【用法】see sb. doing sth. 表示“看见某人正在做某事”；see sb. do sth. 表示“看见某人做了某事”。但在变为被动语态时，要接带 to 的不定式，即 be seen to do sth.。

【搭配】

see sb. off 为某人送行

see through sb. 看穿某人

see to sth. 照看或料理某事物

see to it that... 确保…；务必要…

【真题】________ from a plane, the village looks very small. (GMET2012-28)

A. Having seen　　B. Seeing

C. Seen　　D. To have seen

【解答】答案：C。句意：从飞机上看，村庄显得很小。分词短语与句子主语一致，构成被动关系，故选 C。

seed [siːd]

n. 种子；子孙　*v.* 播种；结籽

【例句】

1. Packets of sunflower **seeds** are sold in the supermarket. 超市卖一包包的葵花籽。

2. Some plants will not **seed** in a cold climate. 有些植物在寒冷气候条件下不能结果实。

seek [siːk]

v. (sought, sought) 找寻；追求

【例句】You should **seek** advice from your lawyer on this matter.

你应该征求你的律师对这件事的意见。

seem [siːm]

v. 似乎，好像

【例句】She **seems** happy today. 她今天好像很高兴。

【用法】It seems/seemed that... 看来好像，似乎…

It **seems to me that** we have no choice. 依我看，我们似乎没有选择的余地。

seldom ['seldəm]

adv. 很少；不常

【例句】Lazy people **seldom** succeed. 懒惰的人很少会成功。

【真题】1. Very seldom ________ that two clocks or watches exactly agree. (GMET2011-28)

A. you find　　B. you will find

C. you do find　　D. do you find

2. ________ do I fail to get up early. (GMET2012-29)

A. Certainly　　B. Seldom

C. Sometimes　　D. Once

【解答】1. 选 D。否定词 seldom 置于句首，谓语部分使用部分到装。

2. 选 B。题干部分用了部分倒装，四个选项中只有 seldom 置于句首时才能引起谓语部分倒装，故选 B。注意：要适当关注重要知识点的相同考点、不同角度考查的命题思路。

select [sɪ'lekt]

v. 选择，挑选

【例句】Come and help me **select** a good place for our camp. 过来帮我选个露营的地方。

【辨析】与 choose 相比，select 多用于正式场合，表示作出决定时十分小心谨慎。

sell [sel]

v. (sold, sold) 卖，出售

【例句】We are going to **sell** our house. 我们打算把房子卖掉。

【搭配】

sell out 卖光

sell well 好卖，畅销

send [send]

v. (sent, sent) 送，寄；派遣

【例句】

1. Don't forget to **send** me a postcard. 别忘了给我寄明信片。

2. He **sent** a letter to me. 他给我寄了信。

【搭配】

send for 派人去请

send forth/out 发送；放出；长出

send off 送行；寄出；派出

send up 发射

senior ['si:njə]

adj. 高级的；年长的

【例句】He's **senior** to me. 他的职位比我高。

sentence ['sentəns]

n. 句子；判决　*v.* 宣判

【例句】He was **sentenced** to seven years in prison. 他被判 7 年徒刑。

【搭配】sentence sb. to death　宣判某人死刑

separate ['sepəreit]

v. 分开；隔离

[sepəˌrit] *adj.* 单独的；分开的

【例句】The two sides of the town are **separated** by the river. 河流把这个城镇分成两部分。

【搭配】separate.... from 使…和…分离 / 分开

【辨析】**divide, separate**

divide：指把一个整体按要求分成几个部分，暗示分配之意；也可指分开两个对立的事物。

separate：指把两个人或物分开，着重从原属一个整体中移居一部分或把两者隔开。

【派生词】separation *n.* 分离，分开

【反义词】unite *v.* 联合，团结

series ['siəri:z]

n. 系列；连续

【例句】There has been a **series** of burglaries in this district recently.

这一地区最近连续发生多宗入室盗窃案。

【搭配】a series of 一系列

serious ['siəriəs]

adj. 严重的；严肃的；认真的

【例句】A traffic jam is a very **serious** problem. 塞车是个很严重的问题。

【派生词】seriously adv. 严重地

【例句】He is **seriously** ill. 他病得很重。

serve [sə:v]

v. 服务；招待（顾客等）

【例句】

1. Lunch is **served** from 11.00 to 12.30 a.m. 午餐供应时间从早上 11 点到 12 点半。

2. She will **serve** the community in the future. 她将来要为社区服务。

【搭配】serve as 充当

【派生词】service *n.*

service [sɜːvɪs]

n. 服务

【例句】I enjoyed the meal but the **service** was terrible. 我喜欢那里的食物，但服务很差劲。

shall [ʃæl, ʃəl]

(should [ʃud, ʃəd]) *aux. v.* 将要；会；应该

【例句】**Shall** we start now? 我们现在可以开始了吗?

【用法】既可作助动词构成将来时态，又可作情态动词表示“应该”，后接动词原形。

sight [sait]

n. 视力；眼界；风景

【例句】She lost her **sight** when she was a child. 她小时候就丧失了视力。

【搭配】

catch sight of 看见

out of sight 看不到

on sight 一见到…就

【联想】short-sighted 近视的 long-sighted 远视的

【真题】When I was seeing my brother off, I caught sight of my classmate. (GMET2009-12)

A. 看见 B. 遇到 C. 想到 D. 赶上

（答案：A）

sign [saɪn]

n. 符号；标记；迹象；手势 *v.* 签（名）；做手势

【例句】Follow the **signs** to Guangzhou. 依照路标前往广州。

【搭配】

sign in/out 签名以示到达 / 离开

sign up for 报名参加

signal ['signəl]

n. & v. 信号；发信号

【例句】The first warning **signals** came in March. 第一次警示出现在 3 月份。

significant [sig'nifikənt]

adj. 重要的；意味深长的；相当数量的

【例句】

1. Your success today may be **significant** for your whole future.

你今天的成功对你的整个未来可能是重要的。

2. He gave her a **significant** look. 他意味深长地看了她一眼。

silence ['sailəns]

n. 安静；沉默

【例句】We ate in **silence**. 我们一声不吭地吃着。

silent ['sailənt]

adj. 无声的；沉默的

【例句】The library was **silent**. 图书馆里一片寂静。

【派生词】silently *adv.*

silk [silk]

n. 丝绸

【例句】It's a **silk** dress. 这是一条丝质的连衣裙。

silly ['sili]

adj. 傻的；糊涂的

【例句】Don't be so **silly**！ 别这么傻！

silver ['silvə]

n. 银，银子

【例句】The dish was made of **silver**. 这盘子是银制的。

【搭配】

silver medal 银牌

silver wedding 银婚

similar ['similə]

adj. 类似的

【例句】Your shoes are very **similar** to mine. 你是鞋子和我的很相似。

【搭配】be similar to 与…相似

【反义词】different

simple ['simpl]

adj. 简单的；简朴的

【例句】This novel is written in **simple** English. 这个小说是用简单英语写的。

since [sins]

conj. & prep. 自从…以来；既然

【例句】

1. I haven't seen her **since** last Wednesday. 我从上周三开始就没见过她。

2. **Since** you are always late for work, I've decided to dismiss you.

既然你老是上班迟到，我已决定解雇你。

【真题】Since you ask, I will tell you why. (GMET 2009-06)

A. 如果 B. 既然 C. 自从 D. 因此

（答案：B）

sing [sɪŋ]

v. (sang, sung) 唱，唱歌

【例句】She always **sings** when she cooks. 她做饭时总是唱歌。

【搭配】

sing along 随着唱，跟着唱

sing out 大声喊；高声唱

singer['sɪŋə]

n. 歌手

【例句】Adele is a popular **singer**. 阿黛拉是一位很受欢迎的歌手。

single ['siŋgl]

adj. 单一的；单身的 *n.* 单人间；单程票；单曲

【例句】

1. Are you married or **single**? 你已婚还是单身？

2. I booked a **single** room for you. 我给你订了一间单人间。

sink [siŋk]

v. (sank, sunk) 下沉 *n.* 水池；洗涤槽

【例句】My bike **sank** into the mud. 我的单车陷进了泥里。

sir [sə:]

n. 先生，阁下

【例句】Your car is ready, **sir**. 先生，你的车子已经准备好了。

sister ['sistə]

n. 姐妹

【例句】I've got one **sister** and two brothers. 我有一个姐姐两个哥哥。

【联想】sister-in-law 姑子；姨子；嫂子；弟媳妇

sit [sit]

v. (sat, sat) 坐

【例句】We **sat** on the beach all afternoon. 我们整个下午坐在沙滩上。

【搭配】

sit down 坐下

sit back 向后靠着坐；袖手旁观

sit up 坐直；熬夜

site [sait]

n. 场地

【例句】The company is looking for a **site** for its new offices. 公司正物色建新办公室的地点。

situation [ˌsitju'eiʃən]

n. 情形；处境；位置

【例句】She is in a difficult **situation** at the moment. 她此刻处于困境。

size [saiz]

n. 尺寸，大小

【例句】What **size** are you? 你穿多大尺码的？

skate [skeit]

v. 溜冰

【例句】

1. I can **skate**. 我会溜冰。

2. Would you like to go **skating**? 你想去溜冰吗？

【搭配】go skating 玩溜冰

skill [skil]

n. 技能；技巧

【例句】Reading and listening **skills** are very important. 阅读和听的能力非常重要。

【派生词】skillful *adj.* 熟练的 a skillful painter 熟练的画家 skilled *adj.* 有技术的，熟练的 a skilled worker 技术工人

skin [skin]

n. 皮肤

【例句】The bag is made of crocodile **skin**. 这个包是鳄鱼皮的。

skirt [skə:t]

n. 裙子，短裙

【例句】My mother bought me a new **skirt**. 我妈妈给我买了一条新裙子。

sky [skai]

n. 天空

【例句】I saw an eagle high up in the **sky**. 我看见高空有一只老鹰。

sleep [sli:p]

v. & *n.* (slept, slept) 睡觉

【例句】I didn't **sleep** well last night. 昨晚我睡得不好。

【搭配】go to sleep 睡觉

【辨析】asleep 指处于睡眠状态，"睡着的"；go to sleep 指入睡，还未进入睡眠状态。

【例句】The baby is **asleep**. 婴儿睡着了。

Go to sleep now; it's late. 快睡吧，很晚了。

He could not **go to sleep** that night because he was overexcited.

那天晚上他不能入睡，因为他过分激动。

slightly ['slaɪtli:]

adv. 微小地；细小地

【例句】He's **slightly** older than me. 他的年纪比我

略大一点。

【真题】You can adjust the plan slightly. (GMET 2011-07)
A. 迅速　B. 突然　C. 稍微　D. 大幅
（答案：C）

slow [sləu]
adj. & *adv.* 慢的（地）；迟钝的　*v.*（使）慢下来
【例句】The traffic is always very **slow** in the city center. 市中心的车流总是很缓慢。
【搭配】slow (sb/sth) down 减速
【派生词】slowly *adv.* 缓慢地
【例句】He drove **slowly** along the street. 他沿着街道慢慢地开着车。
【反义词】fast

small [smɔːl]
adj. 小的
【例句】That shirt is too **small** for you. 那件衬衫太小，你穿不下。

smart [smɑːt]
adj. 聪明的；潇洒的
【例句】He's not **smart** enough to be a leader. 他不够聪明，当不了领导。

smell [smel]
v. (smelt, smelt) 嗅；闻到；散发气味　*n.* 气味；嗅觉
【例句】
1. The perfume **smells** good. 这香水很香。
2. There was a distinct **smell** of gas. 有一股明显的煤气味。

smile [smail]
v. & *n.* 微笑
【例句】
1. She **smiled** at the camera. 她对着相机笑。
2. She had a big **smile** on her face. 她笑容满面。

smoke [sməuk]
v. 吸烟　*n.* 烟
【例句】
1. Do you mind if I **smoke**? 你介意我抽烟吗？
2. There's no **smoke** without fire. 无风不起浪。
【派生词】smoker *n.* 吸烟者

smooth [smuːð]
adj. 光滑的；平坦的；顺利的
【例句】The baby's skin is very **smooth**. 那个婴儿的皮肤很光滑。
【反义词】rough

snake [sneik]
n. 蛇
【例句】Suddenly I saw a **snake** in the corner of the office early one morning. 有一天一大早我突然看见办公室的角落里有条蛇。

snow [snəu]
n. & *v.* 雪，下雪
【例句】It's **snowing**. 正在下雪。

so [səʊ]
adv. & *conj.* 如此；因此；也（用于倒装句）
【例句】
1. I like dancing and **so** does Alice. 我喜欢跳舞，爱丽丝也喜欢。
2. She's **so** ill that she can't eat anything. 她病得吃不下东西。
3. She wore dark glasses **so**(that) nobody would recognize her.
她戴上墨镜以免被人认出。
【搭配】
and so on 等等，诸如此类
so as to 为了，以便
so…as to 如此…以致
so that 以便；以致
so…that 如此…以致

soap [səup]
n. 肥皂
【例句】She washed her hands with **soap**. 她用肥皂洗手。

socialism ['səuʃəlizəm]
n. 社会主义
【例句】At present, China is still on the initial stage of **socialism**.
现在，中国仍然处在社会主义的初级阶段。
【联想】communism *n.* 共产主义，capitalism *n.* 资本主义

society [sə'saiəti]

n. 社会

【例句】The role of women in **society** is changing. 女人的社会角色正在改变。

【联想】social *adj.* 社会的，socialism *n.* 社会主义

sock [sɔk]

n. 短袜

【例句】I bought a pair of **socks**. 我买了一双短袜。

【联想】stocking 长袜

soft [sɔft]

adj. 软的；柔和的

【例句】He passed me a **soft** towel. 他递给我一条松软的毛巾。

【反义词】hard 坚硬的

software ['sɔftwɛə]

n. 软件

【例句】He bought a new **software** package. 他买了一个新的软件包。

soil [sɔil]

n. 土壤，土地

【例句】Did you find something in the **soil**? 你在土壤里发现什么了吗？

soldier ['səuldʒə]

n. 士兵，军人

【联想】officer *n.* 军官

solid ['sɔlid]

adj. 固体的；实心的；结实的；可靠的　*n.* 固体

solution [sə'lu:ʃən]

n. 解决，解决办法；溶液

【例句】Both sides are trying to find a peaceful **solution**. 双方都试图找到和平的解决办法。

solve [sɔlv]

v. 解决，解答

【例句】It was clever of you to **solve** the problem. 你能解答那个问题真是聪明。

【派生词】solution *n.*

some [sʌm]

adj. & *pron.* 一些；某个；大约

【例句】

1. **Some** of the chairs are broken. 有些椅子坏了。
2. **Some** of the money was stolen. 有些钱给偷走了。
3. **Some** man at the door is asking to see you. 门口有人要见你。

【辨析】**some, any**

some：1. 常用在肯定句中。2. 用在表示建议、请求或期望得到肯定回答的疑问句中。

any：1. 常用在否定句和疑问句中。2. 用在肯定句中表示“任一”。

【例句】

1. Let's go out for **some** fresh air . 咱们出去呼吸点新鲜空气。
2. Would you like **some** milk in your tea? 要不要在茶里加点儿牛奶?
3. Do you speak **any** foreign languages? 你会说外语吗?
4. If you have **any** question, please come and ask me. 如果你有任何问题，请来问我。

【真题】I would like ________ books on the subject. (GMET2011-32)

A. some many　　B. some more

C. more some　　D. many some

【解答】答案：B。句意：我想要更多一些关于这个主题的书籍。用排除法，some 和 many 分别表示“一些”、“许多”，不能连用，排除 A、D；some 应放在比较级前面修饰 more，故本题选 B。

someone ['sʌmwʌn]

pron. 某人，有人

【例句】She took **someone** else's book by mistake for her own.
她把别人的书错当成自己的书拿走了。

【联想】somebody, anyone, none

somebody ['sʌmbədi]

pron. 某人，有人　*n.* 大人物，重要人物

【例句】

1. There's **somebody** at the door. 门口有个人。
2. He thinks he's really **somebody**. 他自以为很了不起。

something ['sʌmθiŋ]

pron. 某物，有价值或重要的人或物

【例句】

1. I want **something** to eat. 我想要点儿吃的。
2. He thinks he's **something**. 他认为他了不起。

sometimes ['sʌmtaimz]

adv. 有时，间或

【例句】

1. He **sometimes** writes to me. 他间或给我写写信。

2. **Sometimes** I go by car. 有时我坐汽车去。

【辨析】**sometimes, sometime, some time, some times**

sometimes："有时"。

sometime："（将来或过去）某个时候"。

some time："一段时间"。

some times："几次"、"几倍"。

【例句】

1. **Sometimes** we are busy, but **sometimes** we are not. 我们时忙时闲。

2. The event happened **sometime** in 1950. 这个事件发生在 1950 年的某个时候。

3. You should stay with us for **some time**. 你应该暂时和我们住一段时间。

4. I read the book **some times**. 我看这本书好几遍了。

somewhere ['sʌmwɛə]

adv. 在某处；大约

son [sʌn]

n. 儿子；孩子（长者对后辈的称呼）

song [sɔŋ]

n. 歌曲

soon [su:n]

adv. 不久，很快

【例句】

1. He'll be here very **soon**. 他马上就要到这儿了。

2. **The sooner** you begin, **the sooner** you'll finish. 早开始早结束。

【搭配】

as soon as 一…就…

no sooner...than 一…就…

sooner or later 迟早；早晚有一天

【例句】I'll tell him **as soon as** I see him. 我一见到他就告诉他。

No sooner had he arrived **than** he was asked to leave again. 他刚到就又被叫走了。

sorry ['sɔri]

adj. 对不起的，抱歉的，难过的，遗憾的

【例句】I'm **sorry** to say that I won't be able to accept the job.

很遗憾，我不能接受这工作。

sort [sɔ:t]

n. 种类，类别　*v.* 整理，分类

【例句】

1. What **sort** of book do you want? 你要哪一类的书？

2. He was **sorting** his foreign stamps. 他正在整理外国邮票。

sound [saund]

n. 声音　*v.* 听起来　*adj.* 合理的；酣睡的；完好的，健康的

【例句】His explanation **sounds** reasonable. 他解释得听起来合情合理。

【搭配】

a sound night's sleep 睡一夜好觉

safe and sound 健康的；完好的

【辨析】**sound, voice, noise**

sound：是声音的总称，指可被听到的任何声音，包括自然界和人发出的声音。

voice：一般指人的嗓音，说话或唱歌时声带发出的声音。

noise：指令人不快的声音，如噪音、嘈杂声。

【真题】I bought this sound house at a very low price. (GMET2011-09)

A. 有声的　　B. 环保的

C. 可靠的　　D. 完好的

（答案：D）

soup [su:p]

n. 汤，羹

sour ['sauə]

adj. 酸的，酸腐的

【例句】The milk smells **sour**. 牛奶闻起来酸了。

【搭配】sour grapes 酸葡萄心理

【例句】I think it's just **sour grapes**. 我认为他这样说不过是吃不到葡萄便说葡萄酸。

【联想】sweet *adj.* 甜的，bitter *adj.* 苦的，spicy *adj.* 辣的

source [sɔ:s]

n. 来源，根源

【近义词】origin, beginning, root

south [sauθ]

n. 南，南方 *adj.* 南方的 *adv.* 在南方，向南方

【例句】

1. The window faces **south**. 窗子朝南。

2. The town is to the **south** of London. 那镇位於伦敦南面。

【派生词】southern ['sʌðən] *adj.* 南部的，南方的

space [speis]

n. 空间，太空，空地

【例句】

1. There isn't enough **space** in the classroom for thirty desks. 教室放不下三十张桌子 .

2. Our earth moves through **space**. 我们的地球在太空中运行。

spare [spɛə]

adj. 多余的，空闲的；备用的 *v.* 节省；抽出；免除 *n.* 备用品

【例句】

1. We have no **spare** room for a table. 我们没有放桌子的空地方。

2. Can you **spare** me a few minutes of your time? 我能耽搁你几分钟吗？

【搭配】in one's spare time 在某人的业余时间

speak [spi:k]

v. 讲，说话，演说，发言

【例句】Does anyone **speak** English here? 这儿有人会说英语吗？

Are you good at **speaking** in public? 你善于当众讲话吗？

【搭配】

speak ill of sb. 说某人坏话

speak to sb. 对…说话

speak highly of 称赞

【派生词】speaker *n.* 说话者；演讲人；扬声器

special ['speʃəl]

adj. 特别的，特殊的；专门的 *n.* 特别的东西；特刊；特价；特色菜

【例句】You'll need a **special** tool to do that. 干那个活儿要用专用工具。

speech [spi:tʃ]

n. 演讲；说话

【例句】He delivered his **speech** in English. 他用英语语发表演说。

speed [spi:d]

n. 速度

【例句】He drove off at high **speed**. 他驱车飞驰而去。

【搭配】at the speed of 以…的速度

spell [spel]

v. (spelt , spelt) 拼写

【例句】Do you know how to **spell** "spoon"? 你知道怎样拼写"spoon"吗？

spend [spend]

v. (spent, spent) 度过；花费

【例句】John **spent** one hour doing his homework. 约翰花了一个小时做家庭作业。

【搭配】

spend… (in) doing sth. 花费…（时间 / 金钱）做某事

spend…on sth. 在…上花费（时间 / 金钱）

spirit ['spirit]

n. 精神

【例句】They played with **spirit**. 他们打得生龙活虎。

【搭配】

in high spirits 兴高采烈

in low spirits 精神沮丧

splendid ['splendid]

adj. 壮丽的；极好的

【例句】I'vc had a **splcndid** cvcning and thanks for having me.

我过了一个美好的夜晚，谢谢您的款待。

spoon [spu:n]

n. 匙，调羹

【例句】She feeds the baby with a **spoon**. 她用汤匙喂婴儿。

sport [spɔ:t]

n. 运动；(*pl.*) 运动会

【例句】Tennis is my favourite **sport**. 网球是我最喜欢的运动。

【搭配】

have sports 进行体育活动

sports meet 运动会

spread [spred]

v. (spread, spread) 伸展；传播

【例句】She **spread** a towel on the sand and lay on it. 她在沙滩上铺了一条毛巾，躺在上面。

spring [spriŋ]

n. 春天；泉；弹簧

【例句】**Spring** is coming. 春天即将来临。

square [skwεə]

n. & *adj.* 正方形（的）；广场；平方

【例句】He hang around the **square**. 他在广场上闲逛。

staff [stɑ:f]

n. 全体职员

【例句】The **staff** are excellent. 职员都很出色。

stage [steidʒ]

n. 舞台；阶段

【例句】I went on **stage** and did my show. 我上台作了表演。

stair [stεə]

n. [*pl.*] 楼梯；（阶梯的）一级

【例句】Terry was sitting on the bottom **stair**. 特里正坐在最下面的一级楼梯上。

stamp [stæmp]

n. 邮票；印章

【例句】His hobby is collecting **stamps**. 他的爱好是集邮。

stand [stænd]

v. (stood, stood) 站；忍受

【例句】

1. He can't **stand** hot weather. 他受不住炎热的天气。

2. When I walked in, they all **stood** up and started clapping. 当我走进去时，他们全都起立鼓掌。

standard ['stændəd]

n. & *adj.* 标准（的）

【例句】I try to live up to the high **standard** of the school. 我力求达到这学校的高标准要求。

star [stɑ:]

n. 星

【例句】The night was dark, the **stars** hidden behind cloud. 夜很黑，星星都躲在云的后面。

stare [stεə]

v. 盯着看，凝视

【例句】She's **staring** at the photo. 她正盯着相片看。

【搭配】stare at 盯着

start [stɑ:t]

v. & *n.* 开始，着手；出发

【例句】We **start** now. 我们现在开始动身。

【搭配】start with 以…开始

【同义词】begin

state [steit]

n. 状态；州；国家

【例句】When we moved here, the walls and ceiling were in an awful **state**.

我们刚搬到这里时，墙和天花板都破旧不堪。

statement ['steitmənt]

n. 陈述；声明

【例句】

1. There's not a whit of truth in the **statement**. 这声明里没有丝毫的真实性。

2. Which of the following **statements** is true? 以下哪一个陈述是对的？

station ['steiʃən]

n. 车站；电台

【例句】I'll see you off at the train **station**. 我去火车站送你。

stay [stei]

v. & *n.* 逗留；暂住；保持

【例句】I hope you'll **stay** with me on your next visit too. 希望你下次来时还在我家住。

【搭配】

stay at home 呆在家里

stay awake 不睡觉

stay single 不结婚

stay away from 远离，与…保持距离；不打扰

steal [sti:l]

v. (stole, stolen) 偷窃

【例句】He planned to **steal** the money, but his schemes were discovered.

他打算去偷那笔钱，但他的诡计被揭穿了。

【联想】thief *n.* 小偷，robber *n.* 盗贼

steam [sti:m]

n. 蒸汽

【例句】**Steam** and water power are used for the generation of electricity.

蒸汽和水力被用来发电。

steel [sti:l]

n. 钢

【例句】He is a representative for a large **steel** company.

他是一家大型钢铁公司的代理人。

step [step]

n. 脚步；步骤；台阶

【例句】Leave empty milk bottles on the **step**. 将空奶瓶放在门阶上。

【搭配】step by step 逐步地

stick [stik]

n. 棍；棒；手杖 *v.* (stuck, stuck) 粘贴

【例句】**Stick** close to me and you won't get lost. 紧跟在我后面你就迷不了路。

【搭配】stick to 坚持；粘住

still [stil]

adv. 还，仍然；更 *adj.* 静止的；寂静的

【例句】

1. I **still** dream of home. 我依然做梦梦见家。

2. Tom is tall, but Mary is **still** taller. 汤姆很高，但是玛丽更高。

stock [stɔk]

n. 股票，股份；库存（品）

【例句】The Fisher family holds 40% of the **stock**. 费希尔家族持有 40% 的股份。

stomach ['stʌmək]

n. 胃；[口语] 肚子

【例句】My **stomach** is completely full. 我完全吃饱了。

【用法】注意，它的复数是直接加 s 的，即 stomachs。

stone [stəun]

n. 石头

【例句】The crowd began throwing **stones**. 人群开始扔石块。

stop [stɔp]

v. 停止；阻止 *n.* 停止；停车站

【例句】He can't **stop** thinking about it. 他没办法不再想这件事。

【搭配】

stop sb. from doing sth. 阻止某人做某事

stop doing sth. 停下正在做的事情

stop to do sth. 停下来去做另一件事情

bus stop 公共汽车站

store [stɔ:]

n. [美] 商店；储备 *v.* 储存

【例句】She works in a department **store**. 她在一家百货商店工作。

【搭配】store up 储存

【联想】chain store 连锁商店，department store 百货商店，grocery store 杂货店，小卖部

storm [stɔ:m]

n. 风暴；狂暴天气

【例句】There's going to be a **storm**. 将会有一场暴风雨。

【派生词】stormy *adj.*

story ['stɔ:ri]

n. 故事；小说

【例句】I'll tell you a **story**. 我要给你们讲一个故事。

straight [streit]

adj. 直的；正直的 *adv.* 直接地

【例句】He tried to sit up **straight**. 他努力坐得笔直。

strange [streindʒ]

adj. 陌生的；奇怪的

【例句】A very **strange** thing happened to him yesterday. 昨天在他身上发生了一件奇怪的事。

stranger ['streindʒə]

n. 陌生人；外行

【例句】I am a **stranger** to this town. 我对这个城镇不熟。

street [stri:t]

n. 街道

【例句】I met Linda in the **street** just now. 我在大街上遇到琳达。

【搭配】in the street 在大街上

strength [streŋθ]

n. 力量；优点

【例句】I didn't have the **strength** to walk any further. 我没有力气再往前走了。

【派生词】strengthen *v.* 加强，巩固

stress [stres]

n. 压力；重音；强调 *v.* 强调；着重

【例句】Heavy lorries put too much **stress** on this bridge. 重型卡车使这座桥承受太大的压力。

strict [strikt]

adj. 严格的

【例句】John's very **strict** with his children. 约翰对孩子的管教很严格。

【搭配】

be strict with sb 对某人严格要求

be strict in sth. 对某事要求严格

strike [straik]

v. (struck, struck/stricken) 打；击；罢工

【例句】The stone **struck** her on the head. 石头击中她的头部。

strong [strɒŋ]

adj. 强壮的；坚固的

【例句】He has **strong** arms. 他有强壮的手臂。

【派生词】strength *n.*

【近义词】forceful, powerful, tough, healthy, sound

structure ['strʌktʃə]

n. 结构；建筑物

【例句】The old office block has been replaced by a modern glass **structure**.

旧办公大楼已由一座新式玻璃墙建筑物所代替。

struggle ['strʌgl]

v. 奋斗；挣扎

【例句】Tom was **struggling** with her maths homework. 汤姆正在努力应付数学作业。

student ['stju:dənt]

n. 学生

【例句】He's a full-time **student**. 他是一位全日制学生。

study ['stʌdi]

n. & *v.* 学习；研究

【例句】She **studies** very hard. 她学习很刻苦。

stupid ['stju:pid]

adj. 笨的，愚蠢的

【例句】He made a **stupid** mistake. 他犯了一个愚蠢的错误。

【近义词】foolish, silly, slow, dull

【反义词】clever, bright, intelligent, smart, wise

style [stail]

n. 风格；式样

【例句】We stock all the latest **styles**. 我们各种最新款式齐备。

subject ['sʌbdʒikt]

n. 科目；主题；主语

【例句】

1. Physics is my favorite **subject**. 物理是我喜欢的科目。

2. This is a book on the **subject** of love. 这是一部以爱情为主题的书。

succeed [sək'si:d]

v. 获得成功

【例句】He **succeed** in passing an exam. 他考试及格了。

【搭配】succeed in (doing) sth. 成功做了某事

【反义词】fail

success [sək'ses]

n. 成功；成功的事，成功的人

【例句】

1. The secret of his **success** is hard work. 勤奋是他成功的秘密。

2. He wasn't a **success** as a teacher. 他不是个好教师。

3. Of her plays, three were **successes**. 她的剧作有三部成功。

successful [sək'sesful]

adj. 成功的

【例句】He's a **successful** businessman. 他是一位成功的商人。

such [sʌtʃ]

adj. 这样的；如此的 *pron.* 这样的人或物

【例句】It is **such** a good book that I can't put it down. 这本书如此吸引人，我简直爱不释手。

【搭配】

such as 比如，诸如

such…that 如此…以致于

【辨析】**such, so** 都表示“如此”。

such 修饰名词，引导的句型结构为：
1. such + a/an + adj. + 可数名词的单数
2. such + adj. + 可数名词复数或不可数名词，如：
such beautiful flowers，**such** fine weather
so 修饰 adj. 或 adv.，引导的句型结构为：
1. so + adj. + a/an + 可数名词单数
2. so + many、much、little（作副词“少”时）、few 等表示数量概念的单词，如：
so many people, **so much** money。
其中，such 和 so 修饰可数名词单数时可相互转换，如：
这么好的一本书！可翻译为 **Such a** good book! 或 **So** good **a** book!

suddenly ['sʌdnlɪ]
adv. 突然地
【例句】**Suddenly**, everyone started shouting and singing. 突然间，大家都喊起来、唱起来了。
【联想】
sudden *adj.* 突然的
all of a sudden 突然
【例句】**All of a sudden** he turned about and saw me. 他突然转过身来看见了我。

suffer ['sʌfə]
v. 受苦；遭受
【例句】She often **suffers** from headaches. 她经常头痛。
【搭配】suffer from 忍受，遭受；患…病，受…苦

sugar ['ʃugə]
n. 糖
【例句】Don't eat too much **sugar**. 不要吃太多糖。
【联想】salt *n.* 盐，vinegar *n.* 醋，soy sauce 酱油

suggest [sə'dʒest]
v. 建议，提议；暗示
【例句】He **suggested** taking the children to the park. 他建议带带孩子们去公园。
【搭配】
suggest doing sth. 建议做某事
= suggest that sb. (should) do… 建议某人应该做某事
【用法】suggest 作“建议”讲时，宾语从句须用虚拟语气，谓语动词结构为 should + 动词原形，或只用动词原形。如：
He **suggested** that we (should) leave early. 他建议我们早点动身。

suggestion [sə'dʒestʃən]
n. 建议；意见
【例句】I want your **suggestions** about what to do today. 今天要做什么我想听听你的建议。
【真题】Your suggestion that he ________ with us till next week is good. (GMET2010-25)
A. stay　　B. stays
C. shall stay　　D. will stay
【解答】答案：A。suggestion 后的名词性从句需用“(should) + do”虚拟语气。

suit [sju:t]
n. 一套衣服；西装，套装　*v.* 适合；相配
【例句】Green **suits** you. 绿色很配你。

suitable ['sju:təbl]
adj. 合适的；适宜的
【例句】I am looking for a place **suitable** for a picnic. 我在找适合野餐的地方。
【搭配】be suitable for 适合于

summer ['sʌmə]
n. 夏天；夏季
【例句】Last **summer** we went to Italy. 去年夏天我们去了意大利。

sun [sʌn]
n.（常加 the）太阳；阳光
【例句】The **sun** rises in the east. 太阳从东方升起。
【派生词】sunny *adj.*

sunny ['sʌnɪ]
adj. 晴朗的；阳光充足的
【例句】It's **sunny** today. 今天天气晴朗。

supper ['sʌpə]
n. 晚餐
【例句】We have a late **supper**. 我们晚饭吃得很晚。
【搭配】have supper 吃晚饭（注意：无冠词）

supply [sə'plai]
v. & *n.* 供给；供应；补给
【例句】Have we got enough **supplies** of food? 我们储存的食物够用吗？
【搭配】supply sth. to sb.= supply sb. with sth. 向某人提供某物

support [sə'pɔːt]

v. & n. 支持；支撑；资助，赡养

【例句】

1. Which team do you **support**? 你支持哪只队？

2. I was **supported** by my parents when I was studying. 我求学期间由父母供养。

【派生词】supportive *adj.*

suppose [sə'pəuz]

v. 猜设，料想

【例句】She'll be there today, I **suppose**. 我想她今天会在那儿。

【搭配】be supposed to do sth. 理应，应该

【例句】They **were supposed to** be here by five o' clock. 他们应该5点之前到达这里。

sure [ʃuə]

adj. 肯定的；确信的

【例句】Are you **sure** of your facts? 你能肯定你的资料属实吗？

【搭配】

be sure of 确信，坚信

be sure to do sth. 必定；务必

make sure 确信；证实

【派生词】ensure *v.* 确保，surely *adv.*，sureness *n.*

surface ['səːfis]

n. 表面

【例句】

1. The submarine rose to the **surface**. 潜水艇露出了水面。

2. Nearly three-fourths of the **surface** of the earth is covered with water. 将近四分之三的地球表面被水覆盖着。

【真题】The road surface has started breaking up. We need to repair it. (GMET2010-11)

A. 护栏　B. 底部　C. 标识　D. 表面

（答案：D）

surprise [sə'praiz]

v. 使惊奇；使诧异　*n.* 惊奇；意想不到的事

【例句】

1. I'm **surprised** at the news. 我听到这个消息很惊讶。

2. What a pleasant **surprise**! 这真是一桩令人又惊又喜的事！

【搭配】

to one's surprise 使某人惊奇的是

in surprise 吃惊地，惊奇地

【派生词】surprising *adj.*（指物）令人惊讶的

surprised adj.（指人）感到惊讶的

sweater ['swetə]

n. 毛衣；套头衫

【例句】It's cold, put on your **sweater**. 天冷了，穿上你的毛衣。

sweep [swiːp]

v. (swept, swept) 打扫

【例句】He's **sweeping** the yard. 他在打扫院子。

sweet [swiːt]

adj. 甜的　*n.* 糖果

【例句】This cake is much too **sweet**. 这块蛋糕太甜了。

【派生词】sweetly *adv.*　sweetness *n.*

swim [swim]

n. & v. (swam, swum) 游，游泳

【例句】Let's go **swimming**. 我们去游泳吧。

【搭配】

go swimming 去游泳

have a swim 游泳

switch [switʃ]

n. & v. 开关；转换

【例句】**Switch** on the light. 把灯打开。

【搭配】switch on/off 开 / 关（电源）

system ['sistəm]

n. 系统；体系；制度

【例句】He created a new **system** of teaching foreign languages. 他创造了一种新的外语教学体系。

【搭配】

nervous system 神经系统

solar system 太阳系

【派生词】systematic *adj.*

T

table ['teibl]

n. 桌子

【例句】After supper I help my mother to clear the **table**. 晚饭后，我帮妈妈收拾桌子。

【搭配】

sit at table 就餐，入席

sit at the table 坐在桌子旁

on the table 在桌面上，公开地

wait at table 伺候进餐

tail [teil]

n. 尾巴

【例句】A fish moves its **tail** to swim. 鱼摆尾游泳。

tailor ['teilə]

n. 裁缝

【例句】The **tailor** measured me for a suit. 裁缝给我量尺寸做衣服。

【搭配】at the tailor's 在裁缝店

take [teieyk]

v. (took, taken) 拿；取；带去；乘车（船）

【例句】

1. **Take** some money with you. 带些钱去。

2. We're going to **take** the morning train to Nanjing. 我们打算坐上午的车去南京。

【搭配】

take away 拿走

take a boat/a bus 乘 / 船车

take a message 稍口信

take a seat 坐下，就坐

take a walk/rest 散步 / 休息

take care of 照顾

take charge of 负责

take down 记下

take food/medicine 就餐 / 服药

take it easy 不紧张，别着急

take off 起飞；脱掉

take one's time 慢慢来

take out 拿出，取出

take part in 参加

take photos 拍照

take turns 轮流

【例题】1. The wounded ________ good care of here now.

A. is taking B. are taking

C. are being taken D. is taken

2. It ________ me twenty hours to get here by train.

A. takes B. spends

C. pays D. brings

【解答】答案：1. C；2. A。句意：1. 现在伤员在这里被照顾得很好。2. 坐火车到这儿要花二十个小时。It takes sb. some time to do sth. "做某事花去某人多少时间"。

【真题】（要花上至少三个月）________ to complete the work. (GMET2011-77)

【解答】答案：It takes at least three months。

tale [teil]

n. 故事；传说

【例句】My grandma used to tell me many fairy **tales**. 我奶奶过去给我讲了许多神话故事。

talk [tɔ:k]

n 谈话；讲话，演讲 *v* 交谈

【例句】

1. Money **talks**. （谚）有钱能使鬼推磨。

2. She is **talking** to her boyfriend on the telephone. 她正在电话里和她男友讲话。

【搭配】

talk about 谈论某事

talk over 商量，讨论

talk back 回嘴，顶嘴

talk to/with 与…交谈

talk of 谈到，说到

talk to oneself 自言自语

talk out 把…说透

talk up 大声地讲；大胆地讲

tall [tɔːl]

adj. 高的

【例句】James is the **tallest** in his class. 詹姆斯是他们班上最高的。

【例题】He is ________ than any other boy in his class.

A. tall　　B. taller

C. the tallest　　D. more tall

【解答】答案：B。句意：他比班里任何一个男孩都高。本题考查比较级用法。

tape [teip]

n. 磁带；胶带

【例句】Our teacher played a **tape** in the class. 老师在课堂上放了一盘磁带。

【搭配】play a tape 播放磁带

target ['tɑːgit]

n. 目标；靶子

【例句】He missed the **target** only once yesterday. 昨天他只有一次脱靶。

【近义词】aim, goal, purpose, objective

task [tɑːsk]

n. 任务，工作

【例句】It is a boring **task**. 那是件枯燥无味的工作。

taste [teist]

n. 滋味；味道　*v.* 尝味

【例句】

1. I don't like the **taste** of this meat. 我不喜欢这块肉的味道。

2. **Taste** this cake and tell me whether you like it. 尝尝这块蛋糕，告诉我你是否喜欢。

【用法】作名词时，前面常用不定冠词和形容词修饰；作连系动词时，后面常接形容词。

【搭配】

in good taste 品味高

taste of… 有…味道，体验到

to one's taste 合某人的口味

【例题】The cake ________ sweet.

A. eats　　B tastes

C. is tasted　　D. is eaten

【解答】答案：B. 句意：蛋糕尝起来很甜。taste 为系动词，系动词无被动式。

【派生词】tasty *adj.* 味道好的；tasteless *adj.* 无滋味的

【真题】Good medicine ________ bitter. (GMET 2012-24)

A. is tasted　　B. tasted

C. tastes　　D. was tasted

【解答】答案：C。句意：良药苦口。taste 为系动词，无被动语态，后常接形容词。

tax [tæks]

n. & *v.*　税；征税

【例句】People who refuse to pay **tax** can be put in prison. 拒绝纳税的人会被送进监狱。

taxi ['tæksi]

n. 出租汽车

【例句】We took a **taxi** from the station to the school. 我们坐出租汽车从车站到了学校。

tea [tiː]

n. 茶，茶叶

【例句】Have a cup of **tea**, please! 请喝一杯茶吧！

【搭配】make tea 沏茶

【联想】green tea 绿茶，black tea 红茶，strong tea 浓茶，weak tea 淡茶

teach [tiːtʃ]

v. (taught, taught) 教；教书

【例句】My brother is **teaching** me how to swim. 我哥哥正在教我游泳。

【搭配】

teach oneself 自学

teach sb. a lesson 给某人一个教训

teach sb. sth. 教某人某物

teach sb. to do sth. 教某人做某事

【例题】She will teach us ________ the song.

A. sing　　B. to sing

C. sang　　D. to singing

【解答】答案：B。句意：她将要教我们唱这首歌。teach sb to do sth 教某人做某事。

【派生词】teacher *n.* 老师

teacher ['tiːtʃə]

n. 教师

【例句】He is a **teacher** aged only twenty. 他是一

位年仅二十岁的教师。

【例题】September 10th is ________ Day.

A. Teacher　　B. Teachers'

C. the Teacher's　　D. Teacher's

【解答】答案：B。句意：9 月 10 号是教师节。固定搭配。

team [ti:m]

n. 队，组

【例句】There are eleven players in a football **team**. 一个足球队有 11 个队员。

【用法】team 为集合名词，用作主语时，如指整个队（组），谓语用单数形式；如指全体队员，谓语用复数形式。

tear [tiə]

[常用复数] *n.* 眼泪；泪珠

[teə] *v.* (tore, torn) 扯开；撕裂

【例句】

1. There are **tears** of joy in her eyes. 她眼里含着喜悦的泪花。

2. Tom has **torn** his trousers on a nail. 汤姆的裤子被钉子挂破了。

【用法】作名词时，常用复数形式，指"眼泪"。

【搭配】tear…to pieces 把…撕成碎片

technical ['teknikəl]

adj. 技术的；工艺的

【例句】The article is full of **technical** terms. 这篇文章满篇全是专业术语。

technique [tek'ni:k]

n. 技术；方法

【例句】

1. Could you teach us a new marketing **technique**? 你能否教我们一个新的市场营销技巧?

2. Her **technique** is not quite up to the mark. 她的技术还差点儿。

technology [tek'nɔlədʒi]

n. 技术；工艺

【例句】With the coming of modern **technology**, many jobs were lost.

随着现代技术的到来，许多工作岗位不复存在。

【辨析】**technique, technology**

这两个名词均有"技术"之意。

technique：可数名词，多指具体的某种技术和技巧。

technology：不可数名词，通常指工业技术或科学技术。

telegram ['teligræm]

n. 电报

【例句】I received a **telegram** from my mother. 我收到母亲的一封电报。

television ['teliviʒən]

(=TV) *n.* 电视

【例句】His first film was shown on **television** last weekend.

他的第一部电影上周末在电视上播放了。

tell [tel]

v. (told, told) 告诉；讲述

【例句】

1. Father has **told** the children a story. 父亲给孩子们讲了个故事。

2. It is not easy to **tell** true friends from false ones. 分辨真假朋友不容易。

【搭配】

tell a lie 撒谎

tell a story 讲故事

tell…from.. 辨清，分清

tell sb. of/about sth. 告诉某人某事

【例题】Please ________ me your name.

A. say　　B. speak　　C. tell　　D. talk

【解答】答案：C。句意：请告诉我你的名字。tell sb. sth. 告诉某人某事。

temperature ['tempəritʃə]

n. 温度

【例句】The **temperature** has stayed hot this week. 本周气温一直很高。

【搭配】take one's temperature 量体温

tennis ['tenis]

n. 网球

【例句】They played **tennis** on the grass court. 他们在草场上打网球。

【用法】球类前不用冠词。如：play golf 打高尔夫球。

【联想】table tennis 乒乓球，basketball，football，volleyball，badminton，golf tense [tens]

n. 时态　*adj.* 紧张的

【例句】

1. The verb is in the present **tense**. 这个动词使用的是现在时态。

2. It is difficult to be natural when one is **tense**. 人在紧张的时候很难泰然自若。

tent [tent]

n. 帐篷

【例句】They set up a **tent** near the sea. 他们在海边附近搭起了一个帐篷。

term [tə:m]

n. 学期；术语

【例句】

1. How many English songs had you learned by end of last **term**? 到上学期末你们学了几首英语歌？

2. The medical **term** for a broken bone is a fracture. 骨头断裂在医学术语上被称为骨折。

terrible ['terəbl]

adj. 可怕的；很糟的（非正）

【例句】The earthquake is a **terrible** disaster. 地震是个可怕的灾难。

【派生词】terribly *adv.* 可怕地

test [test]

v. & *n.* 测验；试验；检测

【例句】

1. We had our last Chinese **test**. 我们举行了最后一次中文考试。

2. The teacher is **testing** our spelling. 老师正在测验我们的拼写。

【搭配】

a blood test 验血

have a test 检查，测验

stand the test 经受住考验

text [tekst]

n. 课文

【例句】Read the **text** first and then explain the new words. 先读课文然后解释生词。

textbook ['tekstbuk]

n. 教科书，课本

【例句】Their new English **textbooks** are on the teacher's desk. 他们的新英语课本放讲台上。

than [ðæn]

conj. & *prep.* 比

【例句】The earth is bigger **than** the moon. 地球比月球大。

【用法】常和形容词和副词比较级搭配使用。

【搭配】

would rather ... than 宁愿…而不愿

more than 多于，超过

less than 少于，不足

thank [θæŋk] *v.* & *n.* 感谢

【例句】**Thank** you for showing me the way. 谢谢你给我指路。

【搭配】thank goodness 谢天谢地

thank sb. for 因…感谢某人

thanks to 幸亏，由于

【辨析】**thanks to, thanks for**

thanks to: 为介词词组，意思是“多亏；由于；因为”，含义相当于 because of。

thanks for：表示“因…而感谢”，其中的 thanks 为复数名词，介词 for 指原因，后接名词，代词或动词的 ing 形式。

【例句】**Thanks to** your help, we finished the work in time.

多亏了你的帮助，我们及时完成了工作。

Thanks for inviting me. 谢谢你的邀请。

【派生词】thankful *adj.* 感激的，感谢的

that [ðæt]

adj. & *pron.* 那；那个　*conj.*（引导宾语从句等）

【例句】

1. Do you know **that** man? 你认识那个人吗？

2. He knew **that** it was impossible. 他知道那是不可能的了。

【用法】that 指较远的人或物；作指示代词时，常用来指代上文提到的名词，以避免重复。还可以引导定语从句、状语从句以及宾语从句、主语从句等名词性从句。

【搭配】now that 既然

【例题】I'm moving to the countryside because the air there is much fresher than ________ in the city.

A. ones　　B. one　　C. that　　D. those

【解答】答案：C。句意：我搬到了乡下，因为那里的空气比市区里面新鲜得多。That 代替上句提到的 the air.

【真题】Did you hear the news ________ a new student would come to our class? (GMET2013-30)

A. what　B. that　C. which　D. why

(答案：B)

【解答】答案：B。本题考查同位语从句连接词。句意为：你听说有新生要到我们班来的消息了吗？“有新生要到我们班”是 news 的同位语，本题的同位语从句引导词应同时具备无语意、起引导词作用、不充当句子成分、不能省去的特点，可知 B 为答案。注意：名词性从句引导词的判断均需从上述几点入手并做出判断。

the [ðə]

art. 那（这）

【例句】**The** book you lost is his. 你丢的那本书是他的。

【例题】I met ________ girl this morning. The girl was going to ________ school.

A. /; a　B. a; /

C. the; a　D. a; the

【解答】答案：B。句意：今天早上我碰到一个女孩，她正要上学去。考查不定冠词和定冠词的用法。

theatre/theater ['θiətə]

n. 剧场；戏院

【例句】I was late at the **theater** yesterday. 昨天我看戏去晚了。

then [ðen]

adv. 那时；然后；那么

【例句】

1. We were still at school **then**. 当时我们还在上学。

2. I went home for dinner and **then** went to the cinema. 我先回家吃了晚饭，然后看电影去了。

3. If you are tired, **then** you had better stay at home. 如果你累了，那么你最好待在家里。

【用法】一词多义，指：1.“后来，然后，之后，接着”；2. 用于句首或句末，“那么，因此”；3. 指过去或将来的一个时间点或一段时间，“那时，当时”。

【搭配】just then 正在那时

now and then 时而，有时

【例题】He went to Shanghai, ________ to Guangzhou.

A. and　B. and then　C. but　D. than

【解答】答案：B。句意：他先去了上海，然后去广州。then 在此表示“然后”；它还常用于句首或句末，表示“那么，因此”，如：Then, let's begin. 那么，咱们开始吧。

theory ['θiəri]

n. 理论

【例句】In **theory**, anything could happen. 理论上来说，任何事情都会发生

there [ðeə]

adv. 在那里

【例句】He will stay **there** till May. 他将在那里住到五月。

【用法】there be 句型表示“某处有某人或者某物”，谓语动词的单复数形式与就近的名词保持一致。如：**There is** a desk and two chairs in the office. 办公室里有一张桌子和两把椅子。

【搭配】

here and there 四处，到处

over there 在那里（指较远处）

there and then 当时当地

【例题】There ________ a tiger and two pandas in the zoo.

A. are　B. has　C. is　D. have

【解答】答案：C。句意：动物园里有一只老虎和两只熊猫。在 There be 句型中，谓语动词 be 的单复数与就近的名词保持一致，a tiger 为单数名词，所以谓语动词也要用单数。

therefore ['ðeəfɔː]

adv. 因此，所以

【例句】He was very tired, and **therefore** he didn't give the report.

他非常疲倦，所以没有作报告。

【辨析】**so, therefore, thus**

so：用于比较随便的场合，口语中多。

therefore：通常指引出一个推断出的必然。

thus：多用于书面语中，可与 therefore 换用。

these [ðiːz]

adj. & pron. 这些

【例句】**These** are my shoes. 这些是我的鞋。

【用法】是 this 的复数，作定语时，修饰复数名词。

thick [θik]

adj. 厚的；粗的

【例句】The snow lay two meters **thick**. 雪积两米厚。

【搭配】be thick with 充满；与（某人）很亲密

【派生词】thickly *adv.*　thickness *n.*

【反义词】thin 薄的；细的

thief [θi:f]

n. (pl. thieves) 小偷，贼

【例句】The **thief** broke into the house. 小偷破门进入了房子。

【用法】复数形式为 thieves.

thin [θin]

adj. 瘦的；薄的

【例句】

1. I want some **thinner** paper. 我要一些更薄的纸。

2. He's getting **thinner** and **thinner**. 他变得越来越瘦了。

【用法】比较级为 thinner，最高级为 thinnest，反义词为 fat 胖的，thick 厚的。

thing [θiŋ]

n. 东西；事情

【例句】

1. Put your **things** in order. 把你的东西放整齐。

2. A funny **thing** happened today. 今天发生了一件很有意思的事情。

【搭配】for one thing…for another 一方面…另一方面

think [θiŋk]

v. (thought, thought) 想；考虑；认为

【例句】

1. **Think** carefully before you answer. 回答之前要认真思考。

2. I didn't **think** he understood your question. 我认为他没听懂你的问题。

【搭配】

think about 考虑

think of 想起；考虑

think of…as… 把…看做…，以为…是…

think over 仔细想，仔细考虑

think up 想出，设计出

【例题】— What do you think ________ the movie last night?

— Really wonderful! It's well worth seeing.

A. for　　B. of　　C. in　　D. to

【解答】答案：B。句意：你认为昨晚的电影怎样？真棒！很值得看。

thinking [θiŋkiŋ]

n. 思想

【例句】Night is a good time for my **thinking**. 夜间是我思考的好时候。

thirsty ['θə:sti]

adj. 口渴的

【例句】They were hungry and **thirsty**. 他们又饥又渴。

【联想】thirst *n* . 渴，口渴

this [ðis]

adj. & *pron.* 这个

【例句】I like **this** song better than that. 我更喜欢这首歌，超过那首。

those [ðəuz]

adj. & *pron.* 那些

【例句】**Those** boys are my cousins. 那些男孩子是我的表兄弟。

【用法】是 that 的复数形式，修饰复数名词。

though [ðəu]

conj. 虽然

【例句】**Though** she was in a hurry, she stopped to talk. 她虽然很匆忙，但仍然停下来说话。

【用法】引导让步状语从句。要注意的是 though 和 although 都不能与 but 连用，但可与 yet 连用。

【搭配】

even though/if 即使，尽管

as though/if 好像，仿佛

【例题】

— How do you like the story?

— Interesting, ________ the end of it is not perfect.

A. so　　B. though　　C. or　　D. because

【解答】答案：B。句意："你觉得这个故事怎样？""有趣,尽管结尾不是很完美。" so "因此"，

though “尽管”, or “或者; 否则”, because “因为”。

【辨析】**though, although, as**

均可表示“虽然，尽管”之意。

though：1. 可引出倒装语序的让步状语从句，although 则不能。

2. 可构成固定搭配：even though；as though。

3. 可作副词，置于句末，表“不过，然而”。

4. 引出省略句时，通常用 though。

although：在意义上和 though 几乎毫无区别，但文体上较正式用词，语气比 though 强。

1. 不可引出倒装语序的让步状语从句。

2. 不能置于从句末。

as：引出让步状语从句时只用于倒装语序结构中，语气强于上述两个连词。

【例句】Child **as** he is, he can speak several languages. 虽然他是个孩子，他能说好几种语言。

= Child **though** he is, he can speak several languages.

= **Although/Though** he is **a** child, he can speak several languages.

thought [θɔːt]

n. 思考；想法

【例句】I’ve just had a terrible **thought**. 我刚刚产生了一个可怕的想法。

【搭配】be lost in thought 陷入沉思

【例句】**Lost in thought**, he almost ran into the car in front of him. 他陷入了沉思，几乎撞到了前面的汽车。

thread [θred]

n. 线；线状物

【例句】I need a needle and some **thread** to mend this shirt with.

我需要一根针和一些线缝补这件衬衫。

through [θruː]

prep. 穿过; 通过; 从开始到结束　*adv.* 自始至终; 彻底

【例句】

1. I saw it **through** the window. 我透过窗户看见它。

2. Carry the struggle **through** to the end. 把斗争进行到底。

【搭配】

look through 看穿；仔细查看；浏览

read through 通读

throughout [θruː'aut]

prep. 遍及；贯穿

【例句】The disease spread **throughout** the country. 这种疾病蔓延全国。

throw [θrəu]

v. (threw , thrown) 投；掷；扔

【例句】Don’t **throw** the waste here and there. 不要到处扔垃圾。

【搭配】

throw sth. away 扔掉某物

throw at 投向，掷向

throw off 摆脱；散发出

throw sth. to sb. 向某人扔某物

thus [ðʌs]

adv. 这样；因而

【例句】He sold his car and **thus** he had enough money for his journey.

他卖掉了车，这样他就有足够的钱旅行了。

ticket ['tikit]

n. 票；券

【例句】He bought a **ticket** at the railway station. 他在火车站买了一张车票。

【搭配】

ticket collector 验票员

ticket office 售票处；票房

tidy ['taidi]

adj. 整洁的　*v.* 使变整洁

【例句】

1. Her clothes were clean and **tidy**. 她的衣服干净整洁。

2. Make your room as **tidy** as possible. 将你的房间收拾得尽量整洁一些。

【搭配】tidy up 使…整洁

tie [tai]

n. 带子；领带　*v.* 系；拴；扎

【例句】

1. He **tied** his horse to a tree by the road. 他把马栓在路旁的一颗树上。

2. He was wearing a white shirt and a blue **tie**. 他穿一件白衬衣，系了一条蓝领带。

【搭配】

tie…to 把…栓在…上

tie up 扎牢，捆紧

tiger ['taigə]

n. 老虎

【例句】How can you catch **tiger** cubs without entering the tiger's lair? 不入虎穴，焉得虎子？

【派生词】tigress *n.* 母老虎

tight [tait]

adj. 紧的；牢固的

【例句】This pair of trousers is too **tight** for me. 这条裤子我穿太紧了。

till [til]

conj. 直到…为止；在…之前

【例句】

1. We'll wait **till** the rain stops. 我们将一直等到雨停。

2. He didn't return home **till** five. 他直到五点才回家。

【搭配】not…until 直到…才

【例题】1. ________ he comes, nothing can be done.

A. Till　　B. Until

C. What　　D. For

2. He ________ the homework until his mother went back.

A. finished　　B. didn't finish

C. finish　　D. finished

【解答】答案：1. B；2. B。题 1 考查 until、till 接从句的用法，但 till 通常不用于句首；题 2 考查 not… until 句型，"直到…才"。

句意：1. 他来之前什么都不能干。2. 直到他母亲回来他才完成功课。

【辨析】**till , until**

都可表示"直到"。

till：多用于口语，通常不用于句首。在肯定句中，指从开始到结束的整段时间；在否定句中，指整段时间的某一点。

until：用法与 till 基本相同，可用于口语或书面语中，置于句首时表示强调。

time [taim]

n. 时间；次数

【例句】

1. **Time** passes quickly when you're busy. 人忙的时候就觉得时间过得很快。

2. I've been to Beijing three **times**. 我去过北京三次。

【用法】

1. It's time to do sth. /It's time for sth. 到了做某事的时间。

2. It is time 后面的 that 从句中，谓语动词时虚拟语气，用一般过去式。

3. 序数词 + time 表示"第几次",后接 that 从句时，从句通常用完成时态。

【搭配】

all the time 一直，始终

at a time 每次，依次

at one time 一度，从前

at times 有时，不时

at the same time 同时

ahead of time 提前

at no time 立即，立刻，马上

by the time 到…的时候

from time to time 时常；有时，偶尔

have a good time 玩得高兴

in time 及时

on time 准时

once upon a time 从前

tin [tin]

n. 锡；罐头

【例句】I never eat anything out of a **tin**. 我从来不吃罐头食品。

tiny ['taini]

adj. 极小的，微小的

【例句】Though she was **tiny**, she had a very loud voice. 她虽然个头小，嗓音却非常洪亮。

tired ['taiəd]

adj. 疲劳的

【例句】

1. The **tired** boy fell asleep at once. 那个劳累的男孩立刻睡着了。

2. I am **tired** with walking. 我走累了。

【搭配】

be tired of sth./ doing sth 厌烦（做）某事

tired out 精疲力竭的

be tired with sth 因…累，疲倦 .

【例题】I am tired ________ everything.

A. of B. with C. in D. from

【解答】答案：A。句意：我对什么都厌倦了。be tired of sth “厌烦某事”。

title ['taitl]

n. 标题，题目；称号

【例句】What's the **title** of her new book? 她的新书书名是什么？

to [tuː]

prep. 到；向；离

【例句】

1. She is going **to** Shanghai. 她要去上海。

2. It's five minutes **to** five. 差五分钟五点。

tobacco [tə'bækəu]

n. 烟草

【例句】It's forbidden to sell **tobacco** to children under 16. 禁止向 16 岁以下的儿童出售烟草。

today [tə'dei]

adv. & *n.* 今天；现今

【例句】

1. **Today** is my birthday. 今天我的生日。

2. I bought this book **today**. 这本书是我今天买的。

【联想】yesterday, tomorrow

together [tə'geðə]

adv. 一起

【例句】We put our books **together**. 我们把书放在一起。

【搭配】get together 聚会

【例题】Lucy and Lily live ________ .

A. altogether B. together

C. all D. in all

【解答】答案：B。句意：露西和莉莉住在一起。altogether 是“加起来总共”的意思。

toilet ['tɔilit]

n. 厕所；洗手间

【例句】Excuse me, where is the gentlemen's **toilet**? 请问，男厕所在哪里？

tomato [tə'mɑːtəu]

n. (pl. tomatoes) 西红柿

【例句】She likes eating **tomato**. 她喜欢吃西红柿。

【联想】potato n. 土豆（pl. potatoes）

tomorrow [tə'mɔrəu]

adv. & *n.* 明天

【例句】Ask them to come to the meeting **tomorrow**. 请他们明天来参加会议。

【搭配】the day after tomorrow 后天

ton [tʌn]

n. 吨

【例句】How many **tons** does this elephant weigh? 这头大象重多少吨？

tongue [tʌŋ]

n. 舌头；语言

【例句】The doctor examined her **tongue**. 医生检查了她的舌头。

【搭配】mother tongue 母语，本国语

tonight [tə'nait]

n. 今晚

【例句】That must be done before **tonight**. 那件事情一定得在今晚以前完成。

too [tuː]

adv. 也；太

【例句】

1. He plays the guitar and sings **too**. 他会弹吉他，也会唱歌。

2. I am **too** busy to go with you. 我太忙，不能同你一起去。

【搭配】

too…to 太…而不能

cannot…too 怎么…也不会过分

none too 一点也不

【辨析】**too, either, also, as well**

都含“也”之意。

too：用于肯定句，比 also 更通俗，和 also，as well 可以相互替换，通常位于句末。

either：用于否定句，放在句末，之前加逗号。

also：比 too 正式一些，语气较重，用于肯定句，通常位于 be 动词，助动词或情态动词之后，行为动词之前。但在表示强调时，also 也可放在助动词或情态动词等之前。

as well：多用于口语，用法和 too 完全一样，可

以互换，通常位于句末，强调时可放在句中。
【例句】
1. He studies hard and I study hard , **too**. 他学习用功，我学习也用功。
2. I can't speak French and can't write it, **either**. 我不会讲法语，也不会写法语。
3. He has been to Beijing. I have **also** been there. 他去过北京，我也去过。
4. She sings and plays the piano **as well**. 她不但会唱歌，而且会弹钢琴。

tool [tu:l]
n. 工具
【例句】Hammers and saws are carpenters' **tools**. 锤子和锯子是木匠的工具。

tooth [tu:θ]
n. (*pl.* teeth) 牙齿
【例句】I brush my **teeth** twice a day. 我每天刷两次牙。
【派生词】toothache *n* . 牙痛

top [tɔp]
n. & *adj.* 顶部；头等的
【例句】He was standing at the **top** of the hill. 他站在小山顶上。
【搭配】
on top of 在…上面，在…顶部
at the top of 在…上端，在…最高处
come to the top 出人头地，出名
from top to bottom 从上到下；完全

topic ['tɔpik]
n. 主题；话题
【例句】Let's take leave of the **topic** and turn to another.
这个问题就说到这里吧，现在来谈谈另一个话题。

total ['təutl]
adj. 总的；整个的 *n.* 总数；合计
【例句】
1. The **total** cost will be 100 dollars. 总的费用要100美元。
2. In **total** over 100 people attended the conference. 共计有百余人参加了这个会议。
【派生词】totally *adv.*

touch [tʌtʃ]
v. 接触；触摸；感动 *n.* 接触；联系
【例句】
1. Don't **touch** it; it breaks easily. 不要碰它；它容易碎。
2. The horse became quiet at the **touch** of my hand. 这匹马我用手一摸就安静下来了。
【搭配】
keep in touch with 与…保持联系
lose touch with 与…失去联系
get in/into touch with 与…取得联系

tour [tuə]
n. 旅行；观光
【例句】They're going on a world **tour**. 他们正在环球旅行。

toward(s) [tə'wɔ:d(z)]
prep. 向；朝；对于
【例句】She sat with her back **towards** me. 她背向我而坐着。

towel ['tauəl]
n. 毛巾；纸巾
【例句】I dried my hands and face with the **towel**. 我用毛巾擦干了双手和脸。

tower ['tauə]
n. 塔；高楼
【例句】
1.The **tower** is fifty feet in height. 塔高五十英尺。
2. The Eiffel **Tower** is one of the most famous structures in the world.
埃菲尔铁塔是世界上最著名的建筑物之一。

town [taun]
n. 城镇；镇
【例句】Mr. Smith is out of **town**. 史密斯先生出城了。

track [træk]
n. 小路；踪迹；轨道
【例句】We followed his **tracks** in the snow. 我们循着雪地上他留下的脚印走。

tractor ['træktə]
n. 拖拉机
【例句】In order to meet the needs of agriculture, we must produce more **tractors**. 为了满足农业的

需求，我们必须生产更多的拖拉机。

trade [treid]

n. 贸易；商业；交易；生意　*v.* 交易；经商

【例句】

1. China does a lot of **trade** with many countries. 中国和许多国家进行多方面贸易。

2. They had years of experience of **trading** with the West. 他们有多年与西方贸易往来的经验。

traditional [trə'diʃənl]

adj. 传统的

【例句】He says his country wants to develop its **traditional** friendship with China. 他说他的国家希望发展和中国的传统友谊。

【联想】tradition *n*. 传统，惯例

traffic ['træfik]

n. 交通

【例句】There is heavy **traffic** during the rush hours. 上下班时间交通很繁忙。

【搭配】traffic lights 交通灯

train [trein]

n. 火车　*v.* 培训

【例句】

1. Did you come by **train** or by car? 你是坐火车来还是坐汽车来的?

2. He's **training** a horse for the race. 他正在训练马准备参加比赛。

【搭配】

train for 为…而训练

get into/on a train 上火车

get off/out of a train 下火车

train station 火车站

【派生词】trainer *n*. 教练；training *n.* 训练；培养

training ['treiniŋ]

n. 培训

【例句】He went into **training** for the volleyball competition. 他去进行排球比赛的训练。

transfer [træns'fəː]

v. & *n.* 转移；转学；转车

【例句】

1. I took the subway and then **transferred** to the bus. 我搭乘地铁然后再改乘公共汽车

2. Our company will have a **transfer** to London. 我们公司将迁往伦敦。

transistor [træn'sistə]

n. 晶体管；晶体管（半导体）收音机

【例句】She took her **transistor** everywhere with her. 她去哪里都带着晶体管收音机。

translate [træns'leit]

v. 翻译

【例句】Don't **translate** word for word, sentence for sentence. 不要逐字逐句地翻译。

【搭配】translate…into 把…翻译成

【派生词】translator *n.* 翻译家，译者; translation *n.* 翻译，译文

transport [træns'pɔːt]

n. & *v.* 运输

【例句】

1. The **transport** of goods by air is very expensive. 空运货物费用十分昂贵。

2. A helicopter was used to **transport** the wounded. 一架直升飞机被用来运送伤员。

travel ['trævl]

v. & *n.*（长途）旅行

【例句】He had the chance to **travel** abroad. 他有机会到国外旅行。

【搭配】travel agency 旅行社；旅游公司

【辨析】**journey, tour, travel, trip**

这些名词均含“旅行”之意。

journey：最普通用词，侧重指时间较长、距离较远的单程陆上旅行，也指水上或空中的旅行。

tour：指最后返回出发地，旅途中有停留游览点，距离可长可短，目的各异的周游或巡行。

travel：泛指旅行的行为而不指某次具体的旅行，多指到远方作长期旅行，不强调直接目的地，单、复数均可用。

trip：普通用词，口语多用，常指为公务或游玩作的较短暂的旅行。

【派生词】traveler *n.* 旅行者

treasure ['treʒə]

n. 金银财宝

【例句】The house was large and full of art **treasures**. 房子很大，里面摆满了艺术珍品。

treat [triːt]

v. 对待；看待；治疗

【例句】

1. He **treated** them with great kindness. 他对他们很友好。

2. Which doctor is **treating** you for your illness? 哪位医生给你治病？

3. I really can't understand why you **treat** her like that. 我真的不明白你为什么要这样对她。

【搭配】

treat…as… 把…当做…

treat sb. for a disease 治疗某人的病

treatment ['triːtmənt]

n. 治疗

【例句】Give the same **treatment** again, he is sure to get well. 如果照样再给他治疗一次，他肯定会痊愈。

tree [triː]

n. 树；树状图

【例句】We plant **trees** and flowers in spring. 我们在春天种花种树。

trick [trik]

n. 诡计；骗局；恶作剧

【例句】

1. He got the money from me by a **trick**. 他骗去了我所有的钱。

2. These children loved playing **tricks** on their teacher. 孩子们喜欢捉弄老师。

3. He **tricked** me into spending all my money. 他哄骗我花光了所以的钱。

【搭配】

play a trick on/upon 捉弄某人

trick sb. into sth./doing sth. 哄骗某人

trip [trip]

n.（短途）旅行

【例句】They planned to make a wedding **trip** to Paris. 他们计划到巴黎旅行度蜜月。

【搭配】

make/take a trip to… 到…旅行

have a good trip 旅途愉快，一路顺风

a business trip 出差

go on a trip 去旅行

trouble ['trʌbl]

n. 麻烦；问题

【例句】I'm sorry to put you to so much **trouble**. 对不起，给你添了这么多麻烦。

【搭配】

ask for trouble 自找麻烦

have trouble with 有麻烦 / 困难

in trouble 处于困境中

【例题】What's ________ with you?

A. trouble　　B. the trouble

C. matter　　D. problem

【解答】答案：B。你出什么事了？ What's the trouble? 是固定搭配。

trousers ['trauzəz]

n. [*pl.*] 裤子

【例句】These pairs of **trousers** are mine. 这几条裤子是我的。

truck [trʌk]

n. 卡车

【例句】He sent me home in the **truck**. 他用卡车送我回家。

true [truː]

adj. 真的；正确的

【例句】Is it **true** that he has left London? 他已离开伦敦的消息确切吗？

【搭配】

come down 下来，下降

come across 偶然遇见

come true 实现，成真

come up 出现；走近；上来，发生

trust [trʌst]

v. 信任

【例句】I **trust** what you say. 我相信你所说的。

truth [truθ]

n. 真理；真实；真相

【例句】We should always tell the **truth**. 我们要自始至终说实话。

try [trai]

v. 试；试图；努力

【例句】I must **try** to get it finished tonight. 我必须

努力今夜把它做完。

【搭配】

have a try 试试

try one's best to do sth. 尽某人最大努力做某事

try on 试穿衣服

try out 实验

【例题】— I usually go to a party in white.

— Why not ________ in red for a change?

A. to try going　　B. try to go

C. to try and go　　D. try going

【解答】答案：D。句意："我经常穿白色衣服参加聚会。""为什么不试着穿红色改变一下呢？"考查 Why not do sth.? 的句型及 try to do sth.(通过努力尽力去做某事)与 try doing sth.(试着去做某事的区别。

turn [tə:n]

v. 转动，翻转；转变

【例句】He **turned** the key and opened the door. 他转动钥匙，把门打开。

【搭配】

take turns 轮流，依次

turn down 关小；拒绝

turn into 变成

turn off 关掉

turn on 打开

turn…over 把…翻转过来

turn to 转向；求助于

turn up 开大；出现

【例题】I can hardly hear the radio. Would you please ________ ?

A. turn it on　　B. turn it down

C. turn it up　　D. turn it off

【解答】答案：C。句意：我几乎听不到收音机了。你能把声音开大吗？

twice [twais]

adv. 两次；两倍

【例句】The box is **twice** as large as that one. 这个盒子是那个盒子的两倍大。

type [taip]

n. 类型　*v.* 打字

【例句】

1. There are various **types** of the disease. 该疾病有各种类型。

2. If I want to write fast, I must learn to **type**. 如果我想写得快，我就得学会打字。

【派生词】typist *n.* 打字员，typewriter *n.* 打字机

typical ['tipikəl]

adj. 典型的；独特的

【例句】Since I'm here, I'd like to try a **typical** dish of this country. 既然来了，我想尝这个国家的特色菜。

U

ugly ['ʌgli]

adj. 丑陋的，难看的

【例句】It has a very **ugly** face. 它有一张很难看的脸。

【用法】比较级：uglier；最高级：ugliest。

umbrella [ʌm'brelə]

n. 雨伞

【例句】It's raining heavily outside. Take an **umbrella** with you. 外面在下大雨，请带把伞。

uncle ['ʌŋkl]

n. 叔；伯；舅；姑夫；姨夫

【例句】How long has your **uncle** lived in the countryside? 你叔叔在农村生活了多久？

under ['ʌndə]

prep. 在…之下　*adv.* 在下面

【例句】She sat in the shade **under** a tree. 她坐在树荫下。

【搭配】under...conditions 在…情况下

underground ['ʌndəgraund]

n. 地铁　*adj.* 地下的；秘密的

【例句】

1. The **underground** is quicker than the bus. 地铁比公共汽车快。

2. He was an **underground** worker. 他是一个地下工作者。

underline [ʌndə'lain]

n. 下划线　*v.* 加下划线；强调

【例句】Please **underline** the important items. 请在重要事项的下面划线。

understand [ʌndə'stænd]

v. (understood, understood) 明白；理解；懂得

【例句】I don't **understand** what you mean. 我不懂你的意思。

【例题】He was trying to make himself ________ .

A. understood　　B. understand

C. to understand　　D. understanding

【解答】答案：A。句意：他努力让别人理解他的意思。make oneself understood "使自己被被人理解，将自己的意思表达清楚"。

uniform ['ju:nifɔ:m]

n. 制服

【例句】A policeman wears a **uniform** when he is working. 警察执行任务时身穿警服。

union ['ju:njən]

n. 联合；联盟，协会

【例句】He was elected head of the trade **union**. 他被选为工会的领导人。

unit ['ju:nit]

n. 单位；单元

【例句】This textbook contains twenty **units**. 这本课本有二十单元。

unite [ju'nait]

v. 联合；团结

【例句】

1. We must **unite** as many people as possible. 我们要团结尽可能多的人。

2. The common interests **unite** the two countries. 共同的利益使两国团结一致。

universe ['ju:nivə:s]

n. 宇宙

【例句】Do you know Einstein's theory on the **universe**? 你知道爱因斯坦关于宇宙的理论吗？

university [ju:ni'və:siti]

n. 大学

【例句】He entered Beijing **University** last year. 去年他升入北京大学。

【搭配】go to university 上大学

【例句】It was reported recently that a father didn't want his daughter to **go to university**. 最近有报道称一位父亲不愿意女儿上大学。

unless [ʌn'les]

conj. 除非

【例句】**Unless** you go with me, I shall not go. 除非你同我一起去，不然我不去。

【用法】unless 为连词，意思相当于 If…not，二者可以互换。

【真题】You'll miss the train ________ you hurry up. (GMET2013-22)

A. unless　B. as　C. when　D. if

（答案：A）

【解答】答案：A。句意为“除非你快点，要不然就会赶不上火车”。unless 意为“除非”，as“尽管”，when“当…时”，if“如果 / 是否”。

until [ən'til]

conj. 到…为止，在…以前

【例句】

1. Let's hold over discussion of this problem **until** our next meeting. 让我们下次会议再讨论这个问题。

2. Let's wait **until** the teacher comes. 让我们一直等到老师来为止。

【搭配】not…until 直到…才

【例句】She did**n't** go to sleep **until** midnight. 她知道半夜才睡。

unusual [ʌn'juːʒuəl]

adj. 不平常的；异常的

【例句】She gave me an **unusual** gift. 她给了我一件不同寻常的礼物。

up [ʌp]

adv. & prep. 向上；在上

【例句】We climbed **up** the mountain to the top. 我们爬上了山顶。

【搭配】

up and down 上上下下；起落

up to 多至，高达

【辨析】**up, down**

up：用于“去北方，去内地，去河的上游，进城，到城市的住宅区等。”

down：用于“去南方，去沿海，去下游，下乡，去商业区等。”

【例句】He is flying **up** to Harbin from Guangzhou. 他乘飞机从广州飞往哈尔滨。

He went **down** to the country last year. 他去年下乡了。

upstairs [ʌp'steəz]

adv. 在楼上；往楼上　*adj.* 楼上的；在楼上的

【例句】I was **upstairs** when it happened. 这件事发生时我正在楼上。

【搭配】go upstairs 上楼

upward(s) ['ʌpwəd(s)]

adj. & adv. 向上的（地）；以上

【例句】We must keep a healthy and **upward** mood. 要保持健康向上的心态。

use [juːs]

v. & n. 使用；用途

【例句】

1. May I **use** your telephone? 我能用你的电话吗？

2. The **use** of the telephone is growing very rapidly. 电话的使用增长得非常快。

【搭配】

be/get used to doing sth. 习惯于做某事

be used to do sth. 被用来做某事

used to do sth. 过去常常做某事

make（full）use of（充分）利用，使用

There is no use of doing… 做…是徒然的

use up 用尽，用光

【真题】When Jane came to Britain, she had to get used to ________ on the left. (GMET2011-21)

A. driving　B. having been driving

C. drive　D. having driven

【解答】答案：A。本题考查 be used to doing sth.（习惯于做某事）结构。

useful ['juːsful]

adj. 有用的；有益的

【例句】That knife is a **useful** kitchen gadget. 那把小刀是一件有用的器具。

【搭配】be useful to 对…有益

【例题】The Internet is really ________ to us.

A. safe　B. hard

C. boring　D. useful

【解答】答案：D。句意：互联网对我们真的很有用。

【反义词】useless *adj.* 无用的

usual ['juːʒuəl]

adj. 通常的；平常的

【例句】

1. He ended the speech with the **usual** expressions of thanks. 他用他平常的话语表示感谢，结束了讲演。

2. It's usual to have a holiday in summer. 夏天休假是惯例。

【搭配】as usual 像往常一样，照例

【例句】I got up at six that morning **as usual**. 像往常一样那天早上我六点起床。

usually ['juːʒuəli]

adv. 通常

【例句】I **usually** go home at seven o'clock. 我通常七点回家。

【联想】often, always, seldom, never, sometimes

V

vacation [və'keiʃən]

n. 假期；休假

【例句】Students sometimes take jobs during **vacations**. 学生有时在假期中做工。

【搭配】

on vacation 在度假期

go on vacation 去度假

【同义词】holiday

valley ['væli]

n.（山）谷；流域

【例句】He has a large farm in the Mississippi **Valley**. 他在密西西比河流域拥有一个大农场。

valuable ['væljuəbl]

adj. 贵重的；有价值的

【例句】Real friendship is more **valuable** than money. 真正的友谊比金钱更宝贵。

value ['vælju:]

n. 价值；重要性；益处

【例句】The **value** of the dollar has declined. 美元的价值下跌了。

【例题】You will find this map of great ________ in helping you to get around London.

A. price　B. cost　C. value　D. usefulness

【解答】答案：C。句意：你会发现这幅地图在帮助你环游伦敦的巨大价值。

variety [və'raiəti]

n. 多样；种类

【例句】We all need **variety** in our diet. 我们都需要饮食多样化。

【搭配】a variety of 各种各样的

various ['veəriəs]

adj. 各种各样的；不同的

【例句】There are **various** ways of cooking rice. 做米饭有各种不同的方法。

vast [vɑ:st]

adj. 巨大的；广阔的

【例句】The domain of our country is **vast**. 我国领域广大。

vegetable ['vedʒitəbl]

n. 蔬菜

【例句】We grow many **vegetables** in our garden. 我们在园子里种很多蔬菜。

verb [və:b]

n. 动词

【例句】“Import” can be used as a noun and a **verb**. “Import”这个词既可作名词也可作动词。

very ['veri]

adv. 很；非常　*adj.* 恰好的

【例句】

1. It is a **very** exciting book. 这是一本非常有趣的书。

2. You are the **very** person that I am looking for. 你就是我要找的人。

【搭配】very much 很，非常

vice [vais]

adj. 副的

【例句】The **vice** president was the president’s successor. 副总统是总统的继任人。

victory ['viktəri]

n. 胜利

【例句】The general led the troops to **victory**. 将军率领部队走向胜利。

view [vju:]

n. 观点；景色

【例句】

1. Let me rest a while and look at the **view**. 让我歇一会儿，看看这景色。

2. His **view** of life is different from yours. 他的人生观与你的不同。

【搭配】

in one’s view 在某人看来

come into view 进入视野

in view of 鉴于；考虑到

village ['vilidʒ]

n. 乡村，村庄

【例句】I came from a remote **village**. 我来自偏远村庄。

【派生词】villager *n.* 村民

visit ['vizit]

v. & *n.* 参观；访问；拜访

【例句】I **visited** the Summer Palace last Sunday. 上星期天我参观了颐和园。

【辨析】**call on, drop in, see, visit**

call on：正式用语，通常指短暂的访问，访问者和受访者一般只是社交或公务关系。后接人名或人称代词，拜访某地要用 call at。

drop in (on sb.)：指“顺便拜访（某人）”。

see：常用词，指“约见”或“访问，接待”。

visit：正式用语，指“进行友好的或社交性的访问”或“因职务关系而进行的时间较长的访问”。

【例句】

1. Tomorrow I will **call on** Mr. Zhang. 明天我要去拜访张先生。

2. **Drop in** and see us when you're in London. 到伦敦时顺便来看我。

3. I went to **see** him about a job. 为了工作的事，我去拜访了他。

4. I am going to **visit** my aunt for a few days. 我打算去姑妈家里住几天。

visitor ['vizitə]

n. 访问者；参观者；游客

【例句】**Visitors** to the castle are asked not to take photographs. 参观城堡的人不准拍照。

voice [vɔis]

n. 声音，嗓音

【例句】He's got a hoarse **voice**. 他声音嘶哑。

【搭配】

at the top of one's voice 高声喊，使劲喊

in high/low voice 高 / 低声地

lose one's voice 嗓子哑了

with one voice 一致地，异口同声地

volleyball ['vɔlibɔːl]

n. 排球

【例句】I like to play **volleyball**. 我喜欢打排球。

vote [vəut]

v. & *n.* 投票

【例句】

1. If we cannot agree, let's **vote** on it. 咱们意见要是不一致就投票表决吧。

2. In Britain, people get the **vote** at the age of 18. 在英国，人们到十八岁有选举权。

【真题】The result of the vote will be announced tomorrow. (GMET2012-12)

A. 实验　B. 会议　C. 商量　D. 投票

（答案：D）

W

wage [weidʒ]

n. 工资（常用复数）

【例句】He earns a good **wage**. 他的工资挣得不错。

【辨析】**wage, salary, pay, fee**

wage：多用复数形式，指按小时、日或星期的报酬。通常指体力劳动者的工资。

salary：指按年定下，按月或星期平均给予的报酬。通常指脑力劳动者的薪水。

pay：是个通用词，可取代 salary 与 wage。

fee：指提供某种服务收取的固定费用。

wait [weit]

v. 等待，等候；服侍

【例句】

1. How long must we **wait**？我们得等多久？

2. Don't keep your guests **waiting** too long. 别让你的客人们等太久。

3. I am still **waiting** for my exam result. 我还在等考试结果。

【用法】wait 为普通用词，侧重静候于某处，直到等候或期待的人或事物的到来，通常用作不及物动词，与 for 连用。可直接接时间状语，如：Wait a minute, please. 请稍等一会儿。

【搭配】

can't wait/can hardly wait to do sth. 等不及，迫不及待

keep sb. waiting 让某人等着

wait a minute/second/moment 等一下，等一会儿

wait and see 走着瞧

wait for 等候，等待

waiting room 候车（诊）室

【派生词】waiter, waitress

waiter ['weitə]

n.（餐厅）服务员

【例句】Tom worked as a **waiter** in a restaurant. 汤姆在一家饭店做服务员。

waitress ['weitris]

n. 女服务员

【例句】The **waitress** is so nice. 这位女服务员真好。

wake [weik]

v. (woke, woken) 醒；醒来

【例句】

1. Try not to **wake** the baby. 别把宝宝吵醒了。

2. He was **woken** up by the telephone. 他被电话吵醒了。

【搭配】

wake up 醒来

wake…up 把…叫醒

【同义词】awake

【反义词】sleep

walk [wɔːk]

n. & v. 步行，散步

【例句】

1. Do you often go for a **walk**? 你经常去散步吗？

2. The school is ten minutes' **walk** from my home. 学校离我家十分钟路程。

3. The last bus had gone, so we **walked** there. 最后一班车走了，因此我们步行到那儿。

【搭配】

a five minutes' walk 5 分钟的路程

go for a walk 去散步，外出走走

have/take a walk 散步

take sb. for a walk 带某人去散步

wall [wɔːl]

n. 墙

【例句】Hang the picture on the **wall**. 把这幅画挂在墙上。

【搭配】the Great Wall 长城

want [wɔnt]

v. 想要；需要；短缺

【例句】

1. I **want** to become a doctor. 我想成为医生。

2. Call me if you **want** me. 有事给我打电话。

3. We **wanted** money badly to buy the machine we needed. 我们迫切需要钱购买所需机器。

【搭配】

want sb. to do sth. 想要某人做某事

want to do sth. 想做

war [wɔː]

n. 战争

【例句】China won the Anti-Japanese **War** in the end. 最后中国打赢了抗日战争。

【搭配】

The Second World War (World War II) 第二次世界大战

at war 处于战争状态

go to war 进入战争状态

declare war on 对…宣战

【联想】peace 和平; battle 战役; combat 战斗，格斗; conflict 冲突

warm [wɔːm]

adj. 暖和的，温暖的　*v.* 使温暖；变温暖

【例句】

1. The water is slowly **warmed** by the sun. 水被太阳逐渐晒热了。

2. She sat in the **warm** sunshine. 她坐在温暖的阳光下。

3. Sue is a very **warm** person. 苏是一个非常热情的人。

【搭配】

warm oneself 取暖

warm up 使热，变热;（体育）作准备活动

keep sth. warm 使某物保温

【联想】freezing 严寒的; cold 冷的; cool 凉快的; hot 炎热的

warn [wɔːn]

v. 警告；预先通知

【例句】

1. They **warned** us to be careful of fire. 他们告诫我们要防止火灾。

2. The clouds **warned** us that a storm was coming. 乌云预示着一场暴风雨即将来临。

【搭配】warning message 警报

warn sb. not to do sth./warn sb. against doing sth. 警告某人别干某事

warn sb. of 警告某人注意某事

【例题】Mrs. White warned her daughter ________ after drinking.

A．never to drive　　B. to never drive

C. never driving　　D. never drive

【解答】答案：A。warn sb. not to do sth. "告诫某人不要做某事"，否定副词 never 要放在 to 之前。

wash [wɔʃ]

v. 洗

【例句】

1. Go and **wash** yourself. 你洗个澡吧。

2. This sweater **washes** well. 这件套头毛衣耐洗。

3. The bridge was **washed** away. 桥被冲走了。

【搭配】

wash away 冲走，冲毁

wash one's hands 洗手;（委婉语）上厕所

waste [weist]

v. 浪费　*n.* 废物；浪费　*adj.* 无用的；废弃的

【例句】

1. His talk is just a **waste** of time. 他的话简直是浪费时间。

2. She has **wasted** her money on things she doesn't need. 她花了冤枉钱，买的是她自己并不需要的东西。

3. I threw it in my **waste** paper basket. 我把它扔进我的废纸篓。

【搭配】waste time (in) doing sth. 浪费时间做某事

【辨析】**waste, garbage, rubbish**

这些名词均含"废物，垃圾"之意。

waste：普通用词，概念广泛，指任何被丢弃的东西。

garbage：通常指厨房垃圾。

rubbish：泛指扔掉的东西，废物。

watch [wɔtʃ]

n. 手表；看守　*v.* 观看，观察；看守

【例句】

1. What time is it by your **watch**? 你的表几点钟了？

2. He was standing on **watch**. 他在站岗放哨。

3. **Watch** out for the tall man. 提防那个高个子男子。

4. They **watched** the football game on TV. 他们观看了电视上播的那场足球赛。

【搭配】

keep watch 看守，守望，值班

on watch 值班；监视

watch out for 当心，提防

watch sb. do sth. 注视某人做某事

【辨析】**watch, see, notice, observe**

watch 意为“注视，观看”，侧重持续性; see 意为“看见”；notice 意为“注意到，留心”；observe 意为“观察”。

【例题】They ________ the train until it disappeared in the distance.

A. saw　　B. watched

C. noticed　　D. observed

【解答】答案：B。句意：他们注视着火车直到看不见为止。这里 until 提示这是一个持续的过程，而 see 和 notice 都是短暂性动作；observe 意思不符合。

water ['wɔːtə]

n. & *v.* 水；浇水

【例句】

1. The plants need to be **watered** daily. 这些植物每天都需要浇水。

2. “Help! Someone’s fallen in the **water**!” “救命啊！有人落水了！”

wave [weiv]

n.（热、光、声等）波；波浪　*v.* 挥手；挥舞；飘扬

【例句】

1. We **waved** them away until the ship was out of sight. 我们向他们挥手告别，直到船看不见。

2. The **waves** rolled on. 波涛滚滚向前。

way [wei]

n. 道路；方法，方式

【例句】

1. I don’t know the **way** to the station. 我不知道去车站的路。

2. He has changed his **way** of living. 他改变了自己的生活方式。

3. This **way**, please. 请这边走。

【搭配】

all the way 一路上

ask the way 问路

by the way 顺便说 / 问一句

in many ways 在很多方面

on one’s / the way to… 在去…的路上

way of life 生活方式

【例题】The pupils usually stop to play in the park on their ________ home after school.

A. street　　B. road　　C. way　　D. path

【解答】答案：C。句意：这些小学生通常在放学回家的中途去公园玩耍。street 街道；road 道路；path 小路；on the way home 是固定搭配，意为“在回家的路上”，故选 C。

【同义词】road, method, means, manner

【真题】________（今天在我上学的路上）I saw a lovely girl taking some beautiful flowers. (GMET2012-80)

【解答】答案：On my way to school today。

weak [wiːk]

adj. 弱的，虚弱的；淡的（茶，咖啡，酒等）

【例句】

1. She is not so **weak** as she looks. 她并不像看上去的那么虚弱。

2. The boy is **weak** in pronunciation. 这个男孩的发音很差。

3. **Weak** tea has less flavor than strong tea. 淡茶不如浓茶味香。

【反义词】strong 强壮的

wealth [welθ]

n. 财富，财产

【例句】His **wealth** has not made him happy. 他的财富并没有给他带来幸福。

【真题】Health is more important than wealth.（GMET2013-07）

A. 财富　　B. 外表　　C. 运气　　D. 才华

（答案：A）

weapon ['wepən]

n. 武器

wear [weə]

v. (wore, worn) 穿，戴；磨损

【例句】

1. She never **wears** jewellery or make-up. 她从不戴珠宝或用化妆品。

2. The child's trousers have **worn** through at the knees. 孩子裤子的膝盖处磨破了。

【搭配】wear out 穿破，用旧；使疲惫不堪

【辨析】**wear, put on**

wear："穿，戴"，只强调状态，不强调动作。

put on："穿上，戴上"，着重穿、戴的动作，一般不用进行时态。

【例句】My boy is **wearing** his cap all day long. 我孩子整天戴着帽子。

The teacher **put on** his glasses to read the book. 老师戴上眼镜读起书来。

weather ['weðə]

n. 天气

【例句】The **weather** is nice today. 今天天气很好。

【用法】是不可数名词。注意拼写不要与 whether "是否" 混淆。

【搭配】under the weather 身体不舒服

wedding ['wediŋ]

n. 婚礼；结婚；结婚纪念

【例句】The **wedding** will take place on Saturday. 婚礼将在周六举行。

week [wiːk]

n. 星期，周

【例句】They work 40 hours a **week**. 他们每周工作 40 个小时。

weekend ['wiːkend]

n. 周末

【例句】I don't work at **weekends**. 我周末不上班。

【搭配】at weekends 在周末

【反义词】weekday 工作日

weigh [wei]

v. 称 (…的重量)；重 (若干)

【例句】Do you often **weigh** yourself? 你常称体重吗?

weight [weit]

n. 重量

【例句】The dog's **weight** is 15 pounds. 这条狗重 15 磅。

【搭配】

put on weight 增加体重

lose weight 减肥

welcome ['welkəm]

n. & v. 欢迎 *adj.* 受欢迎的

【例句】

1. Orders are **welcome**. 欢迎订购。

2. **Welcome** back/home! 欢迎归来！

3. We were **welcomed** at the door by the children. 我们在门口受到了孩子们的欢迎。

well [wel]

adj. (better, best) 健康的 *adv.* 好；完全地，彻底地 *int.* 唔 *n.* 井

【例句】

1. You don't look **well**. 你的脸色不太好。

2. She speaks English very **well**. 她英语说得很好。

3. You may **well** be right. 很可能是你对。

4. The villagers get their water from a **well**. 该村村民吃井水。

【搭配】

as well 同样，也

as well as 既…又…

well done 干得好；熟透的

do well in 在…方面干得好

【真题】I don't know him ________ to ask him for help. (GMET2013-25)

A. enough well B. so well

C. too well D. well enough

【解答】答案：D。句意：我和他不够熟，不能向他求助。know sb. well "熟悉某人"，为常用搭配，well 为副词，enough 修饰其它副词或形容词时需后置，常可构成 adj./adv. + enough + to do…结构。

well-known ['wel'nəun]

adj. 有名的；众所周知的

【例句】It is **well-known** that he is a writer. 众所周知，他是一名作家。

【同义词】famous, popular

west [west]

n. & adj. 西方；西方的

【例句】

1. Xinjiang is in the **west** of China. 新疆在中国的西部。

2. There was a **west** wind blowing. 刮西风。

【搭配】the West 欧美，西方国家

【联想】east 东方，north 北部，south 南部

wet [wet]

adj. 湿的；多雨的

【搭配】wet through 湿透

【例句】

1. Your coat is **wet through**. 你的外套全湿了。

2. He was caught in the rain and got **wet through** last night. 昨夜他碰上下雨，全身都湿透了。

【反义词】dry

western ['westən]

adj. 西方的；西部的

【例句】In most **western** nations, people speak English. 在大多数西方国家，人们说英语。

【搭配】western nations 西方国家

【联想】southern 南方的，northern 北方的，eastern 东方的，southeastern 东南方的，northeastern 东北方的

what [wɔt]

pron. 什么　*adj.* …的；多么的

【例句】

1. **What** a silly old fool he is! 他是个多么愚蠢的老糊涂啊!

2. **What** does it matter? 这有什么关系?

3. **What**? I don't believe it! 什么？我不信!

4. I know **what** you mean. 我知道你的意思。

5. **What** size shoes do you wear? 你穿几码鞋?

【搭配】

So what? 那又怎样?

What's more 另外；而且

What on earth 到底是什么，究竟

What about…? …怎么样?

What for？为什么?

What if…? 如果…那又怎样?

What' s up? 发生什么事？怎么啦?

【真题】________ interesting story it is! (GMET 2009-23)

A. What an　　B. What a

C. How an　　D. How a

【解答】答案：A。句意：真是个有趣的故事！中心词是名词时需用 what 引导感叹句。

whatever [wɔt'evə]

adj. 无论什么样的，不管怎样的　*pron.* 不管什么；无论什么

【例句】

1. Do **whatever** you like. 你爱干什么就干什么吧。

2. **Whatever** happens, he is safe. 不管发生什么事情，他都是安全的。

3. **Whatever** do you mean? 你究竟什么意思?

4. **Whatever** excuse he makes will not be believed. 不管什么借口都没人会相信他。

wheat [wi:t]

n. 小麦

【例句】Eat more **wheat** to balance your health. 要多吃小麦平衡健康。

【联想】rice 稻米；corn 玉米；cereal 谷类食品；barley 大麦

wheel [wi:l]

n. 轮；车轮

【例句】The **wheel** goes round. 轮子在旋转。

when [wen]

adv. 什么时候；在那时　*conj.* 当…的时候；就在那时候

【例句】

1. **When** did the train leave? 火车什么时候开走的?

2. Sunday is the day **when** very few people go to work. 周日是没什么人上班的日子。

3. We'll start **when** he comes. 他一来我们就出发。

4. It was raining **when** we arrived. 我们到的时候正在下雨。

【搭配】

be about to do sth…when 正要做某事这时突然…

hardly/scarcely…when 一…就

【辨析】**when, while, as**

这些连词均可表示“当…时”，引出时间状语从句。

when：所引导的从句中谓语动词既可是持续性的，也可是短暂性的；可以与主句谓语动词的动作同时、或之前、之后发生；从句多用一般时态。

while：所引导的从句谓语动词应为持续动词，不用短暂动词；通常与主句谓语动词动作同时发生；从句多用进行时态；强调主句表示的动作是在 while 从句的动作延续中发生。

as：侧重指从句与主句的动作同时进行，意为“一边…一边…”；谓语动词可以是持续性的，也可以是短暂性动词。

【例句】**When** I came home, my wife was cooking dinner. 我到家时，妻子在做晚饭。

You can't do your homework **while** you're watching TV.

你不能在看电视时做家庭作业。

As my mother sang those old songs, tears ran down her cheeks. 当我妈妈唱起那些老歌时，眼泪顺着她的脸颊流了下来。

【真题】1. She was reading a novel yesterday evening ________ the bell rang. (GMET2009-20)

A. since　　B. after

C. when　　D. before

2. A driver should slow down ________ it rains. (GMET2010-32)

A. till　　B. though

C. when　　D. what

【解答】答案：1. C；2. C。两题均考查 when 引导的时间状语从句。

whenever [wen'evə]

conj. 每当；无论何时　*adv.* 究竟何时

【例句】

1. **Whenever** I'm unhappy, he cheers me up. 每当我不高兴时他都鼓励我。

2. **Whenever** will you grow up? 你究竟什么时候能长大？

where [weə]

adv. 在哪里；到哪里　conj. 在…的地方

【例句】

1. **Where** do you come from? 你是哪里人？

2. This is the house **where** I was born. 这是我出生的房子。

3. **Where** there is a will, there is a way. 有志者事竟成。

wherever [weər'evə]

conj. 无论在哪里

【例句】**Wherever** you are, your parents will always love you. 无论你在哪里，父母都会爱你。

whether ['weðə]

conj. 是否；无论

【例句】

1. I'm not sure **whether** he was joking. 我不敢肯定他是否在开玩笑。

2. **Whether** sick or well, she is always cheerful. 无论是否生病，她总是高高兴兴的。

3. I don't know **whether** he likes it or not. 我不知道他是否喜欢。

【搭配】

whether…or… 不管…还是…

whether or not 不管怎样；无论如何

【真题】________ we'll go shopping tomorrow depends on the weather. (GMET2012-17)

A. Whether　　B. If

C. That　　D. What　　（答案：A）

【解答】答案：A。句意：明天是否购物取决于天气情况。本句考查主语从句引导词。据句意选项应有“是否”语意，起引导词作用，不充当句子成分，由此只有 whether 符合。注意：if 引导主语从句不可居于句首。

which ['witʃ]

adj. & pron. 哪个；哪些

【例句】

1. **Which** do you like better, summer or winter? 你更喜欢哪一个，夏天还是冬天？

2. This is the book **which** I wanted. 这就是我想要的那本书。

3. **Which** books are yours? 哪些书是你的？

【真题】He invited us to dinner, ________ was very kind of him.　(GMET2013-19)

A. that　　B. this

C. what　　D. which

【解答】答案：D。句意：他邀请我们吃晚饭，他真好客。本题考查非限制性定语从句引导词。this 是代词，what 不能引导定语从句，that 不能引导非限制性定语从句。which 常用于引导非限制定语从句，在本题中代指前面整句话的内容，在从句中做主语。

while [waiḷ]

conj. 在（当）…的时候；虽然，而 *n.* 一会儿；一段时间

【例句】

1. Strike **while** the iron is hot. 趁热打铁。

2. The postman came **while** I was out. 邮递员来时我不在家。

3. **While** I understand what you say, I can't agree with you.

尽管我理解你的话，但我不同意你的观点。

4. I like sports **while** my younger sister like reading. 我喜欢运动，而我妹妹喜欢阅读。

5. I haven't seen him for a long **while**. 我好久没见到他了。

【搭配】

after a while 过了一会儿

all the while 一直，始终

for a while 暂时，一会儿

once in a while 有时，偶尔

white [wait]

adj. & *n.* 白色的；白色

【例句】

1. His hair has turned **white**. 他的头发已经变白了。

2. She was wearing **white** trousers. 她穿着白色的裤子。

【搭配】

in white 穿白色衣服

white lie 善意的谎言

【例句】The girl **in white** is my sister. 那个穿白色衣服的女孩是我的姐姐。

who [hu:]

pron. 谁

【例句】

1. **Who** were you talking to on the phone? 你在跟谁打电话？

2. The girl **who** is speaking is my best friend. 说话的那个姑娘是我最好的朋友。

whole [həul]

n. 全部，整体，全体 *adj.* 所有的，完全的，完整的

【例句】

1. The **whole** town was destroyed by the earthquake. 整个小镇被地震摧毁了。

2. On the **whole**, I'm in favour of the proposal. 总的说来，我赞成这个提议。

3. He threw the **whole** of himself into the work. 他全身心地投入到这项工作中去了。

【搭配】on the whole 大体上；总的来说

whom [hu:m]

pron. [who 的宾格] 谁

【例句】

1. **Whom** did you meet at the station? 在车站你遇见了谁？

2. The man to **whom** I spoke is my husband. 和我说话的那个男人是我丈夫。

whose [hu:z]

pron. 谁的

【例句】

1. **Whose** book is this? 这是谁的书？

2. I'd like a room **whose** windows look out over the sea. 我喜欢从窗户能眺望大海的房间。

【真题】Her parents wouldn't marry her to anyone ________ family was poor. (GMET2010-34)

A. which　B. who's　C. whom　D. whose

【解答】答案：D。句意：她父母不愿把她嫁给家庭贫穷的任何人。先行词是 anyone，但要选择的关系词应该是作 family 的定语的。引导定语从句，本身又作定语，只能用 whose。

why [wai]

adv. 为什么

【例句】

1. I don't know **why** they are late. 我不知道他们为什么迟到。

2. This is the reason **why** we left. 这就是我们离开的原因。

wide [waid]

adj. 宽阔的 *adv.* 广阔地

【例句】

1. He has **wide** interests. 他兴趣广泛。

2. Her eyes opened **wide**. 她眼睛睁得老大。

3. The ship sailed across the **wide** ocean. 船驶过浩瀚的大海。

【辨析】**wide, widely, broad**
wide：既可作形容词也可作副词。侧重指两边或两点之间的距离。当作副词时 wide 常指具体的宽度，"宽地"。
widely：指抽象概念，"广泛地"。
broad：作形容词，"宽的，广的"，强调两边之间的面积宽广。
注意当形容张大眼睛和嘴巴时，只能用 wide，不能用 widely 和 broad。
【例题】The boy opened his eyes ________ when he saw the cake.
A. wide B. widely C. broad D. broadly
【解答】选 A。句意：当男孩看到蛋糕时，他把眼睛睁得大大的。这里侧重具体宽度，用 wide。

【反义词】narrow 狭窄的

wife [waif]
n. 妻子（pl. wives）
【例句】His **wife** is a doctor. 他的妻子是一名医生。

wild [waild]
adj. 野生的；狂热的；（人，部落等）野蛮的；荒凉的
【例句】
1. They hunted **wild** animals for food. 他们猎取野生动物为食。
2. Some **wild** flowers are growing in a corner of the garden. 花园的一角长了一些野花。
【搭配】go wild（因喜或怒）发狂

will [wil]
(would, would) aux. *v.* 将; 愿意; 要 *n.* 意志（力）；遗嘱
【例句】
1. I **will** do my best to help you. 我愿尽力帮你。（意志、意愿）
2. One hour **will** be enough time to finish the work. 一小时足够做完这工作。（功能）
3. This **will** be the house you're looking for. 这可能就是你在寻找的房子吧！（推测）
4. Boys **will** be boys. 男孩子毕竟是男孩子。（习惯性）
5. A good leader must have a strong **will**. 好的领导必须有坚强的意志。
6. He has no **will** of his own. 他没有主见。
【搭配】
at will 随意，任意
do the will of 服从…的意志

willing ['wiliŋ]
adj. 乐意的；愿意的
【例句】Nothing is impossible to a **willing** mind/heart.
世上无难事，只怕有心人（有志者，事竟成）。

win [win]
v. (won, won) 赢得，胜
【例句】
1. We **won** in the end. 我们最终获胜了。
2. He **won** the race. 他赛跑获胜了。
【反义词】lose 失败

wind [wind]
n. 风
[waind] *v.* (wound, wound) 绕；缠；蜿蜒
【例句】
1. There is much **wind** today. 今天风很大。
2. The river **winds** its way to the sea. 那条河蜿蜒地流向大海。
【搭配】wind one's way 蜿蜒前进

window ['windəu]
n. 窗
【例句】The **window** opens to the west. 这扇窗户朝西开。

wine [wain]
n.（葡萄）酒；果酒
【例句】**Wine** is made from grapes. 葡萄酒是用葡萄酿制的。

wing [wiŋ]
n. 翅膀；翼
【例句】The **wings** of a crow can never cover up the sun. 乌鸦的翅膀决不能遮住太阳。

winter ['wintə]
n. 冬天
【例句】The **winter** is coming. 冬天即将来临。

wipe [waip]

v. 擦；去除

【例句】

1. He **wiped** the floor with a mop. 他用拖把拖地。

2. **Wipe** away your tears. 擦掉你的眼泪。

3. The enemy was easily **wiped** out. 敌人被轻而易举地歼灭了。

【搭配】

wipe away 擦掉，清除掉

wipe off 把…擦干净，擦去

wipe out 消灭；擦掉

wire ['waiə]

n. 金属丝；电线

【例句】Electricity is carried along **wires**. 电流在电线里流动。

wise [waiz]

adj. 聪明的；英明的；有见识的

【例句】

1. He is **wise** beyond his age. 他的智力超越了他的年龄。

2. He is **wise** in the ways of the world. 他深谙世故。

【搭配】

be wise after the event 事后聪明；事后诸葛亮

wise advice/plan 高见，良策

【辨析】wise 侧重判断力强；clever 侧重学习，领会得快、准。

【反义词】foolish，stupid，silly 愚蠢的，傻的，笨的

wish [wiʃ]

n. 愿望；祝愿　*v.* 希望

【例句】

1. I **wish** you a happy new year! 祝你新年快乐！

2. He **wishes** he were taller. 他希望他更高些。（虚拟语气）

3. He never gives up his **wish**. 他从没放弃自己的愿望。

4. Please give them my best **wishes** for a happy new year. 请向他们转达我最诚挚的新年祝福。

【搭配】

wish for 希望得到，渴望

wish to do sth. 想要做什么

【同义词】desire, want, hope

with [wið]

prep. 带有，具有；以 / 用…；与…一道

【例句】

1. Come **with** me, please. 请跟我来。

2. I agree **with** you there. 在那一点上我和你意见一致。

3. He is a man **with** brains. 他是一个有头脑的人。

4. Have you some money **with** you? 你身上带钱了吗?

5. Don't talk **with** your mouth full. 不要在吃东西时说话。

【搭配】

with ease 容易的，不费力的

with one's own eyes 亲眼

with the help of 在…的帮助下

【真题】That student is very familiar ________ all the works of Shakespeare. (GMET2010-31)

A. with　　B. about　　C. to　　D. in

【解答】答案：A。句意：那个学生非常熟悉莎士比亚的全部作品。本题考查 be familiar with。

within [wi'ðin]

prep. 在…之内；在…范围内，不超过

【例句】

1. It will be ready **within** an hour. 一小时内将准备好。

2. By the X-ray, doctors can see **within** the body. 借助于 X 光透视，医生能看到人体内部。

【同义词】in, inside

【反义词】without, beyond

without [wið'aut]

prep. 没有；在…范围以外

【例句】He left **without** a word. 他一声不吭就走了。

【搭配】

without a mistake 没有错误

without delay 立即，马上，不拖延

woman ['wumən]

n. (pl. women) 女人，妇女

【例句】**Women** live longer than men in most countries. 在大多数国家女性比男性的寿命长。

【辨析】**woman, lady**

两者均可泛指妇女，但后者更有尊重意味，常指贵妇人，贵族和有身份的女子。

wonder ['wʌndə]

v. 想知道；吃惊 *n.* 奇迹；惊奇

【例句】

1. He looked round in **wonder**. 他惊奇地四下张望。

2. I **wonder** at his learning. 我对他的学识感到惊讶。

3. I was **wondering** about that. 我对这件事感到疑惑。

4. I **wonder** if you could help me. 不知道你能否帮我。

【搭配】no wonder 难怪

【派生词】wonderful *adj.*

wonderful ['wʌndəful]

adj. 惊人的；奇妙的；极好的

【例句】

1. What a **wonderful** memory she has! 她有多么惊人的记忆力啊！

2. It's **wonderful** to see you again. 又见到你真是太好了。

【同义词】excellent, fine

【反义词】ordinary，common 一般的，普遍的

wood [wud]

n. 木头； [pl.] 树林，小森林

【例句】Our desks are made of **wood**. 我们的课桌都是木头做的。

【搭配】in the woods 在林中

【例句】They often go out for a walk **in the woods**. 他们常到林子里去散步。

wooden ['wudn]

adj. 木制的

【例句】The **wooden** chair is made by my father. 那张木椅子是我爸手工做的。

wool [wul]

n. 羊毛，毛织品

【例句】

1. We get **wool** from sheep. 我们从羊身上取得羊毛。

2. People in cold climates often wear **wool** in winter. 寒冷地区的人冬天常穿毛衣。

word [wə:d]

n. 字，词；话

【例句】

1. He is a man of few **words**. 他是个沉默寡言的人。

2. May I have a **word** with him? 我能和他说句话吗？

3. I gave you my **word** and I kept my word. 我向你保证，而且遵守了诺言。

4. Can you spell this **word**? 你会拼写这个单词吗？

【搭配】

break one's word 失信，食言

have a word with sb. 和某人说句话

in a (one) word 简言之，总之，一句话

in other words 换句话说

keep one's word 遵守诺言

work [wə:k]

v. 工作；运转 *n.* 工作；劳动；[pl.] 著作；工厂

【例句】

1. I have a lot of **work** to do. 我有很多事要做。

2. My friend is out of **work**. 我的朋友失业了。

3. Shakespeare's **works** include plays and poems. 莎士比亚的作品包括戏剧和诗歌。

4. That steel **works** was closed. 那家钢厂关闭了。

5. I have never **worked** in a factory. 我从未在工厂工作过。

6. How does the machine **work**? 这台机器运转情况如何？

7. This medicine doesn't **work**, I still feel very ill. 此药无效，我依然感到很不舒服。

【搭配】

at work 在工作，在上班

out of work 失业

work at 致力于；从事于；研究学习

work on 继续工作；从事…工作

work out 算出；解决

【反义词】play 玩耍

【真题】Can you work out this math problem for me? (GMET2011-15)

A. 计算 B. 猜测 C. 修改 D. 测试

（答案：A）

worker ['wə:kə]

n. 工作者；工人

【例句】My brother is a **worker**. 我弟弟是工人。

world [wə:ld]

n. 世界

【例句】English is used all over the **world**. 英语的使用遍及全世界。

【搭配】

in the world 世界上；到底，究竟

all over the world 全世界

worry ['wʌri]

v. & *n.* 烦恼；忧虑；担心

【例句】

1. Don't **worry** about your lessons. 别为你的功课烦恼。

2. Don't **worry** me with such foolish questions. 不要用这些愚蠢的问题来烦我。

3. Life is full of **worries**. 人生充满烦恼。

【搭配】

be worried (about)（为…）发愁，担心

worry about 为…担忧，烦恼

worry oneself 自寻烦恼

worth [wə:θ]

adj. 值得…的；有…的价值的

【例句】

1. This book is **worth** reading. 这本书值得一读。

2. The **book** is worth five dollars. 这本书值 5 美元。

【派生词】worthy, worthwhile

worthy ['wə:ði]

adj.（常作表语）值得的；配得上的；相称的

【例句】Her achievements are **worthy** of the highest praise. 她的成就值得给予最高赞赏。

【辨析】**worth, worthwhile, worthy**

这些词均可表“值得的”之意。

worth：后常接名词或动名词；接动名词时用主动式表被动含义。

worthwhile：后可什么都不跟，也可跟动名词。

worthy：后跟不定式 to do 或 of 短语，另外还可跟许多名词合成复合词，如 newsworthy 有新闻价值的，noteworthy 值得注意的，显著的。

【例句】His suggestion is **worth** consideration/considering. 他的建议值得考虑。

The visit to Paris is **worthwhile**. / It is **worthwhile** visiting Paris. 参观巴黎非常值得。

The museum is **worthy** of being visited. = The museum is **worthy** to be visited.

= The museum is **worth** visiting. 这个博物馆值得参观。

wound [wu:nd]

v. 伤 *n.* 创伤；伤口

【例句】

1. He was seriously **wounded** on the head. 他的头部受了重伤。

2. Seven **wounds** were found upon her head. 她头上发现有 7 处伤口。

wrap [ræp]

v. 包，卷；包裹

【例句】We **wrapped** the bread in paper. 我们用纸把面包包起来。

write [rait]

v. (wrote, written) 写；写信；写作

【例句】

1. She **writes** French with ease. 她法文写得很流畅。

2. Don't trust your memory, **write** it down. 别相信自己的记忆力，要记下来。

3. You may **write** it in ink or pencil. 你可以用钢笔或铅笔写。

【搭配】

write down 写下，记下

write (to) sb. 给某人写信

writer ['raitə]

n. 作者；作家

【例句】My uncle is a **writer**. 我叔叔是一名作家。

【辨析】**author, writer**

这两个名词均有“作者，作家”之意。

author：泛指用自己名字或笔名发表过作品的人，不强调是否以写作为主职业。

writer：含义广泛，一般指以写作为职业的人。

wrong [rɔŋ]

adj. 错误的；出毛病的；不公正的 *n.* 错误；过失

【例句】

1. Something is **wrong** with my watch. 我的手表出了点毛病。

2. Cheating is always **wrong**. 欺骗行为永远是不道德行为。

【搭配】

do sb. wrong/do wrong to sb. 冤枉某人，委屈某人

do wrong 做错（事）

go wrong 出毛病，发生故障；走错路

【反义词】right, correct 对的，正确的

Y

yard [jɑ:d]

n. 院子；码

【例句】The children are playing in the **yard**. 孩子们在院子里玩。

【同义词】court

year [jə:]

n. 年；年纪

【例句】

1. Ten **years** is a long time. 十年是一段很长的时间。
2. It is **years** since we last met. 我们已经多年不见了。
3. My parents are nearly 80 **years** old. 我父母年近八十了。

【搭配】

this year 今年

last year 去年

the next year 第二年

the year before 头一年

all the year round 整年，一年到头

year after year 年复一年

year by year 逐年，一年一年地

yellow ['jeləu]

adj. & *n.* 黄色（的）

【例句】

1. The Chinese and Japanese belong to the **yellow** race. 中国人和日本人属黄色人种。
2. **Yellow** is my favorite color. 黄色是我最喜欢的颜色。

【搭配】the Yellow River 黄河

yes [jes]

adv. 是，好；同意

【例句】"Would you like some more tea?" "**Yes**, please." "你还要茶吗？" "是的。"

【搭配】say yes to sb. 同意，赞成

【联想】yes-man 唯唯诺诺的人，应声虫

yesterday ['jestədi]

adv. & *n.* 昨天

【例句】

1. **Yesterday** was Monday. 昨天是星期一。
2. I arrived **yesterday**. 我昨天到的。

【搭配】the day before yesterday 前天

yet [jet]

adv. 仍，还；已经；但是　*conj.* 但是，然而

【例句】

1. They have not started **yet**. 他们还没开始。
2. Is everything ready **yet**? 一切都准备好了吗？
3. He was poor, **yet** happy. 他是穷，但活得很开心。
4. We have won great victories, **yet** we have a lot more to do. 我们已取得很大的胜利，但我们还有更多的事要做。

【辨析】**but, however, yet, still, while**

but：口语常用词，语气较强，泛指与前述情况相反。

however：表转折关系，语气稍弱于 but，连接性也弱一些，因而常作插入语。

yet：主要用于否定句或疑问句，语气比 still 稍强。指不管作出多大努力或让步，仍达不到预期的结果。

still：语气强，多用于肯定句或疑问句。指尽管作出让步，采取措施或表示反对，但情况仍然如故，无所改变。常置于行为动词之前和 be 动词之后。

while：表对比，一般可与 whereas 换用，但程度弱一些。

【例句】I'm sorry, **but** it's nothing to do with you. 对不起，但是这跟你没关系。

It's raining hard. **However**, I still want to go there. 虽然下着大雨，我还是想去那儿。

I haven't seen her **yet**. 我还没见到他。

Is he **still** here? 他还没走吗？

He is strong **while** his brother is weak. 他长得很结实，而他弟弟却很瘦弱。

【例题】Has he read the book ________ ? No, not

________.

A. yet; yet　　B. already; yet

C. yet; already　　D. yet; still

【解答】答案：A。句意：他读了这本书吗？不，还没。yet 和 already 都有“已经”的意思，但 already 用于肯定句，yet 一般用于疑问句和否定句中。

young [jʌŋ]

adj. 年轻的；年幼的；有青春活力的　*n.* (the) 年轻人

【例句】He is too **young** to go to school. 他太小了不能上学。

【搭配】books for the young 青年读物

【辨析】**young, youthful**

young：表示“年纪轻”。

youthful：具有“充满活力”的意思。

【例句】Like the **young** people, the old men also look **youthful**.

与年轻人一样，这些老年人看起来也充满活力。

youth [ju:θ]

n. 青春；青年

【例句】Even in **youth**, he was like an old man. 即使年轻时，他也象个老头。

【辨析】**youth, teenager**

youth：现在几乎专指男青年，尤指 10 多岁到 20 多一点的男青年，但作为集合名时间男女青年都可指，如 the **youth** of a nation 一个国家的青年人。

teenager：指 13 岁到 19 岁之间“十几岁的孩子”。

Z

zero ['ziərəu]

n. & *num.* 零（pl. zeros 或者 zeroes）；零度

【例句】

1. Three plus **zero** is three. 3 加 0 等于 3。
2. It was ten degrees below **zero**. 气温是零下 10 度。
3. Their hopes fell to **zero**. 他们的希望化为乌有。

【同义词】nil, none, nothing, naught

zoo [zuː]

n. 动物园（pl. zoos）

【例句】This is one of the largest **zoos** in the world. 这是世界上最大的动物园之一。

【搭配】in the zoo 在动物园里

大纲词组和短语

1. be able to do sth 能够（有能力）做某事

【例句】

1. You must **be able to** speak English for this job. 做这工作你得会讲英语。

2. Will you **be able to** come? 你能来吗？

【辨析】**be able to do, can**

be able to do sth.：表示“经过努力而成功做完某事”，有多种时态。

can：强调的是“有能力做某事”。can 只有两种时态，即 can 和 could。

【例句】

Jason has not **been able to** go to school for five days. 詹森已有五天没能去上学了。

I **can't** promise you anything, but I'll see what I **can** do. 我无法给你任何承诺，但一定会尽力。

【例题】All the people ________ escape from the fire in time.

A. were able to　　B. could

C. would　　D. should

【解答】答案：A。句意：“所有人都从火灾中及时逃脱了。”表示过去通过努力终于做成了某事要用 be able to，而不能用 can。C 选项意思是“会，愿意”。D 选项意思是“应该”。

【同义词】be capable of

2. by accident 偶然

【例句】She found the wallet **by accident**. 她偶然发现了这个钱包。

【同义词】by chance

【反义词】on purpose 故意地；特地

3. on account of 由于；因为

【例句】The manager resigned **on account of** his poor health. 由于健康状况不佳，经理辞职了。

【例题】She retired early ________ ill health.

A. on account　　B. on account of

C. taking account of　　D. account

【解答】答案：B。句意：“她提早退休是由于身体欠恙”。A. on account 表示“赊账，分期付款”，C. taking account of 意为“考虑，顾及”，D. account 意为“账目”。B. on account of 是正确答案，表示“由于，因为”，后接名词或名词词组。

【同义词】because of, owing to, due to

4. take into account 考虑到

【例句】

1. The company **took into account** the expenses. 公司把费用考虑进去。

2. He will **take into account** my request. 他会考虑我的要求。

【同义词】take into consideration, take account of

5. account for 说明（原因，理由等）；（在数量、比例上）占

【例句】

1. Nobody can **account for** his strange behavior. 没有人能解释他奇怪的行为。

2. The poor weather may have **accounted for** the small crowd. 人来得少可能是由于天气不好。

3. The minority nationalities **account for** six percent of the population. 少数民族占人口的百分之六。

【例题】

Alexander could not ________ his foolish mistake.

A. explain for

B. account for

C. account

D. take into account

【解答】答案：B。句意：“亚历山大无法解释自己的愚蠢错误。”A. explain 表“解释”，不加 for，排除 A。B. account for 短语表示“说明，解释”意思，是正确答案。C. account 表示“账目”，D. take into account 表示“考虑到”，排除 C 和 D。

【同义词】explain, cause

6. act as 担当，充当，起…的作用

【例句】

1. Can you **act as** interpreter? 你能担任口译吗？

2. She **acted** both **as** the secretary and **as** the accountant in this company. 她在公司既担任秘书还担任会计。

【同义词】play

7. in addition 另外

【例句】There is, **in addition**, one further point to make. 另外，我还有一点要说。

【同义词】besides, furthermore

【例题】The food in this restaurant is very nice. ________ , the price is not high.

A. In addition　　B. In addition to

C. Except　　D. Except for

【解答】答案：A。句意："这家餐馆的食物很好吃。此外，价格也不高。" A. in addition 表示"另外"，相当于一个副词，后面一般连接句子。B. in addition to，表示"除…之外"，其中的 to 为介词，后接名词或动名词，不能接句子，排除 B。C. except 意思是"除去，不包括"。强调所排除的"不包括在内"，排除 C。D. Except for 表示"除去，不包括"，后接的词和句子中的整体词（主语）不是同类的，指从整体中除去一个细节、一个方面，D 也不符合题意。

8. be afraid of 害怕

【例句】

1. Little Tom **was afraid of** spiders. 小汤姆害怕蜘蛛。

2. I **was afraid of** upsetting my parents. 我担心（怕）会使父母不安。

【辨析】**be afraid to, be afraid of**

be afraid to：表示"不敢、害怕做某事"，强调做的这件事。

be afraid of: 表示"害怕、担心（做某事后产生的）后果"，强调后果。

I am afraid that：表示"恐怕"，指对令人不愉快的事的推测。

【例句】I **am afraid to** stay in the hotel alone. 我不敢一个人呆在酒店。

Mary **was afraid to** cross the bridge, for she **was afraid of** falling down from it.

玛丽不敢过桥，因为她怕从桥上掉下来。

I **am afraid that** it'll rain tomorrow. 恐怕明天要下雨。

【例题】The little boy ________ go out at night.

A. was afraid of　　B. was afraid to

C. was afraid　　D. was afraid for

【解答】答案：B。B 选项，to 后面须接动词原形。句意："这个小男孩晚上不敢出去。" A 选项，因为 of 是介词，后边要接动词的动名词形式，排除。C 选项后接句子，排除。D 选项是错误结构。

9. after all 毕竟；终究

【例句】

1. Don't blame him. He is a child **after all**. 别责怪他了，他毕竟是个孩子。

2. You made it **after all**! 你终究成功了！

10. again and again 再三地；反复地

【例句】You mom may ask you **again and again** to make your bed neat. 你妈妈或许会一次又一次地叫你去收拾好床铺。

11. once again 再一次

【例句】**Once again** Tom made this mistake. 汤姆又一次犯这个错误。

12. at the age of 在…岁时

【例句】Children start school **at the age of** seven in this country. 这个国家孩子是七岁入学的。

13. agree to do sth. 同意做某事

【例句】We all **agreed to** start tomorrow. 我们都同意明天出发。

14. agree with sb. 赞成某人的意见

【例句】I **agree with** you on this point. 在这点上我同意你。

【辨析】**agree on, agree with,agree to, agree to do sth.**

agree on：表示"（双方或多方经过协商后）在某些方面取得了一致意见"，主语必须是协商的双方或多方。

agree to do sth.：表示"同意做某事"（注意：不可说 agree sb. to do sth.）

agree to sth.：表示"同意（安排、计划、建议）"。

agree with (sb.)：表示“同意、赞成某人（意见、观点）”。

【例句】When Linda asked me if my husband **agreed to** spend the holiday in Yunnan, I said that he **agreed to** my idea. So we **agreed on** a date for it, and my husband **agreed with** what we did.

琳达问我丈夫是否同意去云南度假时，我说他同意我的想法。因此我们就定了个日子，我丈夫对我们的做法表示同意。

【例题】We ________ the price.

A. agreed with　　B. agreed to

C. agreed on　　D. agreed that

【解答】答案：C。句意：“我们就价格达成了一致意见。”C 选项表示“(双方或多方经过协商后）在某些方面取得了一致意见”；A 选项表示“同意、赞成某人（意见、观点）”；B 选项表示“同意（安排、计划、建议）”；D 选项后要接句子。

15. by air 乘飞机

【例句】It saves a great deal of time to travel **by air**. 乘飞机旅行可以节省很多时间。

【例题】

— How will you go to Shanghai?

— I'll go there ________ .

A. take plane　　B. by air

C. by the air　　D. take the plane

【解答】答案：B。句意：“你怎么去上海？”“我乘飞机去那儿。”此题已有谓语，缺的是状语，故排除 A 和 D。B 是固定搭配，不能加冠词。

【同义词】by plane

16. all over 到处；遍及

【例句】

1. We looked **all over** for the keys. 我们到处找钥匙。

2. Little Jimmy spilt the milk **all over** the table. 小吉米把牛奶洒得满桌都是。

17. all over the world 遍及全世界

【例句】They've travelled **all over** the world. 他们游遍了全世界。

18. in all 总计

【例句】

1. There are twenty of us **in all** for dinner. 我们一共二十人吃饭。

2. That's 30 yuan **in all**. 一共 30 元。

【同义词】in total, altogether

19. not at all （用来加强 not 的语气）一点也不；别客气，不谢

【例句】I did **not** like it **at all**. 我一点也不喜欢。

【用法】“not at all”单独使用可表示对感谢的一种客套回答。如：

— Thanks very much for your help. 非常感谢你的帮助。

— **Not at all**, it was a pleasure. 别客气，不用谢。

20. one after another 相继；一个接一个

【例句】The calls kept coming in, **one after another**. 电话纷至沓来。

21. be anxious to do sth 急于 / 渴望做某事

【例句】She **was anxious to** finish it and go home. 她渴望赶紧完成然后回家。

【用法】be anxious for (about) sth. 有“渴望…”意思，此时与 be anxious to do sdth. 意思相近，如：

There are lots of graduates **anxious for** work.

= Lots of graduates **are anxious to** find work. 现在很多毕业生渴求工作

22. argue with/against sb. about /on sth. 与某人辩论某事

【例句】

1. They are always **arguing with** each other **about** money. 他们总为钱吵嘴。

2. I **argued about** the school's new policy **with** him. 我和他为学校的新政策争论。

23. take sth. in one's arms 怀抱…

【例句】Mary **took** her teddy bear **in her arms** at once when she found it under the table. 当玛丽发现泰迪熊在桌底时立刻就把它抱进怀里。

24. arrive at/in a place 到达某地

【例句】

1. What time does the plane **arrive in** London? 飞机什么时候到达伦敦？

2. The train **arrived at** the station 15 minutes late. 火车晚了 15 分钟进站。

【同义词】get to, reach

【例题】What time shall we ________ Shanghai?

A. get　　B. arrive at

C. arrive in　　D. reach in

【解答】答案：C。句意："我们几点到上海？" A 选项 get 后需加 to。B 选项 arrive at 后加较小的地点名词，如 school，park，zoo。C 选项 arrive in 后加较大的地点名词，如 Beijing。D 选项 reach 是及物动词，后面直接加宾语，不用加 in。

25. as... as 与…一样，如同

【例句】

1. You're **as** tall **as** your father. 你和你父亲一样高。

2. Tommy was **as** white **as** a sheet. 汤米面无血色。

26. not so/as... as 不像；不如

【例句】

1. Tom is **not so** clever **as** his sister. 汤姆没有他姐姐聪明。

2. She **doesn't** play **as** well **as** her classmate. 她演奏不如她同学好。

27. as if / though 好像；似乎

【例句】

1. He behaved **as if** nothing had happened. 他表现得若无其事。

2. It sounds **as though** you had a good time. 听起来你好像过得挺愉快。

28. ask sb. for sth. 向某人要某物

【例句】

1. Why don't you **ask** your teacher **for** advice? 你为什么不征求你老师的意见？

2. I am writing to **ask for** some information about courses. 我写信想了解课程的情况。

29. shop assistant 店员

【例句】Peter is a **shop assistant** in a department store. 彼得现在是百货公司的一名店员。

30. pay attention (to) 注意

【例句】

1. Please **pay attention to** what I am saying. 请注意听我讲的话。

2. Don't **pay any attention to** what they say. 别在意他们所说的话。

31. be (far) away from 远离

【例句】The beach is a mile **away from** my home. 海滩在我家一英里外。

32. go/run away 走 / 跑开

【例句】The thief just **ran away** when he found someone noticed him.

当小偷发现有人注意到了他，他拔腿就跑。

33. be born 出生于

【例句】

1. Olivia **was born** in London in 1988. 欧利维亚 1988 年出生于伦敦。

2. He **was born** to be a great writer. 他生下来就注定是个伟大的作家。

34. because of 因为；由于

【例句】

1. They are here **because of** us. 他们是因为我们来这里的。

2. **Because of** his bad leg, he walked slowly. 由于他腿不方便，他行走缓慢。

【例题】Many families break up ________ a lack of money.

A. cause　　B. because

C. because of　　D. for

【解答】答案：C。C. "because of" 表示 "因为，由于"，后接名词或名词词组，因此为正确答案。句意："很多家庭破裂是因为缺钱。" "a lack of money" 是名词词组，意思是 "缺钱"。A. "cause" 表示 "造成，导致"，不符合句意。B. "because" 是表示 "因为，由于"，后接从句，不符合本句的语法结构。D. "for" 可以表示 "因为"，是并列连词，后面接并列句，不符合本句的语法结构。for 表示推断的原因或对前一分句补充说明理由，例：It must be morning, for the birds are singing. 一定是清晨了，因为鸟儿在叫。

35. go to bed 上床睡觉（bed 前无冠词）

【例句】

1. It's time to **go to bed**. 该是睡觉的时候了。

2. Tom **goes to bed** before 11 o'clock. 汤姆 11 点前睡觉。

36. make the bed 整理床铺

【例句】Boarding school students have to **make the bed** every day.

寄宿学校的学生每天都要整理床铺。

37. at the beginning of... 在…的开始

【例句】We're going to Japan **at the beginning of** July. 我们七月初要去日本。

对比：She has been working there **since the beginning of** last summer.

她自从去年夏初就一直在那里工作。

38. belong to 属于；是…的成员（无被动态，不用于进行时）

【例句】

1. The islands **belong to** China. 这些岛屿隶属中国。

2. Have you ever **belonged to** a political party? 你加入过什么政党吗？

【例题】

— Which school ________ the boys ________ ?

— No.10 Middle School.

A. do; belong　　B. are; belonging to

C. is; belong to　　D. do; belong to

【解答】答案：D。句意："这些男生是属于哪所学校的？""他们是第十中学的。""belong to"为固定词组，必须连起来使用，故排除选项A。谓语动词belong为实义动词，提问要用do，故排除B和C选项。

39. do/try one's best 尽某人最大的努力

【例句】Don't worry. I'll **do my best** to solve this problem. 别担心。我会尽力解决这个问题。

40. all the best 一切顺利

【例句】I wish you **all the best**! 我祝你一切顺利！

41. had better 最好（做…）

【例句】

1. I think we **had better** go home now. 我觉得我们最好现在就回家。

2. You'**d better** hurry if you're going to catch your train. 如果你要赶那趟火车，你最好快点。

【例题】If you want to go to see a movie tomorrow, you ________ watch TV.

A. had not better　　B. do not have better

C. had better not　　D. not had better

【解答】答案：C。句意："若你想明天去看电影，那现在最好不要看电视了。""had better (do)"表示建议，忠告，表示"最好（做…）"；若建议某人"最好不（做…）"，则用"had better not (do)"，所以答案是C。其他选项都是错误结构。

42. a bit (of) 有一点儿

【用法】作程度副词，修饰动词、形容词、比较级，可与a little互换；若要修饰名词时，要在a bit后加of，如：a bit of bread 一小块面包。

【例句】

1. Would you please turn down the radio **a bit/a little**? 请你把收音机声音关小一点好吗？

2. I'm **a bit/a little** tired. 我有点累。

3. — How are you feeling? 你感觉如何？

— Oh, I'm feeling **a bit/a little** better today. 噢，今天感觉稍好点儿。

43. blame... on/upon 把…怪到…头上，把…归咎于

【例句】The company **blamed** their bankrupt **on** the economic crisis.

公司把破产归咎于经济危机。

44. go on board 上（船、飞机；火车等）

【例句】Have all the passengers **gone on board** yet? 所有乘客都登机了吗？

45. both... and... 两个都；既…又…

【例句】

1. **Both** his mother **and** his father will be there. 他父母二人都将去那里。

2. For this job you will need a good knowledge of **both** Japanese **and** German.

做这份工作你得精通日语和德语。

【例题】________ Tom ________ Mary wants to go shopping after school.

A. Both … and　　B. So … that

C. Neither … nor　　D.As …as

【解答】答案：C。句意："汤姆和玛丽都不想放学后购物。"A选项both…and…"两者都"，谓语动词要用复数形式want，故排除A。B选项意思为"如此…以致于…"，D选项意思是"与…一样"。B，D都不符合题意。而C选项neither…nor…"既不…也不…"，其谓语动词要采用"就近原则"，即谓语动词的单复数形

式要由 nor 后面的名词或代词决定。nor 后的 Mary 为单数，则谓语动词须为单数（wants），相符，故为正确答案。

46. a bottle of 一瓶

【例句】We drank **a whole bottle of** wine. 我们喝了整整一瓶酒。

47. break down 出毛病；不运转

【例句】

1. The machine has **broken down**. 机器瘫痪了。

2. The car **broke down** on the freeway. 车在高速公路上抛锚了。

【例题】Her health ________ under the pressure of work.

A. broke down　　B. went down

C. broke off　　D. wrote down

【解答】答案：A。句意："她因工作压力身体垮掉了"。三个选项中 B. went down 表示"落下，（质量、温度等）下降"，C. broke off 表示"中断，折断"，D. wrote down 表示"写下来"，均不符合句意。A. broke down 意思是出毛病，这里指她因工作压力使身体出了毛病，垮掉了，所以答案是 A。

【真题】The car broke down on their way to Beijing. (GMET2010-14)

A. 摔坏　　B. 翻车　　C. 丢失　　D. 抛锚

（答案：D）

48. break out 突然发生；爆发（无被动语态）

【例句】

1. Fire **broke out** during the night. 夜间突然发生了火灾。

2. It appears as if a war will **break out**. 看来一场战争似即将爆发。

【例题】He was only 16 when war ________ .

A. has been broken out　　B. was broken out

C. broke out　　D. has broken out

【解答】答案：C。句意："当战争爆发的时候他只有 16 岁。""break out" 表示"（灾难、战争等的）突然发生、爆发"，不用于被动语态，排除 A、B；D 选项的时态是现在完成时，与主句时态不一致，由此可得出 C 是正确答案。

49. at breakfast 早餐时；正吃早饭

【例句】**At breakfast**, Linda complained to her husband about the food.

早餐时，琳达向她的丈夫抱怨不好吃。

50. have breakfast/lunch/supper 吃早 / 中 / 晚饭

【例句】

1. Why don't you **have lunch** with your colleagues? 你为什么不和同事一起吃午餐呢？

2. Peter called when we were **having breakfast**. 当我们吃早餐时彼得来电话了。

51. hold one's breath 屏住呼吸

【例句】**Hold your breath** and count to ten. 屏住呼吸，数到十。

【例题】He ________ while the results were read out.

A. held his breath

B. stopped his breath

C. out of his breath

D. took his breath away

【解答】答案：A。句意："宣读结果时，他屏住了呼吸"，"hold one's breath" 可表示一种焦虑等待而暂时屏住呼吸的状态，为正确答案。B 为"停止呼吸"，C 为"气喘吁吁"，且是副词词组，不能做谓语，D 为"使某人大吃一惊"。

52. out of breath 上气不接下气，气喘吁吁

【例句】We were **out of breath** after only five minutes. 我们五分钟后便气喘吁吁了。

【真题】When they got to the top of the mountain, they were out of breath. (GMET2009-14)

A. 呼吸困难　　B. 停止呼吸

C. 气喘吁吁　　D. 力不从心　　（答案：C）

53. bring about 产生；引起

【例句】

1. Science **has brought about** many changes in our lives. 科学为我们生活带来了很多变化。

2. His efforts **brought about** results. 他的努力产生了效果。

54. bring forward 提出；提前

【例句】We'll **bring forward** the matter at the next conference.

我们将在下次会议上把这事提出来。

【例题】He had to ________ the meeting so that he could get to the airport on time.

A. bring out B. bring forward

C. bring up D. bring back

【解答】答案：B。句意："他不得不提前会议从而能准时到达机场"。"bring out"意为"生产，公布"，"bring forward"除了有"提出（建议、争论等）"的意思外，还有"提前（活动、会议等）"的意思，"bring back"意为"带回来"，"bring up"意为"提出，养育"。

55. bring up 抚养，培育；提出（议题、问题等）

【例句】

1. She **brought up** six children. 她抚育了六个孩子。

2. Tom was **brought up** by his aunt. 汤姆是由他姨妈带大的。

【例题】He ________ an issue about the shortage of nurses.

A. put up B. held up

C. brought up D. woke up

【解答】答案：C。句意："他提出了护理人员短缺的问题"。A "put up"是"举起，提起"的意思，B "held up"是"举起，阻挡"的意思，D. "woke up"是"叫醒"的意思，C "brought up"除了"抚育，养育"的意思外，还表示"提出（议题、问题等）"的意思。由此可知C是正确答案。

56. on business 因公出差

【例句】He's away **on business**. 他出差去了。

57. be busy doing sth. 忙于做某事

【例句】

1. Anna **is busy practicing** for the school concert. 安娜正忙着为学校音乐会练习呢。

2. She **is busy calling** the sponsors. 她忙着打电话给赞助商们。

【例题】I cannot talk to you right now. I am some important e-mails.

A. busying to reply B. busy to reply

C. busying replying D. busy replying

【解答】答案：D。句意："我现在不能和你说话，我正忙着回复一些重要的电子邮件"。A、C两项是将busy作为动词，当busy作为动词是表示"忙着做某事"，用法是"busy oneself (in) doing sth."，如：She busied herself preparing for the party. 因此排除A、C。busy作为形容词表示"忙于做某事"时，用法是"be busy (in) doing sth."，故排除B。

58. be busy with sth. 忙于做某事

【例句】

1. He **was busy with** the project in the last whole month. 他上个月整个月都忙着这个项目。

2. Let's **get busy with** the clearing up. 我们开始清理吧。

【用法】"be busy with sth."与"be busy (in) doing sth."都表示忙于（做）某事。如：

He **is busy doing** his homework. = He **is busy with** his homework.

他忙着做他的家庭作业。

59. but for 倘没有；要不是

【例句】**But for** your help, I would have failed. 要不是你的帮忙，我会失败的。

【例题】**But for** their help, we ________ the program in time.

A. had not finished

B. could not have finished

C. could not finish

D. could have finished

【解答】答案：B。句意："要不是他们的帮助，我们不可能按时完成这个项目。"这是表示与过去事实相反的虚拟语气的动词形式。If虚拟条件句要用had + 过去分词，这里已被But for短语代替了，等于If it had not been for their help。主句要用would/could + have + 过去分词，所以选B。A、C选项不符合虚拟语气的结构，D选项示虚拟语气但是表示的是肯定的意思，与题意不符。

60. by bus/car/plane/train/ship/air 乘公共汽车/小汽车/飞机/火车/轮船/飞机

【例句】

1. I travelled **by plane**. 我乘飞机旅行。

2. I go to school **by bus** every day. 我每天坐公交车上学。

【用法】注意：此结构不能有冠词，如不能说 by the/a car 等，通常置于句末，作状语。

61. call for 要求，需要；接（某人），去取（某物）

【例句】

1. I'll **call for** you at 6 o'clock.

我 6 点钟来接你。

2. The situation **calls for** immediate action.

目前的形势需要立即采取行动。

【例题】

— I've been promoted.

— This ________ a celebration!

A. calls in　　B. calls on

C. calls upon　　D. calls for

【解答】答案：D。句意："我升职了。""那就得庆祝一下了！""call in" 表示 "打电话来" 的意思，如：Several people have called in sick today. 今天有几个人打电话请病假。"call on" 和 "call upon" 表示 "拜访；号召"，"call for" 表 "需要" 的意思，由此可知因为升职所以需要庆祝，D 符合题意。

62. call on/upon sb. 拜访；号召

【例句】I'm going to **call on** one of my former classmates. 我要去看望我的一位老同学。

【例题】He'll ________ you this afternoon.

A. call on　　B. call at

C. call for　　D. call in

【解答】答案：A。句意："他今天下午要来见你。" call on, call at 这两个词组都可表示"访问"，call on 较为正式，后接人作宾语，指 "进行短暂的访问"，call at 后接地点，表示 "到某人的家或其他场所去拜访某人"；C 选项 call for 意思是 "要求，需要"；D 选项 "call in" 表示 "叫进来，请来" 的意思。根据题意选 A。

63. call on sb. to do sth. 号召某人做某事

【例句】

1. Teachers have **called on** students **to** learn how to recycle waste.

老师们已经号召学生们学会如何废物循环利用。

2. The UN has **called on** both sides **to** observe the ceasefire.

联合国号召双方要遵守停火协议。

64. take care of 照料；照顾

【例句】

1. Who's **taking care of** the children while you're away?

你外出时谁来照料这些孩子？

2. She **takes great care of** her clothes.

她非常爱惜自己的衣服。

【例题】

Linda ________ the marketing side of things.

A. takes care of　　B. cares for

C. takes care　　D. is careful

【解答】答案：A。句意："琳达负责产品营销方面的事宜"。A "take care of" 除了照料，照顾的意思，还有 "负责，处理" 的意思，如：Let me take care of the cleaning. 我来负责清洁。A 是正确搭配并符合句意，为正确答案。B "care for" 是 "喜爱；照顾" 的意思。C "take care" 是 "（告别语）保重，走好" 的意思，D 选项 "is careful" 是 "小心" 的意思，均与句意不符。

65. care for 喜爱；照顾

【例句】

1. Jack **cares** very deeply **for** her. 杰克非常喜欢她。

2. He **cared for** her more than she realized. 她不知道他是多么在乎她。

66. carry on 继续；举行

【例句】

1. Sorry, I interrupted you. Please **carry on**. 对不起，我打断了你。请继续。

2. We'll **carry on** a conversation with her tomorrow. 我们将于明天与她会谈。

【例题】You'll have an accident if you carry on ________ like that.

A. driving　　B. to drive

C. drive　　D. drove

【解答】答案：A。句意："如果你继续这样开车就会出车祸"。"carry on" 表继续下去，若后面要接具体做的事情，则是 "carry on doing sth."，因此 A 是正确答案。"carry on with sth." 也同样表示 "继续某事"，如：Carry on with your work while I'm away. 我不在时你要继续干。

67. carry out 执行，进行；开展

【例句】

1. Extensive tests have been **carried out** on the patient.

已对患者进行了全面检查。

2. We need to **carry out** more research.

我们要开展更多的研究。

【例题】We ________ her instructions precisely.

A. carried over　　B. carried on

C. carried out　　D. carried off

【解答】答案：C。句意："我们精确地执行她的指示"，A. carry over 表示"(在不同的情况下)保持下去"，如：Attitudes learned at home carry over into the playground. 家里养成的作风表现在运动场上；B. carry on 表"继续"；D. carry off 是"赢得"的意思; C. carry out 表示"执行，实现"，为正确答案。A，B，D 均不符句意。

68. in any case 无论如何

【例句】

1. I don't see why I couldn't do it. **In any case**, I'm going to try. 我不懂怎么我就做不到。无论如何，我都要尝试。

2. There's no point complaining now, we're leaving tomorrow **in any case**.

现在抱怨也毫无意义了，反正我们明天就要离开了。

69. in case of 万一，如果

【例句】

1. **In case of** fire, ring the alarm bell. 一旦火警，即按警铃。

2. **In case of** rain, they can't go. 万一下雨，他们就不能去了。

【例题】I don't think I'll need any money but I'll bring some ________ .

A. at last　　B. in case

C. in no case　　D. in time

【解答】答案：B。句意："我认为我不必要带钱，但以防万一还是带上一些"。A 选项 at last"最后"，B 选项 in case 意思是"万一"，C 选项 in no case 意思是"决不"，D 选项 in time 意思是"及时"，故选 B。

70. catch up with 赶上

【例句】

1. You go with Kate and Jenny, and I'll **catch up with** you.

你和凯特和珍妮先走，我随后赶上你们。

2. After missing a term for illness he had to work hard to **catch up with** others.

他因病休学一学期，不得不努力学习好赶上别的同学。

71. by chance 偶然，碰巧

【例句】

1. I met her **by chance** at the airport. 我碰巧在机场遇见她。

2. I met Jack **by chance** in a bookstore yesterday.

我昨天在书店无意遇见了杰克。

【同义词】by accident

72. change... into... 把…变成…

【例句】

1. They are **changing** desert **into** farmland. 他们正在使沙漠变为农田。

2. The ice **changed into** water. 冰变成了水。

73. the English Channel 英吉利海峡

【例句】**The English Channel** is about 560 km long. 英吉利海峡长 560 公里。

74. be in charge (of) 主管；负责

【例句】

1. She **was in charge of** that event. 她曾负责过那个活动。

2. Peter will **be in charge of** the day-to-day running of the business after Polly retires.

波莉退休后由彼得来负责掌管日常业务。

【同义词】be responsible for

75. check in 办理登记手续(旅馆，机场)

【例句】Please **check in** at least an hour before departure. 请至少在飞机起飞前一小时办登机手续。

76. check out 结帐离去

【例句】

1. He **checked out** of the hotel at 9 nine. 他九点结账离开了酒店。

2. Guests should **check out** of their rooms by noon. 客人必须在中午前办理退房手续。

【反义词】check in

77. check up 检查，核对

【例句】

1. I need to **check up** on a few things before I go. 我走之前需要核查几件事情。

2. Justin called me to **check up** on some facts. 贾斯汀打电话让我核实一些事实。

【例题】Don't worry; no one is going to ________ on you.

A. check in　　B. check up

C. check out　　D. check off

【解答】答案：B。句意："别担心，没有人会来检查你的。" A. check in 表示"办理登记手续(旅馆,机场)",C. check out 意为"结帐离去",D. check off 是"核对打钩"的意思。如：Check the names off as the guests arrive. 客人到了就在其姓名上打钩。因此符合的只有 B. check up "检查"。

78. go to the cinema 去看电影

【例句】I used to **go to the cinema** every week. 我过去每周都去看电影。

【同义词】go to the movies

79. have classes 上课

【例句】

1. I **have classes** from Monday to Friday. 我周一到周五要上课。

2. I don't **have classes** every Thursday afternoon. 我每周四下午都没课。

80. after class 课后

【例句】I want to see you **after class**. 我课后要见你。

81. catch/ have a cold 感冒，着凉，伤风

【例句】

1. Keep your feet dry so you don't **catch a cold**. 保持双脚干燥以防感冒。

2. Annie wants to ask for a sick leave because she **has a cold**. 安妮想请病假因为她感冒了。

82. go to college 上大学

【例句】

1. She will **go to college** in September. 她九月份就要上大学了。

2. Connie cannot **go to college** because she didn't pass the exams.
康妮不能上大学因为她没通过考试。

83. come about 发生

【例句】Did your father tell you how the accident **came about**?
你爸爸告诉了你事故是怎么发生的吗?

84. come back 回来；想起来

【例句】

1. I **came back** very late last night. 我昨晚回来得很晚。

2. When I thought about it, it all **came back**. 当我想它时，一切都回想起来了。

85. come down 下来；倒塌

【例句】

1. The price of gas is **coming down**. 煤气价格在下跌。

2. The ceiling **came down** with a terrific crash. 随着一声可怕的碰撞，天花板塌下来了。

86. come from 来自；出生于

【例句】

1. Where do you **come from**?
你是哪个地方的人?

2. He **comes from** London.
他来自伦敦。

【同义词】be from

【例题】He ________ Canada.

A. is come from　　B. come from

C. comes from　　D. are from

【解答】答案：C。句意："他来自于加拿大"。该句主语是第三人称单数，要在谓语动词后加 s，故排除 B。A 选项结构错误，注意不要把 be from 与 come from 组合在一起。D 选项 are 与主语 he 在人称数上不一致。

87. come in 进入；进来

【例句】Please **come in**. 请进。

88. come on 快点，赶快

【例句】

1. **Come on**! We don't have much time. 快点！我们没多少时间了。

2. **Come on**! Try once more. 加油！再试一次。

89. come out 出来，出现

【例句】

1. The rain stopped and the sun **came out**. 雨停了，太阳出来了。

2. When is her new novel **coming out**? 她的新小说何时出版?

【真题】The stars ________ as soon as it was dark. (GMET2012-19)

A. come out　　B. came out

C. have come out　　D. will come out

（答案：B）

90. in common 共同的

【例句】

1. I found I had a lot **in common** with these people. 我发现我和这些人有很多共同点。

2. Although they are twins, they have nothing **in common**.

尽管他们是双胞胎，他们却没有相同之处。

91. under good/bad conditions 在好/坏条件下

【例句】

1. The workers were forced to work **under bad conditions**. 工人们被迫在恶劣的条件下工作。

2. **Under these conditions**, the fire can be rapidly controlled.

具备这些条件，火势能迅速得到控制。

92. be considered as 被看作；被认为

【例句】

1. Beijing **is considered as** the heart of our country. 北京被看作是我国的心脏。

2. He **is considered as** an expert on the subject. 他被认为是这门学科的专家。

【同义词】be regarded as

93. consist of 由…组成，包括

【例句】

1. Life mainly **consists of** happiness and sorrow. 生活主要有快乐和悲伤组成。

2. Their diet **consists** largely **of** vegetables. 他们的日常饮食以蔬菜为主。

【例题】The committee ________ ten members.

A. composes of　　B. consists of

C. consists　　D. composes

【解答】答案：B。句意："委员会由10人组成"。"由…组成"有几种表示法：1. consist of（用主动语态）；2. be composed of（用被动语态）；3. be made up of（用被动语态）。如：Water is composed of hydrogen and oxygen. = Water consists of hydrogen and oxygen. = Water is made up of hydrogen and oxygen. "水是由氢和氧组成的。"若用"compose"完成本题，则句子需改成"Ten members compose the committee." 或"The committee is composed of ten members."故B是正确答案。

94. consist in 存在于…中

【例句】

1. The beauty of this place **consists in** its breathtaking scenery.

这个地方的美就在于那些惊人的风景。

2. Education does not simply **consist in** learning a lot of facts. 教育并不仅仅在于学到许多事实。

【例题】Happiness does not ________ how many possessions you own.

A. consist of　　B. consist in

C. compose of　　D. compose

【解答】答案：B。例题句意要表达的是"快乐不在于你拥有多少财产"，C选项是错误搭配，排除。A和D选项是"由…组成"的意思，不符题意。

95. of course 当然

【例句】

1. — Will you be there? 你要去那里吗?

— **Of course** I will! 当然要去!

2. — Are you going? 你要去吗？

— **Of course** not. 当然不去。

96. in the course of 在…的过程中；在…期间

【例句】He was a friend to many people **in the course of** his life.

在这一生中他是许多人的朋友。

【辨析】**in the course of, in course of**

in the course of：表示"在…（特定的）期间"。

in course of：侧重表示"（某事）正在…中"。

【例如】John called me **in the course of** our conversation. 在我们谈话时，约翰打电话给我。

A new building is **in course of** construction. 一栋新楼正在兴建中。

97. be covered with 被…覆盖

【例句】

1. The children **were** soon **covered with** mud. 那些孩子很快就浑身溅满了泥。

2. The bulletin board **was covered with** ads. 公告板被广告覆盖了。

【例题】They ________ the desk ________ a piece of paper.

A. covered; to　　B. covered; by

C. covered; with　　D. covered; on

【解答】答案：C。句意："他们用纸把桌子盖起来。" cover sb./sth. with sth. "用某物覆盖某人或物"，be covered with sth. 是其被动结构。A，B，D 搭配错误。

98. credit card 信用卡

【例句】All major **credit cards** are accepted at our hotels. 我们酒店接受所有主要的信用卡。

99. a cup of 一杯

【例句】

1. Would you like **a cup of** tea? 你想喝杯茶吗？

2. Peter drank **the** whole **cup of** beer. 彼得喝下了一整杯啤酒。

100. in danger 在危险中

【例句】

1. I don't want to put you **in danger**. 我不想让你陷入危险中。

2. The building is **in danger** of collapsing. 这栋建筑有垮塌的危险。

【例题】I think skating is ________ diving.

A. as danger as　　B. more dangerous than

C. more dangerous as　　D. danger than

【解答】答案：B。例题句意"我认为滑冰比潜水危险。" A. danger 是名词，不能用在 as....as 结构中（只能用形容词、副词原级），C. more dangerous 是比较级，as 要换成 than。D. 结构错误，"danger" 是名词，不能用于比较级。

【反义词】out of danger

101. up to date 最新的；最近的

【例句】You will find full and **up to date** information in this book.

你会在这本书找到全面和最新的消息。

【反义词】out of date

102. out of date 过时的

【例句】

1. These figures are very **out of date**. 这些数字早已过时。

2. Suddenly she felt old and **out of date**. 她猛然觉得自己老了，跟不上时代了。

103. by day 在白天，日间

【例句】They travelled **by day** and stayed at hotels by night. 他们白天出游，晚上在旅馆过夜。

【反义词】by night 在夜间

104. day after day 日复一日地

【例句】Phillips hates doing the same work **day after day**.

菲利普斯厌烦日复一日地做同样的工作。

105. day and night 日日夜夜地

【例句】The machines are kept running **day and night**. 机器日夜不停地运转。

106. day by day 一天天地

【例句】**Day by day** his condition is improving. 他的健康一天天好转。

【辨析】**day after day, day by day**

day after day：用于形容日复一日动作的重复。不含变化的意思。

day by day：强调程度的递变，强调有变化。含有"越来越…"之意。

【例句】He goes to look after his grandfather **day after day**. 他天天都去照顾他的祖父。

His English gets better **day by day**. 他的英语日渐变好。

107. every other day 每隔一天

【例句】Tom comes here **every other day**. 汤姆每隔一天来这一次。

【例题】I play soccer ________ day.

A. every another　　B. every other

C. any other　　D. others

【解答】答案：B。句意："我每隔一天踢足球。" A 选项不存在。C. any other 是"其他任何一个"之意，即同一范围内一个与去其他剩余的相比较。例如：Shanghai is larger than any other city in China .“上海比中国其他任何一个城市都大”。B. every other day 意为“每隔一天”，符合题意。D. others 后不能再跟名词，排除。

108. one day（过去或将来）有一天

【例句】

1. He'll come to realize it **one day**. 他总有一天会懂得这一点。

2. **One day**, I want to leave the city and move to the country. 有朝一日，我要离开城市搬到乡村里去。

3. **One day**, he walked out of the house with a small bag and never came back. 一天，他带了个小包走出家门，从此再也没回来。

109. some day（将来）某一天，有朝一日

【例句】

1. **Some day** I'll be famous. 总有一天我会成名。

2. We will meet again **some day**. 后会有期。

【例题】________ Peter started to make breakfast for his parents.

A. Some day　　B. By day

C. One day　　D. Every other day

【解答】答案：C。句意：“有一天彼得开始给父母做早餐了”。从 started 可看出是在强调过去的一个动作，A. Some day 是“某天”的意思，用于将来时，不符合；B. By day 指“白天”，不符合题意；C. One day 指“某一天”，可用于过去时，也可用于将来时，符合题意；D. Every other day 意为“每隔一天”，表示动作发生的频率，不符合题意。

110. the day after tomorrow 后天

【例句】If today is Tuesday, **the day after tomorrow** will be Thursday.

假如今天是星期二，后天就是星期四。

111. the day before yesterday 前天

【例句】If today is Friday, **the day before yesterday** was Wednesday. 假如今天是星期五，前天就是星期三。

112. deal with 应付，处理，涉及

【例句】

1. Have you **dealt with** these letters yet? 这些信件你处理了吗？

2. He's good at **dealing with** pressure. 他善于应付压力。

【例题】He knows well how to ________ this kind of problem.

A. deal out　　B. deal in

C. deal with　　D. deal to

【解答】答案：C。句意：“他很懂如何处理这类问题”。A. deal out 意思是“分发”，如：The profits were dealt out among the investors. “利润分给了投资者。”B. deal in 意思是“经营”，如：This company deals in computer software. “这间公司经营计算机软件”。C. deal with 意思是“处理”，符合句意。D. deal to，无此搭配。

【例题】I don't know how they ________ the problem .

A. deal with　　B. do with

C. solve with　　D. deal

【解答】答案：A。句意：“我不知道他们怎么处理这个问题。”do with 和 deal with 意思相近，都有“处理，解决”的意思。do with 常与连接代词 what 连用，而 deal with 常与连接副词 how 连用。C. solve with 错误搭配，多了介词 with，D 选项则少了 with。

113. a good/great deal (of) 大量（的）

【例句】

1. The government spent **a great deal of** money rebuilding the towns after the earthquake.

震后政府花了大量的钱重建城镇。

2. It took me **a great deal of** time. 这费了我很多时间。

【例题】He has ________ experience in teaching English.

A. a number of　　B. many

C. a great deal of　　D. a few

【解答】答案：C。句意：“他富有英语教学经验”。experience 为不可数名词，四个选项中只有 C. a great deal of 可修饰不可数名词。

114. depend on/upon 依靠，取决于

【例句】

1. I don't want to **depend** too much **on** my

parents. 我不想过度依靠父母。

2. He was the sort of person you could **depend on**. 他是你可信赖的那种人。

115. in detail 详细地

【例句】

1. Would you please explain the theme **in detail**? 您是否能详细地说明一下主题?

2. This issue will be discussed **in** more **detail** in the next chapter. 这个问题将在下一章详细论述。

116. die from 死于(外因)

【例句】

1. His father **died from** a car accident last year. 他父亲去年死于一场车祸。

2. The trees **died from** acid rain.
这些树都因酸雨而枯萎了。

117. die of 死于(疾病、饥饿、情感等内因)

【例句】

1. The patients here **died of** cancer. 这里的病人都是死于癌症。

2. Her grandmother **died of** sorrow. 她奶奶死于忧伤。

【辨析】**die from, die of**

die from:指死于外在原因,如:外部创伤、交通事故。

die of: 指死于内在原因,如: 疾病,饥饿,寒冷,年老,情感等。

【例题】

1. He died ________ a traffic accident last week.

A. of B. from

C. by D. on

2. This old man died ________ loneliness, for his son deserted(抛弃)him.

A. by B. from

C. of D. on

【解答】答案:1. B 2. C。第一题句意“上周他死于交通事故。”die from 表示死于外因。第二题句意“这个老人死于孤独,因为他的儿子抛弃了他。”die of 表示死于内因。

118. divide... into 把…分成

【例句】

1. Let's **divide** ourselves **into** two groups. 我们分成两个小组吧。

2. The book is **divided into** six chapters. 这本书分了六个章节。

【辨析】**divide, seperate**

divide:常与 into 搭配,表示“把…分成”,指把某物整体划分为若干部分。

separate:常与 from 搭配,表示“将…与…隔开”,指把原来连在一起或靠近的分割开。

【例句】The teacher **divided** our class **into** four groups. 老师把我们班分成了四个小组。

Raw meat must be **separated from** cooked meat. 生肉与熟肉必须分开。

【例题】A year can ________ twelve months.

A. divide into B. be divided into

C. be divided from D. divide from

【解答】答案:B。句意:“一年被分成十二个月。”divide 与 into 搭配使用。本句要使用被动语态。故选择 B。

119. do some cleaning / cooking / shopping / washing 做扫除/做饭/买东西/洗衣服

【例句】

1. Lisa and Jerry usually **do some cleaning** on weekends. 丽萨和杰瑞通常周末会做扫除。

2. Mary will **do some shopping** when she is in Shanghai. 玛丽去上海时会去逛街。

120. do well in 在…方面做得好(=be good at)

【例句】

1. You have to study harder if you want to **do well in** your exams.
如果想在考试中取得好成绩,你必须更努力学习。

2. Peter **did** so **well in** his project and he finally got promoted.
彼得在他的项目中做得非常棒,终于升职了。

【例题】I couldn't sing at all, but I ________ dancing and playing the piano.

A. am interested on B. is fond of

C. do well in D. am keen in

【解答】答案:C。句意:“我根本不会唱歌,但我跳舞和弹钢琴很好。”A,B,D 选项意思都为“喜欢”。A 选项 is interested on 中的 on

应改为 in，B 选项 is 应改为 am，D 选型 in 要改成 on。C 选项 do well in 表“在…方面做得好，擅长”，符合题意。

121. no doubt 无疑地

【例句】

1. There is **no doubt** at all that we did the right thing. 毫无疑问我们做得对。

2. There is **no doubt** about his innocence. 他完全是无辜的。

122. a drop of 一滴

【例句】Mix **a few drops of** milk into the cake mixture. 在蛋糕混合料中滴几滴牛奶。

123. due to 由于

【例句】

1. The team's success was largely **due to** her efforts. 这个队的成功很大程度是她努力的结果。

2. Most of the problems were **due to** human error.

多数问题都是人为错误造成的。

【辨析】**due to, because of, owing to**

due to：可作表语、状语。作状语时不能置于句首，如需放于句首时需由 because of 或 owing to 来代替。

because of：仅作状语，强调因果关系。

owing to：可作表语、状语，等于 due to。作状语时可在句首或句末，用逗号隔开。

【例句】**Owing to/Because of** the rain, the match was cancelled. 由于下雨，比赛取消了。

Because of/ Owing to the storm he didn't go there. 因为暴风雨他没有去那儿。

Her absence was **due to/owing to** the storm. 由于风雨交加她没来。

124. on duty 值日，值班

【例句】Who's **on duty** today? 今天谁值班?

【反义词】off duty 不值班

125. each other 互相，彼此

【例句】

1. Bell and Susie really loved **each other**. 唐和苏西确实彼此相爱。

2. They looked at **each other** and laughed. 他们彼此看了看便笑了起来。

126. in the east of 在…的东部（范围内）

【例句】Japan is **in the east of** Asia. 日本位于亚洲东部。

127. to the east of 在…的东部（范围外）

【联想】on the east of 在…的东边（两地接壤）

【例句】I lived in a town **to the east of** Chicago five years ago.

五年前我住在芝加哥以东的一个城镇里。

【辨析】**in/to/on the east of...**

in the east of：是指一个大范围内的东部。

to the east of：是指位于范围外的东边，不接壤。

on the east of：强调两地有接壤。

【例句】Japan is **in the east of** Asia. 日本位于亚洲东部。（日本在亚洲范围内）

Taiwan is **to the east of** Fujian. 台湾在福建的东面。（台湾和福建不接壤）

Guangdong is **on the east of** Guangdong. 广东在广西的东面。（广东和广西接壤）

【例题】

1. The Pacific is ________ the east of China.

A. on　B. in　C. to　D. at

2. Beijing is ________ the north of China.

A. on　B. in　C. to　D. at

3. Japan is ________ the east of China.

A. on　B. in　C. to　D. at

【解答】答案：1. A　2. B　3. C。第一题句意为“太平洋在中国的东面。”因为太平洋与中国接壤，所以选 on。第二题句意为“北京在中国的北部。”因为北京在中国内部，所以用 in。第三题句意为“日本在中国以东。”因为日本和中国不接壤，所以用 to。

128. take it easy 别着急；别紧张

【例句】

1. **Take it easy**! Don't panic.

沉住气！不要惊慌。

2. **Take it easy**. We'll take care of everything. 别着急。一切由我们照料。

129. eat up 吃光，吃完

【例句】

1. **Eat up**! We've got to go out soon. 都吃光！我们得马上出去。

2. Come on. **Eat up** your potatoes. 快点儿。把土豆吃完。

130. either... or... 或者…或者…

【例句】

1. Well, I think she's **either** Russian **or** Polish. 嗯，我看她不是俄罗斯人就是波兰人。

2. I'm going to buy **either** a camera **or** a CD player with the money.

我准备用这笔钱买一架照相机或者买一台激光唱机。

【例题】He was certain that he had lost the key to the bike ________ in the office ________ at home.

A. neither; or　　B. either; or

C. both; and　　D. as; as

【解答】答案：B，either ...or... 表示"不是…就是…"。句意："他确定他的单车钥匙不是掉在办公室就是掉在家里。" A. neither…or…中的 or 应该为 nor 才能表示"既不…也不…"；C. both…and… 意思是"两者都"，D. as…as… 意思是"与…一样"，均与题意不符。

131. at the end of 在…的末尾

【例句】

1. I'm **at the end of** my patience. 我已忍无可忍。

2. My companion waited for me **at the end of** the street. 我的同伴在街道尽头等我。

【辨析】**at the end of, by the end of, in the end**

at the end of：后接时间点或地点，表示"在…的尽头，在…的末尾"。

by the end of：后接时间点，表示"到…末为止"。若接过去的时间点，常用过去完成时；若接将来的时间，常用将来完成时。

in the end：后不加 of短语，表示"最后，终于"。

【例句】They will have a sports meeting **at the end of** March.（时间）

他们将在三月底举行运动会。

He put some books **at the end of** the bed.（地点）

他在床头放了一些书。

They wanted to find a place to rest in. **In the end,** they saw a village.

他们想找一个地方休息。最后，他们看到一座村庄。

We had built ten buildings **by the end of** 2012.

到 2012 年年底为止我们建了十栋楼房。

We will have finished the work **by the end of** next month.

到下个月底为止我们将完成那项工作。

132. put an end to 结束；终止

【例句】It's hoped the talks may **put an end to** the violence. 希望这些会谈能结束暴力。

133. in the end 最后；终于

【例句】

1. He tried various jobs and **in the end** became an accountant.

他尝试过各种各样的工作，最后当上了会计。

2. You'll get there **in the end** if you work hard. 你如果努力工作，最终会达到目的的。

【同义词】at last, finally

134. enjoy oneself 过得愉快；玩得开心

【例句】

1. **Enjoy yourself**. 祝你玩得开心。

2. They all **enjoyed themselves** at the party. 他们在聚会上都玩得非常痛快。

【同义词】have fun, have a good time

135. (be) equal to 等于；胜任

【例句】

1. Twelve inches **is equal to** one foot. 12 英寸等于 1 英尺。

2. He doesn't seem **equal to** meeting our demands. 他似乎不太合乎我们的要求。

136. even if /though 即使；纵然

【例句】

1. I'll get there, **even if** I have to walk. 我就是走也要走到那儿去。

2. I like her, **even though** she can be annoying at times. 尽管她有时可能很烦人，我还是喜欢她。

【例题】________ he is poor, he looks happy.

A. Even though　　B. Since

C. So that　　D. Even

【解答】答案：A。Even though 引导让步状语从句，意为"即使；纵然"。句意："即使他穷，但他看上去很幸福。" B "既然，因为"，C "因此"，D "甚至"，均不符合题意。

137. ever since 自那时起一直到现在

【例句】

1. He's had a car **ever since** he was 18. 他从 18 岁起就有汽车了。

2. I was bitten by a dog once and I've been afraid of them **ever since**.

我曾被狗咬过，自那以后我就一直怕狗。

138. for ever 永远

【例句】I wanted that moment to last **for ever**. 我想那一刻持续到永远。

139. for example 例如

【例句】There is a similar word in many languages, **for example** in French and Italian.

在许多语言中，譬如法语和意大利语，都有相似的词。

【同义词】for instance, such as

【辨析】**for example, such as**

for example：强调"举例"说明，而且一般只举同类人或物中的一个作为插入语，且用逗号隔开，可置于句首、句中或句末。

such as：用来"罗列"同类人或物中的几个例子，可置于被列举的事物与前面的名词之间，但其后边不能用逗号。

【例如】Many people here, **for example**, John, would rather have coffee.

这里有许多人，例如约翰更情愿喝咖啡。

English is spoken in many countries, **such as** Australia, Canada and so on.

许多国家说英语，如澳大利亚、加拿大等国。

140. except for 除…之外

【例句】

1. Her composition is excellent **except for** some grammatical mistakes.

她的作文写得很好，只有几处语法错误。。

2. All the buildings are excellent **except for** their location。

除了位置问题，所有这些楼房都很好。

【例题】The movie was very good ________ the ending.

A. except　　B. except for

C. besides　　D.except that

【解答】答案：B。句意："这部电影除了结尾之外都很好。" except 和 except for 都有"除了"的意思，表示从整体中剔除一部分。except 后排除的内容与主语往往是同一类的，而 except for 后所排除的内容与主语往往不是同一类的，多有美中不足的含义；except that 后要加句子；而 besides 表示"除…之外还有"的含义，相当于"in addition to"。

141. face to face 面对面

【例句】The two have never met **face to face** before. 两个人过去从未见过面。

142. make a face 做鬼脸

【例句】Tom **made a face** every time he met a stranger. 汤姆每见到陌生人就做鬼脸。

143. as a matter of fact 事实上

【例句】

1. It's a nice place. We've stayed there ourselves, **as a matter of fact**.

那个地方不错。其实，我们自己在那儿呆过。

2. **As a matter of fact**, I've never been there before. 事实上我从未到过那儿。

【同义词】in fact, in reality, actually

144. in fact 实际上

【例句】

1. I thought the work would be difficult. **In fact**, it's very easy. 我原以为这个工作会很难，事实上却很容易。

2. I think so; **in fact**, I am quite sure. 我如此认为。事实上，我十分确信。

145. fall asleep 入睡

【例句】He was so tired that he **fell asleep** at his desk. 他太累了，竟伏在书桌上睡着了。

146. fall behind 落后

【例句】She soon **fell behind** the leaders. 她很快就落在领头者的后面。

147. fall ill 患病

【例句】She had to stay home because her son **fell ill**. 因为儿子生病，所以她得待在家里。

148. (sb) be familiar with (sth) 对…熟悉

【例句】**Are** you **familiar with** the computer software they are using?

你熟悉他们使用的计算机软件吗？

【联想】(sth) be familiar to (sb) 被某人熟悉

【例句】The smell **is** very **familiar to** everyone who lives near the bakery.
住在面包店附近的人都很熟悉这种气味。

【例题】Though you are familiar ________ the poem, you shall try to learn it ________ heart.

A. to; to　　B. to; by

C. with; by　　D. with; to

【解答】答案：C。句意："尽管你熟悉这首诗，你还是要尽力牢记它。" be familiar with 指"（主语）对（某人或某物）熟悉"，主语通常是表示人的词；be familiar to 指"（主语）对（某人）来说是熟悉的"，主语通常是表示事物的词。如：His name is familiar to me. = I am familiar with his name. 他的名字我耳熟。另外 learn by heart 意思是"读熟，牢记"。

【真题】That student is very familiar ________ all the works of Shakespear. (GMET2010-31)

A. with　　B. about

C. to　　D. in　　（答案：A）

149. far away 遥远的

【例句】

1. She wants to move as **far away** from here as possible. 她想搬去离这尽可能远的地方。

2. They could hear the sound of water not **far away**. 他们能听到不远处的水声。

150. far from 远离

【例句】The children didn't go **far from** home. 孩子们没离家多远。

【辨析】**far away, far away from, far from**

far away：用作表语或状语，后不接宾语，away 可以省去，因此，far away = far。

far（away）from：后一定要接宾语。far from 除了表示距离的"远离"之外，还有"远不，完全不，决非"之意，后接名词、动名词或形容词。

【例句】They do not live **far away**. 他们住得并不远。

My home is **far from** the hospital. 我家远离医院。

Far from reading his letter, she didn't open it. 别说看他的信了，她连信都没打开。

151. so far 到目前为止，迄今为止

【例句】

1. What do you think of the show **so far**? 到目前为止你觉得这场演出怎么样？

2. **So far** we have collected 5000 yuan. 到目前为止我们收集到了 5000 元。

【同义词】up to now

【例题】I ________ no reply from her so far.

A. had　　B. have had

C. will have　　D. have

【解答】答案：B。句意："我到目前为止还没有得到她的回复。" so far 意思是"到目前为止"，多与现在完成时连用。

152. do sb. a favo(u)r 帮某人的忙

【例句】

1. Could you **do me a favour** and pick up Sam from school today?
今天你能帮我个忙去学校接萨姆吗？

【联想】ask sb. a favor/ask a favor of sb. 请某人帮个忙。

【例句】Can I **ask you a favour**? 请帮个忙行吗？

【同义词】help sb., give sb. a hand

153. in favo(u)r of 有利于；支持

【例句】

1. He argued **in favour of** a strike. 他据理力争支持罢工。

2. There were 256 votes **in favour** and 137 against. 有 256 票赞成，137 票反对。

154. feel like doing 意欲，觉得想做

【例句】

1. We all **felt like** celebrating. 我们都想庆祝一番。

2. I don't **feel like** doing anything today. 我今天什么都不想做。

【同义词】want to do, wish to do

155. a few 一些；少许

【例句】

1. We've had **a few** replies. 我们已得到了一些答复。

2. I need **a few** things from the store. 我需要从商店买些东西。

【例题】This is a very old song, so ________ young people know it.

A. few　　B. little

C. a few　　D. a little

【解答】答案：A。句意："这是一首很老的歌，所以很少年轻人知道。" little 和 a little 均接不可数名词：a little "有点儿…", little "没多少…了，几乎没有…"。few 和 a few 均接复数名词：a few "有几个…", few "几乎没有…，没几个…"。句中 young people 是可数名词，排除 B、D；根据前句话，需要否定词"几乎没有"，故选 A。

156. fill in 填充；填写

【例句】

1. To order, **fill in** the coupon on P45. 订货填写 45 页上的订货单。

2. First step, please **fill in** an application form. 第一步，请填写申请表。

157. find out 找出，发现，查明

【例句】

1. She'd been seeing the boy for a while, but didn't want her parents to **find out**.
她和这个男孩约会有一段时间了，但不想让她父母知道。

2. I haven't **found** anything **out** about him yet. 我还没有发现有关他的什么情况。

【辨析】**look for, find, find out**

look for：意为"寻找"，是有目的地找，强调"寻找"这一动作。

find：意为"找到，发现"，强调"找"的结果，其宾语往往是某个丢失的东西或人。

find out：着重表示通过理解、分析、思考、询问等"弄清楚，查明"一件事情，其后的宾语常常是某个情况、事实。

【例句】

— What are you **looking for**? 你在找什么？

— I'm **looking for** my bike. 我在找我的自行车。

Have you **found** Li Ming？你找到李明了吗？

Please **find out** when the train leaves. 请查一下火车什么时候离站。

【例题】We ________ later that we had been at the same school.

A. found　　B. found out

C. looked for　　D. looked at

【解答】答案：B。句意："后来我们才弄清楚我们是校友。"根据题意，我们是通过一番了解、询问后才弄清楚原来是校友。所以答案应选 B。

158. on fire 起火

【例句】

1. The house was **on fire**. 房子着火了。

2. He couldn't breathe. His chest was **on fire**. 他无法呼吸。他的胸部火辣辣地疼痛。

159. at first 起初，最初

【例句】

1. I didn't like the job much **at first**. 我起初并不很喜欢这个工作。

2. **At first** I thought he was shy, but then I discovered he was just not interested in other people. 起先我以为他腼腆，后来才发现他对别人没兴趣。

【同义词】at the beginning, initially

【反义词】at last

160. first of all 首先

【例句】

1. **First of all**, let me ask you something. 首先，让我先问你一件事。

2. **First of all**, you must always wear your school uniform. 首先，你必须穿校服。

【同义词】first, firstly

161. be fit for 适合于

【例句】He may not **be fit for** Saturday's match. 他或许不适合周六的比赛。

【例题】The coat ________ me.

A. doesn't fit for　　B. isn't fit for

C. isn't fit　　D. didn't fit for

【解答】答案：B。句意："这件外套不适合我。" be fit for = fit。A，D 选项中的 fit 是及物动词，不需加介词 for；如果后面加 for，就变成形容词，需用系动词 be 构成谓语，不能用助动词

does 或 did。

162. as follows 如下

【例句】The results are **as follows**, … 结果如下…

163. be fond of 喜欢；爱好

【例句】

1. She **is** very **fond of** ballet. 她很喜欢芭蕾。

2. He **is fond of** music. 他喜爱音乐。

【近义词】be keen on, be interested in, like doing

【例题】Sheila is very fond of ________ other people what to do.

A. to tell　　B. tell

C. telling　　D. told

【解答】答案：C。句意：“希拉爱对别人指手画脚。” be fond of 后接名词或动名词，表示“喜欢做某事”的意思，所以答案是 C。

【真题】She is fond of collecting stamps. (GMET 2010-12)

A. 喜好　　B. 擅长

C. 从事　　D. 希望　　（答案：A）

164. at the foot of 在…的脚下

【例句】

1. The village is **at the foot of** the mountain. 村子在山脚下。

2. The date is shown **at the foot of** the page. 日期在这页的页脚上。

【反义词】at the top of

165. on foot 步行，走路

【例句】I go to work **on foot**. 我走路去上班。

166. set free 释放

【例句】They have called on the government to **set** all political prisoners **free**.

他们请求政府释放所有政治犯。

167. make friends with　与…交朋友

【例句】Simon finds it hard to **make friends with** other children.

西蒙感到难以和其他孩子交朋友。

168. from... on　从…时开始

【例句】

1. **From** now **on** you can work on your own. 从现在起你可以独自工作。

2. She never spoke to him again **from** that day **on**. 从那天起她再没和他说话。

168. from... to... 从…到…

【例句】

1. We're open **from** 8 a.m. **to** 7 p.m. every day. 我们每天从早 8 点至晚 7 点营业。

2. She is singing **from** morning **to** night. 她从早唱到晚。

170. in front of 在…的前面（范围外）

（补充）in the front of 在…的前面（范围内）

【例句】

1. The car **in front of** me stopped suddenly and I had to brake.

我前面那辆车突然停下来，我只好刹车。

2. The new table is **in the front of** the classroom.

新的桌子就在课室的前部。

【辨析】**in front of, in the front of**

in the front of：指在某物内部的前部。

in front of：指在某物的前面。

【例句】I was sitting right **in the front of** the cinema, but then someone sat **in front of** me, so I couldn't see a thing.

我正坐在电影院的前排，但接着有人坐在我的前面，所以我什么都看不见。

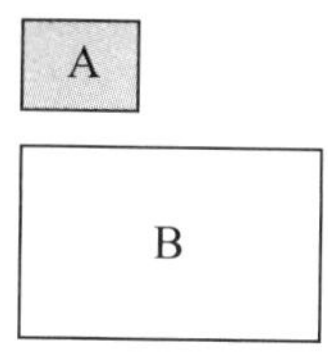

A is in front of B.

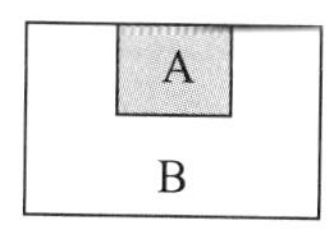

A is in the front of B.

171. be full of 充满

【例句】

1. My suitcase **was full of** books. 我的提箱装满了书。

2. The sky **was full of** brightly coloured fireworks.

漫天一片色彩绚丽的烟火。

【近义词】be filled with

172. make fun of sb. 取笑（某人）

【例句】It's cruel to **make fun of** people who stammer.

嘲笑口吃的人是很残忍的。

173. in future 今后，往后

【例句】

1. Please be more careful **in future**. 今后请多加小心。

2. **In future**, make sure the door is never left unlocked.

今后，一定要注意把门锁好。

【同义词】from now on

174. in the future 在将来

【例句】

1. We hope we can cooperate even more closely **in the future**.

希望我们今后能更加密切地合作。

2. The exchange rate is likely to fall **in the near future.** 汇率很可能不久就要下跌。

【辨析】**in future, in the future**

in the future：是指"将来"，距离现在较远。

in future：是指"今后"，距离现在较近。

【例句】No one knows what will happen **in the future**. 没有人知道将来会发生什么。

I hope you'll be more careful **in future**. 我希望你今后更仔细些。

175. get along (with) 与…相处；（事情）进展…

【例句】

1. How is he **getting along with** his studies? 他学习上进展如何？

2. He **gets along well** with his boss. 他和老板相处得很好。

176. get away 脱身；逃走

【例句】Two of the prisoners **got away**. 两名犯人逃跑了。

177. get back 回来；找回

【例句】

1. What time did you **get back** last night? 你昨晚什么时候回来的？

2. He **got** his former job **back**. 他重获旧职。

178. get down 下来；写下；使沮丧

【例句】

1. Please **get down** what he says. 请把他的话记下。

2. The continual wet weather is **getting** me **down**. 持续的潮湿天气使我沮丧。

179. get down to 开始；着手

【例句】

1. Let's **get down to** business. 咱们开始干正事吧。

2. I like to **get down to** work by 9. 我喜欢在9点之前开始工作。

3. I'm going to **get down to** studying English this term. 这学期我要认真学英语了。

【例题】We soon got down to ________ the details of the party.

A. discussing　　B. discuss

C. being discussed　　D. discussed

【解答】答案：A。句意："我们很快就开始讨论起聚会的细节问题了。" get down to doing 指"着手做某事"，所以正确答案是A。

180. get in 进入；收割

【例句】

1. We managed to **get in** through the window. 我们设法从窗户进去。

2. We didn't **get** the harvest **in** until Christmas, there was so much snow.

我们直到圣诞节时才收割庄稼，因为雪下得实在太多了。

3. He gestured（做手势）for Virginia to **get in** the car. 他示意弗吉尼亚上车。

181. get off 下车

【例句】**Get off** the train! 快下火车！

【反义词】get on

182. get on 上车

【例句】Why don't you **get on** the bus? We don't have much time.

你怎么还不上车呢？我们没太多时间了。

【反义词】get off

183. get on (well) with sb. 与某人相处（好）

【例句】

1. I've always **got on well with** Henry. 我一直和亨利相处得很好。

2. The two boys **get on well** most of the time. 这俩男孩大多数时间都相处得不错。

184. get out 出去，离开；逃脱

【例句】

1. You ought to **get out** of the house more. 你应

该多到户外去走走。

2. **Get out** of here, and never darken these doors again. 滚出去，永远都不要回来了。

【用法】

1. get out 还有“(消息)泄露”的意思，如：

If this **gets out** there'll be trouble. 这事要是被人知道就麻烦了。

2. get out 还有“生产，出版”的意思，如：

Will we **get** the book **out** by the end of the year? 我们这本书将在年底前出版吗？

185. get over 克服；恢复；完成

【例句】

1. She can't **get over** her shyness. 她无法克服她的羞怯。

2. I think the problem can be **got over** without too much difficulty.

我认为这个问题不太难解决。

【用法】1. get over sth. 还可以表示“从(疾病、震惊、痛苦情绪等)中恢复常态”，如：

He was disappointed at not getting the job, but he'll **get over** it. 他没得到这份工作非常失望，但他会想得开的。

2. get sth. over to sb. 还可表示“向某人讲清楚某事”，如：

He didn't really **get** his meaning **over to** the audience. 他未能真正把他的意思向听众讲清楚。

186. get through 完成；通过；打通(电话)

【例句】

1. I think you can **get through** the first two chapters. 我想你能完成前两章。

2. When you **get through** with your work, let's go out. 你完成工作后，我们出去吧。

3. I rang you several times but couldn't **get through**. 我给你打了几次电话，可是没打通。

187. get to 到达

【例句】We **got to** Paris that evening. 我们那晚到达巴黎。

【用法】get to 除了指具体地理位置的达到，也可表示做某事到达什么进度、步骤等，如：

I couldn't wait to **get to** the end of the book. 我等不及要看到书的结尾了。

188. get together 聚集

【例句】

1. We must **get together** for a drink sometime. 我们什么时候得聚在一起喝一杯。

2. When can we **get together**? 我们什么时候相聚？

【用法】get sb./sth. together 是指“召集，汇聚”的意思，如：

I'm trying to **get** a team **together** for Saturday. 我正设法召集一帮人过周六。

189. get up 起床

【例句】He always **gets up** early. 他一向起得早。

【用法】get sb. up 有“叫、使某人起床”的意思，如：

Could you **get** me **up** at 6:30 tomorrow? 明天你6:30 叫我起床可以吗？

190. give back 归还；送回

【例句】

1. Could you **give** me **back** my pen?

=Could you **give** me my pen **back**? 把钢笔还给我好吗？

2. I picked it up and **gave** it **back** to him. 我把它捡起来还给了他。

191. give in 屈服；让步；投降

【例句】

1. The rebels were forced to **give in.** 叛乱分子被迫投降了。

2. At last I **gave in** and accepted the job on their terms. 最后我让步了，按照他们的条款接受了工作。

192. give off 发出(蒸汽、光等)

【例句】

1. The flowers **give off** a fragrant perfume. 花儿散发出芳香。

2. The food **gave off** a bad smell. 食物发臭了。

193. give out 分发；用完，精疲力竭；发出(尖叫，叹息等)

【例句】

1. He **gave out** books to the students. 他给学生分发书本。

2. He plans to stay there until his money **gives**

out. 他计划在那里待到钱花完为止。

3. He **gave out** a scream of pain. 他疼得大叫了一声。

194. give up 放弃；停止

【例句】

1. She never **gives up** easily. 她决不轻易放弃。

2. He is thinking of **giving up** teaching. 他在考虑辞去教书的工作。

【例题】I wish I could give up ________ .

A. drinking　　B. to drink

C. drank　　D. drunk

【解答】答案：A。句意："我真希望自己能戒酒（停止喝酒）。" give up 后接动词时需用 doing 形式，意思是"放弃做某事"，故选 A。

【同义词】desert, abandon, leave

195. a glass of 一（玻璃）杯

【例句】

1. Please give me **a glass of** wine. 请给我一杯酒。

2. Would you like **a glass of** apple juice? 你想要一杯苹果汁吗？

196. go after 追求

【例句】

1. He is **going after** that pretty girl. 他在追求那个漂亮的女孩。

2. She left the room in tears so I **went after** her. 她流着泪离开了房间，所以我随后追了出去。

197. go ahead 开始进行

【例句】

1. The building of the new bridge will **go ahead** as planned. 新桥的修建将按计划进行。

2. — May I start now? 我现在可以开始了吗？

— Yes, **go ahead.** 可以，开始吧。

【例题】The government intends to go ahead ________ its tax cutting plans.

A. to　　B. in

C. with　　D. into

【解答】答案：C。句意："政府打算进行削减税收计划。" go ahead with sth. 是指"开始进行、执行某事"，用 with，所以答案是 C。其他选项均不对。

【用法】go ahead 也有"先走"的意思，如：You **go ahead** and I am coming. 你先走一步，我就来。

198. go away

【例句】

1. Just **go away**! 走开！

2. **Go away** and think about it, then let me know. 到一边去想想，然后再告诉我。

【用法】go away 还有"消失"的意思，如：The smell still hasn't **gone away**. 气味还没散尽。

199. go back 回去

【例句】

1. Let's **go back** home now. 我们现在回家吧。

2. She doesn't want to **go back** to her husband. 她不想回到她丈夫身边。

200. go by （从…旁）经过；依照，遵守；凭…判断

【例句】

1. Things will get easier as time **goes by**. 随着时间的推移情况会有所改善。

2. Don't **go by** that old map. 别参照那张旧地图。

3. **Going by** her clothes, she must be very rich. 从她的衣服判断，她准是很富有。

201. go down 下降，下沉

【例句】

1. The price of eggs has **gone down**. 鸡蛋价格下降了。

2. The wind has **gone down** a little. 风势已减弱了一些。

202. go fishing/shopping/skating / swimming （去）钓鱼 / 买东西 / 滑冰 / 游泳

【例句】

1. I need to **go shopping** this afternoon. 我今天下午要去买东西。

2. Do you want to **go swimming** this Saturday? 这个周六你想去游泳吗？

【例题】They are going ________ .

A. ski　　B. to skiing

C. skiing　　D. for skiing

【解答】答案：C。句意："他们要去滑雪。" go 后加动词的现在分词如：go dancing（跳舞），hiking（徒步旅行），hunting（打猎），surfing（冲

浪）等，表示进行某项特定活动。

203. go for a walk（出去）散步

【例句】

1. Let's **go for a walk**. 我们去散步吧。

2. My parents like to **go for a walk** after dinner. 我父母喜欢饭后散步。

204. go in for 参加，从事；爱好

【例句】

1. I **go in for** all the competitions. 我参加所有的比赛。

2. She doesn't **go in for** team games. 她对团体比赛不感兴趣。

205. go on 继续

【例句】

1. This cannot be allowed to **go on**. 决不允许这种情况继续下去。

2. How much longer will this hot weather **go on** for? 这种炎热的天气还会持续多久？

【例题】He said nothing but just went on ________ .

A. work　　B. to work

C. working　　D. to working

【解答】答案：C。句意："他什么都不说，只是继续干活。" go on doing sth. 与 go on to do sth. 都表示"继续做某事"，两者的区别在于：go on doing sth. 只是"不间断地继续做同一样事情"，如题目句子是指"他什么都不说，只是继续干活"，他继续做的是同一样事情；go on to do sth. 是指继续（完成某事后）继续做另一事，如：After her early teaching career she went on to become a doctor. 继早年从教之后她接着当了一名医生。A，D 结构错误。

206. go out 出去；（灯、火）熄灭

【例句】

1. His cigarette has **gone out**. 他的香烟灭了。

2. He stood up and **went out**. 他站起来出去了。

207. go over 检查；复习

【例句】

1. **Go over** your work before you hand it in. 把作业仔细检查后再交。

2. He **went over** the article again. 他把文章从头到尾又重温了一遍。

【例题】He ________ the events of the day in his mind.

A. went out　　B. went over

C.went on　　D. went away

【解答】答案：B。句意："他心里反复琢磨白天发生的事。" A. "出去；（灯、火）熄灭"，C. "继续"，D. "离开"。根据题意应该是"重温"的意思，故选 B。

208. go through 穿过；经历；仔细检查；完成；被通过，被批准

【例句】

1. The country has **gone through** too many wars. 这个国家经历了太多的战争。

2. The policeman **went through** the thief's pockets. 警察搜查了小偷的口袋。

3. The new law did not **go through**. 新法案没有通过。

【例题】He's ________ a very difficult time at the moment.

A. running through　　B. getting through

C. going through　　D. putting through

【解答】答案：B。句意："他此时正经历艰难的时刻。" B. go through 表示"经历、经受"。run through 是"穿过"的意思，如：The river runs through our village. 这条河穿过我们的村子。get through 是"通过"的意思，如：First I have to get through the exams. 首先我必须通过这些考试。put through 是"（电话）接通"的意思，如：Ask to be put through to me personally. 请接线员把电话直接接给我本人。

209. be good at 善于

【例句】

1. Peter **is good at** his job. 彼得工作熟练。

2. Nick has always **been good at** finding cheap flights. 尼克总能找到价格便宜的航班。

【近义词】do well in

【反义词】be poor at, be weak in

210. ground floor 一楼，底层楼

【例句】I live on the **ground floor**. 我住在一楼。

211. a group of 一群 / 组

【例句】

1. There appeared **a group of** aeroplanes in the

sky. 天空中出现了机群。

2. **A group of** us are going to the theatre this evening. 我们有一帮人今晚要去看戏。

212. grow up 长大，成长

【例句】

1. She **grew up** in Boston. 她在波士顿长大。

2. Why don't you try to **grow up**? 你怎么就长不大呢?

213. half an hour 半小时

【例句】

1. **Half an hour** is allowed for the exam. 考试时间为半个小时。

2. The manager will arrive in **half an hour**. 经理半小时后到。

214. hand in 交上；递交

【例句】

1. You must all **hand in** your reports by the end of next week.

你们都必须在下周末前交报告。

2. I **handed** the watch **in** to the police. 我把那块表交给了警察。

【同义词】give in

【反义词】hand out

215. hand out 分发

【例句】Could you please **hand** these books **out**? 请把这些书发给大家好吗?

216. at hand 在手边；在附近

【例句】

1. Help was **at hand**. 援助近在咫尺。

2. I haven't my book **at hand**. 我的书不在手边。

217. hand down 把…传下去

【例句】

1. This custom has been **handed down** since the 18th century.

这风俗从十八世纪开始流传下来。

2. These skills used to be **handed down** from father to son. 这些技术以往都父子相传。

218. shake hands with 与…握手

【例句】Thomson **shook hands with** me after the meeting.

汤姆森会后与我握手了。

219. hard disk（计算机）硬盘

【例句】The **hard disk** in the computer is magnetic storage. 电脑中的硬盘是磁存储装置。

220. have (got) to 不得不；必须

【例句】

1. Did she **have to** pay a fine? 她非得交罚款吗?

2. Sorry, **I've got to** go. 对不起，我必须走了。

【例题】I ________ stay at home, for it rained heavily.

A. must　　B. have to

C. would rather　　D. would

【解答】答案: B。句意：“我不得不待在家里，因为下大雨了。” must 与 have to 是两个常用的情态动词，两词后面都接动词原形。must 表示“有义务”、“必须”做某事，强调说话人的主观看法；而 have to 强调的是客观需要。根据题意因为客观原因“我”不得不留在家里，所以答案为 B。would rather 意思是“宁愿”，不符合题意。would 意思是“会，愿意。”

221. have sth. on 穿着；戴着

【例句】

1. She **had** a red jacket **on**. 她穿着红色夹克。

2. He **had** nothing on. 他没穿衣服。

【近义词】wear, have on, be dressed in

【例题】1. She ________ a new dress.

A. had on　　B. put on

C. dressed　　D. wear

2. Get up and ________ your clothes quickly.

A. have on　　B. put on

C. dress　　D. wear

【解答】答案：1. A，2. B。第一题句意：“她穿着条新裙子。”第二题句意：“起床，赶快穿上衣服。” dress 后要接“人”作宾语（不接“衣”作宾语），wear 和 have on 通常指穿着衣服的状态，put on 通常指穿衣的动作。在第一句中强调穿衣服的状态，D 选项虽然是表示状态但时态没用过去时，所以选 A。在第二句中强调穿衣服的动作，所以选 B。

222. keep one's head 保持镇静 / 冷静

【例句】**Keep your head**! 保持镇静!

【近义词】calm down

【反义词】lose one's head

223. lose one's head 仓惶失措，失去冷静

【例句】You'll be OK as long as you don't **lose your head**. 只要你不失去冷静，你会好的。

224. have a headache（患）头痛

【例句】

1. Mary didn't come because she **had a headache**. 玛丽因为头痛没有来。

2. I **have a** splitting **headache**. 我头痛欲裂。

225. hear from (sb.) 收到某人的来信

【例句】

1. I look forward to **hearing from** you in the near future. 我盼望着不久收到你的信。

2. I **hear from** my mother every month. 我每月都接到母亲的信。

226. hear of 听说

【例句】

1. I've never **heard of** the place. 我从来没听说过这个地方。

2. He was living in Yunnan when I last **heard of** him. 我最后一次听到他的消息时，他正住在云南。

【辨析】**hear from, hear of**

hear from sb.：强调接到某人的电话、信件等，from 后接的是人。

hear of sb./sth.：是指听说或得知某人或某事，of 后面是指听说到的内容，可人可物。

【例句】I haven't **heard from** him since he telephoned me. 自从那次他来电后，我一直都没有他的音信了。

This is the first I've **heard of** it! 这可是我第一次听说这件事！

She disappeared and was never **heard of** again. 她消失了，再也没人听过她的消息。

227. learn/ know sth. by heart 牢记，熟记

【例句】

1. Actors have to **learn** their lines **by heart**. 演员们必须牢记他们的台词。

2. After a few days of phoning Sue, he **knew** her number **by heart**. 打了几天电话给苏后，他熟记了她的电话号码。

228. say hello to 问好，打招呼

【例句】

1. **Say hello to** Liz for me. 替我向利兹问好。

2. They **said hello to** each other and smiled. 他们相互打了个招呼，笑了笑。

【近义词】say hi to sb.

229. help oneself to sth. 自取；随便吃

【例句】Michael got up and **helped himself to** more salad. 迈克尔站起来，又取了些沙拉。

230. help sb. with sth. 帮助某人做某事

【例句】Jo will **help** us with some of the organization. 乔将帮我们做一部分组织工作。

【近义词】help sb. do sth.

【例题】Xiao Ming helps his mother ________ the floor every day

A. sweep　　B. sweeping

C. swept　　D. to be swept

【解答】答案：A。句意："小明每天帮妈妈扫地。"本题考查 help sb. (to) do sth. 结构。

231. here and there 到处

【例句】Papers were scattered **here and there** on the floor. 地板上到处散落着文件。

232. high tech 高科技

【例句】**High tech** can be found everywhere in daily life. 高科技充满了日常的生活。

233. catch hold of 抓住

【例句】He **caught hold of** her wrists so she couldn't get away.

他抓住她的手腕，使她无法挣脱。

234. hold on 继续，等一等（别挂电话）

【例句】

1. **Hold on** a minute while I get my breath back. 稍等一下，让我喘口气。

2. Can you **hold on**? I'll see if he's here. 先别挂电话好吗？我去看看他在不在。

235. on holiday 在度假

【例句】

1. I'm afraid Peterson is away **on holiday** this week. 恐怕彼得森本周休假去了。

2. They met while they were **on holiday** in Greece. 他们是在希腊度假时相遇的。

236. at home 在家（里）

【例句】

1. I phoned you last night, but you weren't **at home**. 我昨晚给你电话了，但你不在家。

2. Oh no, I left my purse **at home**. 该死，我把钱包落在家里了。

237. go home 回家

【例句】

1. He usually **goes home** after work. 他下班后通常回家。

2. It's 11 o'clock already. I think we should **go home**. 已经 11 点了。我想我们该回家了。

238. do one's homework 做家庭作业

【例句】I still haven't **done my homework**. 我还没做完作业呢。

239. how far 多远

【例句】

1. **How far** is it from here to the railway station? 从这儿到火车站有多远?

2. **How far** is the airport from here? 机场离这儿多远?

240. how long 多久

【例句】

1. **How long** have you been learning English? 你学英语学多久了?

2. **How long ago** did you last see her? 你上次看见她是多久以前?

241. how much/many 多少

【例句】

1. **How much** rice is there in the bag? 袋子里有多少大米?

2. **How much** is the pair of earrings? 那对耳环多少钱?

3. **How many** days are there in a year? 一年有多少天?

【辨析】**how many, how much**

how many：修饰可数名词。

how much：修饰不可数名词，常用于询问数量、重量、金钱等。

【例句】**How much** milk do you want? 你想要多少牛奶?

How much are the potatoes? 这些土豆多少钱?

*242. how soon 多久（之后）

【例句】**How soon** will this building be completed? 这栋楼还有多久才能完工?

【辨析】**how long, how soon, how often**

均可表示"多久"的意思。

how long：1. 表示多长时间，主要用来对一段时间如 three days，four weeks 等提问。2. 表示某东西有多长。

how often：指每隔多久，主要用来对频度副词或状语如 once a week，three times a month 等提问。

how soon：指再过多久，主要用来对表示将来的一段时间如 in an hour，in two weeks 等）提问。

【例句】

1. — **How long** does it take to get to London from here? 从这里到伦敦要多长时间？

— At least ten hours. 至少要 10 个小时。（问多长时间）

2. — **How long** is the river? 这条河有多长?（问多长长度）

— About 500 km. 大约 500 公里。

3. — **How often** does he come here? 他（每隔）多久来一次？（问频率）

— Once a month. 每月一次。

4. — **How soon** will he be back? 他要多久才回来？（问过多久）

— In an hour. 1 小时以后。

【例题】

—________ will he leave here?

— He will leave here in a month.

A. How often　　B. How long

C. How soon　　D. How many

【解答】答案：C。句意："他还有多久就离开这里。""他一个月后离开。" how soon 指再过多久，通常用在将来时的句中，而 how often 提问"多久一次"，how long "多长时间"，都不与将来时连用，how many "多少"，故选 C。

243. how old 几岁

【例句】

1. **How old** is she? 她多大了？

2. **How old** are you? 你多大了？

244. hurry up 赶紧；快点

【例句】

1. You must **hurry up** or you cannot finish it in time.

你必须赶紧些，否则不能及时完成。

2. **Hurry up**! We're going to be late.

快点！我们要迟到了。

245. in a hurry 匆忙地

【例句】

1. He had to leave **in a hurry**. 他不得不赶快离开了。

2. You will make mistakes if you do things **in a hurry**. 做事匆忙，就会出错。

【例题】My daughter is in such a hurry ________ .

A. to grow up　　B. growing up

C. grow up　　D. grown up

【解答】答案：A。句意："我的女儿恨不得一下子就长大了。" in (such) a hurry to do sth. 是指"急于做某事，迫不及待做某事"。根据短语搭配，答案是 A。

246. insist on 坚决主张；坚持认为

【例句】

1. He **insisted on** going with me. 他坚决要求与我同去。

2. If you **insist on** leaving now, please go ahead. 你一定要走，那就请便吧。

247. for instance 例如

【例句】You can't depend on her: **for instance**, she arrived late yesterday.

她靠不住：举例说，昨天她就来迟了。

【同义词】for example

248. instead of 代替；而不是

【例句】

1. We just had soup **instead of** a full meal. 我们没有吃全餐，只喝了汤。

2. Now I can walk to work **instead of** going by car. 现在我可以步行去上班，而不必开车了。

【辨析】**instead, instead of**

都有"代替"的意思。

instead：在顺接句子中作"代替"讲，而在转折（或逆转）句子中作"反而，却"讲，作副词用，通常位于句尾。如位于句首时常用逗号与后面隔开。注意：当 instead 在祈使句中时只能位于句末。

instead of：是介宾短语，其意与 instead 相同，不同之处在于它后面常接宾语，宾语多由名词、代词、介词短语、动词 ing 充当。

【例句】Lily isn't here. Ask Lucy **instead**. 莉莉不在这儿，去问露西吧。

Mike doesn't study at all. **Instead**, he sits idle all day. 迈克根本不肯读书。相反地，他终日游手好闲。

We'll ask Li Mei **instead of** Mary. 我们将去问李梅而不问玛丽。

I'll go **instead of** her. → She won't go. I'll go **instead**.

249. a place of interest 名胜

【例句】

1. 2. The village is known as **a place of interest**. 这个村子作为一处游览胜地而出名。

2. We've been to **many places of interest** in Kunming. 我们去过昆明的许多名胜。

250. be interested in... 对…有兴趣

【例句】

1. **Are** you **interested in** chemistry? 你对化学感兴趣吗？

2. Tom **is interested in** the interesting books. 汤姆对有趣的书感兴趣。

【同义词】take an interest in

251. join in 参加，加入

【例句】

1. He never **joined in** the usual sports of the boys. 他从不参加男孩子们的一般体育活动。

2. May I **join in** your conversation? 我可以加入你们的谈话吗？

【辨析】**join, join in, take part in**

都有"参加"的意思。

join：指加入某党派、某组织或某社会团体如：

join in：指参加某种活动用，如“竞赛、游戏、娱乐”等，与 take part in 可互换。如果说“与某人一起做某事”、“和…在一起”则用 join sb. in sth./doing sth.。

take part in：指参加群众性活动、会议、劳动、游行等，往往指参加者持有积极的态度并起作用，“积极参加”为 take an active part in。

【例句】He will never forget the day when he **joined** the Party.

他永远也忘不了他入党的那一天。

May I **join in** the game? 我可以参加这个比赛吗？

Would you **join me in** a walk? 和我一起去散步好吗？

They all **joined us in** singing the song. 他们全都加入到我们当中一起唱这首歌。

Will you **take part in** the English evening? 你们会参加英语晚会吗？

252. join up 连接起来；联合

【例句】

1. The electrician **joined** the wries **up**. 电工把电线连接起来。

2. We'll **join up** with the other groups later. 我们以后将与其他小组会合。

253. just now 刚才，刚刚；现在

【例句】

1. She arrived **just now**. 她刚到。

2. We're having dinner **just now**. Come back later. 我们正在吃饭，等会儿来吧。

【用法】just now 作“刚才”讲时句子须用一般过去时，而其近义词 just 则常用现在完成时，如例句 1 也可表述为：She has **just** arrived. 她刚到。

254. just then 正在那时

【例句】**Just then**, someone knocked at the front door. 就在那时，大门口有人敲门。

255. keep away 离开，避开

【例句】

1. **Keep away** from the machine. 不要靠近机器。

2. **Keep away** from the edge of the cliff. 切莫靠近悬崖边。

【真题】Keep away from the doors while the train is moving. (GMET2011-14)

A. 靠近　　B. 远离　　C. 关闭　　D. 注视

（答案：B）

256. keep on doing sth 继续做某事

【例句】I wish you wouldn't **keep on** interrupt**ing** me! 希望你别老打断我！

【辨析】**keep doing sth., keep on doing sth.**

两个都表示“坚持或反复不断地做某事”，通常可互换。

keep on doing sth.：1. 如果是加强语气，不顾困难、反对或警告而坚持做下去，最好用 keep on。如：Don't **keep on** asking such questions! 不要老是问这样的问题！

2. 常与短暂性动词连用。

keep doing sth.：常与延续性动词或表示静止状态的动词如 hope，think，dream，wonder，sit，lie，sleep 等连用。可以说“一直站立”为 **keep** standing，不能说 keep on standing。

257. keep one's feet 站稳

【例句】The frozen snow was so slippery that it was hard to **keep my feet**.

冰雪如此溜滑，我很难站稳。

258. keep one's mind on 注意；专心于

【例句】

1. You must **keep your mind on** your study. 你必须专心学习。

2. **Keep your minds on** your work! 专心干你们的活吧！

【同义词】pay attention to, focus on

259. keep up with　跟上，不落后

【例句】

1. They walked so fast that I could not **keep up with** them. 他们走得那么快，我没法跟上。

2. I can't **keep up with** all the changes. 我并非所有的变化都能跟得上。

【例题】She is careful to ________ the latest fashions in clothes.

A. keep up with　　B. catch up with

C. get up　　D. wake up

【解答】答案：A。句意：“她特别注意跟上最新流行的衣服式样。”keep up with 着重于“跟

上，不落后”。catch up with 着重于“从后面赶上”。get up 和 wake up 分别是“起床”和“唤醒”的意思，与本题意思不符。根据题意应该是“跟上不落后”的意思，所以答案为 A。

260. a kind of 一种；有一点

【例句】I had **a kind of** feeling this might happen. 我当时就隐约地感到会出这样的事。

261. all kinds of 各种各样的

【例句】There are **all kinds of** tea in the shop. 这家商店有各种各样的茶叶。

262. knock at 敲（门 / 窗）

【例句】I **knocked at** the door but there was no one there. 我敲了门，但没人在那。

263. knock down 击倒；拆卸

【例句】

1. She was **knocked down** by a car. 她被一辆小汽车撞倒在地。

2. These old houses are going to **be knocked down**. 这些旧房子要拆了。

264. knock into sb 撞在某人身上

【例句】He **knocked into** an elderly man with a walking stick.

他撞到了一位拿着拐杖的老年人身上。

265. at last 最后，终于

【例句】

1. **At last** we're home!

终于到家了！

2. The cheque arrived **at last**.

支票终于到了。

【同义词】fianlly, in the end

266. be late for (school)（上学）迟到

【例句】

1. He **was late for** school yesterday. 他昨天上学迟到了。

2. She'**s late for** work every day. 她每天上班都迟到。

267. laugh at 嘲笑

【例句】

1. Everybody **laughs at** my accent. 大家都取笑我的口音。

2. She is not afraid to **laugh at** herself. 她不怕自嘲。

【例题】We are often told ________ at people who are in trouble.

A. not to smile B. to smile

C. not to laugh D. to laugh

【解答】答案：C。句意：“我们经常被告知不要嘲笑处于困境中的人们。”本题考查 tell sb. not to do 的搭配以及 smile at 和 laugh at 的区别。smile at 是“对…笑”，指的是友善的笑，而 laugh at sb. 的意思是“嘲笑某人或者笑话某人”。

268. lead to 通向；导致，引起

【例句】

1. This road **leads to** the hotel. 这条路通到旅馆。

2. All roads **lead to** Rome.【谚语】条条道路通罗马。

3. Smoking can **lead to** lung cancer. 抽烟可能导致肺癌。

【近义词】cause, result in

269. league member 团员

【例句】A **league member** should be an example for the youth to follow.

团员应当是青年学习的榜样。

270. learn from 向…学习

【例句】"We must **learn from** Uncle Lei Feng," said the Young Pioneer.

少先队员说道：“我们要向雷锋叔叔学习。”

【例题】We learned a lot ________ the farmers while we were working on the farm.

A. to B. from

C. by D. in

【解答】选 B。句意：我们在农场工作的时候，从农民那里学到了很多东西。本题考查介词的用法，“向…学习”用 learn from sb。

271. at least 至少

【例句】

1. You should read one book a month **at least**. 你每月应至少读一本书。

2. The picture is worth **at least** twenty pounds. 这张图片至少值二十英镑。

【反义词】at most

272. on the left 在左边

【例句】

1. The bus station is **on the left**, next to the post office. 公共汽车站在左边，邮局旁边。

2. My house is the first one **on the left**. 我的房子是左边第一家。

【例题】Bill sits ________ the left.

A. to　　B. on

C. by　　D. in

【解答】选 B。句意：比尔坐在左边。本题考查介词的用法，“在左边”用介词 on。

【反义词】on the right 在右边

273. less than 不到；少于

【例句】

1. You can't buy the dress with **less than** 50 yuan. 买这件衣服没有 50 元钱下不来。

2. Seven is two **less than** nine. 9 比 7 少 2。

【反义词】more than 多于，超过

274. do one's lessons 做功课

【例句】You have to **do your lessons** before you can watch TV. 看电视之前你必须做作业。

275. have lessons 上课

【例句】We don't **have any lessons** on weekends. 周末我们不上课。

【同义词】have classes

276. let in 让进来，放进来

【例句】Please open the window and **let in** some fresh air.

请把窗子打开，让新鲜空气进来。

277. let out 放出；发出；泄露

【例句】

1. The wounded man **let out** a cry of pain. 伤员发出一阵痛苦的叫喊声。

2. Someone **let** the news **out**. 有人把这消息泄漏出去了。

278. all one's life 某人的一生

【例句】

1. Don't expect me to run after you **all your life**. 别指望我伺候你一辈子。

2. **All his life** he has been struggling against injustice. 他一生都在与不公正现象斗争。

279. should/would like 想要

【例句】

1. **Would** you **like** something to drink now? 你现在要喝点什么？

2. **Would** you **like** to play tennis with me? 你想要跟我打网球吗？

3. I'**d like** to go for a walk after supper. 晚饭过后，我想去散散步。

【搭配】should/would like to do sth. 想要做某事

280. line up 排队

【例句】

1. I would **line up** my toys on this windowsill and play. 我会把玩具排在窗台上来玩。

2. The gym teachers **lined** us **up** against the cement walls. 体育老师让我们靠着水泥墙排好队。

【同义词】queue (up)

281. listen to 听…

【例句】

1. Don't **listen to** him; he wants to get you into trouble. 不要听他的话，他想使你陷入困境。

2. He likes to **listen to** fairy stories. 他喜欢听神话故事。

【例题】The teacher asked the students to ________ the recording carefully.

A. listen　　B. listen to

C. hear　　D. hear from

【解答】选 B。句意：老师叫学生认真听录音。listen 表示“听”，强调听的动作，应注意它是不及物动词，后面加宾语时一定要加上 to，故排除 A；hear 表示“听到”，强调听的结果，hear from 是“收到来信”，均不符合题意。

282. a little 一点；少量

【例句】

1. Hurry up! There is only **a little** time left. 快点，只剩一点时间了！

2. There is **a little** milk in the bottle. 瓶子里有一点牛奶。

【辨析】**little, a little, few, a few**

little/a little + 不可数名词；few/a few + 可数名词；a little/a few 意为“一些，少量”，表肯定意义；little/few 意为“几乎没有”，表否定意义。

【例题】I've only got ________ money in my bag.

A. a little　　B. little

C. few　　D. a few

【解答】选 A。句意：我包里只有一点钱。money 钱是不可数名词，排除 C、D。only "只有" 表肯定含义，因此 A 是正确答案。

283. little by little 一点一点地，渐渐

【例句】The colour of the cloth will fade away **little by little**. 这布的颜色会一点一点褪掉的。

284. before long 不久以后；很快；在短时间内

【例句】

1. I hope to see you again **before long**. 我希望不久能再见到你。

2. **Before long,** he got married. 不久他就结婚了。

285. long ago 很久以前，从前

【例句】

1. He moved out **long ago**. 他早就搬走了。

2. The story goes that **long ago** there lived a king. 故事讲的是很久以前有个国王。

3. The newly built railway line was brought into use **not long ago**.
新建好的铁路不久前通车了。

【用法】long ago 表示 "很久以前"，指从现在算起的很久以前，通常与一般过去时连用。

286. long before 远在…之前

【例句】

1. She said she **had seen** the film long before. 她说她很久以前就看过这部电影。

2. She had left **long before** he returned. 在他回来的很久以前她就走了。

【辨析】**before long, long before**

before long 的意思是 "不久，很快"，相当于 soon, a little later。可用于将来时或过去时，只能单独作状语，后面不能接从句。

long before 的意思是 "在…的很久以前，在还没有…的很久以前"。能单独作状语相当于 long long ago，也可引导从句。常用于过去时或过去完成时。

【例题】I'll be back ________ .

A. before long　　B. long before

C. long ago　　D. long

【解答】选 A。句意：我会很快回来。before long 表示 "很快，不久"，可用于将来时。

287. no longer 不再

【例句】

1. She **no longer** lives in China. 她不再住在中国了。

2. Mr. Lee **no longer** plays the piano. 李先生不再弹琴了。

【近义词】no more

288. not...any longer 不再

【例句】

1. She does**n't** live in China **any longer**. 她不再住在中国了。

2. Mr. Lee does**n't** play the piano **any longer**. 李先生不再弹琴了。

【辨析】**no longer, no more**

1. 两者都可用来修饰动词，在句中作状语。

no longer = not…any longer，着重表示时间的不再延续，意为 "如今不再"。修饰延续性动词如 wait，live，work 等，表示动作不再延续；通常位于系动词、情态动词、助动词的后面，行为动词的前面。

no more = not…any more，着重表示数量或程度上 "不再，没有"。修饰非延续性动词如 come，go，make (the same mistake) 等，表示动作不再次发生；一般置于行为动词后面。

【例句】He is **no longer** a student. = He is **not** a student **any longer**. 他不再是学生了。

She could **no longer** find a way to get into the valley. 她再也找不到进山谷的路了。

Don't wait **any longer**. 别再等了。

We could**n't** stand it **any more**. 我们不能再忍受了。

Time or opportunity lost will return **no more**. 机不可失，时不再来。

2. no more 还可作定语和宾语。

【例句】There is **no more** bread. 没有面包了。(作定语)

I have **no more** to say. 我没什么要说的了。(作宾语)

【例题】Mr. Brown ________ works here. He left about five years ago.

A. no longer B. no more

C. not any longer D. not any more

【解答】选 A。句意：布朗先生不再在这儿工作了，他大约五年前离开的。no more 通常不修饰 work，而要用 no longer，表示动作的不再延续。

289. look after 照料；照顾

【例句】

1. I love **looking after** children. 我喜欢照顾小孩。

2. I want a smart boy to **look after** my shop. 我要找一个精灵的男孩照看我的店铺。

【例题】I need a babysitter to look ________ my baby.

A. at B. for

C. after D. out

【解答】选 C。句意：我需要一个保姆来照顾我的宝宝。look at 是"盯着看"; look for 是"寻找"; look after 是"照顾"; look out 是"小心"。

【同义词】take care of

290. look at 看

【例句】He didn't dare to **look at** her in the face. 他不敢正眼看她。

【同义词】have/take a look at

【例句】I **took a** close **look at** her photo. 我仔细地看了一下她的照片。

291. look for

【例句】

1. He ate quickly and went out to **look for h**is horse. 他快速地吃完就出去找他的马。

2. He dived into the water to l**ook for** the dead body. 他潜入水底寻找尸首。

292. look forward to 盼望

【例句】

1. I look forward to hearing from you in the near future. 我盼望着不久收到你的信。

2. We lo**ok forward to** your return on an early day. □□ 盼望你早日归队。

【□ 题】We look forward to ________ you again.

A. see B. seeing

C. seen D. saw

【解答】选 B。句意：我们期待着与你再次相见。这里考查 look forward to 的用法，其后接名词或动词 ing 形式。

【真题】I'm looking forward to your reply. (GMET2009-11)

A. 希望 B. 看待

C. 期待 D. 思念 （答案: C）

293. look into 调查

【例句】

1. He decided to lo**ok into t**he matter till the truth is out. 他决定调查那件事直至真相大白。

2. We have to lo**ok into t**he cause of the accident. □□ 必须调查这一事故的原因。

294. look like 看起来像

【例句】

1. Her new glasses make her look like an owl. 她的新眼镜让她看上去像只猫头鹰。

2. He does not l**ook like a**n evil person. □□ 起来不像一个恶人。

295. look on □□

【例句】In that case we will not look on with folded arms. 在这种情况下，我们不会袖手旁观。

296. look out 当心

【例句】

1. Tell the children to look out when they cross the main street. 告诉孩子们过大街时要当心。

2. Lo**ok out!** Mind the car. 当心，有车！

297. look up 查寻

【例句】

1. Please l**ook up t**he word in the dictionary. 请在词典中查找这个单词。

2. You can look up the book in the card catalogue. 您可以在卡片目录中查找这本书。

【□ 题 】Students should learn to ________ new words in dictionaries.

A. look up B. look at

C. look out D. look for

【解答】选 A。句意：学生们应该学会查字典。look up 是"查（字典），查寻"; look at 是"看，盯"; look out 是"小心"; look for 是"寻找"。

298. have/take a look 看一看

【例句】

1. Don't allow him to have **a look.** 不给他看。

2. May I have **a look at** it please? 请让我看一看好吗?

3. Let me take **a look at** our booking list. 让我查阅一下预订登记。

299. a lot of/lots of 许多，很多，大量

【例句】

1. He's got lots **of** talent. 他天赋很高。

2. There were a **lot of** people on every side. 到处都是人。

【用法】a lot of = lots of，后面既可以接不可数名词，又可以接可数名词复数。

【例题】Your kind help saved ________ trouble for me.

A. a number of　　B. lots of

C. many　　D. a few

【解答】选 B。句意：你的好心帮忙省了我许多麻烦。a lot of/lots of 表示“许多，大量”，后接不可数名词或可数名词复数。a number of 和 many 也表示“许多”，但只能接可数名词；a few 是“一些”，后接可数名词。这里 trouble 是不可数名词，故选 B。

300. good (bad) luck 好（坏）运

【例句】

1. Good **luck** to you! 祝你成功！

2. What bad **luck!** He's not at home. 真不凑巧！他出去了。

【用法】luck 是不可数的名词，lucky 是形容词，注意不要写成 good lucky!

301. be made from 由…制造（制成品看不出原材料）

【例句】

1. Brandy is **made from** grapes. 白兰地酒是用葡萄酿的。

2. Paper is **made from** trees. 纸是由木材制成的。

302. be made in 在…制造

【例句】

1. A great deal of whiskey is **made in** Scotland. 很多威士忌酒在苏格兰酿造。

2. It is **made in** China. 这是中国制造的。

303. be made of 由…制造（制成品能看出原材料）

【例句】

1. Many shoes nowadays are **made of** plastic or similar stuff. 如今，许多鞋子是用塑料或类似的材料制成的。

2. The chair is **made of** wood. 这椅子由木头制成。

【例题】The wall is ________ stones.

A. made of　　B. made from

C. made in　　D. make up

【解答】选 A。句意：这墙是由石头砌成的。be made of 与 be made from 两者都表示“由…制成”。be made of 的原材料是看得到的，即平常我们说的物理现象；be made from 的原材料是看不到的。be made in 表示“在…制造”，如 made in China 表示“中国制造”；make up 表示“组成，化妆”。

304. make up 构成，组成；化妆；编造

【例句】

1. Five doctors and two nurses make **up a** medical team. 五位医生和两位护士组成一个医疗队。

2. How many countries make **up** the Common Market?（欧洲）共同市场由多少国家组成?

【辨析】**consist of, make up, be made up of**

consist of：常用整体作主语，表示“整体由部分组成”，引申为“包含有”，不能用于被动语态。

make up：用部分作主语，表示“部分构成整体”，用于主动语态；如果用整体作主语，必须用被动结构 be made up of，这时可以和 consist of 互换。另外，make up 还可以表示“化妆；编造”。

【□题】Ten students ________ the team.

A. made up　　B. made up of

C. consist of　　D. were made up of

【解答】选 A。句意：10 个学生组成了这支队。“部分构成整体”要用 make up 的主动式。

305. a good/great many 许多，很多

【例句】

1. The little girl knows a **good many** folk songs

by heart. 那个小姑娘记得好多民歌。

2. I've been there a **good/great many** times. 我去过那里很多次。

【例题】There are a great many ________ in the library.

A. magazine B. books

C. paper D. student

【解答】选 B。句意：“图书馆里有许多书。” a great many 后面要加可数名词复数。

306. have a match 举行 / 进行一场比赛

【例句】

1. What time does he **have a match** with Class Two? 他在什么时候跟二班进行比赛？

2. We are going to **have a** football **match.** 我们将要举行一场足球比赛。

307. by this means 用这种方法

【例句】Only **by this means** is it possible to persuade him. 只有用这种方法才能劝得动他。

【用法】means 是单复同形的名词，表示“方式”。

【同义词】in this way

308. by means of 依靠；通过…手段

【例句】

1. The water may be carried by **means of a** pipe. 水可以用管子输送。

2. The thief escaped by **means of a** secret tunnel. 小偷通过一条秘密通道逃跑了。

【同义词】in the way of

309. by all means 当然；好的；一定，务必

【例句】

1. Try to save the dying by **all means.** 要尽力抢救那个垂危的人。

2. By **all means I** must visit my sick friend. 我一定得去探望我生病的朋友。

310. by no means 绝不，一点也不；并不

【例句】

1. It is by **no means** cheap. 它并不便宜。

2. She is by **no means** stupid. 她一点儿也不笨。

3. The problem is by **no means** as simple as we first thought. 问题绝不像我们最初想象的那么简单。

【□题】This course is taught ________ lectures.

A. by no means B. by all means

C. by means of D. by this means

【解答】选 C。句意：这门课的授课形式是讲座。by means of 表示“通过，依靠”。

311. have some medicine 吃药

【例句】

1. Have **some medicine,** and you'll get better soon. 服些药，你很快就会好起来。

2. I feel a little sick. Can I have **some medicine?** 我觉得有些不舒服，是否可给我一些药？

【□题】The doctor asked me to have ________.

A. a medicine B. some medicine

C. some medicines D. many medicines

【解答】选 B。句意：医生叫我吃点药。medicine 是不可数名词，不能有复数或与 a 连用。

【同义词】take some medicine

312. have a meeting 开会

【例句】

1. They'll **have a meeting** this afternoon. 他们下午开会。

2. I'm sorry I can't attend your party, but I **have a meeting** on that night.

对不起，我不能参加你们的聚会，因为那天晚上我有个会要参加。

313. in memory of 纪念…

【例句】

1. He wrote an article in **memory of** his wife. 他写了一篇文章纪念亡妻。

2. I went to the exhibition in **memory of** Lei Feng. 我参观了纪念雷锋展览会。

314. take a message for 给…捎个信儿

【例句】

1. He's not in. May I **take a message for** him? 他不在，我能替他捎个口信吗？

2. When you go back, would you **take a message for me**? 你回去的时候，能顺便给我带个口信吗？

【例题】

— May I speak to Harry?

— Sorry, he is not in. May I take a ________ for him?

A. message　　B. letter

C. note　　D. text

【解答】选 A。message 是“信息，口信”；letter 是“信件”；note 是“便条”；text 是“短文，短信”。“给某人捎口信”用 take a message for sb.。

315. in the middle of 在…中间

【例句】

1. He put the lamp in **the middle of the** table. 他把灯放在桌子中央。

2. He telephoned me in **the middle of the** night. 他在半夜时给我打了个电话。

316. millions of 成百万个；许许多多的

【例句】

1. **Millions of** people are all of one mind. 万众一心。

2. A careless mistake cost the company **millions of** dollars. 一次疏忽造成了公司数百万美元的损失。

【□题】There are ________ species of animals.

A. million　　B. two millions

C. millions of D. millions

【解答】选 C。句意：动物种类有几百万种。hundred，thousand，million，billion 等前有具体数字即表示确数时，它们后面不能加 -s，也不带 of。它们的复数形式后面常需跟 of... 短语，表示约数，如：hundreds of 数百，thousands of 成千上万，millions of 数百万。

317. never mind 没关系；不必顾虑

【例句】

1. **Never mind** about that. 不必对此介意。

2. **Never mind** what he said. 他说的那些话，你别在意。

【例题】

— I' m sorry for stepping on your feet.

— ________.

A. Never mind　　B. All right

C. My pleasure　　D. Thank you

【解答】选 A。句意：不好意思我踩到你脚了。本题考查回答道歉的交际用语。Never mind 是“没关系”；All right 是“好吧”的意思；My pleasure 是“乐意效劳”；Thank you 是“感谢”。因此最佳答案是 A。

318. make up one' s mind 下决心；决定

【例句】

1. I can't make **up my mind** where to settle. 我不能决定定居何处。

2. It took me a long time to make **up my mind.** 我用了很长时间才打定主意。

【同义词】make a decision

319. change one's mind 改变主意

【例句】1. The news made me change **my mind.** 这条消息使我改变了主意。

2. Yesterday you agreed. What made you change **your mind?** 昨天说得好好的，怎么变卦了？

320. keep sth. in mind 记住

【例句】

1. Please keep **my** words in **mind.** 请记住我的话。

2. He can **keep numbers** in **mind** very quickly. 他能很快记住数字。

321. in a minute 一会儿；立刻

【例句】

1. I'll be back in **a minute.** 我一会儿就回来。

2. I'll come downstairs in **a minute.** 我马上下楼。

【用法】in a minute 常用于将来时。

322. just a minute 等一下

【例句】

1. **Just a minute,** please. 请稍等一会。

2. Hey, **just a minute.** Where are you going with my handbag? 嗨，等一下！你拿着我的手提袋上哪儿去？

323. by mistake 由于疏忽，错误地

【例句】

1. She put salt into her tea by **mistake.** 她误把盐放进茶里去了。

2. Excuse my taking your umbrella by **mistake.** 请原谅我错拿了你的伞。

【□题】Who took my bag away by ________?

A. a mistake　　B. mistake

C. mistakes　　D. many mistakes

【解答】选 B。句意：是谁误拿我的书包了？by mistake 是固定搭配，表示“错误地，由于

疏忽”。

324. make a mistake 犯错误

【例句】

1. Be careful, or else you will make **a mistake.** 小心，否则你会犯错误。

2. Don't make **a mistake** in your spelling. 不要在拼写上出错。

325. just a moment 等一会儿

【例句】Just **a moment,** please. 请稍等一会儿。

【同义词】just a minute, wait a moment

326. the moment 一…就…，正当…时

【例句】

1. I want to see her the **moment** she arrives. 她一到我就要见她。

2. I loved her the **moment I** saw her. 我对她一见钟情。

【同义词】as soon as

327. more or less 或多或少；多少有点；几乎，差不多

【例句】

1. His explanation was more **or less** helpful. 他的解释多少有些帮助。

2. He is more **or less** crazy. 他多少有点疯狂。

328. no more 不再

【例句】

1. I have no **more** to say. 我没有什么要说的了。

2. You can drink no **more.** 你不能再喝了。

329. not... any more 不再

【例句】

1. I don't have any **more** to say. 我没有什么要说的了。

2. You can't **drink any more.** 你不能再喝了。

【例题】

— Playing computer games is very harmful.

— I ________ play it ________.

A. not; any more　　B. don't; no more

C. will; no more　　D. won't; any more

【解答】选 D。句意：玩电脑游戏有害。我不会再玩了。no more 中的 more 是 many/much 的比较级，more 有 again 之意，着重表示数量或程度的减少，意为“再也没有更多(大)的数量(程度)”。no more 放在 be 动词、助动词、情态动词之后，行为动词之前。no more 等于 not... any more。

330. more and more 越来越(多)

【例句】

1. **More and more** foreign friends come to visit China. 来华参观访问的外国朋友日益增多。

2. Shenzhen becomes more **and more** beautiful. 深圳变得越来越美丽。

331. once more 再一次

【例句】

1. Please allow me to try once **more.** 请允许我再试一次。

2. I'll repeat the question once **more.** 我要把这个问题再重复一次。

【同义词】once again

332. most of 绝大多数

【例句】

1. She spends most **of** her time reading. 她大多数时间都在看书。

2. Most **of** the students in the school are from Shenzhen.

这学校大多数学生来自深圳。

333. at most 至多

【例句】

1. We can stay for two days at **most.** 我们最多能待两天。

2. I can pay only fifty dollars at **most.** 我最多只能付五十美元。

334. in need of 需要

【例句】

1. The hungry children are in **need of** food. 这些饥饿的孩子需要食物。

2. The building is in **need of** repair. 这座大楼需要维修了。

335. neither... nor... 既不…也不…

【例句】

1. I have neither time nor money. 我既没有时间又没有钱。

2. He neither smokes nor drinks. 他既不抽烟也不喝酒。

【辨析】**neither…nor…, either…or…, not only…but also…**
都是连词，可连接任意两个并列的成份。
neither...nor...：表示"既不…也不…"。其含义是否定的，表示两者都不是。
either...or...：意为"或者…或者…；不是…就是…"之意，表示两者之一。
not only…but also…：着重强调后者，其意为"不仅…而且…"。
共同点：连接两个主语时，其谓语动词应与最近的一个主语在人称和数上保持一致，这就是我们通常说的"就近原则"。

【例题】Neither he nor I ________ going to attend the meeting tomorrow.

A. is　　B. was　　C. am　　D. are

【解答】选C。句意：他和我明天都不去开会。neither...nor... 表示"既不…也不…"，可连接任意两个并列的成份。连接两个主语时，应遵循"就近原则"，排除A、D；B是过去将来时，与tomorrow相矛盾，要用一般将来时，故A为正确答案。

336. at night 在夜里

【例句】

1. It's nine forty at **night.** 现在是晚上九点四十分。

2. The children are too young to be allowed out at **night.** 孩子们太小，夜间不能让他们出去。

337. make a noise 吵闹

【例句】

1. Don't ma**ke a noise** in the library. 图书馆内不准大声喧哗。

2. Don't ma**ke a noise,** or else you'll wake the baby. 不要出声，要不就把孩子吵醒了。

338. at noon 在中午

【例句】

1. She often reads newspapers at **noon.** 她常在中午看报。

2. I have a date at **noon.** 我中午有个约会。

339. not only... but also... 不但…而且…

【例句】

1.Yesterday it not only rained but also snowed. 昨天不但下了雨，而且下了雪。

2. We learn not **only** English but **(also) French.** 我们不仅学英语而且学法语。

【用法】1. also 可省略，即 not only…but…。
2. 连接两个主语时，谓语动词的单复数使用"就近原则"。
3. 若连接两个句子，且 not only 位于句首时，not only 所连接的句子要用倒装。

【例句】Not **only** you but **also** he has to leave. 不只是你，他也得离开。
Not **only does** the sun give us light, but **also it** gives us heat. 太阳不仅给我们光，还给我们热。

340. have nothing to do with 与…无关

【例句】

1. I **have nothing to do with** this. 我与此事毫无关系。

2. His success has **nothing to do with** his wealth. 他的成功与他的财富无关。

【联想】have something to do with 与…有关

【真题】I'm sure that he has nothing to do with this. (GMET2010-15)

A. 对…无可奈何　　B. 对…毫无兴趣
C. 与…毫不相关　　D. 对…毫不关心

（答案：C）

341. by now 直到现在，到目前为止

【例句】

1. **By now** we have run out of water. 到现在为止我们的水已经用完。

2. They must have arrived **by now**. 到现在他们一定已经到了。

【例题】We ________ 2000 words by now.

A. learns　　B. are learning
C. have learned　　D. are leant

【解答】选C。句意：至今我们已经学了2000个单词。by now 通常与现在完成时连用。

【近义词】so far, up to now

342. just now 刚才

【例句】

1. I saw him **just now**. 我方才看见他了。

2. You were rude to say that to your father **just now**. 你刚才对你父亲讲那种话太不礼貌了。

343. now that 既然

【例句】

1. **Now that** you have come, you may stay here. 你既然来了，你可以住在这里。

2. **Now that** she feels sorry, please forgive her. 既然她很悔怨，就请原谅她吧。

【真题】________ I am well again, I can go on with the trip. (GMET2011-29)

A. Now that B. In that

C. Even if D. That （答案：A）

【同义词】since

344. now and then 有时；偶尔

【例句】

1. I see him every **now and then**, but not often. 我偶尔看见他，但不经常看见他。

2. I go to the cinema **now and then**.

我偶尔去看电影。

【同义词】from time to time, once in a while, sometimes, occasionally

345. a number of 许多；一些

【例句】

1. **A number of** students are in the lab. 有一些学生在实验室里。

2. **A number of** people watch the Olympic Games. 许多人看奥林匹克运动会。

【辨析】**a number of, the number of**

a number of：意为“若干”或“许多”，相当于 some 或 a lot of，和复数名词连用。因复数名词为主语，谓语动词用复数。

the number of：意为“…的数量”，跟接复数名词，但因主语是 the number 而非它后面的复数名词，是单数的，谓语动词用单数。

【例题】The number of people invited to the party ________ one hundred, but a number of them ________ absent for different reasons.

A. was; were B. were; was

C. was; was D. were; were

【解答】选 A。句意：被邀请到晚会的人有两百，但有很多人因各种原因缺席了。本题考查 the number of 和 a number of 的区别，前者谓语动词用单数，后者用复数。

346. and so on 等等，诸如此类

【例句】

1. He is interested in art, music, books, **and so on**. 他对美术、音乐、书等都感兴趣。

2. She spends her day doing housework, watching television, reading, **and so on**.

她以做家务、看电视、看书等等度过一天。

347. on and on 继续地，不停地

【例句】

1. She talked **on and on** about her son. 她不停地谈论着她的儿子。

2. They went **on and on** till they came to a river. 他们走啊，走啊，一直走到河边。

348. at once 立刻，马上

【例句】

1. You should go home **at once**. 你必须马上回家。

2. Please leave my room **at once**. 请立刻离开我的房间。

【同义词】right now, right away, immediately

349. once upon a time 从前

【例句】

1. **Once upon a time**, there lived three monks in a small temple.

从前，一个小寺庙里住着三个和尚。

2. **Once upon a time** there lived a king who had three daughters.

从前有个国王，他有三个女儿。

350. one by one 一个接一个地

【例句】

1. She talked to them **one by one**. 她逐一地和他们谈话。

2. The students entered the classroom **one by one**. 学生们一个挨一个地走进教室。

【同义词】one after another

351. or so 大约，…左右

【例句】

1. We stayed for an hour **or so**. 我们停留了一小时左右。

2. It'll only cost 15 dollars **or so**. 只要十五美元左右。

【同义词】about, around, more or less

352. in order 整齐；按顺序

【例句】

1. It took him a long time to put his papers **in order**. 他花了好长时间整理好他的文件。

2. Please keep the books **in order**. 请把书按顺序放好。

【反义词】out of order 混乱，出故障

353. in order to/that 为了…

【例句】

1. She hung up her wet clothes **in order to** dry them out. 她把她的湿衣服挂起来，以便晾干。

2. I am saving money **in order that** I can buy a house. 我正攒钱，以便我能买一所房子。

【辨析】**in order to, in order that**

意思都是"为了…，以便…"。

in order to：后面直接接动词原形。

in order that：后面接句子。

【例题】She arrived early ________ get a good seat.

A. in order to　　B. in order that

C. in order　　D. by order of

【解答】选A。句意：她到得很早，为的是得到个好座位。D是错误搭配；C. in order 是"有序的"之意；in order to 和 in order that 都是"为了"的意思，符合题意，但 in order to 后面要接动词原形，in order that 后面接句子，题中选项后是动词原形 get，故选A。

354. out of order 不整齐；失灵，出故障

【例句】

1. These papers are all **out of order**. 这些报纸顺序全乱了。

2. The machine is **out of order**. 机器出故障了。

【近义词】broken down

【反义词】in order

355. the other(s)（两者中的）另一个；（三者以上的）其他的

【例句】

1. The captain was at **the other** end of the room. 船长在房间的另一头。

2. Where are **the other** books?
其他的书在哪里？

【辨析】**other, the other, others, the others, another**

other：表示"别的，另外的"，只能与复数名词连用，泛指。

the other：作代词用或后接单数名词时，表示两者中的"另一个"，常与 one 连用；后接复数名词时，表示一定范围内"所有其余的人或物"，特指。

others：作代词，后面不能接名词，表示"别的人或物"，没有特定范围，泛指。可与 some 连用，some…others 表示"一些……一些"。

others = other + 复数名词。

the others：作代词，后面不能接名词，表示一定范围内"所有其余的人或物"，特指。the others = the other + 复数名词。

another：表示"三者以上中的任意另一个"，泛指。

【例句】Give me some **other** books, please. 请给我一些别的书。

I have two pens, **one** is black, and **the other** (pen) is red.

我有两支笔，一支黑色，另一只红色。

Mary works harder than **the others** in the company.

玛丽比公司其他人都更努力工作。

Some people like reading, **others** like sports. 有些人喜欢阅读，有些人喜欢运动。

The shirt is too small for me. Pleases show me **another**.

这件衬衫太小了，请拿另一件给我看看。

356. ought to 应该

【例句】

1. I'm not certain where this **ought to** be put. 我不能确定这东西该放在什么地方。

2. You **ought to** respect his opinions. 你应当尊重他的意见。

【辨析】**ought to, should**

均含有"应该"之意，后接动词原形。通常两者可替换。

ought to：语气稍重，表示出于法令规则、行为准则、道德责任等客观情况而"应该"做某事。

should：含有个人意见，强调主观看法，表示劝告、建议。

【例句】You **ought to/should** go and see Mary. 你应该去看看玛丽。

We **ought to** go and see Mary tomorrow, but I don't think we will. (此句不宜用 should)

明天我们按理应该去看看玛丽，但是我认为我们不会去。

You **should** not run alongside the swimming pool. 不准在游泳池边奔跑。

357. out of 在…外；出自；离开

【例句】

1. He jumped **out of** bed as soon as he was called. 一听到有人叫他，他立即跳下床来。

2. Jack was pushed **out of** the room by his companions. 杰克被伙伴们推出房间。

3. A dolphin leapt **out of** the water.
海豚跃出水面。

358. over and over 反复，再三

【例句】

1. Say it **over and over** again until you remember it. 反复说它几次，直到记住了为止。

2. She thought about the matter **over and over** all day. 她一整天心里老合计这件事。

【同义词】again and again, over and over again

359. over there 在那边（指较远处）

【例句】

1. The children are playing **over there**. 孩子们在那边玩。

2. Tell me what's going on **over there**! 告诉我那边发生了什么事儿。

360. a pair of 一对 / 双

【例句】

1. He is wearing **a pair of** shorts. 他穿着一条短裤。

2. He has **a pair of** leather shoes. 他有一双皮鞋。

361. the Summer Palace 颐和园

【例句】

1. Last Tuesday we visited **the Summer Palace**. 上个星期二我们游览了颐和园。

2. **The Summer Palace** is one of the most beautiful parks in Beijing. 颐和园是北京最美的公园之一。

362. beg one's pardon 请原谅；请再说一遍

【例句】I **beg your pardon** but would you repeat what you said? 对不起，请你再讲一遍好吗？

【例题】

— What's your hobby?

— ________

A. Never mind. B. I beg your pardon?

C. Thank you! D. Sorry.

【解答】选 B。考查交际用语。A 表示“没有关系”; C 表达感谢; D 表达道歉。根据前句“你的爱好是什么”，回答 I beg your pardon?，表示没有听清楚而请求再说一遍。

363. take (an active) part in（积极）参加

【例句】

1. They all dressed up to **take part in** the New Year's party.
他们都穿上盛装，去参加元旦晚会。

2. He didn' t **take part in** the match because of illness. 他因病未能参加比赛。

3. May I **take part in** your game please? 请让我参加你们的游戏好吗？

【辨析】**take part in, join, join in**

都有“参加”的意思。

take part in：指参加群众性活动、会议、劳动、游行等。

join：指参加某党派、某组织或某社会团体，从而成为其中一员。

join in sth./doing sth.：指参加竞赛、娱乐、游戏等活动，可与 take part in 互换。

【例题】She ________ a health club.

A. joined B. joined in

C. took part in D. joined to

【解答】选 A。句意：她参加了一个健身俱乐部。参加 a health club，成为其中一员，用 join。

364. pass by 经过；过去

【例句】

1. I **pass by** the post office every day on my way to school. 我每天上学都经过邮局。

2. Don' t let the opportunity **pass by**. 别错过机会。

365. pay for sth. 为…付钱；赔偿

【例句】

1. How much did you **pay for** the book? 那本书你付了多少钱?

2. I broke the glass, so I'll **pay for** it. 玻璃是我打碎的，由我来赔。

【辨析】**pay for, spend, cost, take**

均表示“花费”。

pay for：“付钱”，人作主语，sb. pay (money) for sth.。

spend：“花费时间 / 钱”，人作主语，sb. spend time/money on sth/ in doing sth.。

cost：“花费钱”，物作主语，sth. cost sb. money。

take:“花费时间”，it 作主语，固定句型：It takes sb. some time to do sth.

【例句】I **paid** 300 yuan **for** this dress. 我花了 300 元钱买这条裙子。

= I **spent** 300 yuan **on** this dress.

= This dress **cost** me 300 yuan.

I **spend** about two hours a day **(in) doing** my homework.

= **It takes** me about two hours **to do** my homework. 我每天花大约两小时做家庭作业。

【例题】This kind of computer ________ too much. I can't afford one.

A. costs B. spends

C. pays D. takes

【解答】选 A。句意：这种电脑太贵。我买不起。“电脑”为物体，作主语，须用 cost。

【例题】If you break the vase, you'll pay ________ it.

A. in B. by

C. for D. off

【解答】选 C。句意：如果你打坏了花瓶，你要赔偿。pay in/pay by 是“用…付款”，如 pay in cash 付现金，pay by card 用卡支付；pay for 是“支付；赔偿”；pay off 是“还清债务”。

366. pay off 还清（债务），付清；取得好结果

【例句】

1. The firm will go broken if it can't **pay off** its debts in two months. 如果公司不能在两个月内偿还债务，便会破产。

2. It took me three months to **pay off** my credit card bill.

我花了三个月才付清信用卡的钱。

3. Extra time spent studying now will **pay off** in the future.

现在花在学习上的额外时间将来会有回报的。

【例题】It would take him the rest of his life to pay ________ that loan.

A. in B by

C. for D. off

【解答】选 D。句意：他得用余生来还清那笔贷款。

367. take photos 拍照

【例句】I love holidays, but I hate to **take photos**.

我喜欢度假，但我却讨厌照相。

【用法】take photos = take pictures。若要表示“为…拍照”，介词应为 of，而不是 for。

【例句】Excuse me, is it okay to **take photos of** the paintings in the gallery?

请问，美术馆里的展品可以拍照吗?

368. pick out 选出；拣出

【例句】

1. Let's **pick out** the bad potatoes from the basket.

让我们把坏掉的土豆从篮子里挑出来。

2. My friend knows how to **pick out** the best watermelons.

我的朋友知道如何挑选最好的西瓜。

369. pick up 拾起；搭载（客人等）

【例句】

1. He knelt down to **pick up** his hat. 他跪下拾帽子。

2. The taxi driver stopped to **pick up** a fare. 出租车司机停车让一个乘客上车。

【例题】When shall I ________ the guest?

A. pick B. pick out

C. pick up D. pick apart

【解答】选 C。句意: 我什么时候要去接来宾?

pick 是“挑，拣”; pick out 是“挑出，拣出”; pick up“拾起，接客人”; pick apart 是“挑剔”。

370. a piece of 一块 / 片 / 张

【例句】

1. Would you like **a piece of** cake? 要来一块蛋糕吗？

2. I have **a piece of** news to tell you. 我有一个好消息告诉你。

【用法】通常修饰不可数名词如 paper，advice，music，news，furniture 等。

371. the Young Pioneers 少年先锋队

【例句】

1. **The Young Pioneers** usually have a meeting on Thursday afternoon.
少先队员们通常在星期四下午开会。

2. He became a member of **the Young Pioneers** three years ago.
他三年前加入了少年先锋队。

372. take one's place 代替某人；坐某人的座位

【例句】

1. Who's going to **take his place** after he leaves?
他走了谁来顶替他？

2. Please get someone to **take my place**. 求求你找个人来接替我吧。

【联想】take the place of sb./sth. 代替，取代

373. take place 发生；出现

【例句】

1. The evening party will **take place** next Sunday. 晚会将在下周日举行。

2. His graduation will never **take place** if he doesn't get to work.
他要是不用功就永远毕不了业。

【例题】Great changes ________ in China since 1978.

A. have taken place　B. took place

C. were taken place　D. take place

【解答】选 A。句意：自 1978 年以来，中国发生了巨大变化。take place 是不及物动词，不能用被动语态，根据句子中的 since 1978，应用现在完成时态。

374. take the place of 代替

【例句】

1. It would be difficult to find a man to **take the place of** the secretary.
找一个代替秘书的人会很难的。

2. Nothing **takes the place of** the lost pleasant time. 什么东西也不能够替代那失去的好时光。

375. play with/against 与…一起玩；同…比赛；玩弄

【例句】

1. It is dangerous to **play with** fire. 玩火是危险的。

2. It is wrong for a man to **play with** a woman's affections. 男人玩弄女人的情感是不对的。

3. Is Brazil going to **play against** Argentina tonight? 今晚是巴西队对阿根廷队吗？

【例题】Children like to play ________ water.

A. in　B. to

C. with　D. back

【解答】选 C。句意：小孩爱玩水。play in “在…中扮演角色”；play to “在…面前演奏乐器”；play with “与…玩”；play back “重播”。

376. plenty of 充足的，许多

【例句】

1. The story shows **plenty of** imagination. 这个故事表现出丰富的想像力。

2. **Plenty of** foreign firms have set up factories here. 很多外国公司已在这里开办工厂。

【用法】用来修饰可数名词或不可数名词，用法同 a lot of / lots of。

377. point out 指出

【例句】

1. Can you **point out** any mistakes?
你能指出哪里有错吗？

2. It is hoped that the readers will kindly **point out** our errors.
敬希读者指正。

378. point to 指向

【例句】At midday both hands **point to** twelve.
正午两个指针都指向十二点。

【辨析】**point at, point to, point out**
都有“指”的意思，但用法有所区别。
point at：习惯上表示指向离说话人较近的事物，意为“指着”，at 是介词，着重于指的对象。

point to：多用来表示指向离说话人较远的事物，意为“指向”，to 也是介词，着重于指的方向。

point out：表示的是给某人指示方向，要点或错误等，意为“指出”，out 是副词。

【例题】1. Don't ________ the words while you are reading.

A. point at　　B. point to
C. point out　　D. point

2. He ________ the house on the other side of the river and said, “That's my home.”

A. pointed at　　B. pointed to
C. pointed out　　D. pointed

3. The teacher ________ many mistakes in my homework.

A. pointed at　　B pointed to
C. pointed out　　D. pointed

【解答】1. 选 A。句意：读书时不要用手指着字。2. 选 B。句意：他指着河对岸的房子说：“那是我家。”3. 选 C。句意：老师指出我作业里的许多错误。

*379. pop music　流行音乐

【例句】

1. I'm fond of **pop music**. 我喜欢流行音乐。

2. She listened to the **pop music** on the radio. 她听电台的流行音乐。

380. post office　邮局

【例句】Excuse me, could you tell me the way to the **post office**? 对不起，请问到邮局走哪条路？

381. at present　现在，目前

【例句】

1. He is all right **at present**. 现在他没事了。

2. Mr. Smith is on holiday **at present**. 史密斯先生目前在休假。

382. prevent sb. from doing sth.
阻止某人干某事

【例句】

1. We must **prevent** them **from** making trouble.
我们必须防止他们制造麻烦。

2. Nobody can **prevent** us **from** getting married.
没人能阻止我们结婚。

【例题】Today the forests are getting fewer and fewer. We must ________ down too many trees.

A. keep people from cutting

B. prevent people from cutting

C. stop people cutting

D. all the above

【解答】选 D。句意：现在森林变得愈来愈少，我们必须阻止人们砍伐太多树木。keep/prevent sb. from doing，stop sb. (from) doing 都表示“阻止某人做某事”，故选 D.“以上都可以”。

383. make progress　取得进步

【例句】

1. Study hard and **make progress** every day. 好好学习，天天向上。

2. We all decided to **make** greater **progress** in the new term. 我们都决心要在新学期取得更大进步。

【用法】progress 是不可数名词，不能加 -s 或与 a 连用。

384. make a promise　答应；许下诺言

【例句】

1. Not only did he **make a promise**, but also he kept it. 他不仅作出了许诺，而且履行了诺言。

2. Once you **make a promise**, you should fulfil it. 一旦做出承诺，就要履行诺言。

385. be proud of　以…为自豪

【例句】

1. Mike is a good boy. His mother **is proud of** him.
迈克是个好孩子，他妈妈为他感到自豪。

2. It's nothing to **be proud of**.
这没有什么可骄傲的。

【同义词】take pride in

386. in public　当众；公开地

【例句】

1. She is shy of speaking **in public**. 她怯于在公众面前讲话。

2. He is going to make a speech **in public**. 他将当众发表演说。

【反义词】in private

387. put away 放好；把…收起来

【例句】

1. **Put away** your things please. 请把东西放好。

2. Mothers always ask their children to **put away** their toys. 妈妈们总是要求他们的小孩将玩具收好。

【真题】Mr. Robinson put ________ his books before he left the office. (GMET2009-25)

A. away B. off

C. out D. up （答案：A）

388. put on 穿上，戴上；上演

【例句】

1. Please **put on** your jacket. 请穿上夹克衫。

2. A history play was **put on** last night. 昨晚上演了一部历史剧。

389. put sth. down 把某物放下来；记下

【例句】

1. Why don't we **put** the gun **down** and have a talk? 我们何不把枪放下谈一谈？

2. Please **put down** your address here. 请在这里写你的地址。

390. put up 挂起；举起；建造

【例句】

1. Lin Tao asked Jim how to **put up** Christmas lights. 林涛问吉姆怎样挂圣诞灯。

2. He was **putting up** a new fence at his home. 他正在为自己家搭建新的篱笆墙。

【例题】Jack got up, ________ his coat and went out.

A. put on B. put down

C. put away D. put up

【解答】选A。杰克起床，穿上衣服然后出门了。

【真题】This new building was put up not long ago. (GMET2011-13)

A. 拆除 B. 改建

C. 装修 D. 建造 （答案：D）

391. quarrel about 为…争吵

【例句】They often **quarrel about** money. 他们经常就钱的问题争吵起来。

【例题】Let's not quarrel ________ such unimportant matters.

A. with B. about

C. to D. on

【解答】选B。句意：我们不要为这些小事争吵了。quarrel with 与（谁）争吵；quarrel about 为…争吵。

392. on the radio 通过无线电广播或收音机

【例句】Have you listened to the news **on the radio** recently? 最近你在广播上听新闻吗？

【例题】She listens to pop music ________ the radio.

A. in B. on

C. to D. at

【解答】选B。句意：她通过电台听流行音乐。考查固定搭配 on the radio "通过收音机"。

393. rather than 与其……（不如），而不是

【例句】

1. The colour seems green **rather than** blue. 这颜色似乎是绿的，而不是蓝的。

2. He is a writer **rather than** a teacher. 与其说他是教师，不如说他是作家。

【例题】It's what he did ________ what he said that moved us.

A. except for B. but so

C. instead . rather than

【解答】选D。句意：让我们感动的是他所做的事而不是他所说的话。rather than 不与 would 连用时作连词词组使用，连接两个并列成分，表示在两者中间进行选择，表示"是A而不是B"、"要A而不要B"、"与其B不如A"等，后面可以接名词、代词、形容词、副词、动词、分句等。

394. be/get ready (for)（为…）准备好

【例句】

1. This book **is ready for** publication. 这本书已准备好，随时可以出版。

2. All the students are **getting ready for** the English exam. 所有的学生正在为英语考试做准备。

395. keep a record 记录下来；保持记录

【例句】

1. You can **keep a record** of your progress. 你可

以为你的进步作记录。

2. Each athlete wants to **keep a** world **record**. 每个运动员都想保持世界纪录。

396. refer to 提到；涉及；参考；查询

【例句】

1. Don't **refer to** the matter again. 不要再提这件事了。

2. **Refer to** the dictionary when you don't know how to spell a word. 当你不知道怎么拼写一个词时，查阅一下词典。

397. regard...as 把…看作是

【例句】

1. I **regard** him **as** my family. 我视他为亲人。

2. Mo Yan **is regarded as** one of the most successful writers of modern times.

莫言被认为是现代最为成功的作家之一。

【用法】词组中的 as 是介词，常与名词连用。此外，它常以被动形式出现：be regarded as。

【例题】Ba Jin, one of the greatest writers in China, ________ as "People's Writer".

A. is regarded B. has regarded

C. is regarding D. regards

【解答】选 A。句意：巴金，中国最伟大的作家之一，被认为是"人民的作家"。

398. remember me to 代我向…问好

【例句】

1. Please **remember me to** your parents. 请代我向你父母问候。

2. **Remember me to** the other classmates of your class. 请代向你们班其他同学问好。

【例题】

— I'm going home tomorrow.

— ________ .

A. Please remember me to your parents

B. Good luck

C. I'm sorry to hear that

D. Never mind

【解答】选 A。此题为情景交际题，根据前句"明天我要回家了"，回答应为 A"请代我向你父母问好"。B"祝你好运"；C"很遗憾听到那样的消息"；D"没有关系"。

399. take/have a rest 休息一下

【例句】

1. I prefer to stay at home and **have a rest**. 我宁愿呆在家里，好好休息。

2. The doctor asked me to **take a rest** at home. 医生叫我在家休息。

400. as a result 结果

【例句】

1. **As a result**, many people preferred to walk. 于是，许多人宁愿走路。

2. All singers kept together. **As a result**, their performance was successful.

所有的歌手协调一致，结果他们的演出非常成功。

【例题】He worked hard at his study. ________ , he passed the exam easily.

A. As a result B. As a result of

C. Because D. Because of

【解答】选 A 。句意：他努力学习，结果很容易就通过了考试。as a result 表示"结果…"，可单独使用，常放在句首; as a result of 表示"…的结果"，后面接名词；because 后接句子，表示原因；because of 后接名词或动名词，表示原因。

401. all right 行，好；良好，顺利

【例句】

1. Are you really **all right**? 你们真的没事吧？

2. Is she getting along **all right** in her new job? 她在新的工作岗位上情况不错吧？

402. on the right 在右边

【例句】

1. Who is the young woman **on the right**? 右边那个年轻的妇女是谁？

2. The post office is **on the right**. 邮局在右边。

【反义词】on the left

403. right away 立刻

【例句】

1. I'll prepare the contract **right away**. 我马上准备合同书。

2. He did not reply to her question **right away**. 他没有马上回答她的问题。

【同义词】right now, at once

【真题】I will call him back right away. (GMET 2009-13)

A. 离开时 B. 马上

C. 一会儿 D. 以后

（答案：B）

404. right now 马上，立刻

【例句】

1. Let's go **right now** before it gets too late. 我们马上就去，不然就太晚了。

2. How I wish I could go there **right now**. 我恨不得马上去那儿。

【同义词】right away, at once

405. ring back 回电话；再打电话

【例句】

1. He's not in, please **ring back** at about 11.
他现在不在，请在十一点左右再打电话来。

2. I'll **ring** you **back** in about half an hour. 我大约在半小时后给你回电话。

406. ring off 挂断电话

【例句】

1. I'm very busy. Please **ring off** and call me later. 我现在很忙，挂线稍后再打。

2. I'm afraid I'll have to **ring off**. Someone is calling me. 恐怕我得挂断电话了，有人叫我。

407. ring up 打电话

【例句】

1. I'll **ring up** to see if he's there. 我去打个电话，看他在不在那里。

2. If you can't come, please **ring up** and let us know. 你如来不了，请来电话告诉我们一声。

408. roll over 翻身，打滚

【例句】

1. I **rolled over** in my bed last night. 昨晚我在床上辗转反侧。

2. Babies may try to crawl or **roll over**. 婴儿可能尝试着去爬行或者翻身。

409. make room for 给…腾出空位

【例句】

1. Move down inside, please! **Make room for** others. 请往里走，给其他的人让点地方。

2. They sat closer together to **make room for** an old man. 他们坐得紧一些，好给老人让地方。

【例题】The little boy moved inside quickly to make ________ for his mother.

A. a room B. room

C. rooms D. the room

【解答】选B。句意：小男孩快速往里面移，为他妈妈腾出位置。room 指“房间”时是可数名词，指“空间”时是不可数名词。make room for 意为“为…腾出空间”。

410. run away 逃走

【例句】

1. I saw him **run away**. 我看到他逃跑了。

2. You can't **run away** for ever.
你不能永远逃避。

411. on sale 待售；廉价出售

【例句】

1. This camera is now **on sale** for 19 dollars only.
这种照相机现在廉价出售，只卖十九美元。

2. Are these items **on sale**? 这些东西打折吗？

412. all the same 仍然；还是

【例句】

1. Thank you **all the same**. 尽管如此，还是要谢谢你。

2. He's a bit naughty, but I like him **all the same**.
他有点顽皮，可是我还是喜欢他。

413. the same as 与…同样的

【例句】

1. Our job today is **the same as** before. 我们今天的工作跟以往一样。

2. His windbreaker is **the same as** yours. 他的风衣和你的一样。

414. be satisfied with 对…感到满意

【例句】

1. One shouldn't **be satisfied with** only a little success.
一个人不应该只因一点小成就而感到满足。

2. I can guarantee that you will **be satisfied with** the result. 我保证你会对这结果满意。

【例题】

— How does Alma like her new work?

— She ________ with the hours.

A. can't satisfy　　B. isn't satisfied

C. doesn't satisfy　　D. hasn't satisfied

【解答】选 B。句意：阿尔玛喜欢她的新工作吗？她对工作时间不满意。satisfy 是一个及物动词，直接跟宾语，一般是人作宾语，satisfy sb.，表示"让某人满意"；be satisfied with 表示"对…感到满意"。

415. save one's life 救某人的命

【例句】

1. The doctor came in time to **save his life**. 医生及时来抢救他的生命。

2. Thank you for **saving my life**. 谢谢你救了我的命。

416. after school 放学后

【例句】

1. **After school** they often go shopping and go swimming.

放学后，他们经常去买东西和游泳。

2. The boys didn't know what to do with themselves **after school**.

男孩们不知道放学后该做些什么。

417. at school 在上学

【例句】

1. I asked how he was getting on **at school**.

我问他在学校情况怎样。

2. He won a prize for his good behaviour **at school**.

他因在校的良好表现而获奖。

418. go to school 去上学

【例句】

1. He'll **go to school** in the latter part of the year.

他将在后半年上学。

2. I usually **go to school** on foot. 我通常是走路去上学。

419. scores of 许多，大量

【例句】]

1. He has been a teacher for **scores of** years. 他当教师已有几十年了。

2. **Scores of** shoppers entered the shopping mall.

几十个购物者进入了购物中心。

420. by sea 由海路，乘船

【例句】

1. They decided to go to Shanghai **by sea**. 他们决定乘船去上海。

2. Will you travel **by sea** or by air? 你们乘船还是乘飞机去旅游?

421. be seated 就座，坐下；坐落于

【例句】

1. Please **be seated**, ladies and gentlemen. 女士们和先生们，请坐下。

2. You will **be seated** at a table for four or two people. 你会被安排坐两人桌或四人桌。

422. take a seat 就座，坐下（更有礼貌）

【例句】

1. Come in and **take a seat**. 请进来坐。

2. The manager asked her to **take a seat**. 经理让她坐下来。

【近义词】sit down（命令性），be seated（更正式）

423. see sb. off 为某人送行

【例句】

1. Thousands of people were at the airport to **see** them **off**. 数以千计的人在机场为他们送行。

2. Thank you for coming to **see** me **off** at the railway station. 谢谢你来火车站送我。

424. sell out 卖完，卖掉

【例句】

1. He decided to **sell out** his shares in that company. 他决定卖掉在那家公司的股份。

2. He will never **sell out** his friends. 他绝不会出卖朋友。

425. send for 派人去请

【例句】

1. He was so ill that we had to **send for** a doctor. 他病得很重，我们只好给他请医生了。

2. Leave this house now, or I will **send for** the police. 你现在就离开这房子，否则我叫警察了。

426. send forth/out 发出；放出；长出

【例句】

1. All the stars **send out** light and heat. 所有的恒星都会发出光和热。

2. The trees **send forth** many branches. 树长出很多枝。

427. send off 寄出；派遣；送行

【例句】I usually keep a copy of any letters or documents that I **send off**.

对寄出的信或文件我通常会留有副本。

428. send up 发射

【例句】

1. They will **send up** another man-made satellite next month.

下个月他们将发射另一颗人造卫星。

2. As soon as you get to the top of the hill, **send up** a red flare.

你们一到达山顶，马上发射一颗红色信号弹。

【例题】She is in danger now, please ________ a doctor right now.

A. send for B. send up

C. send off D. send out

【解答】选 A。句意：她现在很危险，请立即去请医生。send for 表示“派人去请”；send up 表示“发出，射出”; send off 表示“送行”; send out 表示“发出”。

429. sentence sb. to death 宣判某人死刑

【例句】

1. They finally didn't **sentence** the murderer **to death.** 最后他们没有判那个杀人犯死刑。

2. Because he killed his wife，he **was sentenced to death**.

他因为杀了他的妻子而被判死刑。

430. separate... from... 使…和…隔开

【例句】

1. Please **separate** the white shirt **from** the colored ones. 请把白衬衫与其他颜色的衬衫分开。

2. Higher living standards **separate** the older generation **from** their children. 高的生活标准把老一代人同他们的儿辈区别开来。

431. a series of 一系列，一连串

【例句】

1. He will face **a series of** tests. 他要面对一连串的测试。

2. Life is **a series of** hellos and goodbyes. 人生就是一连串的你好和再见。

432. catch sight of 看见，瞥见

【例句】

1. I **caught sight of** her hurrying away but I didn't try to speak to her.

我看见她匆忙走开，但我并没有跟她讲话。

2. Don't let me **catch sight of** you. 别让我再看见你了。

【真题】When I was seeing my brother off, I caught sight of my classmate. (GMET2009-12)

A. 看见 B. 遇到

C. 想到 D. 赶上 （答案：A）

433. out of sight 看不见

【例句】

1. We waved until the car was **out of sight**.

我们一直在挥手道别，直到汽车看不见为止。

2. The plane was gradually **out of sight**. 飞机渐渐远去看不见了。

【真题】We waved until the car was out of sight. (GMET2012-09)

A. 出现 B. 启动

C. 消失 D. 停止 （答案：C）

434. be similar to 与…相似

【例句】

1. Your car **is similar to** mine. 你的车与我的车类似。

2. My opinions **are similar to** his. 我和他的看法相似。

435. go to sleep 入睡，睡着

【例句】

1. She usually **go to sleep** easily at night.

她通常夜里很容易睡着。

2. He is too excited to **go to sleep**.

他兴奋得不能入睡 .

【近义词】fall asleep

436. slow down （使）慢下来

【例句】

1. You have to **slow down** your car at the crossing.

在十字路口，你得放慢速度。

2. **Slow down** a bit and let me come up with you.

慢一点让我赶上吧。

437. give up smoking 戒烟

【例句】

1. The doctor advised my father to **give up smoking**. 医生建议我父亲戒烟。

2. Have you decided to **give up smoking**? 你下决心戒烟了吗?

438. so… that… 如此…以致于…

【例句】

1. He was **so** angry **that** he couldn't say a word. 他是如此生气以致于说不出一句话。

2. He ran **so** fast **that** I couldn't catch him. 他跑得如此快，我追不上他。

【辨析】**so… that…, such…that**

均为"如此…以致于…"之意。

so…that：so 是副词，用来修饰形容词或副词，常用句型为：1. 主语 + 谓语 +so+adj./adv.+that 从句；2. 主语 + 谓语 +so+adj.+a/an+可数名词单数 +that 从句；3. 主语 + 谓语 +so+many/much/ few/ little+ 名词 + that 从句。

such... that...：such 是形容词，修饰名词。常用句型为：1. 主语 + 谓语 +such+a/an+adj.+ 可数名词单数 + that 从句；2. 主语 + 谓语 +such+adj. + 不可数名词 / 可数名词复数 + that 从句。

【例题】He has ________ much money ________ he can buy what he wants.

A. so; that　　B. such; that

C. too; to　　D. not; until

【解答】选 A。根据句意：他有如此多的钱，可以买到他想要的东西。too…to 是"太…而不能"，后接动词原形，not…until 是"直到…才"，均不符结构或题意，排除。much 前须用 so 修饰，故选 A。

439. so that 以便；以致，结果是

【例句】

1. Speak clearly **so that** everybody can understand you.（引导目的状语从句）

说清楚点以便每个人都能听懂。

2. They came late **so that** they missed the early bus.（引导结果状语从句）

他们来晚了，结果错过了早班车。

【辨析】**so…that..., so that**

so that：既可以引导目的状语从句又可以结果状语从句。

1. 引导目的状语从句，表示"以便；为了"，从句中常使用 can /could /may /might /will /would /should 等情态动词或助动词；

2. 引导结果状语从句时，表示"因此；所以"，从句中一般不用 can 和 may 等词，在 so that 前可以用逗号。

so... that ...：只引导结果状语从句，意为"如此…以致于…"。

440. and so on 等等

【例句】

1. She spends her day doing housework, watching television, reading, **and so on**.

她以做家务、看电视、看书等等度过一天。

2. We study Chinese, math, English, **and so on**.

我们学习语文，数学，英语等等。

441. so as to 以便

【例句】

1. He ran quickly **so as to** catch the last bus. 他跑得很快以便赶上末班车。

2. They study hard **so as to** pass the exams. 他们努力学习以便通过考试。

【用法】so as to 引导目的状语，后接动词原形，不能位于句首。其同义词 in order to 也引导目的状语，后接动词原形，但既可位于句首，又可位于句中。

442. as soon as 一…就…

【例句】

1. Come here **as soon as** you finish the work. 工作一结束你就到这里来。

2. She will call you **as soon as** she arrives. 她一到就会给你打电话。

【例题】I'll tell him the news as soon as he ________ .

A. comes　　B. come

C. will come　　D. is coming

【解答】选 A。句意：他一来我就告诉他那消息。as soon as 引导时间状语从句，表示"一…就…"，时态上适用于"主将从现"原则，即如果主句用将来时或情态动词或祈使句，从句必须用一般现在时代替将来时。

【同义词】the moment (that)

443. sooner or later 迟早

【例句】

1. His dream will come true **sooner or later**. 他的理想迟早会实现。

2. You will understand me **sooner or later**. 你迟早会理解我的。

444. make a speech 演讲

【例句】

1. Mr. Reeder was invited to **make a speech** at the meeting. 里德先生应邀在会上发言。

2. She used to **make a speech** in public. 她过去常在大庭广众之下发表讲话。

445. at the speed of 以…的速度

【例句】

1. We are walking **at the speed of** three miles an hour. 我们以每小时三英里的速度行进。

2. The new airplane flies **at** twice **the speed of** sound. 这架新式飞机以两倍于音速的速度飞行。

446. have sports 进行体育活动

【例句】

1. We often **have sports** in the afternoon. 我们常在下午进行体育活动。

2. Do you often **have sports**? 你经常参加体育运动吗?

447. stand by 与…站在一起；支持

【例句】

1. We should always **stand by** the side of justice. 我们应该永远站在正义一边。

2. I'll **stand by** you whatever happens. 无论如何，我都支持你。

448. stare at 凝视，盯住

【例句】

1. It's not polite to **stare at** a girl in the face. 盯着姑娘的脸瞧是不礼貌的。

2. Why do you **stare at** me like that? 您干吗这样盯着看我?

【近义词】look at, gaze at

449. the United States 美国

【例句】

1. **The United States** imports sugar from Cuba. 美国从古巴进口糖。

2. Are you from **the United States**? 你是从美国来的吧?

450. step by step 逐步地

【例句】

1. He learnt the rules of the game **step by step**. 他逐步学会了游戏的规则。

2. **Step by step**, he knew the importance of it. 渐渐地，他晓得了它的重要性。

451. stick to 坚持，遵守

【例句】

1. You should **stick to** your principles. 你应该坚守自己原则。

2. Have a plan and **stick to** it. 作个计划并坚持它。

452. stop doing sth. 停止做某事

【例句】

1. We should **stop doing** such silly things. 我们必须停止干这样的傻事。

2. He can't **stop** think**ing** about it. 他没办法不再想这件事。

453. stop sb. (from) doing sth. 阻止某人做某事

【例句】

1. We must **stop** him **from** smok**ing**. 我们必须阻止他吸烟。

2. Nothing in the world will **stop** me **from** lov**ing** you. 在这世界上，没有任何事物可以阻止我对你的爱。

454. stop to do sth. 停下来去做另一件事

【例句】We are so tired. Why don't we **stop to** have a rest?

我们太累了，为什么不停下来休息一下?

【例题】After a long journey, they stopped ________ some water.

A. to drink　　B. drinking

C. drinks　　C. drank

【解答】选 A。句意：在长途旅途之后，他们停下来喝水。stop to do 表示“停下来去做”；stop doing 表示“停下正在做的事”。

455. bus stop 公共汽车站

【例句】

1. The **bus stop** is not far from here. 汽车站离这

儿不远。

2. We will meet at the **bus stop**. 我们将在汽车站见面。

456. in the street 在街上

【例句】

1. There are many cars **in the street**. 街上有很多小汽车。

2. What is happening **in the street**? 街上发生了什么事?

457. be strict with sb. 对…要求严格

【例句】

1. Coaches should **be strict with** athletes. 教练员对运动员应该严格。

2. The teacher **is strict with** his students. 那位老师对他的学生要求严格。

458. such as 例如

【例句】

1. The farm grows various kinds of crops, **such as** wheat, corn, cotton and rice.

这个农场种植各种各样的庄稼，例如麦子，玉米，棉花和稻米。

2. They planted many flowers, **such as** roses, sunflowers, etc.

他们种了许多种花，如玫瑰花、向日葵等。

【近义词】for example

459. be sure to do sth 一定要做某事

【例句】

1. **Be sure not to** do that again.

一定不要再干那种事了。

2. **Be sure to** send my regards to your mother.

务必代我问候你母亲。

460. make sure 务必；查明；确信

【例句】

1. I just want to **make sure** that everything is OK.

我只想确认一切安好。

2. **Make sure** (that) you will arrive there on time.

你务必准时到那儿。

461. in surprise 惊奇地

【例句】He looked at me **in surprise**. 他惊异地看着我。

462. have a swim 游泳

【例句】

1. I am going to **have a swim** tomorrow. 我打算明天去游泳。

2. They **have a swim** every Friday. 他们每星期五去游泳。

463. switch off 关闭，切断

【例句】

1. She **switched off** the coffee-machine. 她关掉了咖啡机。

2. Please **switch off** the lights when you leave. 出门时请随手关灯。

【同义词】turn off

【反义词】switch on, turn on

464. switch on 打开，接通 .

【例句】

1. First you should **switch** the machine **on**. 你得先把机器打开。

2. Please **switch on** the lights. 请开灯。

【同义词】turn on

【反义词】switch off, turn off

465. take a walk/rest 散步 / 休息

【例句】

1. I'll go out and **take a walk** in the park. 我想出去到公园里散散步。

2. Let's sit down and **take a rest** for a while. 我们坐下来，稍憩片刻吧。

466. take away 拿走；减去

【例句】

1. Please **take away** the book. 请把这本书带走。

2. I'll give you some tablets to **take away** the pain. 我给你些药片止痛。

【联想】takeaway *n.* 外卖食品

467. take down/out/off 取下 / 取出 / 脱掉

【例句】

1. Gil went to his bookcase and **took down** a book.

吉尔走到书橱跟前，取下一本书。

2. Please **take out** a piece of paper.

请取出一张纸。

3. Could you **take off** your glasses? 你摘掉眼镜可以吗?

468. take food/medicine 吃食物 / 药

【例句】After **taking** some **medicine**, the patient began to take food.

吃了一些药之后，病人开始进食。

469. take a train/a boat /a bus 乘火车 / 乘船 / 乘公交车

【例句】

1. They're going to **take a train** to the capital. 他们打算坐火车去首都。

2. We could **take a bus** to go there and then **take a boat** to the small village. 我们可以坐汽车到那儿，然后坐船到那个小村庄。

470. talk about 谈论

【例句】

1. He delights to **talk about** his family in the office. 他喜欢在办公室谈论他家里的事。

2. We will not **talk about** that at the moment. 我们现在不谈这个。

471. talk of 谈起，谈及

【例句】

1. He promises to **talk of** nothing but you. 他许诺除了你什么也不谈论。

2. I heard others **talk of** him. 我听过别人谈起他。

【同义词】speak of, mention

472. talk to/with 与…谈话

【例句】

1. I want to **talk to** you. 我想和你谈谈。

2. I find it difficult to **talk with** him. 我发现和他交谈很困难。

473. have a test 进行测验 / 试验

【例句】

1. They **have a test** every two weeks. 他们每隔两星期有一次测验。

2. We will **have an** English **test** tomorrow. 明天我们会有一场考试。

474. thanks to 幸亏；由于

【例句】**Thanks to** your advice, much trouble was saved. 亏得有你出主意，省了许多麻烦。

【例题】________ your help, we accomplished the task ahead of schedule.

A. Thanks to　　　B. Thank

C. Because　　　D. Besides

【解答】选 A。句意：亏得你们帮忙，我们才提前完成了任务。thanks to 是“幸亏，由于”；thank 是“感谢”，常用结构为 thank sb. for sth; because 是“因为”，后接句子；besides 是“除了…之外还有”。

475. think about 考虑；对…有（观点）

【例句】

1. Let me **think about** it for a while. 请让我考虑一会儿。

2. Maybe you should **think about** becoming a writer. 也许你应考虑成为一名作家。

476. think of 想起；考虑；认为

【例句】

1. It was painful to **think of** it. 想起来就叫人伤心。

2. Let me **think of** it carefully. 让我好好考虑一下。

3. What do you **think of** the weather today? 你认为今天的天气怎样？

【用法】think of 表示“考虑或认为…”时与 think about 可互换。如上面例 2、3 也可如下：

Let me **think about** it carefully. 让我好好考虑一下。

What do you **think about** the weather today? 你认为今天的天气怎样？

477. throw away 扔掉

【例句】

1. I think I'll **throw away** these newspapers. 我想我要扔了这些报纸。

2. What a waste to **throw** it **away**! 扔掉它多浪费！

478. all the time 一直；始终

【例句】

1. She lives happily **all the time**. 她始终快乐地生活着。

2. I'm thinking of you **all the time**. 我时时刻刻都在想念你。

479. at the same time 同时

【例句】

1. She was laughing and crying **at the same time**. 她一边笑一边哭。

2. Six learners would be tested **at the same time**. 六个学员将同时考试。

480. from time to time 偶尔，间或；时常

【例句】

1. I can see Mike at the library **from time to time**. 我在图书馆有时能看见迈克。

2. Good ideas swim into my mind **from time to time**. 我的脑海里不时地会浮现出一些好主意。

【同义词】once in a while, now and then, sometimes

481. have a good time 玩得很高兴；过得愉快

【例句】

1. We hope you'll **have a good time** at the party. 我们希望你们在晚会上玩得愉快。

2. Did you **have a good time**? 你过得愉快吗？

482. in time 及时；最后，迟早

【例句】

1. Li Ming ran over and got the ball **in time**. 李明跑过去，及时接住了球。

2. At last, we reached the factory **in time**. 我们终于及时到达了工厂。

3. **In time** you'll forget him. 你迟早会忘了他的。

483. on time 准时

【例句】

1. The meeting started **on time**. 会议按时召开。

2. The weather was very good and the match was played **on time**. 天气很好，比赛按时进行。

【真题】She arrived there on time last night. (GMET2012-13)

A. 准时　　B. 迅速

C. 提前　　D. 时常　　（答案：A）

484. once upon a time 从前

【例句】**Once upon a time** there lived in the forest three bears. 从前在森林里住着三个狗熊。

485. too...to 太…而不能

【例句】

1.The boy is **too** young **to** go to school. 这个男孩太小不能入学。

2. The bridge is **too** narrow for two cars **to** pass. 这桥太窄，不能并排通过两辆车。

【例题】The box is ________ heavy for me to carry.

A. too　　B. very

C. enough　　D. so

【解答】选 A。句意：这个箱子太沉我搬不动。too...to 表示“太…而不能”。

486. on the top of 在…上面

【例句】

1. The climbers stood **on the top of** the mountain, gazing at the splendid view.
登山队员们站在山顶，凝视壮丽的景色。

2. Kate carried our school banner **on the top of** a hill.
凯特在山顶上举着我们的校旗。

487. get in touch with 与…取得联系

【例句】

1. I can't **get in touch with** my old friends after my mobile phone was stolen.
手机被偷后我无法跟老朋友们取得联系。

2. How can I **get in touch with** you? 我怎样能跟你联络上？

488. keep in touch with 与…保持联系

【例句】

1. We shall **keep in touch with** each other after graduation. 毕业后我们仍要保持联系。

2. He **kept in touch with** us while he was on vacation. 他在度假期间仍与我们保持联系。

489. in trouble 处于困境中

【例句】

1. If you get **in trouble**, don't hesitate to ask for help.
如果碰到麻烦，要赶紧求助。

2. He is always ready to help those **in trouble**.
他总是乐于帮助那些有困难的人。

490. come true 实现

【例句】

1. His dream will **come true** sooner or later. 他的梦想迟早会实现。

2. Her dream has **come true**.
她的梦想真的实现了。

【真题】At last his dream came true. (GMET 2012-11)

A. 实现　　B. 破灭

C. 惊醒　　D. 形成　　（答案：A）

491. have a try 试一试

【例句】

1. Why don't you let them **have a try**? 你干吗不让他们试一试?

2. You should **have a try** before you give up. 在放弃它之前，你应该试一试。

492. try on 试穿（衣服等）

【例句】

1. May I **try on** this dress? 我可以试穿这条裙子吗?

2. You can **try** it **on** if you like. 如果喜欢可以试穿一下。

493. try one's best 竭尽所能

【例句】

1. No one was born a winner. **Try your best** next time. 没有人是天生的赢家。下次尽力吧。

2. We shall **try our best** to do the job. 我们应该尽力做好我们的工作。

494. turn into 变成；译成

【例句】

1. I think she'll **turn into** a movie star. 我觉得她会成为一名影星。

2. The old building **was turned into** a library. 这座旧房子被改作了图书馆。

3. Please **turn** this sentence **into** English. 请把这个句子译成英语。

【同义词】change into

495. turn off 关掉（自来水、电灯、收音机等）

【例句】

1. I have to get up and **turn off** the radio. 我必须起床关上收音机。

2. **Turn off** the tap before you go out. 外出前要关掉水龙头。

【同义词】switch off

496. turn on 打开（电灯、无线电等）

【例句】

1. Shall I **turn on** the air conditioner? 要不要我打开空调啊?

2. **Turn on** the computer by pressing this button. 按这个按钮，启动计算机。

【同义词】switch on

497. turn over 翻身；翻（书页）；移交

【例句】

1. Ann **turned over** in her bed once more. 安在床上又翻了一下身。

2. Liz picked up the blue envelope and **turned** it **over** curiously.

莉兹拿起蓝色信封，好奇地翻过来看。

3. He's **turned over** his business to his son. 他已经把他的事业移交给他儿子了。

498. turn to 翻到；转向；求助于

【例句】

1. **Turn to** the next page. 翻到下一页。

2. I had to **turn to** the dictionary for help. 我只好求助于词典了。

【例题】I ________ him when I am in trouble.

A. turn to　　B. turn over

C. turn on　　D. turn into

【解答】选A。句意：我遇到困难时就求助于他。turn to 意为“求助”; turn over 意为“翻身”; turn on 意为“打开”；turn into 意为“变成”。

499. take turns 轮流，依次

【例句】

1. They **take turns** (at) taking care of the baby. 他们轮流来照顾这个婴儿。

2. We can **take turns** to be the leader. 我们可以轮流当领袖。

500. not... until 直到…才

【例句】

1. The mother did**n't** sleep **until** the baby fell asleep. 那位母亲直到到宝宝睡着了才睡觉。

2. Do**n't** get off the bus **until** it has stopped. 车停稳了以后再下车。

【例题】I didn't finish my homework ________ my mother came back home.

A. since　　B. because

C. until　　D. after

【解答】选C。句意：直到妈妈回家，我才做完作业。考查 not...until 的用法，“直到…才”。

501. up and down 上上下下

【例句】He looked her **up and down** and decided to ask her out.

他上下打量她，并决定邀她出去。

502. make (full) use of（充分）利用

【例句】

1. We should **make full use of** our time and work hard. 我们应该充分利用时间，努力学习。

2. The teacher suggested that we (should) **make full use of** every chance to speak English. 老师建议我们充分利用每个机会说英语。

503. use up 用完，耗尽

【例句】

1. By this time he had **used up** all his money. 到这时，他的钱已全部用完。

2. Don't **use up** all the soap. Leave me some to wash with. 不要把肥皂用完，留些给我洗。

3. He has **used up** all his energy. 他已精疲力尽了。

504. used to (do sth.) 过去常常

【例句】

1. I **used to** work as a business man. 我曾经当过商人。

2. I **used to** go to the cinema every week. 我过去每周都去看电影。

505. be used to (sth./doing sth.) 习惯于

【例句】Grandma **is used to** having tea at four o'clock in the afternoon.

祖母习惯下午四点喝茶。

【例题】She used to ________ with her parents, but now she is used to ________ with her classmates.

A. live; live　　B. living; living

C. live; living　　D. living; live

【解答】选 C。句意：她过去常常与父母一起住，但现在她习惯跟同学一起住。used to (do sth.)“过去常常”，be used to doing sth.“习惯于”。

【同义词】get used to (sth./doing sth.)

506. as usual 跟往常一样

【例句】Last night, he went to bed at ten o'clock **as usual**. 昨晚他跟往常一样十点钟上床睡觉。

507. in view of 考虑到，由于，鉴于

【例句】

1. **In view of** the weather, we will cancel the outing. 因天气关系，我们要取消此次郊游。

2. **In view of** the facts, it seems useless to continue. 鉴于这些事实，继续下去似乎是无益的。

508. wait for 等待

【例句】

1. Tell him to **wait for** us at the gate. 让他在大门口等我们。

2. I hate to **wait for** people who are late. 我讨厌等待迟到的人。

509. wake up 醒来；叫醒

【例句】

1. Can you **wake up** at five o'clock tomorrow morning? 明天早上五点你能醒来吗？

2. My baby **wakes up** easily at midnight. 我的宝宝半夜容易醒来。

510. have a walk 散步

【例句】

1. Lucy usually **has a walk** after dinner. 露西通常晚饭后散步。

2. After dinner, I prefer **having a walk** to watching TV. 晚饭后，我宁愿散步而不看电视。

511. by the way 顺便说 / 问一下

【例句】I think the TV show last night was interesting. **By the way**, when did you go to bed last night? 我认为昨天晚上的电视节目很有趣。喔，顺便问一下，昨晚你几点睡的？

【例题】The film is very interesting. ________, where shall we go next?

A. On the way　　B. By the way

C. In the way　　D. Any way

【解答】选 B。句意：这电影很有意思。对了，我们接着去哪儿？ on the way 意为“路上”；in the way 意为“挡住路”；any way 意为“无论如何”；by the way 意为“顺便说一下或问一句，对了…”，表示在说某一件事情的时候突然想起另一件事。

512. on one's way to 在去…的路上

【例句】

1. **On his way to** the station, he bought some water. 在去车站的路上，他买了些水。

2. Most students have their breakfast **on their way to** school. 多数学生在上学路上吃早餐。

513. on the way 在途中；在路上

【例句】Let's wait for a while. He's **on the way**. 我们等一会儿吧。他正在路上。

514. as well 也；又

【例句】

1. I am going to London and my wife is going **as well**. 我要到伦敦去，我妻子也要去。

2. She not only teaches in the school, and writes books **as well**.

她不仅在学校教书，也写著书。

【辨析】**also, too, as well, either**

这些词均含"也"之意。

also：比 too 正式一些，语气较重，只用于肯定句，一般紧靠动词，即放在 be 动词、情态动词或助动词之后，行为动词之前。

too：语气较轻，多用于口语，在肯定句中使用，通常位于句末。

as well：用于肯定句，通常放在句末，强调时可放在句中。

either：用于否定句，放在句末，之前加逗号。

【例题】They can play all kinds of musical instruments and sing songs ________ .

A. also　　B. either

C. as well　　D. as well as

【解答】选 C。句意：他们不仅会弹奏各种乐器还会唱歌。as well as 表示"和、也"，后接名词、代词等，不能单独使用。either 用于否定句，本题为肯定句，排除；also 应位于 sing 之前，排除，故 C 为正确答案。

515. as well as 也，既…又…

【例句】

1. Your mother **as well as** you is friendly to me. 不仅你而且你的母亲也对我很友好。

2. He can speak English **as well as** you do. 他英语说得和你一样好。

【用法】as well as 意为"也，又"，常用来连接两个并列的成分，如名词、形容词、动词、介词。通常不位于句首，它强调的是前一项，后一项只是顺便提及，因此翻译时要先译后面，再译前面。连接并列主语时，谓语动词的数与前一个主语一致，"就远原则"。

【例题】Tom, ________ Jane and Rose, ________ going to the farm on foot.

A. as long as; is　　B. as well as; are

C. as long as; are　　D. as well as; is

【解答】选 D。句意：不仅简和罗丝，而且汤姆也将走路去农场。as long as 意为"只要…"，不符合题意；as well as 意为"也，又"，用"就远原则"——谓语动词与主语 Tom 一致，用单数，故选 D。

516. after a while 不久

【例句】

1. **After a while**, he began to get bored with his job.

过了一段时间，他开始厌烦这份工作。

2. **After a while** the police walked away.

过了不久警察就走开了。

517. once in a while 有时，偶尔

【例句】

1. He went to see them **once in a while**. 他偶尔去探望他们。

2. I have a bar of chocolate **once in a while**. 我偶尔吃一块巧克力。

【真题】Rose goes shopping by herself once in a while. (GMET2009-15)

A. 经常　　B. 极少

C. 偶尔　　D. 时常

（答案：C）

518. on the whole 总的来说；大体上

【例句】

1. **On the whole**, I am satisfied with myself. 整体而言，我对自己感到满意。

2. **On the whole** the weather is not bad. 天气总算不坏。

【同义词】all in all, generally speaking

519. wipe out 消灭

【例句】

1. **Wipe out** the bath before you use it. 使用浴盆前先把里面擦洗干净。

2. This is the place where we **wiped out** more than7000 enemies.

这就是我们歼灭七千多敌人的地方。

520. have a word with sb. 和某人说句话

【例句】

1. Can I **have a word with** you? 我可以和你谈谈吗?

2. My head teacher **had a word with** me in private just now.

刚才我班主任和我私下谈了谈。

521. in a word 总而言之

【例句】**In a word**, I can't go out as I have many things to do.

总而言之，我不能出去，因为我有许多事情要做。

【同义词】in short, in brief

522. in other words 换句话说

【例句】She does not feel good. **In other words**, she is ill. 她感觉不舒服。换言之，她病了。

523. keep one's word 遵守诺言

【例句】

1. I'll **keep my word** and come to help you. 我会遵守诺言来帮助你的。

2. It is considered a good quality to keep one's word. 守信被认为是好品质。

【用法】注意 word 不能加 -s, 不能写成 keep one's words。

【同义词】keep one's promise

【反义词】break one's word, break one's promise, go back on one's word

524. at work 在工作；在运转

【例句】

1. He had an accident **at work**. 他在工作中出了一次事故。

2. My little daughter is always bothering me when I'm **at work**.

我工作时，我的小女儿老爱打扰我。

525. work hard at 在…方面努力

【例句】

1. I have made up my mind to **work hard at** English. 我下决心努力学英语。

2. As students, we are supposed to **work hard at** our lessons.

作为学生，我们应该努力学习。

526. work out 算出；解决

【例句】

1. I can **work out** the maths problem. 我能算出那道数学题。

2. **Work out** how much all these things will cost. 算一下买这么多东西要多少钱。

3. We should **work out** a plan for the new term. 我们应该制定一个新学期计划。

【真题】Can you work out this math problem for me? (GMET2011-15)

A. 计算　　B. 猜测

C. 修改　　D. 测试　　（答案：A）

527. out of work 失业

【例句】

1. He was **out of work** when the factory closed. 他在工厂倒闭后失业了。

2. There have been plenty of men **out of work** in recent years. 近年来有很多人失业。

528. worry about 担心

【例句】

1. Have a good rest and don't **worry about** your work. 好好休息，别牵挂工作。

2. My mother will **worry about** me. 妈妈会担心我的。

529. be worth (doing) 值得（做的）

【例句】

1. The work **is worth doing.** 这个工作值得去做。

2. The movie **is worth** watching twice. 这电影值得看两次。

【用法】be worth 后面跟动词的 ing 形式表示“值得做某事”，注意动名词要用主动形式表示被动含义。be well worth doing 表示“很值得做某事”。

【例题】He is worth ________ .

A. to be trusted　　B. to trust

C. trusting　　D. being trusted

【解答】选 C。句意：他值得信赖。本题考查 be worth 的用法，动名词主动表被动。

530. write down 写下；记下

【例句】

1. Please **write down** your name first. 请先写下

你的名字。

2. **Write down** the main points in class. 把课堂上的重点记下来 .

531. write to 写信给

【例句】

1. I'm very glad to **write to** you. 很高兴写信给你。

2. Please **write to** him at once. 请立刻写信给他。

532. be wrong with 有毛病

【例句】

1. Something must **be wrong with** my ears. 我的耳朵一定有点问题。

2. What**'s wrong with** you? 你哪里不舒服?

533. go wrong 发生故障；出毛病

【例句】

1. Something has **gone wrong** with my watch. 我的手表出故障了。

2. I can handle it when things **go wrong**. 出问题时我能应付。

534. all the year round 一年到头

【例句】

1. The temperature there remains the same **all the year round**. 那里的气温终年如一。

2. He wears a black cap **all the year round**. 他一年到头戴一顶黑帽子。

535. year after year 一年又一年

【例句】

1. They plant trees on the hill **year after year**. 他们年年在那座山上种树。

2. We teach middle school English **year after year**. 我们年复一年地教中学英语。

【辨析】**year after year, year by year**

year after year：表示“年复一年，年年”，侧重动作的重复。

year by year：表示“逐年”，侧重动作的逐渐发展或变化。

【例句】I do the same job **year after year**. As a result, I am a little tired of it.

年复一年地做同一件工作,因此,我有点烦了。

My boy is growing taller and taller **year by year**.

我的孩子一年一年地在长高。